Route
Flug
TURKMENI
Gyzylarbat
Ash
200 km
KASPISCHES MEER
2972 m
3189 m
Mashhad
3945 m
Chalus
Elburs
Damavand
5671 m
Dizin
TEHERAN
Herat
2021 m
2860 m
Qom
Dasht-e Kavir
Abi-Anarbar
2752 m
Abiyaneh
Tudeshk
Nain
Zayandeh
Isfahan
Ardakan
Yazd
3452 m
IRAN
Zagros
Abarqu
Khersan
Kuh i-Pinar
4276 m
Kor
Pasargadae
Sivand
Persepolis
Kerman
Rafsanjan
Zahedan
4420 m
Shiraz
Fars
Bandar-e-Bushehr
2890 m
2731 m
Rostam
PERSISCHER GOLF
Bandar Abbas
Straße von Hormus
BAHRAIN
GOLF VON OMAN
KATAR
Abu Dhabi
VEREINIGTE ARABISCHE EMIRATE
OMAN

TERENCE WARD

Auf der Suche nach Hassan

Terence Ward

Auf der Suche nach Hassan

Eine Reise ins Herz des Iran

Aus dem Englischen
von Henriette Zeltner

Frederking & Thaler

Für Donna, Patrick und Idanna

Weder Ruhm noch Glück
führte uns zu diesem Tor;
Wir nähern uns als Flüchtlinge,
hergeführt durch das Schicksal.

HAFIS

Inhalt

PROLOG

Blut aus Granatäpfeln

Ich erinnere mich an einen aufregenden Abend vor langer Zeit. Rot glühender Feuerschein über den Dächern der Stadt. Explodierende Feuerwerkskörper durchbrechen die frühlingshafte Stille. Es ist März 1963, der letzte Dienstagabend vor *Nowruz*, dem persischen Neujahrsfest. Schmelzwasser stürzt die Berghänge herab. Hyazinthen bohren sich durch feuchten Lehm. Die knospenden Platanen begrüßen die wärmere Jahreszeit. Seit 2500 Jahren suchen persische Astronomen das Firmament nach dem Zeichen ab. Wenn die Sonne den Äquator überquert, erhebt sich ein neues Jahr und verkündet den ersten Tag des Frühlings.

Chaharshanbe Suri, das zoroastrische Feuerfest, lässt die Nacht von Trommeln und Gesang widerhallen. Haufen aus Laub und Zweigen säumen die Straßen. Das Mondlicht bringt schneebedeckte Berggipfel zum Leuchten. Ein leichter Wind weht durch unseren persischen Garten. Hassan bereitet uns auf die Feierlichkeiten vor. Er kämmt uns das Haar zurück und murmelt dabei Sätze auf Farsi. Heute Abend, so sagt er, werden wir über die Freudenfeuer springen.

Dieses Fest, das älter ist als der Islam, hat mit Zarathustras heiliger Flamme zu tun. Im Laufe des Jahres angesammelte Sünden werden unter nächtlichem Himmel verbrannt. Spring einfach. Und du wirst rein.

Die Feiern beginnen in der Abenddämmerung. Hassan, unser Hausmeister, unser Koch, unser junger »persischer Vater«, taucht aus den Schatten auf und schwenkt eine leuchtende Gaslaterne, wie man sie zum Zelten benutzt, und zwirbelt seinen imposanten Schnurrbart. Dank seiner sportlichen Konstitution sind seine Bewegungen geschmeidig. Sein ausgeprägtes Kinn ragt dramatisch hervor. Während seine Augen im Licht der Straßenlaternen aufblitzen, kommt er auf uns zu. Er strahlt die ruhige Noblesse eines Schauspielers aus, der die Bühne ganz allein einnimmt.

Meine drei Brüder, Chris, Rich, Kev, und ich beobachten fasziniert, wie er sich bückt und all die schlummernden Haufen in Brand steckt. Vor uns, in unserer schmalen Straße, die man hochtrabend Gasse des Tapferen getauft hat, lodern sieben Freudenfeuer. Eine ungerade Zahl, die Glück bringen soll. Die Flammen prasseln in der Dunkelheit und erleuchten die Lehmziegelmauern, die die Gasse säumen. Freunde aus der Nachbarschaft versammeln sich und schnattern aufgeregt vor dem Korridor aus Licht.

Unsere Strecke wird vom hypnotisierenden Tanz der Feuer markiert. Hassan tätschelt meinen Kopf. »Sei vorsichtig, *pesar*, kleiner Junge. Rutsch nicht aus wie im letzten Jahr.« Langsam beginnt er zu singen: »*Sorkhi-ye to az man o zardi-ye man be to* – gib mir dein gesundes rotes Glühen und nimm meine kränkliche Farbe.« Das werden unsere Worte an das Feuer sein. »*Sorkhi-ye to az man …*«, wiederholen wir. Mein ältester Bruder Kevin drängt leidenschaftlich nach vorn. Chris mit seinen Locken steht bereit, der kleine, krummbeinige Richard hält mit aufgerissenen Augen seine Hand.

Einer nach dem anderen nehmen die Nachbarskinder, die Großeltern und die jungen Männer ihren Mut zusammen und bewegen sich auf die Freudenfeuer zu. Rufe und Gelächter. Lieder werden angestimmt und man beginnt zu tanzen. Von mutwilligen Kindern geworfene Knallkörper lassen Mütter angstvoll aufschreien. Gleich beginnt das Springen.

Mit hochgezogenen Augenbrauen gibt mir Hassan voll jungenhafter Freude einen schnellen Wink. Das ist sein Zeichen! Laute Schreie erfüllen die Luft, als wir alle auf die lodernden Scheiterhaufen zulaufen und unser Adrenalinspiegel steigt. Hassans Frau Fatimah und die Frauen aus der Nachbarschaft schwirren wie Motten um die Flammen und klatschen in die Hände. Ich laufe hinter Hassan in Richtung der Freudenfeuer her, dicht gefolgt von meinen drei Brüdern. Mein Herz hämmert. Dann sehe ich Hassan plötzlich in die Höhe schnellen und in dem blendenden Licht verschwinden. »*Sorkhi-ye to az man …*« Ich hole tief Luft und springe ebenfalls.

Zischende Zweige, brennende Blätter, Rauchschwaden. Hitze versengt meine knochigen Knie. Ich rieche verschmortes Haar. Meine Füße berühren wieder den Boden. Ich öffne die Augen. In der Dunkelheit sehe ich Hassans Silhouette. Schon verschwindet er erneut in einer lodernden Wand. Ich springe. Flammen lecken an meinen Beinen. Ich darf ihn nicht verlieren. Noch ein Feuer, noch ein Atemzug. Und wieder.

In dem Traum, irgendwo auf dem Hochplateau von Teheran, unter den zerklüfteten Gipfeln des Elburs und einem schwindelerregenden Sternenbaldachin, jage ich Hassans entschwindenden Fersen hinterher. Über schachbrettartige Quadrate aus Licht und Schatten renne ich mit meinen Brüdern in heißer Jagd bis weit in die Nacht hinein, während die heilige Flamme über mich hinwegfährt.

Die Sprünge übers Feuer sind immer der erste Teil dieses magischen Abends. Als die Flammen ersterben, eilen wir alle zurück durch unser Tor und Fatimah steckt uns rasch in schwarze Kostüme. Hassan drückt mir eine kupferne Suppenkelle in die Hand. Draußen auf der Veranda hebt mein Vater den Blick von seinem Buch, zieht an einer Pfeife und mustert unsere Aufregung mit Wohlwollen. Er winkt mir zu. Jazzklänge hängen in der Abendluft und mischen sich mit klassischer persischer Santur- und Tarmusik, die über die weinbewachsene Mauer von einem Gartenfest nebenan zu uns herüberweht. Louis Armstrongs seidige und zugleich raue Stimme klingt mit *When It's Sleepy Time Down South* in die Nacht hinaus, gefolgt von Leonard Bernsteins Hit-Musical mit den fetzigen Rhythmen der West Side von Manhattan.

Wieder in der Küche, versorgt Hassan meine Brüder mit Ratschlägen und gibt Chris einen Löffel. »Jetzt müsst ihr zu Gott beten. Es ist Zeit fürs Löffelschlagen. Geht zu den Häusern in der Nachbarschaft und schlagt auf eure Schüssel. Wenn euch jemand etwas gibt, heißt das, auch Gott wird geben. Wenn euch aber niemand etwas gibt, dann wird auch Gott euch nichts geben.«

Er trägt mir auf, einen Schlüssel in meinen Schuh zu legen. Wir stolpern in die Dunkelheit auf die Straße zurück. Unser rotes Tor schwingt auf, und wir schleichen im Licht der Straßenlaterne zur schmiedeeisernen Tür eines Nachbarn. Chris drückt nervös auf die Klingel. Mit unseren Löffeln schlagen wir auf meine leere Schüssel. Kupfer auf Eisen klingt laut. Als die Tür aufgeht, bedecken wir rasch unsere Gesichter und strecken unsere Schüsseln vor. Mein Gesicht ist versteckt, aber durch den schwarzen Schleier sehe ich, wie sich eine elegante lange Hand mit goldenen Ringen zur Faust geballt nähert.

In dieser Hand liegt die Prophezeiung. Wenn sie leer ist, sind alle Wünsche vergebens. Dann öffnet sie sich, und mit Gottes Segen fällt *ajeel* – verschiedene Nüsse, Kerne und Trockenfrüchte – in meine Schüssel, wie Verheißungen für das neue Jahr. Wir rennen aufgeregt nach Hause, aber ich erinnere mich daran, dass noch eine Sache zu erledigen ist.

Als wir schon vor dem Tor sind, bleibe ich im Schatten der Straße zurück und spüre die scharfen Zähne von Hassans Schlüssel in meinem Schuh. Die Nacht ist windstill. Jetzt muss ich auf Passanten lauschen, wie Hassan es mir aufgetragen hat. Ein älteres Ehepaar schlurft nach Hause und ich höre ihre Worte: »Gott sei gepriesen. Sie und Achmed werden gut zusammenpassen.« Mit dieser kryptischen Botschaft schlüpfe ich durchs Tor und stürze zu Hassan, damit er sie für mich entschlüsselt. Die Auslegung bleibt immer den Älteren vorbehalten.

»Nun, Terry *ghermez*« – wegen meiner Haare nennt er mich »Roter« –, »diese Eltern haben von ihrer Tochter und ihrem Liebsten gesprochen. Das ist ein gutes Zeichen. Gott sagt dir, dass du ein braver Junge warst.«

Hassan fragt mich, was ich mir wünsche. Ich gerate ins Stocken und erzähle ihm dass ich hoffe, Sara nächstes Jahr in meiner Klasse zu haben.

»Dein Wunsch wird in Erfüllung gehen.«

An jedem einzelnen Tag des zwei Wochen andauernden Neujahrsfests steckt Hassan uns mit der gleichen Begeisterung an. Am eigentlichen Tag von *Nowruz* lädt er uns in sein rotes Ziegelhaus, das auf den Kirschgarten hinausgeht, zu *chai o shirini*, Tee und Keksen, ein. Wir tauschen kleine Geschenke aus, und er erklärt uns die Bedeutung von *haft sin*, den sieben Gaben – grüne Weizentriebe, Apfel, Knoblauch, Essig, Sumach, wilde Oliven und ein Gericht namens *samanoo* –, die auf seinem Tisch verteilt sind. Das frisch gekeimte Weizengras ist mit einem roten Band umwickelt und symbolisiert neues Wachstum, während der Knoblauch schlechte Vorzeichen abwehren soll. Neben seinem heiligen Koran brennt eine Kerze, deren Licht von einem Spiegel reflektiert wird. Eine saure Orange, die in einer Wasserschüssel schwimmt, steht, wie er uns erläutert, für unsere Erde, die im Weltall schwebt.

In den zwei Festwochen rät Hassan meinem Vater, der mit seinem allabendlichen Glas Shiraz auf der Veranda sitzt: »Wenn Sie Wein trinken, Mr Ward, könnten Sie ja auch etwas davon für die Geister in den Garten schütten. Dann sehen diese, dass Sie nicht eigensüchtig sind, sondern bereit zu teilen. Das macht Ihr Verhalten rein. Wissen Sie, es ist gut, das zu tun.«

Nachdem er gegangen ist, beobachte ich, wie mein Vater zweimal über seine Schulter blickt und anschließend etwas Rotwein auf das Rosenbeet unter ihm schüttet, bevor er sein Glas erneut füllt.

Am Morgen von *Sizdah Bidar*, dem 13. Tag von *Nowruz,* sagt Hassan zu meiner Mutter: »Ihre Familie kann heute nicht hier bleiben. Unmöglich.« Meine Mutter bittet ihn um eine Erklärung. »Im Haus zu bleiben wäre ein schlechtes Omen«, beharrt er. »Wir müssen aufs Land und all die schlechten Sachen aus der Vergangenheit abwerfen. Die Natur wird sich um sie kümmern. Sie werden sich in Wind, Bäume, Flüsse und Blüten verwandeln.«

Also schließen wir uns der gesamten Stadt an auf der Suche nach einem Fleckchen Grün, wo wir unsere Picknickdecke ausbreiten, Samowar und Reis aufstellen und den Tag in der Natur verbringen können. Hassan spaziert zum nahen Fluss und setzt vorsichtig die grünen Triebe ins schnell dahinfließende Wasser. Mit diesem letzten Ritual finden die Festlichkeiten von *Nowruz* ihren Abschluss und man kehrt zum normalen Alltag zurück.

Der Frühling macht dem Sommer Platz. Wenn die erstickende Hitze sich wie eine dicke Wolldecke über Teheran legt und den Asphalt in weiche Seen aus schwarzer Gelatine verwandelt, verlassen die Menschen ihre Steinhäuser.

»Von heute Nacht an werden wir unter den Sternen schlafen«, verkündet Hassan. Wir zerren unsere Betten auf die Veranda in die süße Nachtluft und ein ganz neuer Abschnitt beginnt. In diesen Monaten regnet es niemals. Das gesamte Bettzeug kommt nach draußen – Matratzen, Decken, Kissen und Leintücher –, und wenn die Dämmerung hereinbricht und zitternde Sterne am Himmel aufziehen, dann kommt Hassan mit seiner Lampe und seiner Schatzkiste voller Geschichten zu uns: Der Ring König Salomos; Moses und der Hirte; Parabeln vom heiligen Ali, Jesus und dem Esel; Auszüge aus dem Koran; Gedichte von Hafis; und Geschichten aus den Hazar Afsana, gedichtet für Humai, die Tochter von Bahram, dem legendären persischen König. Jeden Abend versammeln wir Jungen uns unter dem kühlen Abendhimmel und sind ungeheuer aufgeregt, weil wir nie wissen, wohin die Reise diesmal gehen wird. Jeder Abend ist hoffnungsvoll, selbst wenn die Geschichte mit einer Niederlage endet.

Eine Prinzessin kann sich in einen ganz gewöhnlichen Jungen verlieben. Gott wird die Himmel öffnen und sprechen. Eine verborgene Hand wird uns den Weg weisen. Liebende nehmen die Bühne ein: Leili und Majnoon, Shirin und Farhad. Jeder Abend offenbart ein Geheimnis, eine Wahrheit. Der Märchenvogel Simorgh erwartet uns. Beim Zuhören hängen Chris, Rich und ich an Hassans schelmisch blitzenden Augen. Erstarrt vor Staunen über die Geschichte, die er vor uns ausbreitet, sind wir wie hypnotisiert von seiner Begeisterung. Mit viel Talent imitiert er Mienen, Gesten und Gangart seiner Figuren, scheint geschickt in die Haut der schillernden Charaktere seiner lehrreichen Geschichten zu schlüpfen. Diebe, Großwesire, Propheten, Straßenkinder, Prinzessinnen, Fischer, Barbiere, Taschenspieler, Vagabunden, Krieger und Weissagerinnen – alle erwachen zum Leben.

Auf dem Rücken liegend blickt der Träumer Kevin hinauf zu den blassen Bergen des Mondes und zum dunkleren Mare Tranquillitatis. An manchen Abenden benutzt er unser Teleskop. Während sich eine Geschichte entspinnt, stellen wir uns die entsprechenden geografischen Gegebenheiten vor: Schlösser in den Wolken, mit Rubinen gefüllte Truhen, sturmumtoste Klöster, nächtliche Karawanen, Alchimistenküchen. Wenn die Fäden der Geschichte allzu lang werden und der kleine Richard schon einnickt, macht Hassan eine Pause. In diesem Schweigen, wenn der Schlummer Besitz von uns ergreift, zieht er sich langsam zurück und lässt uns mit quakenden Fröschen, zirpenden Grillen und den Geräuschen des Windes zurück.

Wie Scheherazade lässt er uns bis zum folgenden Abend warten, um die Geschichte zu beenden. Wir wissen nur, dass irgendwo dort draußen sich eine Prinzessin in einen mutigen Bauern verliebt hat, eine andere mit einem jungen Seefahrer durchbrennen wird. Hoffnung, lässt Hassan uns wissen, es gibt immer Hoffnung.

Zur erweiterten Familie unseres Haushalts gehörten nicht nur Hassan und Fatimah, sondern auch deren Mutter Khorshid, die sich um Fatimahs zwei Kinder, Ali und Mahdi, kümmerte. Und dann gab es noch Hassans Bruder Mohammed. Nachdem er gerade aus der Armee entlassen worden war, weil er sich mit einem Jeep überschlagen hatte, war er zunächst arbeitslos, wurde aber dann unser Fahrer. Auch wenn wir meist hinten saßen, während er vorn über den Verkehr lamentierte, so mussten wir uns doch immer gut festhalten, um bei seinen plötzlichen Bremsmanövern nicht gegen die Windschutzscheibe geschleudert zu werden. Einmal bat Hassan meine Mutter, an Stelle seines Bruders zur Polizeistation zu gehen, nachdem ein Verkehrsvergehen mit unserem Wagen angezeigt worden war. Hassan fürchtete zu Recht um die Fahrerlaubnis seines Bruders, wenn dieser selbst bei der Polizei vorspräche. Auf seine freundliche und humorvolle Art lenkte Hassan unseren Alltag.

Obwohl er offiziell für unseren Haushalt zuständig war, war Hassan für uns viel mehr als nur ein Hausmeister. Wie Virgil führte er uns durch die Labyrinthe spärlich beleuchteter Basare und lehrte uns liebevoll die Sitten und Gebräuche, die uns den Zugang zu seiner Kultur erleichterten. Er wurde ein wichtiger Teil unserer Familie, nährte unsere Fantasie, erweiterte unsere Welt. Untersetzt und kräftig und mit seinem prächtigen schwarzen Schnauzbart bot er uns seine volkstümliche Weisheit mit Witz und Verstand an. Wir hatten keinen Fernseher, und so gab er für uns die komischen Possen des schrulligen Mullah Nasruddin zum Besten, der auf wahnsinnig komische Weise kluge Lösungen für die üblichen Irrungen und Wirrungen des Lebens präsentierte. In seinen Augen war stets ein Glitzern.

Wir sehnten uns nach dem Augenblick, wenn Hassan uns rief, um den Musikern und schwarz geschminkten Hadschi-Firouz, den Clowns, zuzusehen, die unmittelbar vor Neujahr, inmitten von Festlichkeiten und Geschenken tanzend vor unserem Tor auftauchten. Meine Brüder und ich plauderten in unserem gebrochenen Gassen-Farsi und tanzten zu iranischer Popmusik. Im Wandel der Jahreszeiten änderten sich auch unsere spannenden Aktivitäten: der Einkauf von Seidenraupen in Maulbeergärten, ein Ritt auf den mürrischen Maultieren vorbeiziehender Nomaden, Wandern an pappelgesäumten, felsigen Flussufern, Versteckspiel in den Höhlen hinter unserem Haus, Skifahren auf den Pisten von Shemshak, Streifzüge durch mit Schätzen gefüllte Basare, Safraneis unter großen Schatten spendenden Bäumen und das Herausputzen für das UN-Fest an unserer mehrsprachigen Schule.

Am 4. Juli lagen wir ausgestreckt auf unseren Decken und bewunderten das Feuerwerk, das vom großen Rasen der amerikanischen Botschaft in den Himmel schoss. Wir hatten nur gerüchteweise von einem Riesen namens Willie Mays und dem legendären Central Park gehört. Das ferne Amerika nahmen wir nicht bewusst wahr. Die Heimat von uns Kindern waren nicht die Vereinigten Staaten, sondern der Iran.

Für meine Familie endete all das abrupt nach zehn Jahren. Unsere Entscheidung, den Iran zu verlassen und in die Staaten zurückzukehren, trafen wir nur widerwillig, nachdem Kevin, zum ersten Mal von der Familie getrennt, sich in Neuengland an der Deerfield Academy, einer Privatschule zur Vorbereitung auf das College, überaus unwohl fühlte. Er verglich das Leben dort mit dem Roman *Herr der Fliegen*. Ich sollte im darauf folgenden September in dasselbe Internat kommen. Meine Eltern ertrugen die Vorstellung nicht, ihre vier Jungs in alle Winde zerstreut zu sehen, und beschlossen, dass wir zusammenbleiben würden. Also verließen wir den Iran.

Trauer und Verwirrung trübten unsere letzten Tage in Teheran, während wir unser Leben in Kisten verpackten. Wir liefen im morgendlichen Dunst unter Laubengängen und Maulbeerbäumen umher, bissen in Hassans letztes *chello-kebab*-Mittagessen und kämpften mit den Tränen. Meine Mutter hatte jemanden gefunden, der die von uns gemietete Villa übernahm und gelobt hatte, Hassan Ghasemi und seine Familie respektvoll zu behandeln und gut zu bezahlen.

Wir standen mit düsteren Mienen vor unserem Tor, um uns zu verabschieden. Seltsamerweise war das ausgerechnet am 4. Juli. Hassan und Fatimah umarmten uns alle, während wir einander feierlich versprachen, in Verbindung zu bleiben. Er zog mich ein letztes Mal am Ohr und trug mir auf, Vater und Mutter zu achten. Ich schluckte schwer und nickte. Daraufhin zwinkerte er zufrieden. Die junge Fatimah nahm die Hand meiner Mutter in ihre. Die beiden hielten sich eng umschlungen. Die Zeit schien während dieses langen Abschieds stillzustehen. Doch dann hörten wir eine Hupe.

Als das Taxi anfuhr, war das Letzte, was wir durch die Heckscheibe sahen, Hassan, Fatimah, das Baby Maryam, die Kleinen Ali und Mahdi, Großmutter Khorshid und Mohammed. Dicht aneinandergedrängt winkten sie traurig vor dem roten Tor.

Sobald wir im Amerika waren, schrieb meine Mutter an Hassan und Fatimah. Dann wartete sie. Schließlich traf ein Luftpostbrief ein mit den roten Briefmarken, die den Schah zeigten.

> Liebe Donna,
> in Teheran herrscht ja immer Hektik, und dieser Herbst macht da keine Ausnahme. Mir ist klar, dass Nachrichten über eure Familie euch alle am meisten interessieren werden. Ich habe mit ihnen gesprochen, bevor die neuen Mieter einzogen, und damals sagten Hassan und Fatimah, sie könnten sich nicht vorstellen, für irgendjemand anderes als Mrs Ward zu arbeiten.
>
> Ich beschwor sie, den Neuen eine Chance zu geben. Etwa drei Wochen danach war Mrs G. in der Villa und überall schwirrten Handwerker herum. Hassan hatte ihr einen Monat versprochen, um ihr bei den Anfangsproblemen zu helfen. Er war wunderbar, und sie sagte, dass sie niemals wieder so jemanden wie ihn finden würde. Aber sie hatte eingesehen, dass sie wegwollten, und Fatimah hatte offenbar geäußert, dass sie Teheran noch nie gemocht hat usw. Ich habe nichts gesagt.
>
> Soviel ich weiß, haben sie zusammen mit Mohammed einen Lkw gekauft und Teheran verlassen. Ob Hassan und M jetzt als Lastwagenfahrer arbeiten werden? So ist wohl das Leben. Aber sei nicht traurig. Du hast so viel für diese Familie getan und zweifellos haben sie den Ward-Esprit gelernt. Und das ist schließlich alles, was man tun kann …

Dieser Brief war ein schlimmer Schlag für uns. Geschrieben hatte ihn Elie Dugan, eine liebe Freundin meiner Mutter, die ihr in den letzten Tagen beim Packen geholfen hatte und die uns nun das Unvorstellbare mitteilte. Meine Mutter war bestürzt. »Wie sollen wir sie jemals wiederfinden?«

Hassan hatte ihr gesagt, er würde in den nächsten Jahren im Haus bleiben. Mit einer Abreise der Ghasemis hatte sie nicht gerechnet. Oder wenigstens nicht so bald. Und trotz ihrer warmherzigen Art hatte die Freundin nicht daran gedacht, Hassan nach seiner neuen Adresse zu fragen. Oder ihn gebeten, sie uns zu schicken.

Schwach erinnerte meine Mutter sich an den Namen seines Heimatdorfs: Sie meinte, es habe »Toodesht« geheißen. Bald hatte sie in Telefonaten und Briefen Freunde in Teheran mit der Suche beauftragt. Al Gross, Direktor der Bank of America in der persischen Hauptstadt, teilte ihr mit, keiner seiner Mitarbeiter habe je von einem Ort dieses Namens gehört. Die Farmanfarmaians, Freunde von uns, bezeichneten es in einem Brief diplomatisch als gewaltige Herausforderung, Hassan mithilfe einer so dürftigen Angabe ausfindig zu machen. Weitere Antworten trafen ein. Das Dorf Toodesht? Es existierte nicht.

Was zunächst wie ein kleiner Bruch unserer Verbindung ausgesehen hatte, öffnete sich zu einem tiefen Abgrund. Die Ghasemis waren verschwunden. Weg. Spurlos.

Inwischen waren auch wir zu Nomaden geworden. Zurück in Amerika, zogen wir viermal um, bis wir uns schließlich in den Redwood-Hügeln von Berkeley oberhalb des Campus der University of California niederließen. Dort immatrikulierte meine Mutter sich an der Schule für Ernährungswissenschaft und ich mich am Institut für Nahoststudien. Kevin brach nach Harvard auf, Chris packte seine Siebensachen in Richtung Cornell, Rich entschied sich für Stanford. Später ging ich, wohl um näher am Iran zu sein, zum Studium nach Ägypten.

Auf meinem staubbedeckten Balkon mit Blick über die Palmen der American University in Kairo hörte ich 1978 erstmals die beunruhigenden Nachrichten: Die BBC berichtete von Aufständen und Massakern, ausgehend von der persischen Provinzstadt Täbris. Studenten demonstrierten, Regierungstruppen eröffneten das Feuer. Es gab viele Tote, unzählige Verletzte. Am dunstigen Kairoer Horizont versank die rote Nachmittagssonne hinter den Pyramiden.

Diese Warnungen sollten jedoch wie Kassandras Prophezeiungen auf taube Ohren stoßen. Diplomaten ignorierten die Anzeichen. Die Märtyrer würden begraben. Die Shia, die 40-tägige Trauerzeit, verging, dann kam es zu neuen Protesten in Mashhad, Teheran, Isfahan. Es hieß, man habe scharf in unbewaffnete Menschenansammlungen geschossen. Mütter weinten hinter den Barrikaden. Schließlich hatten die Iraner ihre Furcht verloren. Eine Flutwelle, die keine Armee mehr eindämmen konnte, erhob sich aus diesem sturmgepeitschten Meer des Zorns gegen das alte Regime. Bald sollte diese Revolution den Schah von seinem Pfauenthron zusammen mit seinem strahlenden Hofstaat aus Selbstdarstellern und Schmeichlern hinwegfegen. Sie alle würden zum Erstaunen der Welt fortgerissen werden.

Meine Brüder daheim in den Staaten konnten nicht glauben oder akzeptieren, dass das iranische Volk sich so radikal verändert hatte. Die Islamische Republik wurde ausgerufen und Ayatollah Ruhollah Khomeini als Oberster Führer bejubelt. Die Gefängnisse füllten sich mit Verhafteten. Revolutionsgerichte befahlen die Exekution von »Verrätern« durch bewaffnete Kommandos. Fabriken, Wohnhäuser, Grundbesitz und private Reichtümer wurden konfisziert und das löste die Flucht von Tausenden ins Exil aus.

Am 4. November 1979 packte das Geiselfieber die USA. Das Drama sollte 444 Tage dauern. Die nächtlichen rhetorischen Spielereien von Außenminister Sadegh Ghotbzadeh und die Frisur von Ted Koppel wurden zu bizarren Quellen der Faszination.

Scharenweise kamen Flüchtlinge auf dem Luft- oder Seeweg, auf Pferden oder zu Fuß aus dem Iran. Eine Diaspora aus Millionen von Iranern war geboren. Dann schloss die Islamische Republik ihre Grenzen. Ayatollah Khomeini proklamierte, Amerika sei der »Große Satan«, und erklärte Amerikaner für unerwünscht. Anschließend brach ein schrecklicher Krieg aus. Saddam Hussein marschierte ohne Vorwarnung in die südwestliche Provinz ein. Iranische Soldaten kämpften in einer Hölle aus Schützengräben und Nervengas gegen die Iraker. Hunderttausende starben.

All unsere Versuche, Hassan zu kontaktieren, die wir im Laufe der Jahre unternommen hatten, waren fehlgeschlagen. Eine Mauer des Schweigens hatte sich erhoben. Er und seine Familie schienen verschwunden. Ihr Schicksal war unbekannt. Seine Söhne Ali und Mahdi hatten sicher am Krieg teilgenommen.

Nachts träumte ich von Granatapfelhainen mit blutroten Früchten, die so reif waren, dass ihre Schale platzte. Die Zeit verging. Erst ein Jahrzehnt, dann ein weiteres.

KAPITEL 1

Eine Reisegesellschaft

Anfang April 1998 brach meine Familie zu der lang ersehnten Reise in die Heimat auf. Allerdings nicht ins Land unserer Vorfahren, nach Irland, sondern in den Iran. Während die meisten Amerikaner sich noch immer durch die Bilder von großspurig daherredenden Geiselnehmern und von Terroristen mit wildem Blick abschrecken ließen, schoben wir unsere Ängste beiseite. Meine drei Brüder und ich würden gemeinsam mit meinen betagten Eltern das riesige iranische Hochplateau durchqueren, auf der blinden Suche nach Hassan, unserem verlorenen Freund und Mentor, der so viele Jahre zuvor in Teheran für uns gesorgt hatte. Unsere 1120 km lange Überland-Tour von der alten Stadt Shiraz im Süden, das einst das Paris Persiens genannt wurde, bis hinauf ins nördliche Teheran, in die Metropole des modernen Iran, sollte eine kulturübergreifende Odyssee werden. In deren Verlauf wollten wir das Land, seine Menschen und unsere über alles geliebte iranische Ersatzfamilie wiederfinden.

Reisen werden oft in einem nur Sekundenbruchteile dauernden Augenblick erdacht, in dem der Zweck und der Verlauf des Unternehmens aufblitzt. Sobald sich dieser Embryo gebildet hat, ergibt sich alles andere – Visa, Flugtickets, verwitterte Karten, verquere Routen: ein Puzzle aus Fakten und Fantasie.

Anfang Dezember 1997 rief mich mein jüngster Bruder Richard mit überraschenden Nachrichten aus seinem Wohnsitz in Saudi-Arabien an. In dem Inselstaat Bahrain im Persischen Golf würden Visa für den Iran ausgestellt. Seine Stimme klang aufgrund der schlechten Verbindung abgehackt und hallte wider.

»Hab gerade gehört, dass Frauen aus Arabien-bien zum Shoppen in den Iran geflogen sind. Sie landeten in Isfahan-han, kauften ihre Teppiche-che und reisten wohlbehalten wieder aus, unter jedem-dem Arm einen Teppich.«

»Nein!«

»Die Visa-sa hatten sie in Bahrain bekommen.«

»Für wie lange?«

»Weniger als eine Woche.«

»Auch irgendwelche Amerikaner?«

»Keine Ahnung. Werd ich morgen rausfinden. Also, *baba*, bist du bereit-reit, zurückzukehren-ren?«

»Mamma mia«, stammelte ich.

»Gu-ut. Tolle Id-ee! Frag Mom und Dad ... Warum nicht gleich die ganze Familie-milie?«

Sein Vorschlag fiel wie ein Brocken Granit durch den Hörer. Die ganze Familie?

»Ein harter Brocken«, bemerkte ich.

»Nicht härter-ter als der Karakorum-rum.«

Nachdem er acht Jahre lang mit seiner Frau und seinen beiden kleinen Jungs am Persischen Golf gelebt hatte, hatte Richard sich ein dickes Fell zugelegt. Seine Feuertaufe im Nahen Osten hatte er 1991 erlebt. Über Nacht war die Armee von Saddam Hussein über die saudiarabische Grenze nach Kuwait eingedrungen und erst durch chaotische Gefechte in einem kleinen Dorf namens Khafji, nur wenige hundert Kilometer von Richs grünem Vorortrasen in Dhahran entfernt, gestoppt worden. Während seine Kinder in ihrem Baumhaus spielten, war ein Schauer von Scud-Raketen niedergegangen.

In seinem letzten Urlaub – Rich war ein im Umweltschutz tätiger Geologe – war er beim Klettern im pakistanischen Teil des Himalaja, genauer im berüchtigten Karakorum, gewesen. Seine Trekkingtour verwandelte sich rasch in einen Kraftakt der Ausdauer. Auf halber Strecke stürzte sein Bergkamerad etwa sechs Meter tief ab auf einen Felsvorsprung und brach sich das Bein. Auf sich allein gestellt, fabrizierte Rich eine Schiene, nahm den Freund auf die Schultern und schleppte ihn ins Hunza-Tal hinunter, von wo er ausgeflogen wurde. Rich hatte schon lange vorher meine Bewunderung als furchtloser Vollblut-Wissenschaftler genossen. Er liebte die geologischen Wunder der Erde und war fest entschlossen, jedes davon persönlich in Augenschein zu nehmen. Doch der Iran erschien mir abschreckend, so fern und unpassierbar wie die schneebedeckten Karakorum-Gipfel.

Als ich meinen Bruder Chris fragte, ob er mit von der Partie sein würde, erwiderte er: »Bist du bescheuert?«

Jahrelang hatten sich nur vereinzelt Journalisten in die düstere Islamische Republik gewagt. Die Nachrichten, die sie von dort mitbrachten, waren trostlos. Von Jungen, die als menschliche Minenräumer an der irakischen Front eingesetzt wurden. Und von Frauen, gefangen in schwarzen Tschadors. Religiöse Fanatiker mit geballten Fäusten, die, geführt von Mullahs, das rituelle »*Marg bar Amrika*« – Tod für Amerika – anstimmten. Zum Paria abgestempelt, war der Iran vom Rest der Welt abgeschnitten. Alle Reisenden bis auf wenige Unbelehrbare blieben in sicherer Distanz. Und das zu Recht. Dieser fundamentalistische Staat ließ Straftäter auspeitschen, zwang seine Frauen, sich zu verschleiern und drehte dem Westen herausfordernd eine lange Nase. Dennoch gab es Grund zu Optimismus: Soeben war ein moderater Geistlicher zum Präsidenten gewählt worden.

Mohammed Khatamis überraschender Erdrutschsieg im August 1997 leitete eine neue Ära ein. Viele bejubelten diese aufregende Phase als Teheraner Frühling. In einem CNN-Interview mit Christiane Amanpour am 7. Januar 1998 begrüßte Präsident Khatami den Kulturaustausch. Er bot den USA zum ersten Mal seit dem Sturz des Schahs 1979 einen Olivenzweig an und sprach von zwischenmenschlichen Kontakten zu Amerikanern. Sein fließendes Deutsch und Englisch erstaunte die Staatsoberhäupter der Welt ebenso wie sein Faible für Zitate von Kant und Tocqueville. Der lächelnde Führer mit der leisen Stimme wagte es, Reformen, demokratische Rechte und Veränderung vorzuschlagen. Bezeichnenderweise sprach er gegenüber seinen Kritikern von der Notwendigkeit eines »freundlicheren, sanfteren Islams«. Frauen und junge Wähler hatten darauf mit überwältigender Zustimmung reagiert. Auf Teherans Basaren wurde dieser erfrischend moderate Politiker, der die Rückkehr zu einer »rechtsstaatlichen Zivilgesellschaft« versprach, scherzhaft »Ayatollah Gorbatschow« genannt.

Wenn Tischtennis-Diplomatie bei der Normalisierung der Beziehungen zu China geholfen hatte, konnten Fußball und Ringen vielleicht das Gleiche beim Iran bewirken. Die iranischen Hardliner waren besorgt, und das mit gutem Grund. Donnernder Applaus und »USA! USA!«-Rufe erschallten, als amerikanische und iranische Wrestler sich nach einem Freundschaftskampf einen Monat später, im Februar, umarmten. Das kurz zuvor bekannt gegebene Los in der Fußball-WM war geradezu ein Wunder: Am 21. Juni sollte der Iran im französischen Lyon gegen das US-Team antreten.

Ein Schwarzweißfoto hatte meine Familie jahrelang verfolgt. Es war ein verblasstes Bild, das auf dem Schreibtisch meiner Mutter in Berkeley stand und Hassan als stolzen Vater mit seiner jungen Frau und seiner Schwiegermutter zeigte. Beide Frauen trugen Kopftücher. Fatimah blickte verlegen mit großen braunen Augen durch ihre Hornbrille. Khorshid hielt Baby Ali auf dem Arm, das unter seiner spitzen Koboldmütze mit Ohrenklappen hervorgrinste.

Hassan strahlte freundlich und ließ beim Lächeln einen Halbmond weißer Zähne unter seinem Schnurrbart, der Adlernase und den glitzernden Augen sehen. Vier Gesichter, die als stumme Mahnung in unserem Wohnzimmer strahlten.

Wenn bei angeregten Familientreffen spätabends die Rede auf unsere frühere Zeit im Iran kam, brachte meine Mutter stets dieselbe Frage vor, die nach unseren Gesprächen unbeantwortet im Raum hing: »Ich frage mich, was aus Hassan geworden ist. Man kann nur beten, dass es ihm gut geht, dass seine Familie in Sicherheit ist.« Vor allem meine Mutter quälte sich mit dem andauernden Schuldgefühl, nicht genug für die Ghasemis getan zu haben. Niedergeschlagenheit und Sorge waren dann in ihrem Blick zu lesen.

»Aber was hätten wir noch tun können?«, fragte dann mein Vater.

Die irischen Wurzeln meines Vaters kamen stets deutlich zum Tragen, wenn meine Familie von jenen glücklichen Tagen sprach. In den frühen Morgenstunden, nachdem wir uns über die alten Zeiten in Persien unterhalten und in bittersüßen Erinnerungen an Kirschhaine, den schneebedeckten Elburs und Hassans magische Fabeln geschwelgt hatten, zitierte mein Vater Daniel Moynihans keltisches Sprichwort: »Es ergibt erst dann Sinn, Ire zu sein, wenn du erkannt hast, dass die Welt dir irgendwann das Herz brechen wird.«

Das Wort Nostalgie kommt vom griechischen *nostos*, was »nach Hause zurückkehren« heißt, sowie von *algos*, »Schmerz«. In der Antike verwendete man den Begriff, um den Zustand hellenischer Soldaten zu beschreiben, die Alexander der Große im fernen Asien stationiert hatte. Es gab nur ein wirksames Heilmittel dagegen: die Heimreise. Der in New York lebende Schriftsteller André Aciman, den die Erinnerungen an seine Geburtsstadt Alexandria quälten, beschrieb seine Trennungsgefühle in »Hauptstädte der Erinnerung«: »Ein im Exil Lebender begreift Veränderung ebenso, wie er Zeit, Erinnerung, sein Selbst, Liebe, Furcht, Schönheit begreift: in der Tonart von Verlust.«

Die begeisterten Stimmen meiner Eltern waren fest und furchtlos, als ich ihnen erstmals von der Reise erzählte. In der Rolle des Sehers legte mein Vater den Abreisetag auf ein Datum, dass unser Unternehmen symbolisch widerspiegelte: den 1. April 1998. Ich war in Hochstimmung und zugleich besorgt.

Ich fragte mich, ob unsere Suche unsere kostbaren Erinnerungen und unsere nostalgischen Gefühle für Hassans Geschichten von Mullah Nasruddin, für Pfefferminztee, gedämpften Butterreis und glitzernde Augen verändern würde. Jegliche Reise zurück an einen vertrauten Ort birgt dieses Risiko. Odysseus' Mannschaft musste ihre Sehnsucht nach der Heimat teuer bezahlen – nur ihr Kapitän überlebte sie. Der Blick durch getrübtes Glas lässt Erinnerungen verschwimmen. Gealterte Spiegel können Fremde zeigen. Und was, wenn die Vergangenheit ausgelöscht sein sollte, unwiederbringlich und vollständig, einfach nicht mehr da? Was dann? Wären wir zu Träumen von verlorenen Kirschgärten à la Tschechow verdammt?

Nach der islamischen Revolution quälte sich meine Familie jahrelang mit Fragen. Hatte Hassan einen schrecklichen Preis vor Gericht zahlen müssen? War er verbittert, hatte er unsere Erinnerung betrogen und meine Familie als rohe Imperialisten verleumdet? Die Fragen waren unbeantwortet, ein quälender Riss in der Geschichte, eine nicht abgeschlossene Sache. Die Sorgen meiner Mutter um Hassan tauchten immer wieder auf, wenn das Wort »Iran« fiel, während in den Familien meiner Brüder Hassans Märchen an die nächste Generation staunender Kinder weitergegeben wurden.

Aber was war mit Hassan selbst? Hatte er überlebt? Nach zwei Jahrzehnten öffnete sich endlich knarrend das Tor zur Islamischen Republik, das lange unpassierbar und wie mit einem Vorhängeschloss gesichert gewesen war. Die Antwort lag dahinter.

Ja, endlich war der Zeitpunkt für unsere Reise in die Vergangenheit gekommen. Um bis zu seiner Türschwelle zu gelangen, würden wir irisches Glück und Allahs Segen brauchen. Im kalten Licht des Tages und bei näherer Betrachtung schien unsere Suche nach Hassan aussichtslos. Es gab nur zwei Hinweise. Der erste war das verblichene Schwarzweißfoto, aufgenommen im Frühling 1963. Der zweite lag im Gedächtnis meiner Mutter eingebettet: der Name seines Heimatdorfs »Toodesht«. Unsere einzige Hoffnung war, dass er sich dort niedergelassen hatte. Doch die vielerlei Aussprachevarianten des Ortes waren entmutigend. Im Laufe der Jahre hatte diese Unsicherheit für ungewöhnliche Abwandlungen gesorgt.

In der Abenddämmerung, wenn der dicke Nebel von San Francisco die Hügel von Berkeley heraufkroch und die Redwood-Aussichtsterrasse meiner Eltern auf dem Grizzly Peak einhüllte, ging meine Mutter ihre Namenslisten durch, in der Hoffnung, die wahre Melodie des Namens von Hassans mysteriösem Dorf, das irgendwo in den Bergen zwischen Isfahan und Nain versteckt lag, zu fassen. Es war ein immer wiederkehrendes Thema, wie eine Schallplatte mit Sprung endete es immer in tiefen Seufzern und Gelächter, in Verzweiflung und Hoffnungslosigkeit.

»Denk zurück, Mom. Woran erinnerst du dich? Was hat Hassan dir erzählt, bevor wir Teheran verlassen haben?«

»Dass er eines Tages in sein Dorf zurückkehren würde.«

»Und zwar nach?«
»Toodesht.«
»Bist du dir sicher?«
»Absolut. Also, warte mal …«
»Ja?«
»Vielleicht war es … Tadoosht. Oder … Quashtood.«
»Sicher?«
»Toosquash!«
Mein Vater fasste zusammen: »Ithaca war es jedenfalls nicht, so viel steht fest.«

Egal, um wie viel Zuversicht wir uns alle auch bemühten. Wir waren uns ziemlich sicher, dass Hassan hinter Nebelschwaden verschwunden war und wir ihn nie wiedersehen würden.

Die Beamten des US-Außenministeriums sprachen die vorhersehbaren Warnungen aus. Mein Bruder Chris formulierte wiederholt seine Befürchtungen. In Amerika konnte man keine Visa bekommen. Kevin blieb skeptisch. Nur meine Eltern und Richard zeigten trotzige Begeisterung. Als ein Beamter des diplomatischen Dienstes mir mitteilte: »Amerikanern wird ausdrücklich davon abgeraten, das Land zu besuchen«, erwiderte ich: »Gerade ist doch ein moderater Mullah zum Präsidenten gewählt worden.« Worauf er mich anfuhr: »Und die öffentlichen Auspeitschungen sind seltener geworden.«

Chris bedrängte meinen Vater heftig am Telefon. »Weißt du, ich habe zwei Söhne, um die ich mich kümmern muss.«

Dad fertigte ihn barsch ab. »Na und? Ich habe vier und fahre trotzdem.«

Die Meinungen innerhalb des Ward-Clans bezüglich der Reise blieben geteilt. Man beschloss, dass die Ehefrauen nicht mitkommen würden, was diesen ganz gelegen zu kommen schien. Panik und düstere Vorzeichen bestimmten unsere Gespräche am Telefon. Freunde bedachten uns freundlicherweise mit ungebetenem Rat und überschütteten uns mit Warnungen: »Es wird heiß und trocken sein, gefährlich, schmutzig und furchteinflößend. Es gibt keine Botschaft, die euch helfen kann, man wird euch entführen, man wird eure Bücher konfiszieren. Man wird *euch* konfiszieren. Und eure Eltern, wie könnt ihr sie so in Gefahr bringen?« Ein eleganter Angehöriger der besseren Gesellschaft beider amerikanischen Küsten unkte düster: »Da gibt es keine Mode.«

Ich fragte meinen Vater: »Wie ist der Dresscode?«

»Zieh dich an wie für eine Beerdigung«, riet er mir.

Also packten wir Schwarz ein wie modebewusste New Yorker.

Beim Durchsehen meiner Unterlagen stieß ich auf ein ausgeblichenes Stück Papier. Oben stand drauf: *Nützliche arabische Wendungen.* Auf dem Höhepunkt des libanesischen Bürgerkriegs Anfang der 1980er hatte man es mir zugesteckt, bevor ich an Bord einer Maschine nach Beirut ging. Erst später stellte ich fest, dass dieser klägliche Versuch auf Arabisch ein Kauderwelsch war, durchsetzt von ein paar Brocken Farsi. Ich faxte den Zettel an Chris und Kevin:

Meternier ghermez ahliah, Gharban.
Die rote Augenbinde wäre hübsch, Exzellenz.
Balli, balli, balli.
Ja, ja, ja.
Shomah fuhr tommeh geh gofteh bande.
Ich stimme allem zu, was Sie je in Ihrem Leben gesagt oder gedacht haben.
Akbar kheli kili hfir lotfan.
Danke, dass Sie mir Ihre prachtvolle Waffe zeigen.
Khrei, japahah mansh va fayeti amrikany.
Ich werde Ihnen die Namen vieler amerikanischer Spione nennen, die als Journalisten unterwegs sind.
Suro arraigh davatsaman mano sepahen-hasi.
Es ist ausgesprochen freundlich von Ihnen, mir zu erlauben, im Kofferraum Ihres Wagens mitzufahren.

Meine Brüder faxten nur knappe Antworten zurück. Sie fanden das überhaupt nicht komisch.

Auf der Suche nach Rat blätterte ich auch *Iran: A Travel Survival Kit* von *Lonely-Planet* durch, den einzigen seriösen Reiseführer, der seit der Revolution veröffentlicht worden war. Der Autor David St. Vincent, ein zäher Bursche aus England, schien absolut unerschrocken. All seine Tipps beruhten auf eigenen Erfahrungen. Auf einer seiner vier Reisen war er unter dem Vorwurf »Verschwörung zum Import von Salman Rushdies ›Satanische Verse‹« vor ein Revolutionsgericht gezerrt worden. Neben erschöpfenden Listen von Hotels und Denkmälern gab er in wenigen unverblümten Worten auch diesen Rat: »Unterschätze niemals die Rücksichtslosigkeit oder Macht des *Komiteh* und sein Netzwerk von Informanten … Bring das Gespräch mit Fremden nie von dir aus auf das Thema Politik.« Die Revolutionsgarden schilderte er als »eine Mischung aus Spanischer Inquisition und Gestapo«. Was Fotografieren und Kameras anging, riet er weiter: »Es herrscht immer noch eine ziemliche Paranoia, was ausländische Spione betrifft, und Iraner können angesichts von kamerabewehrten Leuten aus dem Westen sehr misstrauisch reagieren.« Er empfahl, um Erlaubnis zu fragen, bevor man fotografierte, »falls du nicht riskieren willst, dass man deine Kamera zertrümmert oder mit Steinen nach dir wirft – glaub nicht, dass das nicht passieren könnte«. Ich schätzte besonders seinen kulturell feinfühligen Rat für den Umgang mit Behörden: »Antworte den Leuten, die dich befragen, so, dass ihre Neugier befriedigt wird, ihr Verdacht sich zerstreut und du ihrem Selbstwertgefühl schmeichelst.« Und vor allem sein witzig-lakonischer Hinweis: »Du bist gewarnt worden.«

Es war spät, als das Telefon in meiner Wohnung in Manhattan klingelte. Ich erkannte sogleich die einzigartige Stimme meines iranischen Freundes Amir, der laut klagte: »Hör auf deinen Freund, *baba*. Es ist verrückt, in den Iran zu fahren.«

»Meinst du?«

»Ich weiß es! Deine süße *madar* Donna und der liebe *pedar* Patrick – was ist, wenn etwas passiert und sie nicht mehr rauskommen?«

»Es wird keine …«

»Die Polizei! Ich weiß, dass sie euch am Teheraner Flughafen schnappen werden.«

»Aber wir fliegen nach Shiraz.«

»Noch schlimmer.«

»Dann fahren wir Richtung Norden.«

»Gefolgt von der Geheimpolizei.«

»Jetzt komm mal runter, Amir.«

»Komm du runter, *baba*. Die erste amerikanische Familie, die zurückreist, und du glaubst, ihr werdet nur laute *salaams* zu hören kriegen und mit herzlichem Teetrinken willkommen geheißen?«

»Wir sind auch Iren – schon vergessen?«

»Ha! Denk doch mal nach.«

»Chris hat große Angst«, sagte ich.

»Dein Bruder ist klug. Nicht wie der Rest der Familie Ward, der nicht hören will. *Baba*, versprich mir eines. Frag niemand nach Hassan.«

»Ich versprech's dir.«

»Sprich mit niemand darüber. *Khub*, ich muss jetzt.«

»Mach's gut, Amir.«

»*Khoda hafez.* Gott schütze euch.«

»*Khoda hafez*, mein Freund.«

Nur ganz wenige Freunde sahen in der Reise unserer Familie etwas anderes als den hellen Wahnsinn. Amir machte da keine Ausnahme. Seit der Revolution hatte er keinen Fuß mehr auf den Boden seiner Heimat gesetzt.

Nachdem er erfahren hatte, dass meine Eltern wild entschlossen waren, die Reise zu machen, war schließlich auch der noch unentschiedene Kevin bereit mitzuziehen. Eine Woche danach stimmte auch der stets übervorsichtige Chris zögernd zu. Die gesamte Familie plante, sich auf der schwülfeuchten Insel des Scheichtums Bahrain zu treffen, gerade mal 80 Kilometer von Richards Zuhause in Saudi-Arabien entfernt. Dort sollten wir unsere alles entscheidenden Visa erhalten.

Zwei Tage bevor wir New York verließen, entdeckte ich einen detaillierten Atlas vom Iran, der in persischer Sprache verfasst war, die ja Ähnlichkeit mit dem Arabischen besitzt. In der Wohnung eines Freundes an der 44. Straße in der Nähe des Times Square blätterte ich in dem Band herum und suchte nach einem Register der Ortsnamen, begann bei *t*, suchte dann *oo*, danach *d*, und plötzlich blieb mein Blick an einem Namen hängen: T-u-d-e-sh-k. War es das?

Noch einmal kontrollierte ich die Schreibweise und starrte ungläubig auf die Karte. Da war sie, unsere Nadel im Heuhaufen, ein winziger Fleck, versteckt in einem zentralen Gebirgszug an der Grenze zur Wüste Dasht-e Kavir! Vielleicht hatte meine Mutter in all den Jahren recht gehabt. Tudeshk.

In einer fernen asiatischen Wüste nach diesem vergessenen Dorf zu suchen, in der Hoffnung, dort unseren vor langer Zeit verlorenen Freund wiederzufinden, das war, gelinde gesagt, ungewöhnlich. Auf der anderen Seite hatten wir schließlich nie ein vorhersehbares Leben nach dem klassischen amerikanischen Muster geführt. Vielmehr hatte es zeitweise so ausgesehen, als würde unser Leben im Iran dem von einer unsichtbaren Hand geschriebenen Plan folgen.

Mein Vater Patrick hatte die Zeichen der Zeit 1950 in Manhattan erkannt. Damals verbluteten junge GIs im tiefen Schnee Koreas. Die Frage »Wer verlor China?« war das beherrschende Thema auf den Fluren der Macht am Potomac. Präsident Harry Truman versprach eine neue Wasserstoffbombe. Eine schwarze Liste war im Entstehen. Bizarre neue Begriffe schlichen sich in den politischen Wortschatz ein: »voreiliger Antifaschist«, »radikaler New Dealer«, »sozialer Aktivist«. Und natürlich »Gesinnungsgenosse«, *Fellow traveler*.

Letzterer klang in meinen Ohren als Kind immer reizvoll. Ein *Fellow traveler* musste jemand sein, dem man vertraute, mit dem man sich Geschichten erzählte und gemeinsam Abenteuer bestand. Für mich klang es liebevoll; ich wäre gern so genannt worden. Doch dann erklärte mein Vater mir die Bedeutung des Begriffs in Zeiten des Kalten Krieges. »*Fellow traveler*«, so sagte er, »hielt man früher für etwas Besonderes. Sie hatten kein kommunistisches Parteibuch, denn sie waren echte Subversive und agierten im Geheimen. Als Helfer und Anstifter. Puppenspieler hinter den Kulissen. Man sah sie stets an seltsamen Orten, in großer Gefahr.«

1950 hatten Senator Joe McCarthy und sein Ausschuss gegen Unamerikanische Aktivitäten ihren konspirativen Kreuzzug bereits begonnen. Die Feuer der Inquisition brannten; der Anhörungssaal war zum Prominentenzirkus geworden. Ihre Taktik: Namen ins Spiel zu bringen. Jeder, der das System in den Dreißiger- und Vierzigerjahren in Frage gestellt hatte, war in Gefahr. Intellektuelle, Schriftsteller, Schauspieler, Aktivisten, Gewerkschafter – sie alle wurden zu Zielscheiben.

Mein Vater wäre einer von ihnen gewesen. Als geborener Rebell mit flammend rotem Haarschopf verkörperte er eine exotische Mischung: ein von Yeats inspirierter romantischer Sohn irischer Eltern, ein leidenschaftlicher Sozialist und ein Schauspieltalent, das von Auftritten am Broadway träumte.

Als Kind von Einwanderern aus Donegal war Pat Ministrant gewesen und hatte bereits in der sechsten Klasse jedes Buch der Bibliothek von Bayonne, New Jersey, gelesen. Obwohl er der beste Schüler der St. Henry School war, verwehrte man ihm das alljährlich vergebene Stipendium. Das ging stattdessen an den Sohn eines reichen Mannes, der insgeheim versprochen hatte, einen neuen Flügel für das Schulgebäude zu stiften. Man muss Gott für diese Ungerechtigkeit danken, denn das Stipendium, das ihm das Herz brach, hätte ihn ins ferne Irland gebracht, wo er die Priesterlaufbahn eingeschlagen hätte. Und nichts von dem, worüber ich hier berichten möchte, wäre geschehen.

Mit sechzehn machte Patrick sich auf und begann, die Schweißerlehrlinge in den Tavernen und Lagerschuppen entlang des Hudson River zu organisieren. Dort verdiente er sich die ersten Sporen als Gewerkschaftsaktivist im New Yorker Hafenviertel. Seine politischen Ansichten und sein lockiges rotes Haar trugen ihm den Spitznamen Paddy the Red ein. Damals herrschte die Große Depression. Alles war zusammengebrochen, kaum jemand hatte Arbeit, die Löhne waren mager, die Zukunftsaussichten trüb. Streiks führten zu Auseinandersetzungen mit der Polizei. Als mein Vater eingesperrt wurde, stellte ihm mein Großvater, um ihn gegen Kaution aus dem Knast zu holen, nur die einfache Frage: »Aber warum, Patrick?« Der junge Pat sah ihn voller Überzeugung und mit schmerzlichem Gesichtsausdruck an und antwortete: »Weil wir es tun müssen.« Sein Vater hat das nie wirklich verstanden. Er war ein stiller Mann, der in »the Hook«, der Raffinerie von Bayonne, in der Nachtschicht arbeitete. Seine wahre Stimme war seine Fiedel, die bei Hochzeiten und anderen Festen zum Leben erwachte

Dann versank die Welt im Krieg, und eine Generation wurde nach Übersee geschickt. Im Dezember 1941 machte Pat sich mit seinem Schweißbrenner in der Hand auf den Weg nach Westen, Richtung Hawaii, um die Reste der Pazifikflotte zusammenzuflicken, die immer noch in Pearl Harbour dümpelte. Wie Yossarian in *Catch*-22 meldete er sich bei der amerikanischen Luftwaffe und wurde Bomberpilot. 1944 saß er in einer knarzenden B-17 Flying Fortress und suchte nach deutschen Zielen. Er musste mitansehen, wie angreifende Fock-Wulf ihre Beute umkreisten und Flugzeuge mit darin gefangenen Freunden brennend und kreiselnd zur Erde stürzen ließen. Am Boden trank er viel mit seiner Crew, und nach jeder Mission tauchten unweigerlich neue Milchgesichter auf, um die Posten der toten Männer einzunehmen.

Wie Yossarian zählte er zu den Überlebenden. Sein Bruder Sean wurde bei der Ardennenoffensive schwer verwundet und erlitt Erfrierungen, während sein Bruder Jimmy an den blutigen Stränden von Guadalcanal Banzai-Angriffe abwehrte. Er hatte dem System nie großes Vertrauen geschenkt, und so war Patrick sich sicher, dass ihr irisches Glück ihnen geholfen hatte. Am Schluss, als er aus dem aktiven Dienst entlassen wurde, lag Berlin in Schutt und Asche. An einem nebeligen Juniabend stand er draußen auf dem Flugplatz im englischen Kettering, ausgestattet mit einem Ticket nach Amerika, als ein Flieger ihn um seinen Platz bat.

»Hey, Kumpel, ich möchte so gern zu meinem Mädchen. Unsere Hochzeit steht an! Komm schon, Rotschopf, sei ein Freund und überlass mir deinen Sitz.« Mein Vater empfand Mitgefühl, und schon schnappte sich der Mann mit Tränen in den Augen seine Sachen und beeilte sich, an Bord zu kommen. Pat spazierte zurück in den Pub, um für den nächstmöglichen Flug aufgerufen zu werden. Wenige Stunden später kursierte die geflüsterte Neuigkeit: Die B-17 war in die Irische See gestürzt. Keine Überlebenden.

Nachdem der Krieg vorbei war, floh Pat an den abgelegensten Ort auf dem amerikanischen Kontinent, in die majestätischen Rocky Mountains. Er stieß auf die Granitfelsen von Boulder, die die Rasenflächen der University of Colorado umgeben. Dort lernte er Donna Jean Ball kennen.

Meine Mutter wurde sich der Welt und ihres Platzes darin erstmals durch eine große Landkarte der Vereinigten Staaten bewusst, die im Klassenzimmer ihrer Grundschule hing. Dort erfuhr sie, dass Hutchinson, Kansas, geografisch in der Mitte des Landes und in ihren Augen in der Mitte der Welt lag. Als junges Mädchen, das in einer Kleinstadt nahe der Farm ihrer Großeltern aufwuchs, träumte sie von Außenposten im smaragdgrünen Dschungel und einem dunklen, langsam dahinfließenden Fluss namens Kongo, wo ihr Onkel Otto und ihre Tante Gladys als Missionare lebten. Jedes Jahr wartete sie vergeblich auf die ihr versprochenen Geschenke: einen scharlachroten frechen Papagei und einen schaukelnden Gibbonaffen mit silbrigem Fell. Als ihr Vater mit der Familie Richtung Westen nach Colorado zog, änderte sich für Donna alles. Durch eine Sorority-Freundin auf die Uni-Bühne gelockt, wurde sie für eine Aufführung von Josefina Nigglis *Red Velvet Goat* besetzt, die man getrost vergessen kann. Als sie während einer abendlichen Probe für eine Massenszene südlich der Grenze selbstbewusst als Señorita auftrat, stieß sie auf Patrick Ward, der mit seinem breiten, irisch geprägten New Yorker Akzent in die Rolle eines schnurrbärtigen, ungestümen mexikanischen Señors geschlüpft war. Nach ihrer Aussage wirkte er darin »unfreiwillig komisch«.

Er war jedoch nicht nur ein einzigartiger Typ auf dem Campus – als zwerchfellerschütternder Laiendarsteller und Stipendiat in Wirtschaftswissenschaften –, sondern auch das ärmste menschliche Wesen, das ihr bis dato begegnet war. Praktisch sofort beschloss sie, ihre gesicherte Existenz aufzugeben und sich ihm für das wahre Abenteuer anzuschließen. Pat war Kriegsveteran, neun Jahre älter als sie, und er war unwiderstehlich. Ihr geordnetes Leben löste sich plötzlich in nichts auf, und sie trat begeistert als politische Aktivistin in seine Welt ein – eine aufregende Ansammlung von idealistischen Träumern, wie sie sie nie zuvor gekannt hatte. Donna war bezaubert. Sie entschied sich für ihre Gesellschaft, obwohl sie sich nie sicher war, ob diese Leute ihr wirklich trauten. Tagsüber fuhren sie und Patrick Nahrungsmittel zu streikenden Bergarbeitern in das Gebirgsdorf Louisville, abends spielte er Theater und führte Regie, während sie Bühnenbilder entwarf. Pat war Theaterkritiker der College-Zeitung, sie wurde die Gesellschaftsreporterin. Die Welt war brandneu, die beiden waren verliebt.

Völlig mittellos, wie er war, lieh sich Pat 100 Dollar für die Hochzeit. Er hatte nichts anderes vorzuweisen als seine Air-Force-Uniform und ein ziemlich lächerliches Hochzeitsgeschenk – ein Los einer irischen Lotterie von seiner Schwester Sue –, das sich bald als das nächste Wunder entpuppte. Das Los war ein Treffer. Nicht das ganz große Geld, aber mit den gewonnenen 500 Dollar erstand das frisch verheiratete Paar ein '39er Oldsmobile aus dritter Hand und brauste ostwärts, in die 98. Straße in New York. Das eine Ende der Straße mündete in die Madison und die Fifth Avenue, das andere markierten auftauchende U-Bahnen. Nachts brannten auf der anderen Straßenseite Lagerfeuer auf freien Bauplätzen, und Klänge von Latinomusik und Getrommel auf Motorhauben erfüllten die Luft.

Patrick schrieb sich an der Columbia ein, ergatterte einen Job und fand sogar noch die Zeit, das puertoricanische Baseballteam aus dem Viertel zu coachen und zum Titel in der erste Liga zu führen. Wenn Donna an Männern vorbeispazierte, die sich unter den gelb gemusterten Markisen ihrer Bodegas die Zeit vertrieben, grüßten diese sie lächelnd und voller Stolz auf ihren Sieg. Pat machte seinen Master-Abschluss und Donna studierte am Hunter College. An den Wochenenden traf man sich mit Freunden aus Greenwich Village zum Singen, zum Diskutieren übers Theater oder zum Scharadespielen. Hin und wieder war auch ein junger Schriftsteller namens Norman Mailer dabei.

In Washington, D. C., war die Stimmung jedoch weniger heiter. Die Hexenjagd hatte begonnen. Die Anhörungen von Senator Joe McCarthy in Sachen »Unamerikanische Aktivitäten« brachten die antikommunistische Hysterie zum Siedepunkt, als das Land das Schicksal der *Hollywood Ten* verfolgte. An der Universität von Kalifornien in Berkeley wurden Treueschwüre gefordert. Dutzende Professoren kündigten aus Protest.

Als frisch gebackener Absolvent ergatterte mein Vater einen Job im seriösen *Bureau of Labor Statistics* in Manhattan. Bald begannen ruppige, kettenrauchende FBI-Agenten in seinem Büro aufzutauchen. J. Edgar Hoovers G-Men waren unerbittlich, voller Misstrauen und noch dazu humorlos. Sie bombardierten ihn mit Fragen.

»Waren Sie in Colorado Mitglied der *Social Science Reds*?«

»Ich habe Third Base und Batted Lead-off gespielt. Haben fast die Meisterschaft gewonnen.«

»Waren Sie '39 mit Harry Bridges in San Francisco?«

»Zusammen mit etwa zehntausend anderen Gewerkschaftern.«

»Haben Sie als Theaterkritiker in Colorado über Straßenszenen in Mietskasernen geschrieben?«

»Unser Theater folgte einem Motto: Kunst sollte lebensnah sein.«

»Sind Sie sich sicher, dass Sie es nicht für Sozialaktivismus genutzt haben? Waren nicht einige Ihrer Freunde Mitglieder der Kommunistischen Partei?«

»Ich hatte viele Freunde.«

In Wirklichkeit hatten Pat und Donna den Kontakt zu jenen Kollegen abgebrochen, die in ihrem Fanatismus die Realität des Koreakriegs leugneten. Die Gesinnungstreuen beharrten darauf, der Norden sei nicht in den Süden einmarschiert. Dogma erzeugte Verleugnung. Pat spürte, dass ihre

Überzeugung unanfechtbar war. Stattdessen fuhr er fort, Hilfen für die streikenden Bergleute zu organisieren, die in den kalten Bergen oberhalb des ländlichen Campus von Boulder festsaßen.

In jenen verrückten Zeiten sagte meine Mutter zu Patrick: »Für uns gibt es nur eine Möglichkeit, uns einzufügen. Wir müssen an einen Ort wie Afghanistan ziehen.« Verrat, Verdächtigung, Hochverrat, Erpressung und Spionage waren die schrillen neuen Schlagworte des heraufziehenden Kalten Krieges. Pamphlete wie *Red Channels*, die Mitglieder der Kommunistischen Partei auflisteten, waren aufgetaucht. Man zeigte mit dem Finger aufeinander. Gerüchte wurden in Umlauf gebracht. Jedem Menschen mit einer Vergangenheit wurden die Türen vor der Nase zugeknallt.

Sein alter sozialistischer Freund im *Bureau of Labor Statistics*, Harry Lawson, hatte ihn davor gewarnt – sollte er je danach gefragt werden – zuzugeben, dass sie einander jemals begegnet wären. Am nächsten Morgen führten zwei Agenten Harry durch den langen Flur des Büros ab. Pat beobachtete schweigend von seinem Büro aus, wie Harry zur Tür hinausgezerrt wurde. In Pats Schreibtischschublade lag eine fette Mappe, die der junge FBI-Agent bei seinem vorigen Besuch vergessen hatte. Pat warf sie in den Flur. Der erleichterte Mann erschien eine Stunde später schwitzend und bedankte sich bei jedem. »Gott sei Dank. Wenn ich diese Unterlagen verloren hätte, hätte ich auch meinen Job verloren. Jungs, wie kann ich euch das jemals danken?« Pat bat ihn nicht um den offensichtlichsten Gefallen. Nach den Besuchen der FBI-Agenten und nachdem Lawson das *Bureau* verlassen hatte, wusste Pat, dass es Zeit für einen Ortswechsel war. Die Entscheidung wurde noch dringlicher, weil Donna schwanger war. Während ein weiterer eisiger Winter Manhattan in die Zange nahm, wurde ihr klar, dass diese Stadt kein Ort für ihr Neugeborenes wäre.

Als sie an einem trostlosen Nachmittag die *New York Times* las, stieß sie auf eine Stellenanzeige, die ihrer beider Leben verändern sollte. Sie riss die Anzeige heraus und rief von einem Münztelefon auf der anderen Straßenseite aus die angegebene Nummer an. Kurze Zeit später traf ein Telegramm ein. Am Morgen danach betraten Pat und Donna das Büro der Arabisch-Amerikanischen Ölgesellschaft Aramco auf der Park Avenue und wurden bald von einem bebrillten Interviewer ausgefragt. Von Pat wollte er erfahren, ob er irgendetwas über Saudi-Arabien wüsste. Pat bluffte. Donna studierte derweil die Fotos an den Wänden: hübsche weiße Bungalows, blauer Himmel und grinsende Auswanderer im Sonnenschein. Der Einsatzort lag eine halbe Weltreise entfernt, jenseits des Persischen Golfs in einer Provinz namens Al-Hasa, wo die Temperaturen im Sommer auf über 40 Grad steigen. Die Sonnenallergie meiner Mutter blieb unerwähnt. Sie verließen das Büro mit einem Vertrag sowie einer Liste der benötigten Ausrüstungsgegenstände, die an ein Merkblatt für ein Ferienlager erinnerte. Sie träumten von balsamischem Wüstenhauch, während sie in den Abteilungen für Kreuzfahrtkleidung nach Sommersachen suchten und unter anderem einen weißen Smoking erwarben, der viele Jahre in prächtiger, großartiger Abgeschiedenheit zubringen sollte.

Eine Woche später trat Pat sein Dasein im Exil an. Das war 1952. Im selben Jahr verließ Charlie Chaplin New York auf einem Segelschiff und wurde auf See davon in Kenntnis gesetzt, dass er als politisch inakzeptabler Ausländer niemals nach Amerika zurückkehren könne. Der freiwillige Auswanderer Pat bestieg ein Flugzeug der Aramco in den Libanon, wo er in Sidon einen Monat lang Arabisch lernen sollte, bevor er schließlich auf den kargen Dünen Saudi-Arabiens landete. Meine Mutter folgte ihm später mit ihrem kleinen Baby Kevin.

Ihre Fußspuren auf den Sandflächen entlang des Golfs sollten den Beginn einer 20-jährigen Reise darstellen. Bei Aramco schickte Pat die ersten saudischen Angestellten auf amerikanische Universitäten und setzte sich für die Rechte der Arbeiter ein – etwas Unerhörtes für Ölgesellschaften, die die britischen Kolonialherren in den Nachbarstaaten Kuwait, Bahrain und Iran betrieben. Dort klammerten sich englische Bürokraten aus dem frisch befreiten Indien noch eifersüchtig an ihre imperialen Praktiken gesellschaftlicher Apartheid und Ausgrenzung. Am Golf und im Iran war die britische Oberherrschaft viktorianischer Zeiten noch quicklebendig.

Auf dem amerikanischen Gelände waren lautes Theater und selbst gebrannter Schnaps angesagt. Pats Performance in *South Pacific* und seine Produktion von *Night Must Fall* hauten die nach Kultur hungernden Leute um, während die heftigen *shamal*-Sandstürme durch die Grenzstadt Dhahran fegten. Die meisten Amis waren um die zwanzig oder dreißig, Ivy League und Stanford-Absolventen, eine kleine Auswahl der Besten und Hellsten. Pat brillierte auf der Bühne und auch sonst, unter anderem als Co-Autor von *Blue Flame,* einem von der Firma herausgegebenen Ratgeber zur Herstellung von Alkohol in der eigenen Küche.

Eines Tages bekam Pat eine Warnung eines jungen Arztes aus Huntington, New York: Der Sicherheitschef des Unternehmens habe damit geprahlt, eine FBI-Akte über Pat Ward zu besitzen. Aus Neid auf Pats Freundschaft mit dem Arzt des Camps hatte dieser Sicherheitsmann in einer absurden Eifersuchtsgeste verkündet, mein Vater sei »ein Sicherheitsrisiko für die amerikanischen Interessen«.

Wütend hatte Pat seinen Manager ersucht, das nicht auf sich beruhen zu lassen. Sein Chef hatte ihm jedoch gelassen geraten: »Lass es. Du musst dir keine Gedanken machen. Das würde nur einen Sturm heraufbeschwören, und dann wäre ich vielleicht nicht in der Lage, dich zu schützen. Schließlich ist er der Sicherheitschef.« Also passierte nichts, aber ein schwelender Zorn blieb. Jahre später verlangte Pat im Zuge des Gesetzes *Freedom of Information* Einsicht in seine Unterlagen. Die Nachforschungen ergaben eine absolut leere Akte.

Nachdem John F. Kennedy 1960 die Präsidentschaftswahl gewonnen hatte, beschloss Pat, sich erneut zu verändern. Er nahm eine Stelle als Wirtschaftsberater bei der staatlichen iranischen Ölgesellschaft an. Als wir in die kühle Höhenluft am Teheraner Flughafen Mehrabad hinausstolperten, war Kevin erst sieben, ich fünf, Chris vier und der kleine Richard gerade mal zwei Jahre alt. Der Schah auf seinem Pfauenthron hatte sich einen klingenden neuen Titel zugelegt, *Aryamehr*, Licht der Arier. Jenseits des Kaspischen Meeres war Stalins Leiche am Roten Platz in Moskau soeben frisch aufgebahrt worden.

KAPITEL 2

Ein zweites Kommen

Der Flughafen von Bahrain war ein ungewöhnlicher Ort für eine Zusammenkunft der vier Ward-Brüder am 1. April 1998. Richard war pflichtbewusst mit dem Auto von seinem Zuhause in Saudi-Arabien gekommen, um uns nach einem strapaziösen Flug von New York über London abzuholen. Aber erst einmal galt es, ihn in dem Chaos überhaupt zu finden.

Ohne Vorwarnung waren wir von anbrandenden Wellen aus 747-Maschinen der Pakistan International und der Air India umgeben, die ein Meer von Gastarbeitern, Hausmädchen, Kinderfrauen, Hilfsarbeitern, Buchhaltern, Großmüttern und Laufburschen ausspuckten. Dieser massive Zustrom aus Südasien hielt die Wirtschaft am Golf in Gang. Nachdem wir den Iran erwähnt hatten, ernteten wir beim Ersuchen um ein 72-Stunden-Transitvisum misstrauische Blicke. Der neugierige Blick von Colonel Abdullah in seiner schicken Khaki-Uniform signalisierte Kevin, dass er mehr erfahren wollte.

»Sir, warum wollen Sie in den Iran reisen? Aus geschäftlichen Gründen?«, fragte er durch die Scheibe am Schalter.

»Nein. Zum Vergnügen.«

Er lachte und ließ seinen Stempel aufs Papier krachen.

Erneut wurden wir von dem heftigen Menschenstrom mitgerissen und trieben an einem rosa Mercedes mit goldglänzenden Radkappen vorbei, der auf einer Drehscheibe in der blitzblanken marmornen Ankunftshalle stand – der Flughafen-Tombola-Preis für diesen Monat. Über den Köpfen blinkten auffällige Werbebotschaften verführerisch für Silk-Cut-Zigaretten, Rolex-Uhren und Chanel-Parfum.

Es war Kevins und Chris' erster Aufenthalt im Nahen Osten, seit wir uns fünfzehn Jahre zuvor alle in Ägypten getroffen hatten. Damals studierte ich dort die Geschichte der Pharaonen und sang in der Jazzband meines griechischen Klassenkameraden Leonidis aus Alexandria. Danach waren wir in der Morgendämmerung auf die Cheopspyramide geklettert, um den Sonnenaufgang über dem Nildelta zu erleben, waren in die staubigen Grabmale des

Alten Reiches in Sakkara gestiegen und hatten uns im mittelalterlichen Labyrinth des Souk Khan al-Khalili in Kairo verirrt.

Der glitzernde Golfstaat war, wie Kevin und Chris rasch begriffen, ultramodern und von den verarmten und rückständigen arabischen Nachbarn im Norden – Jordanien, Ägypten und Irak – scharf abgegrenzt. Nachdem Kevin die seltsame Mixtur aus schnellem Reichtum, Hochglanzarchitektur und Lotteriepreisen aufgenommen hatte, verkündete er uns seine Einschätzung, wonach Bahrain ihm wie Las Vegas vorkomme. Chris stimmte ihm zu. Doch dann lief eine schwarz verschleierte Frau an uns vorbei und ließ die beiden verstummen. Vom Jetlag erschöpft warteten wir, bis Rich endlich durch die sich öffnenden Glastüren hereinspazierte. Seine lauten Freudenschreie sorgten bei den Sicherheitsbeamten des Flughafens sofort für prüfende Blicke, während Rich uns mit seinem kräftigen Armen umschlang und an sich drückte. Leicht schwindelig, verspannt und ein bisschen wackelig auf den Beinen stiegen wir in seinen Van, den er unerlaubterweise direkt vor der Ankunftshalle geparkt hatte.

Die tropfenförmige Insel Bahrain gibt die demografische Kluft, die den Islam in zwei bedeutsame Gruppen – Schiiten und Sunniten – spaltet, sehr anschaulich wider. Die Bevölkerung besteht, wie ich wusste, größtenteils aus Schiiten, ebenso wie im Iran, wo die Schiiten sogar mehr als 98 Prozent ausmachen. Allerdings liegt in Bahrain die gesamte politische Macht bei der Herrscherfamilie, der Sicherheitsapparat aber in der Hand der sunnitischen Minderheit. Die Demokratie hat diesen Teil der Erde noch nicht erreicht. Scheichtümer und Erbmonarchien sind hier die Regel.

Die schiitischen Araber am Golf wurden schon immer von ihren sunnitischen Herrschern in Saudi-Arabien, Kuwait, Bahrain und den Vereinigten Arabischen Emiraten als Ketzer verdammt und verfolgt. Uralte Ängste und Misstrauen förderten den Hass dieser arabischen Machthaber. In der wahabitischen Hauptstadt Riad versicherte mir einmal ein führender Manager einer Ölgesellschaft ganz ernsthaft, Schiiten hätten Schwänze.

Die in Siedlungen rund um den Golf zusammenlebenden arabischen Schiiten hegen wegen ihrer gemeinsamen Religion schon immer eine natürliche Sympathie für die iranischen Gläubigen jenseits des Golfs. Viele halten sie für eine Art fünfte Kolonne mit geheimen Verpflichtungen gegenüber dem Iran. Während der explosiven Tage der islamischen Revolution von 1979 fürchteten die saudischen Prinzen, ihnen könnte es ergehen wie dem persischen Schah. Im nahen Bahrain signalisierten immer wieder aufflammende Studentenproteste Unzufriedenheit.

Ich hatte nach und nach Sympathien für diese schiitischen Araber entwickelt, nachdem ich acht Jahre lang viele Seminare für Managementtraining in diversen Golfstaaten geleitet hatte. Wie die meisten verfolgten Minderheiten besaßen sie eine stille Würde und strahlten eine Sehnsucht nach Gerechtigkeit aus. Unter ihnen herrschte kein Anspruchsdenken. Am Golf vermieden amerikanische Diplomaten es unter allen Umständen, irgendeines der Öl-Königreiche wegen Missachtung der Menschenrechte zu kritisieren. Dieses Schweigen sorgte dafür, dass das Öl weiterfloss.

Auf der Rückbank von Richs Kleinbus und umgeben von meinen Brüdern fühlte ich mich wie befreit vom drohenden Trübsinn einer neuen Runde von Consulting-Projekten in den disneyartigen Wüstenscheichtümern. In einem Jahrzehnt des freiwilligen Exils während der Reagan-Ära hatte ich in Athen gelebt und war von dort aus an den Golf gereist, um Firmen mit multikultureller Belegschaft zu beraten. Zu der schwierigen Mischung gehörten Japaner, Franzosen, Saudis, Ägypter, Bengalis, Filipinos, Amerikaner und Griechen – widerwillig zusammengewürfelt in den goldenen Kokons arabischer Stadtstaaten, im Sand verstreut und der prallen Sonne ausgeliefert.

In der Golfregion ist jedoch seltsamerweise eigentlich niemand mehr den Elementen ausgesetzt. Alles findet drinnen statt. Das Geräusch von im Wind flatternden Zeltplanen wurde durch das beständige Summen der Klimaanlagen ersetzt. Im Sommer erreichen die von der künstlichen Kälte ausgelösten Fälle von Lungenentzündung epidemische Ausmaße.

Gesellschaftliches Leben und Freizeitgestaltung haben sich auf Video-Marathons und natürlich das literweise Trinken von verbotenem, aber trotzdem reichlich fließendem Alkohol reduziert. Während die Frauen in Burkas – im englischen Sprachgebrauch auch *bimos* für *black independent moving objects* genannt – durch geschlossene marmorne Shopping Malls huschten und mit ihren exponierten Fußknöcheln darauf achteten, den verhassten Mutawas, der Religionspolizei, immer einen Schritt voraus zu sein. Die alte Beduinenkultur Arabiens hat ihre Kamele gegen Cadillacs eingetauscht, sich einen ordentlichen Bauch angefuttert und hegt eine obsessive Leidenschaft für Louis-XV.-Möbel. Und irgendwo entlang des Superhighways in die moderne Zeit hat sie ihren Charme verloren und ihre Seele verpfändet.

Als Kontrast dazu war die Vorstellung, in den Iran zurückzukehren, äußerst verlockend. Dort hatte es irgendwie Klick gemacht. Die Globalisierung hatte ganz rasch und unerwartet eine aufs Maul bekommen. Die Ikonen der amerikanischen Kultur – McDonald's, Nike, MTV, Augenbrauen-Piercing und Planet Hollywood – hatte man sich dort zum Glück vom Leib gehalten.

Während wir in Richs Van die palmengesäumte Küstenstraße entlangschaukelten, bewegten wir uns am Golf entlang, dessen Wasser im blendenden Sonnenlicht silbrig glitzerte. Die feuchte Luft drang in Böen durch die Fenster. Bahrainis flanierten in weißen Gewändern mit weichen Kopftüchern aus Baumwolle und schwarzen Doppelkordeln aus Kamelhaar, die ihre Kopfbedeckungen festhielten.

Rich sagte, er werde uns rasch über die Brücke zu seinem Zuhause in Saudi-Arabien bringen, wo unsere Eltern bereits eingetroffen waren. Mutter humpelte, weil sie kurz zuvor gestürzt war und sich den Fuß verstaucht hatte, was jeden anderen von uns wohl ins Bett gezwungen hätte. Dad war für seine 73 Jahre in hervorragender Verfassung.

Als ich meine Brüder der Reihe nach musterte, wurde mir klar, wie viel sich seit unseren Kindertagen in Teheran verändert hatte. Chris' blonde Locken hatten sich geglättet, Kevins schwarze Mähne war ebenso verschwunden wie Richards.

Chris überragte uns alle mit seinen sportlich schlanken 1,83 Metern. Seine Künstlerhände, mit denen er einst Steine und Muscheln in einem aquamarinblauen Glas gesammelt hatte, das er seine Schatzkiste nannte, formten nun kunstvolle Skulpturen und gossen geschmolzene Bronze in lebensgroße weiße Gipsformen. In seinem Atelier in Philadelphia versah er seine Figuren mit einer grünlichen Patina, so wie die der antiken Luristan-Bronzeskulpturen im Iran. Sein kreatives Talent verblüffte meine Eltern. »Er geht so leicht«, meinte Dad einmal zu mir. »Er berührt die Erde nur bei jedem vierten Schritt.«

Kevin dagegen schien es zu genießen, zwei Rollen zu spielen: »Bruder Nummer eins« und den Literaturästheten mit Ivy-League-Hintergund, der bei jeder Gelegenheit T. S. Eliot zitiert. Nachdem er seinen Abschluss an der juristischen Fakultät gemacht hatte, wandte er sich von diesem Beruf ab und gestand meinem Vater, dass er alle Anwälte für unerträgliche Masochisten hielt. Er verfasste ein satirisches Werk mit dem Titel *Not the Official Lawyers' Handbook*, während er in Smoking, Tennisschuhen und mit einem ausgeblichenen Hudson-Riverkeeper-Baseballcap durchs New Yorker Nachtleben zog. Als unangepasster und individuell gestylter Futurist entwarf er im Moment Reden für CEOs aus der Hightech-Branche und kreierte gigantische Produktionen für Firmen-Events. Seine beste Arbeit lieferte er ab, als er in einem Boot vor Shelter Island saß, wo J. M. Barrie *Peter Pan* geschrieben hat. Einmal wöchentlich pendelte Kevin mit Begeisterung nach Cambridge, wo er in Harvard ein Seminar über amerikanische Literatur hielt.

Chris und Kevin hatten sich in Amerika ihre eigenen Welten geschaffen. Wenn der Abend hereinbrach und sie ihre kleinen Kinder zu Bett brachten, konnte man noch immer das Echo der vertrauten persischen Stimme aus ihren Gutenachtgeschichten heraushören. So wurde das gesprochene Vermächtnis – etwa Hassans Geschichte von Salomos Ring – sorgsam an eine neue Generation weitergereicht.

Der Damm von Bahrain, eine gut elf Kilometer lange Brücke über salzverkrustete Sandbänke und das kabbelige Wasser des Golfs, war quasi das Symbol für einen Kulturschock. Die islamischen Vorschriften in Saudi-Arabien waren strenger als irgendwo sonst auf der Welt – außer vielleicht in Afghanistan unter den Taliban. Die stets verschleierten Frauen durften nicht Auto fahren, arbeiten und wählen. Das Ganze war aberwitzig. Die Saudis scherzten noch immer über die ursprünglichen Konstruktionspläne für den Damm, der eine pfeilgerade Brücke hinüber auf die »Vergnügungsinsel« Bahrain vorgesehen hatte, wo in den Bars Cocktails und Fassbier ausgeschenkt wurde und Stewardessen der Gulf Air ihre blasse englische Haut an luxuriösen Hotelpools bräunten. Für den Rückweg, so der Witz weiter, hätten die Konstrukteure zahlreiche Kurven nach links und rechts vorgesehen gehabt, um all den betrunkenen saudischen Autofahrern entgegenzukommen, die zurück ins enthaltsame Arabien fuhren.

Richard, der mit seinen kurz geschorenen Haaren und der runden Brille am Steuer saß, strahlte Ruhe aus und erinnerte mich ein bisschen an Indiana Jones. Er war Forscher mit Leib und Seele. Seit seiner Kindheit hatte die wilde Pracht der Natur ihn in ihren Bann geschlagen. Als er in Stanford an einem Lehrgang für Geologie teilnahm, trekkte er monatelang durch die entlegene Snake Range von Nevada, um unbekannte Gegenden zu kartieren. Von dort schickte er mir ein Päckchen, in dem sich die Haut einer eineinhalb Meter langen Klapperschlange befand, auf die Richard gekritzelt hatte: »Es heißt, diese Berge lägen unmittelbar vor dem Land Gottes – Kalifornien. Aber wenn du wüsstest, was ich hier mit eigenen Augen gesehen habe: flüsternde Krokusse, Gebirgsmohn, verborgene Quellen, atemberaubende Schluchten, kreischende F-16 am Himmel und tödliche Klapperschlangen zu meinen Füßen. Die hier ist eine ganz besondere. Fast hätte sie mich erwischt.«

Richards Job in Saudi-Arabien schien eine Laune des Schicksals zu sein. Wasserführende Schichten, die unterirdisch von geologischen Falten blockiert werden, waren zu seiner Leidenschaft geworden. Im Mittelpunkt seines Auftrags als Umweltexperte für Aramco stand der Schutz des kostbarsten saudischen Vermögens: Wasser.

Mit seiner Frau Ellen und den kleinen Jungs – die wie ihr Papa in saudiarabischen Krankenhäusern zur Welt gekommen waren – lebte er in Dhahran, einer nach amerikanischem Muster entworfenen Stadt mit Golfplatz,

Bowlingbahn, Baseballfeld, Bibliothek, Kino, Imbiss, Fitnessstudio, Grundschule und Wohnhäusern im Ranchstil. Es war eine seltsame Oase. Um hinein- und herauszukommen, musste man quasimilitärische Kontrollposten passieren.

Als wir in Richards Auffahrt einbogen, sah ich den exzentrischen Fingerabdruck meines Bruders als Kontrast zur Monotonie der Retortenstadt Dhahran: Auf sein Garagentor war Mondrians *Broadway Boogie Woogie* kopiert. Drinnen ließen wir uns dann alle zwischen handgeschnitzten Rajput-Säulen, messingbeschlagenen Türen und Intarsientischen nieder, um unser letztes Abendessen vor unserer Reise einzunehmen.

Die unerschütterliche Ellen trug ein verschwenderisches Festmahl auf, während ihre beiden kleinen Jungen sich dicht bei ihrem Vater hielten. Brendan und Ames wussten, dass sie nicht mit auf diese Reise kommen würden. Während des Essens tauschten wir alten Familienklatsch aus und erinnerten uns an Geschichten, die uns alle zum Lachen und Weinen brachten. Dann kamen wir auf die anstehenden Fragen zu sprechen.

Am nächsten Morgen würden wir bei Tagesanbruch losfahren. Wir besprachen unsere Reiseroute, die Richard festgelegt und sorgfältig ausgearbeitet hatte. Anstatt nach Teheran zu fliegen, würden wir sozusagen durch die Hintertür einreisen und in der südpersischen Stadt Shiraz landen. Von dort aus ging es nach Norden, vorbei an Persepolis und der Zoroastrier-Stadt Yazd bis an den Rand der Wüste Dasht-e Kavir. Gemäß meiner Karte lag ein Dorf namens Tudeshk – von dem wir hofften, es handle sich um Hassans Geburtsort – in den Bergen östlich von Isfahan.

Beim Abendessen erhob sich unser alter Freund Tom Owen, der für seine monatelangen Landrover-Touren durch die lebensfeindliche Wüste Rub al-Khali berühmt-berüchtigt war, um einen Toast auszubringen. »Auf den Ward-Clan.« Er hob sein Glas mit selbst gemachtem Rotwein. »Auf einen mutigen Sprung ins Vertraute und ins Unbekannte.«

»Hier«, sagte Chris und schob den Zettel mit unserer Reiseroute über den Tisch zu Tom. »Damit du weißt, wo du mit der Suche beginnen solltest, falls wir nicht zurückkommen.« Dann fragte er ihn nach Überlebenstipps.

»Jeder sollte ein eigenes Versteck für Bargeld haben«, riet Tom. »Falls ihr euch aus kritischen Situationen rauskaufen müsst.«

Beim Dessert las Chris langsam aus dem *Lonely-Planet*-Reiseführer vor. »Vor der Einreise in den Iran solltest du die Adresse und Telefonnummer deiner diplomatischen Vertretung in Teheran auswendig lernen.« Er legte eine kurze Pause ein. »Das Recht, als Ausländer den eigenen Konsul anzurufen, wird nicht immer geachtet, besteh also darauf, bevor man dich wegbringt.«

Tom stand auf und verabschiedete sich mit dem altehrwürdigen arabischen Gruß: »*Allah maakum* – Gott sei mit Euch.«

Chris kringelte die Telefonnummer der irischen Botschaft ein. »Jetzt bitte alle genau auf diese Nummer hören …« Drei von uns führten neben dem amerikanischen auch einen irischen Pass mit sich.

Um halb zwei Uhr morgens kühlte der frische Wüstenwind die Wärme unserer Familienzusammenführung. Uns blieben noch vier Stunden Schlaf. Unheimliches Geschrei kämpfender Katzen vor meinem Fenster trug zu meiner Schlaflosigkeit bei. Neue Zweifel an der Sinnhaftigkeit des ganzen Unternehmens tauchten auf. Brachten wir uns wegen eines nicht mehr existierenden Traumes leichtfertig in Gefahr? Wo mochte Hassan sein? Ich fragte mich, ob er spürte, dass wir nach Hause zurückkehrten. Richard hatte uns erzählt, dass noch niemand sich das Kopfgeld von 1000 Dollar, das er mehreren Reisebüros als Belohnung in Aussicht gestellt hatte, verdient hatte.

Das Licht der gelben Gasfackel einer nahen Raffinerie tanzte auf den weißen Spitzenvorhängen meines Schlafzimmers. Aus den Schatten erklang das rhythmische Zirpen der Grillen. Während ich in den Schlaf hinüberglitt, flammten Bilder der Fackel in meinem Kopf auf. Ich sah Hassans Gesicht, erleuchtet von einer langen Reihe von knisternden Freudenfeuern. Er begann zu laufen. Ich holte tief Luft und heftete mich an seine Fersen. Hinter mir stießen meine Brüder Schreie aus. Ich sprang über die erste Flamme. Schwitzend und keuchend, fast blind vom grellen Licht, rannte ich durch die Nacht und jagte seinen entschwindenden Füßen hinterher.

Früh am nächsten Morgen wachte ich auf von Chris' lauten Protesten wegen der Bücher, die ich für die Reise eingepackt hatte. Seine von nervlicher Anspannung zitternde Stimme klang sehr entschieden.

»Willst du uns in den Knast bringen?« Als Beweismittel hielt er *The Iranians* von Sandra Mackey hoch.

»Keineswegs.«

»Gut, dann wirst du das hierlassen.«

»Aber wenn ich nach Italien fahre, nehme ich doch auch Barzinis *Die Italiener* mit.«

»Wir fahren nicht nach Italien.«

Er warf das Buch auf den Tisch. Ich zeigte ihm das Cover.

»Schau, Frauen im Tschador«, sagte ich.

»Aber da ist der Schah mit seiner Krone.«

»Den kann man kaum erkennen.«

»Mach nur so weiter, bring unser aller Leben in Gefahr.« Er öffnete meinen Koffer und inspizierte den Rest meiner Reisebibliothek. »Was hast du da noch drin?«

Er musterte eines nach dem anderen: Calvinos *Die unsichtbaren Städte*, Borges *Labyrinthe*, Marco Polos *Reisen*, Robert Byrons *Der Weg nach Oxiana* und Freya Starks *Durch das Tal der Mörder*.

»Und das hier?« Chris hielt es in die Höhe. »Wann wurde das geschrieben?«

»Stößt du dich an dem Wort ›Mörder‹?«

»Vor oder nach der Revolution?«

»Das ist ein Klassiker.«

»Antworte auf meine Frage.«

»In den Dreißigerjahren. Ich sagte dir doch, dass es ein Klassiker ist. Reg dich ab, Chris.«

»Schau mal, du hast keine Kinder – ich schon. Und du versuchst, diese Handgranaten einzuschmuggeln.« Sein anklagender Blick strahlte nackte Angst aus. »Warum bringst du nicht gleich die verdammte Gesamtausgabe von Salman Rushdie mit, wenn du schon dabei bist?«

Die iranische Botschaft in Bahrain liegt versteckt in Fashaneya, einem schäbigen Vorort mit heruntergekommenen Villen, grellweißem Sand, gepflasterten Straßen, die unvermittelt enden, und mit Straßenschildern, die nichts mit der offiziellen, von der Regierung herausgegebenen Karte zu tun haben, die Richard zur Orientierung benutzte. Wir trafen spät dort ein. Ein einsames Wachhäuschen stand verlassen da. Als wir die Botschaft betraten, übertönte das Geräusch einer überstrapazierten Klimaanlage jedes Gespräch. Wir gaben unsere Pässe ab, setzten uns und warteten. Auf einem Beistelltisch stapelten sich verlockende Reiseprospekte über Isfahan, die türkise Stadt Shah Abbas' und über das dschungelgrüne Mazandaran, eine Provinz am Kaspischen Meer.

Auch ein Buch lag gut sichtbar aus: *Der aufgezwungene Krieg*. Ein offizieller Bildband über den Iran-Irak-Krieg. Aufgezwungen? Ja, es waren die Iraker gewesen, die den Krieg begonnen hatten. Saddam Hussein hatte über den Shatt el-Arab hinweg angegriffen und mit den Ölstädten Khorramshar und Abadan Irans Wirtschaft zerstört und einen mörderischen Zorn entfacht. Die Fotos erzählten die grauenvolle Geschichte. Das unbeschreibliche Gemetzel in den Sümpfen Mesopotamiens stand dem Grauen auf den Feldern Flanderns 80 Jahre zuvor in nichts nach – blinde Männer, verstümmelte Körper, Schützengräben voller zusammengekrümmter Toten. Schnell schloss ich das Buch und musste an Hassan und seine zwei Söhne denken.

Das Büro des iranischen Generalkonsuls war geschäftsmäßig und geräumig. Der Konsul begrüßte uns huldvoll in der schlichten Revolutionskluft – einem weißen Hemd ohne Krawatte und mit Dreitagebart, der sein Grübchenkinn ein wenig kaschierte. Wir plauderten und seine Stimme klang tief und förmlich. Ayatollah Khomeini blickte mit strengem Gesicht und Augen, die wie schwarze Oliven aussahen, auf uns herunter. Nach der unvermeidlichen Tasse Tee gab es einem Stempel mit viel Tinte auf die Seiten unserer Pässe. Er unterschrieb alle sechs Visa mit einem Schnörkel, lächelte und wünschte uns auf Farsi alles Gute. Das war geschafft.

Ungläubig fuhren wir von dort weg. Ein saudisch-schiitischer Freund namens Abdullah, der uns zum Flughafen chauffierte, tat die Abneigung zwischen Arabern und Iranern ab. »Wir sind alle Schiiten, hier im Osten von Saudi-Arabien und Bahrain. Wir brauchen noch zehn weitere Jahre, um aufzuholen. Wir können von den Iranern lernen. Sie haben eine so zivilisierte antike Kultur wie die Ägypter.«

Nur wenige Menschen aus dem Westen wissen, dass alle großen Ölfelder Saudi-Arabiens unter altem Schiiten-Territorium liegen. Es ist der Traum jedes saudischen Schiiten, einmal die heiligen Städte Mashhad und Qom im Iran zu besuchen, sie sind quasi der Vatikan der Gläubigen.

»Sie werden euch mögen, weil ihr Respekt habt«, sagte Abdullah.

»*Inshallah*, so Gott will«, erwiderte ich.

Ausgerüstet mit gespielter Tapferkeit, verbliebenen Ängsten und dem Rollstuhl meiner Mutter, schlossen wir uns den Pilgern an, die meisten arabische Schiiten, die an die heiligen Stätten reisen wollten. Soweit man das in der der halb leeren 727 der Iran Air erkennen konnte, waren wir die einzigen Westler an Bord. Die Maschine kreiste über dem Persischen Golf, wo die 5. Flotte der amerikanischen Marine stationiert war, und überflog eine Phalanx amerikanischer Kriegsschiffe, die das eisengraue Wasser wie eine geschmeidige Schule von Haien durchpflügte.

Zu meiner Linken begann Richard still für sich sein spezielles Mantra zum »aus dem Knast kommen« zu singen: »*Bebakhsheed, nemedonam, man kami divaneh hastam.* Tut mir leid, ich weiß nicht, ich bin ein bisschen verrückt.«

Die jüngsten Berichte in der Presse am Golf waren bedenklich. Die plötzliche Verhaftung des beliebten Teheraner Bürgermeisters Mohammed Karbaschi aufgrund erfundener Korruptionsvorwürfe signalisierte eine weitere unheimliche Offensive der Hardliner. Moderate Technokraten waren »auf der Flucht«. Meine Mutter fragte einen eleganten iranischen Geschäftsmann aus Hamburg aus, der auf Besuch nach Hause flog. Thema waren die jüngsten politischen Entwicklungen. Karbaschi, dem man Unterschlagung vorwarf, war ein aufstrebender Star der Reformerkoalition und einer der führenden Köpfe hinter Präsident Khatamis Überraschungssieg bei der Wahl von 1997 gewesen, der die Konservativen über die Maßen gekränkt hatte. Wie immer auf der Suche nach Widerspruch stellte meine Mutter ihre üblichen aufwieglerischen Fragen.

»Dieser Karbaschi ist ein so wunderbarer Mann.«

»Ja, Madam, er hat viel Gutes geleistet.«

»Warum um Himmels willen sitzt er dann im Gefängnis?«

»Das weiß nur Allah.«

»Aber Mr Karbaschi ist ein so wichtiger Führer für das Land.«

»Die Dinge ändern sich eben.«

»Warum lassen ihn denn die Mullahs nicht gewähren?«

»Nun, vielleicht hat er sich schuldig gemacht«, antwortete er und blickte über seine Schulter um sich.

»Ach, ich bitte Sie.«

»Manche Leute wissen darüber mehr als Sie und ich, Madam.«

Ich bemerkte, dass Chris' nervöse Stupser mit dem Ellbogen sie nicht bremsen konnten. Sie ignorierte ihn einfach und plauderte weiter über den Bürgermeister, die Mullahs, Khatami und die herrschenden Konservativen. Da ließ sich ein verdächtig aussehender Typ mit dem gleichen Dreitagebart wie der iranische Konsul in Bahrain auf den Sitz hinter dem Geschäftsmann gleiten.

»Bitte keine Politik mehr«, bat Moms Gesprächspartner und versuchte sie abzuwimmeln. Er rutschte weiter weg auf den Fensterplatz.

»Wir sind umzingelt«, sagte mein Vater.

»Würdest du jetzt bitte den Mund halten, Mom, und dein Kopftuch aufsetzen«, murmelte Chris.

»Es ist mir zu warm, Schatz.«

»Das ist mir egal«, sagte Chris.

»Ihr solltet euch nicht so viele Sorgen machen, Jungs.«

Mein Vater stöhnte. »Können wir nicht von etwas anderem reden?«

Kevin schloss die Augen und begann Yeats' prophetisches Gedicht »Das zweite Kommen« zu zitieren, als wir das karge Zagros-Massiv hinter uns ließen und der Landeanflug auf das grüne Fars-Plateau ins Landesinnere Persiens begann.

»Drehend und drehend im sich weitenden Kreisel / kann der Falke den Falkner nicht hören.«

Wir nippten an unserem warmen Pfefferminztee.

»Alles zerfällt; die Mitte hält es nicht. Ein / Chaos, losgelassen auf die Welt … und überall / ertränkt der Unschuld feierlicher Brauch.«

Als Snacks gab es an Bord Pistazien, je einen gelben Apfel, Pfirsichhälften und eine violette Dose, in der zwei geflügelte persische Löwen eine Schokoladenwaffel hielten. Ich fand es seltsam, dass diese präislamischen Symbole überlebt hatten. Selbst der heidnische geflügelte Greif von Darius dem Großen diente noch als Maskottchen der Iran Air und nicht die neuere kalligraphische Form von *Allah al-Akbar*, Gott ist groß. Auf einer Packung Traubensaft klebte ein Schild mit der Aufschrift: »Starr mich nicht an, trink mich.« Ich gehorchte.

Als die Räder den Boden berührten, sprach Kevin den letzten Vers: »Bloß welches derbe Tier, ist reif die Zeit erst, schlurft ...«

Die Triebwerke dröhnten und übertönten ihn. Wir waren in Shiraz gelandet.

Mit einem Seitenblick auf mich meinte Chris seufzend: »Durch den Zoll zu kommen wird einer der Höhepunkte unseres Trips sein.«

In Gedanken ging ich den Bestand unserer Schmuggelwaren durch: meine Bücher, Richards Vitaminpillen, meine vierzig Filmrollen plus Teleobjektiv, ein Kassettenrecorder mit zehn Kassetten, Artikel aus *New York Times* und *Herald Tribune* und die unermüdlich fragende Neugier meiner Mutter. Ihr Rollstuhl war mit Dollarscheinen ausgestopft. Ich hoffte auf Gnade.

Als wir dem Terminal entgegenrollten, waren wir allesamt sichtlich nervös. Aber wir waren in dieser Hinsicht nicht die Einzigen. Jeder Passagier unseres Fluges wirkte gleich aufgeregt, auch wenn wohl jeder mit ganz eigenen Befürchtungen beschäftigt war. Bald würden wir mit unseren ersten Revolutionsgarden und Zollbeamten konfrontiert werden. Welcher Empfang erwartete uns? Würden Bücher und Papiere beschlagnahmt werden? Würde man uns beschatten?

Das beschädigte Flughafenterminal war ein stummes Vermächtnis vergangener irakischer Bombardements; der bröckelnde Beton und die verblichenen Farben zeugten von Vernachlässigung und einer maroden Wirtschaft.

Alle diese angespannten Gefühle verschwanden, als wir die ersten Schritte außerhalb des Flugzeugs taten. Meine Mutter hob den Blick zum Himmel und füllte ihre Lungen mit der frischen, kühlen Luft. Die vorüberziehenden Wolken schienen so nah. Vertraute Gerüche, fern und schwach, ließen Kindheitserinnerungen erwachen. Ein unvermitteltes Gefühl von Heimat überkam uns. Ein warmes und uraltes Willkommen lag in der Luft.

An der Passkontrolle schob ich gewichtig den Rollstuhl meiner Mutter. Sie lächelte die bärtigen militärischen Wachposten an. Die zeigten Mitleid. Am Zoll wurde nichts durchsucht. Schnurstracks marschierten wir durch die

Kontrolle. Chris, der mit dem Schlimmsten gerechnet hatte, blieb ungläubig und wie erstarrt stehen, bis ich ihn am Arm zog. Da packte er mit einem strahlenden Grinsen meine Tasche mit Schmuggelgut, und wir schoben uns an den bewaffneten Soldaten vorbei.

Am Eingang wurden wir feierlich von Vaz begrüßt, einem Armenier mittleren Alters, der alle Attribute eines Inspektor Clouseau oder eines Spions niederen Ranges aufwies. Vaz war von unserem Reisebüro beauftragt worden, uns zu begleiten. Protest zwecklos: Es sei Vorschrift, belehrte er uns auf Englisch, dass Amerikaner 24 Stunden am Tag begleitet würden.

Draußen im Freien blieb ich überwältigt stehen. Strahlendes Sonnenlicht wurde unter einem unermesslichen Himmel von den uns umgebenden Gipfeln des Zagros reflektiert. Ich konnte die Höhe schmecken. Sie berührte alle Sinne. Eineinhalb Kilometer über dem Meeresspiegel schwebend, fühlte ich mich federleicht. Es herrschte eine Leichtigkeit des Seins, als wäre die Schwerkraft soeben aufgehoben worden.

Als eingefleischter Wissenschaftler erklärte uns Rich das geologische Chaos, das zur Entstehung des Plateaus geführt hatte. Er erzählte vom späten kambrischen Kontinentaltanz, als der Riesenkontinent Gondwanaland in kleinere Stücke zerbrach. Im späten Miozän, so erläuterte er, sei die indische Platte östlich von Madagaskar vom afrikanischen Kontinent abgebrochen. Während sie hinaus aufs Meer schoss, bewegte sie sich nordwärts, also genau auf den Unterbauch Asiens zu. Letzteres sollte sich verhängnisvoll auswirken. Zerrungen und Stauchungen dieser Kontinentalplatten warfen Strände und Meeresränder hoch hinauf in die Wolken und formten den Himalaja. Auf diese Weise bildete sich auch der Nahe Osten. Nördlich des anschwellenden Persischen Golfes waren zwei Platten über dem Meeresboden zusammengekracht und hatten ein riesiges über 1500 Meter hohes Plateau angehoben.

Ich ließ meinen Blick über die ausdrucksstark geformten Gipfel streifen, die sich wie bucklige Kupferknochen aus der von Grün durchzogenen Ebene erhoben. Mit klopfendem Herzen nahm ich wie ein aufgeregter Junge die Landschaft in mich auf.

Unsere Augen suchten den ausgedehnten Himmel ab, der unseren Blick von Ost nach West zog. Im Vergleich zu dieser spektakulären asiatischen Topografie waren die weiten Horizonte Montanas banal, wenn nicht gar beschränkt. Die Stärke des Irans drückt sich in seinen Gebirgsmassiven aus, in seinen Felsenfestungen in Braun und Purpur, eingefasst von stummem, wildem Wunder. Vertraute Gefühle ergriffen von uns Besitz an dieser Freistätte der Provinz Fars, der antiken Heimat der Perser.

Das iranische Hochplateau ist geformt wie eine trapezförmige Tischplatte, eingefasst von messerscharfen, verschneiten Gipfeln. Eingekeilt zwischen zwei mächtige Gebirgszügen, Elburs und Zagros, bleibt das Plateau knochentrocken.

Das einzige Wasser sickert vom schmelzenden Schnee der Gipfel herab. Regen fällt selten. Der von West nach Ost parallel zur geschwungenen Küstenlinie des Kaspischen Meers verlaufende gigantische Gebirgszug des Elburs – überragt vom iranischen Fujiyama, dem 5671 Meter hohen Vulkan Damavand – verbindet den rauen Kaukasus Eurasiens mit dem zentralasiatischen Hindukusch und dem Pamir, der wiederum an den Himalaja anschließt. Die Zagros-Kette erstreckt sich schräg von Nord nach Süd wie ein Krummsäbel entlang der ausgedehnten irakischen Grenze und der Küstenlinie des Persischen Golfs. Sie bildet zugleich die Ostgrenze der Arabisch sprechenden Welt. Auf diesem Plateau sind die Gefühle impulsiver. Die Höhe verstärkt das Pathos. Alle Sinne sind hellwach.

Gott hat sich hier für die minimalistische Variante entschieden. Man findet keine feuchten, sonnendurchfluteten Flussbecken wie am bilharzienverseuchten Nil, kein schlammiges Mesopotamien, keinen umwimmelten ewigen Ganges. Stattdessen wilde, schwindelerregende Gipfel, die sich kraftvoll aus einer rauen Mondlandschaft erheben. Kupferfarbene Gebirgsflanken falten und verschieben sich wie der Balg einer Ziehharmonika und hinterlassen vom Schmelzwasser geformte Schluchten und irritierend steile Abgründe. Wann und wo auch immer Wasser fließt, da stößt man auf Leben. Aufrechte Pappeln säumen wie schmale Säulen die Flussbetten oder stehen mutig allein. Sie scheinen den Himmel zu berühren und gemahnen den Wanderer: Sieh hinauf. Sieh auf die Himmel.

KAPITEL 3

Die Vergangenheit ist ein fremdes Land

Im Norden Irans liegt geschützt von den Flanken des schiefergrauen Elburs-Gebirges die Stadt Teheran. Unser altes Haus stand oberhalb des Viertels Tajrish an die erste Welle der steil aufragenden Steinplatten geschmiegt. Es war zehn Jahre lang unser Zuhause. »Für jene, die sie verlassen haben«, schreibt Eliade Mircea in *No Souvenirs*, »wird die Stadt ihrer Kindheit und Jugend zu einem mythischen Ort.«

Ich erinnere mich an einen warmen Frühlingsabend. Wenn die Erinnerungen an Teheran den poetischen Kosmos meiner Familie bestimmen, dann ist die von einem Garten umgebene Villa unser Prüfstein. Wie ein Alchimist in seinem Laboratorium wirbelt Hassan derwischgleich durch unsere Küche. Er mischt Feuer und Wasser und verwandelt die Elemente. Draußen weiß glühend die Kohlen, drinnen steigt Dampf aus dem Kessel auf. Der Tisch biegt sich unter Gemüsen und Gewürzen: Kurkuma und Cumin, roter Paprika und Auberginen, süßer Knoblauch und Tomaten, alles verziert mit Kräutern; Minze, Estragon und Dill sind in seinen Händen Zaubermittel. Pflaumen, Quitten, Zitronen und Aprikosen sorgen für den süßsauren Geschmack, den er anstrebt. Mit besonderer Sorgfalt bereitet er Festessen, die einem das Wasser im Mund zusammenlaufen lassen: scharf angebratenes Lamm-Kebab, dank seiner Geheimmarinade köstlich zart; gehackte Walnüsse in Granatapfelnektar auf geschmorter Ente, die er *fesanjan* nennt; *jujeh kebab*, ein gegrilltes safrangelbes Huhn mit Zitrone und Knoblauch, jeweils serviert auf einem Bett aus *pollo* – heißem Basmatireis mit zerlassener Butter und Gewürzsumach.

Der Rauch und die Hitze animieren Hassan zum Geschichtenerzählen. In seinem Köcher hat er eine große Auswahl, von komischen Burlesken bis hin zu opernhaften Tragödien. Richs Lieblingsdrama gehört zur *Shahnameh*, der persischen *Ilias*. Die Geschichte beginnt so: Der heldenhafte Rustam, quasi der iranische Herkules, wehrt die marodierenden Turan-Türken aus dem Osten ab. Während der Kampf seinen Lauf nimmt, schwingt Hassan seine

Schürze, packt sein Hackmesser und unterstreicht den dramatischen Effekt mit flackernden Blicken.

Rustams mythische Auseinandersetzung mit seinem Feind Sohrab dauert drei Tage. Das Schicksal des Landes steht auf dem Spiel. Der Kampf tobt, und selbst Gott hält inne, um zuzusehen. Rustam und Sohrab prallen unter Gewitterwolken aufeinander. Schließlich schlitzt Rustam Sohrab auf, der tödlich getroffen niederfällt. Als der mächtige Rustam sich über den blutenden Krieger beugt, sieht er ein magisches Armband, das einst ihm selbst gehörte. Die Erinnerung trifft ihn wie ein Blitz: Dies war ein Geschenk an die einzige Frau, die er je geliebt hat. Nach einer leidenschaftlichen Nacht vor zwanzig Jahren war sie verschwunden und er hatte sie nie wieder gesehen. Da wusste Rustam, dass der sterbende Feind nur sein verloren geglaubter Sohn sein konnte! Der tapfere Sohrab stirbt, endlich mit seinem Vater vereint, langsam in dessen Armen. *Ooooh nein!* Wir keuchen alle wie auf Kommando, während Hassan flink ein zischendes, aufgeblähtes *Baked Alaska* mit köstlichem Eis aus dem Ofen zieht.

In unserem Wohnzimmer und auf der von Kerzen erleuchteten Veranda plätschert eine aufwendige, elegante Abendgesellschaft vor sich hin. Von einer Louis-Armstrong-Platte erklingt Fats Wallers *Ain't Misbehavin'* für eine Ansammlung iranischer Adeliger, Pfeife schmauchender Professoren, westlicher Diplomaten, habgieriger Geschäftsmänner mit ihren weiblichen Trophäen und schwach getarnter Spione, die allesamt plaudern und russischen Wodka kippen. Dad erzählt mal wieder, begleitet von brüllendem Gelächter, seine Geschichte vom »Tanzenden Meister«, während mein Bruder Kevin wie der Dieb von Bagdad in der Nähe der Kaviarschüssel herumlungert. Irgendwann schaufelt er sich ganz lässig große Klumpen des schwarzen Goldes auf seinen wartenden Toast. Kellner und Barkeeper bedienen die Leute. Oben fliegt mein Bruder Chris in seinem Raumschiff aus Karton gerade am Mars vorbei.

In der Küche fährt Hassan mit seiner Beschreibung von Rustams Schmerz fort, als der seinen toten Sohn in den Armen hält. Sowohl ihm als auch uns treten Tränen in die Augen. Draußen ändert sich gerade das Tempo der Jazzmusik. Billie Holiday lässt ihr träges *God Bless the Child* hören.

Während die Sommermonate verstreichen, macht Hassan uns mit einer Teheraner Sitte vertraut. Wenn die Hitze das Flachland zum Kochen bringt, begeben sich die Familien zur Erholung in die Berge. Wir ziehen oberhalb des Tajrish-Platzes an den donnernden Gebirgsfluss Darband, wo Teehäuser an den Felswänden kleben, die vom Lufthauch des wilden Wassers gekühlt werden. Wir erklimmen den Serpentinenpfad und Kebab-Duft weht uns von den Kohlebecken an, die durch wedelnde Fächer angeheizt werden. Aus winzigen Buden heraus preisen die Verkäufer ihre verlockenden Köstlichkeiten an: würzige Sauerkirsch-Brötchen oder frische Walnüsse in der Schale, noch zart und weiß.

In Tajrish gibt es noch eine andere Attraktion: den Basar. Ich erinnere mich lebhaft an eine Welt aus tiefen Schatten, die ich an Hassans Hand vorsichtig betrete. Wie Pfeile schießt das Licht durch das Netz über unseren Köpfen. Langsam aufsteigender blauer Rauch und Staub erzeugen ein Streifenmuster. Läden und Buden, überfüllte Teehäuser und sogar ein Postamt liegen in dieser überdachten Höhle verborgen. Durch ihre Adern wirbeln Damen in eleganten Kleidern, Studenten, die ihre Bücher nach Hause tragen, Arbeiter und fliegende Händler, Mullahs mit Turbanen, den Koran fest umklammert, verschleierte Frauen in langen schwarzen Umhängen, umherstreifende Kinder, die mit Nachdruck weitergezogen werden.

Die Menschen tauchen auf der Suche nach Exotischem in dieses Labyrinth ein: schimmernde Teeservice aus Porzellan, polierte Kupfertabletts, atembetäubende Parfums, Stapel von Stoffballen, Plastikspielzeuge und Telefone, auffallender Goldschmuck, Leinensäcke, gefüllt mit Reis, Teppiche mit Blumenmuster, Nüsse und Trockenobst – persische Feigen, Maulbeeren, Aprikosen, Dattelpflaumen. Und dann sind da noch die Gewürze, aufrecht aufgereiht erwarten sie einen in ihren Hanfsäcken: flammende Rottöne, Gelbschattierungen, Brauntöne und blasse Variationen von Grün. Jedes einzelne Pigment gibt die Farbe von Blut, Sonnenblumen, Bernstein oder Gras wieder.

Parviz' schnelle Hand schießt aus der Dunkelheit hervor und erzeugt einen Luftzug. Hassan schüttelt herzlich die Hand seines Freundes. Ich habe meinen hölzernen Hocker gefunden und setze mich neben Parviz, während Hassan Gemüse kaufen geht. Käufer hasten vorbei. Parviz' staubige Finger strubbeln durch mein rotes Haar und lassen darin Safranstaub zurück. Ich lächle. Seine duftenden Waren wehren den strengen Geruch des Lammfleisches ab, das bei einem nahen Metzger hängt. Wie immer bietet er mir etwas von seinen Schätzen an, ein Stück Zimtrinde oder ein Minzeblatt, und wir sitzen schweigend da und lassen die Welt an uns vorüberziehen. Wie erfahrene Angler warten wir geduldig darauf, dass jemand knabbert und dann anbeißt; wir warten auf jemanden, der innehält und Paviz' Regenbogen an Waren in Augenschein nimmt.

Eine suchende Hand streichelt eine Wurzel. Eine andere zerreibt einige Samen oder fährt durch die getrockneten Blätter. Pfeffer, Kardamom, Muskatnuss erklärt Parviz mir. Neugierige Köpfe wenden sich uns lauschend zu.

Seine sanfte Stimme erzählt von der langen Reise der Gewürze über Land und Meer, bis zu ihrer glücklichen Ankunft in Tajrish, wo sie die willkommene Berührung so ehrenwerter Kundschaft erwartet.

Ich erinnere mich, dass er die Reisen meist im Osten, entlang der indischen Malabarküste, beginnen lässt; die getrocknete Omani-Zitrone allerdings macht sich in den südarabischen Wüsten auf den Weg. Ich lausche ihm, glücklich, mich seiner Karawane aus Worten anschließen zu dürfen. Aber kein mir bekanntes Gewürz erstaunte mich mehr als seine Gabe an jenem Junitag.

Seine verwitterte, aufgesprungene Hand legt einen getrockneten dunklen Blumenstängel in meine Hand. Er zwinkert mir zu, sagt: »*Beyah, bokhor*« und zeigt mir, wie er ihn sich unter die Zunge legt. Lächelnd rollt er mit den Augen. Ich tue es ihm nach. Es rutscht mir rasch zwischen die Zähne, und ich beiße in das dicke Blütenblatt, das in kleinere Stücke zerbricht. Mein Mund explodiert wie eine Bombe. Die Zunge brennt lichterloh, die Wangen glühen, mein Blut rast. Mein Gaumen wird rasch taub. Mir bricht der Schweiß aus. Ein schneller Atemzug schickt den reichen, feurigen Geschmack in meine Lungen. Er ist sauber und schwer. Mein Gott, was ist das? Benommen schaue ich zu Parviz auf. Ich spüre, wie mir Schweißperlen auf die Stirn treten.

Immer noch lächelnd reicht er mir ein weiteres Stück. »Stark, nicht wahr?«, sagt er.

Ich nicke schwach.

»Spürst du diese Kraft?«

»Was ist das?«, stammle ich mit nach wie vor flammendem Mund.

»Die Königin der Gewürze. Nelke.«

»Woher, *baba*?«, frage ich.

»Weiter östlich als alle anderen.«

»Wie weit?«

»Am Ende der Welt. Maluku. Von den Inseln der Könige.«

»Wo?«

»Wo Asien endet und die Meere beginnen.«

»Ma-lu-ku«, wiederhole ich keuchend.

»Ja. Weiter östlich als China, Inseln wie schwebende Gärten. Eines Tages, kleiner Bruder, wirst du dort hinreisen.«

»*Inshallah*«, sagt Hassan inbrünstig, der in diesem Moment zu Parviz' Stand zurückkehrt.

Ihre Augen richten sich gen Himmel. Meine folgen ihnen. »So Gott will.« Das sind immer die letzten Worte. Das Radio aus dem Teehaus übertönt ihre Stimmen mit einem Lied der großen Diva Parisa von Mondlicht, Narzissenaugen und der jungen Schönheit im weißen Tschador.

In jenem Sommer schwimmen meine Brüder und ich wie Kaulquappen, stundenlang, und entgehen so in einem türkisfarbenen Pool der brutzelnden Hitze. Über das Wasser war zwischen einer Baumkrone und der Veranda ein Stahlseil gespannt. Ein Geistesblitz meiner Mutter, denn auf dem Seil läuft eine Rolle, an der eine hölzerne Schaukel befestigt ist. Wir klettern die steile Leiter hinauf und springen abwechselnd auf die Schaukel, sausen über den Pool, springen in der Mitte ab und landen mit großem Platschen im Wasser. Am Nachmittag gehen wir erschöpft und mit vom Chlor geröteten Augen über den brennend heißen Kies zu Hassans Haus.

Unter Schatten spendenden Bäumen auf einer großen, von braunen Teppichen bedeckten Holzbank stoßen wir auf Hassan, der mit seiner Frau und gelegentlich einer Freundin Tee trinkt. Dies ist der Hort der Tradition. Nah der Mauer gepflanzter Jasmin verströmt seinen Duft. Plaudernd trinken wir ein Glas Tee nach dem anderen. Zwischen leisen Gesprächen und Nickerchen hören wir die junge Fatimah und ihre Freundin über Hassans Scherze kichern. Ein kleiner Messingsamowar simmert. Über die Ränder der winzigen Teegläser werden Lächeln ausgetauscht.

Oft nicken Chris, Rich und ich ein. Dann rollt Fatimah ihre Matratzen aus und ruft uns hinein. Einer nach dem anderen sinken wir vor die rosafarbenen zylindrischen Kissen, die ihr Zimmer säumen. Langsam verglimmt das Sonnenlicht. Wenn Stimmen von draußen mich wecken, fallen goldene Strahlen der untergehenden Sonne wie Edelsteine quer durch den Garten. Jenseits unserer Mauer bedecken Schatten in Purpur und Indigo die Bergrücken. Der Geruch nach Zwiebel, Knoblauch und würzigen Kräutern schwebt aus Fatimahs Küche. Ich stupse Chris und Rich an, die benommen und zufrieden aufwachen. Es ist Zeit zu gehen. Wir huschen zurück ins große Haus.

Oft wandere ich nach dem Abendessen noch einmal den dunklen Weg zu Hassans einladend hellem Zimmer zurück. Vor seinem allabendlichen Geschichtenerzählen pflegt Hassan sich stets zu waschen, während Fatimah an ihrem Webrahmen sitzt. Ich spiele mit Baby Ali und sehe Fatimah beim Teppichknüpfen zu. Nach seiner rituellen Waschung trocknet Hassan sich die feuchten Hände ab. Sein Gesicht leuchtet frisch. Er hebt sein Baby hoch und küsst es. Dann breitet er wortlos seinen Gebetsteppich aus. Schweigend kniet er sich darauf. Er hebt den Kopf mit halb geschlossenen Augen. Seine Lippen bewegen sich, aber ich kann seine Worte nicht hören.

W. B. Yeats hat einmal behauptet, die Iren seien sich in Momenten großer Freude bewusst, dass das Unglück gleich um die Ecke lauere. Das Gleiche gilt für die Iraner.

Jedes Jahr durchlebt die Nation das kollektive Leid erneut. Im ganzen Land wird die Ermordung von Hussein, seinen Söhnen und Gefolgsleuten im Jahr 680 n. Chr. in der Ebene von Kerbela in Prozessionen und Stücken nachgespielt. Auch wenn sie vom Vater des damaligen Schahs als rückständige Volkskunst missbilligt wurden, sind diese jahrhundertealten Darstellungen namens *taziyeh* die einzigen eigenständigen Dramen der islamischen Welt. Und weil der islamische Mondkalender 29 Tage weniger enthält als unser gregorianischer, verschiebt sich der heilige Monat Moharram – eine gefühlsbeladene Zeit der Erinnerung, die jeden in ritualisierte Trauer versetzt – von Jahr zu Jahr.

In Trauerkleidung erzählt Hassan uns, dass er auch dieses Jahr Husseins grüne Fahne bei der Ashura-Prozession tragen wird. Im Radio läuft ernste Musik. Der große Tag ist da. Von der Menschenmenge geschubst, spähen meine Brüder und ich zwischen den Beinen und Armen der Erwachsenen hindurch. Ernst und würdevoll marschiert Hassan vorbei, gefolgt von Scharen schwarz gekleideter Jungen und Männer, die sich vor den Zuschauern mit den offenen Handflächen an die Brust schlagen oder sich die Rücken mit Ketten peitschen. Dahinter kommen die Frauen. Offen werden Tränen für die heiligen Märtyrer vergossen. »*Yaaaah Hussein!*«, schreien sie. Die Geräusche der Trommeln und Ketten hallen die Straße hinunter.

An späten Herbstnachmittagen kaufen wir an Straßenständen gesalzene grüne Mandeln. Wir weichen Steinen aus, die rivalisierende Kinder uns nachwerfen, entkommen knurrenden Straßenhunden oder schälen Rinde von den turmhohen Platanen, bevor wir kurz vor unserem Haus um die Ecke biegen. Sobald wir das rote Eisentor passiert haben, laufen wir unseren Gartenweg hinunter, über die abgetretenen Steine, vorbei am Kirschgarten, und treten über die Schwelle in einen Raum mit Teppichen, die sich von Wand zu Wand ausbreiten. Fatimah begrüßt uns mit ihrem runden Engelsgesicht und granatapfelroten Wangen. Drinnen gibt es kleine Schlucke heißen Tees, den kleinen Ali, Baby Mahdi und das Wunder von Fatimahs Webrahmen. Ihre winzigen perlweißen Hände sind perfekt zum Teppichknüpfen. In dem fernen Wüstendorf, wo sie geboren wurde, knüpfte sie, wie sie uns erzählt, ihren ersten Knoten bereits mit sechs Jahren.

Ihr Vater arbeitete früher in Teheran. Meine Brüder und ich wissen von seinem tragischen Tod – verschüttet, während er mit seinem Arbeitstrupp im Norden von Teheran einen Wassertunnel grub. Fatimah kann sich nicht an ihn erinnern; sie war noch viel zu jung, als damals der Tunnel einstürzte. Die Familie blieb in einer verzweifelten Lage zurück. Nach ihrem sechsten

Geburtstag wurde sie zu einem der vielen Mädchen, die von Sonnenaufgang bis Sonnenuntergang für den Lohn von nur einem einzigen Rial Teppiche knüpften. Sieben Tage die Woche. Ohne Schule, ohne Pause, ohne Essen. Nur mit einem Stück trockenen Brotes in der Tasche. Die Fäden des Webrahmens ließen ihre Finger bluten. Und wann immer die kleine Fatimah einnickte, wurde sie von der geldgierigen Matrone, einem bösen Weib à la Dickens, mit einem Stock auf den Rücken geschlagen. Die Köpfe der Mädchen wurden geschoren, damit sie keine Zeit damit vergeudeten, sich Gedanken über ihre Frisuren zu machen.

Einen Monat bevor er starb, verkündete ihr Vater mit dröhnender Stimme: »Der junge Hassan Ghasemi muss meine Tochter heiraten.« Fatimah lag damals noch als Wickelkind von knapp zwei Jahren in der Ecke. In Anwesenheit beider Familien wurde dem zehnjährigen Hassan als Symbol ihrer Verlobung ein brauner Hut auf den Kopf gesetzt.

Den Hut verlor Hassan irgendwann, aber seine Verpflichtung vergaß er nie. Ebenso wenig wie die beiden verschworenen Mütter. Mit dem Tod von Fatimahs Vater war Hassans Schicksal besiegelt. Als er schließlich im Alter von 22 Jahren einwilligte zu heiraten, war seine Braut noch ein Kind. »Sie war ein Baby«, erzählte Hassan uns später einmal lachend. »Sie wollte am liebsten noch mit Puppen spielen.«

Hassans Vater war ein Schuft, ein Tunichtgut und Kameltreiber auf den Handelsrouten durch die Wüste. Er überließ seine Frau und seine Kinder hilflos und mittellos sich selbst in ihrem tristen Dorf. Monate-, wenn nicht jahrelang blieb er verschwunden. Bei einer unerwarteten Heimkehr erkannte der damals fünfjährige Hassan seinen Vater nicht und ging mit einem Stock auf ihn los, um die Hütte der Familie gegen den »afghanischen« Eindringling zu verteidigen. Für diese Frechheit schlug sein Vater ihn mit demselben Stock, lange und hart. Wenn das Essen knapp wurde, schickte die Mutter die Kinder nach draußen, um die Bäume nach Käfern und Heuschrecken abzusuchen. Das war das einzige Eiweiß, das sie bekamen. Als sie vorschlug, wegen des Fleisches ein Kamel zu schlachten, erwiderte ihr Mann, eher würde er eines seiner Kinder töten. Mit sieben Jahren wurde Hassan seiner Mutter entrissen und vom Vater mit in die Hauptstadt geschleppt. Auf dem Platz Tajrish setzte er ihn aus und befahl ihm, sich Arbeit zu suchen. Daraufhin durchstreifte Hassan ein Jahr lang als Hirte der Herde eines reichen Mannes die Hügel der Umgebung. Er sah seinen Vater nicht mehr, bis in Teheran im Winter der Schnee fiel und es Zeit war, für die einmonatigen Ferien nach Hause zurückzukehren. Erst da tauchte sein Vater erneut auf, um den Lohn seines Sohnes zu kassieren.

Hassan war ein ernster 23-Jähriger, als er mit seiner jungen Braut zum ersten Mal durch unser rotes Gartentor trat.

Eines Tages kam eine Gruppe von Gauklern in unseren Garten, ein fremdes Völkchen, wie wir es nie zuvor gesehen hatten. Aus einer Laune heraus und seinem Hang zur Gastfreundschaft folgend hatte mein Vater die gesamte Truppe zum Mittagessen eingeladen, von einem brodelnden Treffpunkt in der Innenstadt weg, dem Club Shokufeh-no.

In der Küche fluchte Hassan und schepperte mit Töpfen und Pfannen. »Gott segne deinen Vater, aber er hätte mir sagen sollen, dass all diese *divaneh*, diese Verrückten, hierherkommen«, beklagte er sich.

Jongleure, Falkner, ein Klarinettenspieler, Bauchtänzerinnen und ein weißer Pudel wurden uns vorgestellt. Draußen auf der Veranda präsentierten Zauberer ihre Tricks, zogen sich Münzen aus den Ohren und nahmen und gaben einander ihre Uhren. Französische, russische und arabische Tänzerinnen saßen neben der Grotte so prüde und proper beisammen wie junge Mädchen in einer Sonntagsschule.

In wichtigen Dingen, dessen war ich mir sicher, konsultierte mein Vater Hassan als Ersten. Als Kind litt ich an Warzen. Über ein Jahr lang hatten Ärzte mit Messern und rot glühenden Brenninstrumenten nichts als Narben an meinen Ellbogen und Knien hinterlassen, bei dem Versuch, die Warzen zu entfernen. Nach jeder Operation tauchte eine Menge neuer auf, die jeden Sturz und Kratzer zur Tortur machten.

An einem Winterabend kam mein Vater von der Arbeit nach Hause und zog das Horn eines Schafbocks aus seiner ledernen Aktentasche. Es war staubig, voller Flecken von Laub und Schmutz und eingerollt wie eine Nautilusschnecke. Er legte das Horn vorsichtig auf den Walnusstisch am Kamin in dem kühlen Zimmer, wo wir selten spielten. Hassan machte ein Feuer und zündete eine Kerze an. Mein Vater hatte einen geheimnisvollen Ausdruck in den Augen. Er legte mir seine starke, sanfte Hand auf die Schulter und zog mich zu sich heran.

»Ich werde dich heilen, Terry«, sagte er voller Überzeugung. Dann hob er meinen kleinen Arm hoch, schwenkte langsam das Horn über meinen Wunden und flüsterte ein Mantra: »Zauber weg, zauber weg, zauber weg…« Meine drei Brüder sahen uns gebannt zu. Jeden Abend wurde die Prozedur wiederholt. Nach dem Abendessen gingen wir zur verabredeten Stunde in das kalte Zimmer, Dad machte Feuer und zündete eine Kerze an. Hassan stand ihm zur Seite.

Nach zwei Wochen verloren meine Brüder das Interesse an dem Ritual. Doch wir machten weiter, mein Vater, Hassan und ich. Langsam heilten meine Wunden, die Warzen verschwanden und kamen nie mehr zurück. Das gebogene Horn und der singende Bariton meines Vaters hatten offenbar gewirkt. *Credo quia absurdum* – ich glaube es, weil es absurd ist – wurde zum unausgesprochenen Familienmotto.

Eine Unmenge privater Clubs stand Ausländern und Iranern der Oberschicht zur Verfügung. Hinter den Toren dieser behüteten Oasen stieß man auf begrünte alte Anwesen mit schönen Gärten, Swimmingpools und Tennisplätzen auf Lehmboden. In schattigen Lokalen wurden privilegierten Mitgliedern auf Veranden Cocktails serviert. Es war der Lebensstil eines »tropischen Adels«, wie eine Freundin meiner Mutter verträumt vorschwärmte.

In der Innenstadt gab es einen eleganten französischen Club, wo mein Vater am liebsten zu Mittag aß, weit weg von den lautstarken Amerikanern. Um den riesigen Bevölkerungsanteil von US-Militärs aufzunehmen, der Jahr für Jahr wuchs, gab es den Officer's Club, den NCO Club und den Castle Club, die dafür sorgten, die Soldaten von der Straße holen und in die Bars zu bringen. Außerdem gab es noch den British Club, den American Club und den Deutschen Club.

Inzwischen führte das Vertrauen des Schahs in westliche Experten und amerikanische Militärs bei der Schaffung seiner »Neuen Gesellschaft« zu tiefem Hass und sozialen Konflikten. Ich begriff, dass etwas nicht in Ordnung war, als ich eines Nachmittags mit anhörte, wie ein paar betrunkene Marines damit prahlten, »Kameltreiber« zusammengeschlagen zu haben.

In den nördlichen Vororten trieben das neue Konsumdenken und der amerikanische Einfluss kuriose Blüten. In Vanak setzte ein Minigolfplatz mit Drive-in-Fastfoodlokal neue Maßstäbe, ebenso ein Diner amerikanischen Stils namens Hot Shoppe. Eine kristallweiße Eishalle, der Eispalast, wurde eröffnet und bot selbst im August Muzak und eiskalte Luft. Einen Stock tiefer verbargen die beschlagenen Scheiben die Badegäste eines beheizten Schwimmbads.

Das schlanke CRC an der Shemran Road – eine glitzernde Bowlingbahn aus cremefarbenem Marmor – wirkte sogar noch hochmütiger. Praktisch über Nacht war in Teheran aus einem Sport für Bier trinkende Arbeiter eine kultivierte, sehr gefragte Freizeitbeschäftigung geworden. Im oberen Stock des eleganten Clubs wurden in einem intimen Kino die neuesten Filme gezeigt. Dort hörte, ich von der Dunkelheit umhüllt, zum ersten Mal Frank Sinatra mit seiner samtigen Stimme *Strangers in the Night* singen und Mancinis Saxofon-Thema für Peter Sellers' *Der rosarote Panther*. Ein Kinoplakat für James Bonds *Goldfinger* warf einen nackten vergoldeten Torso an die Tür. Das alles wirkte so gewagt, so fremd.

Als 1963 die Bürgerrechtsbewegung mit dem Marsch auf Washington am 28. August ihren Höhepunkt erreichte und Martin Luther King seine *I have a dream*-Rede hielt, brach das Duke-Ellington-Orchester von New York aus zu seiner ersten Tournee durch den Nahen Osten auf. Das Orchester sollte in Syrien, im Libanon, in Jordanien, im Irak und im Iran, in Pakistan sowie in Indien auftreten. Am 9. September lockte die Band bei »Syriens erstem Bigband-Jazz-Konzert« in Damaskus 17 000 Araber und Westler an. »Der Applaus war«, wie *Variety* berichtete, »von arabischen *Ash al Duke*-Rufen – lang lebe Duke – durchsetzt.«

Mein Vater war außer sich vor Freude über den Auftritt. Durch unser Haus schallten Dukes Arrangements von *Satin Doll, Mood Indigo, Take the A Train.* Doch dann trafen die schrecklichen Nachrichten aus Dallas ein: JFK war tot. In Teheran schlossen die Geschäfte. Meine Eltern waren am Boden zerstört. »Diese Bastarde«, sagte mein Vater. »Sie wissen nicht, wann das Maß voll ist.« Das US-Außenministerium sagte den Rest von Dukes Tournee ab. Meine Mutter nahm uns in derselben Woche mit in ein Kino in Tajrish, wo *Wer die Nachtigall stört* gespielt wurde. Der Film versetzte uns in eine unheimliche Stadt in Alabama, wo Rassentrennung herrschte und Gregory Peck alias Atticus Finch einen einsamen Kampf um menschliche Würde kämpfte. Wir fragten uns, worum es bei der ganzen Geschichte eigentlich ging. Um Amerika, sagte mein Vater. An jenem Abend hörte ich ihn wieder und wieder Billie Holidays verwundete Altstimme spielen. Es war der Song *Strange Fruit*, in dem es um Lynchjustiz ging.

Weit entfernt von der schmerzhaft trennenden Politik Amerikas genossen mein Vater und meine Mutter mit Begeisterung das kosmopolitische Leben in Teheran. Ihren Freundeskreis bildete eine Mischung aus im Westen ausgebildeten Iranern und Diplomaten, Ausländern wie Amerikanern, die im »Little Theater of Teheran« als Laiendarsteller auftraten. An Sommerabenden veranstalteten sie im Pavillon Lesungen von *Ein Sommernachtstraum* und *Wer hat Angst vor Virginia Woolf?*, während wir durch den Garten flitzten.

Anders als meine Eltern blieb die amerikanische Gesellschaft Teherans in ihren privilegierten Enklaven hinter hohen Mauern ganz für sich. Sie lebte, arbeitete und spielte in einer abgeschlossenen Welt und begab sich kaum unter Iraner. Unter den westlichen Ausländern schienen auch allein die Yankees von der Rückkehr nach Hause zu träumen.

Im selben Jahr wurde der Basar von Teheran aus einem anderen Grund erneut geschlossen. Ein Ayatollah hatte in Qom die Stimme erhoben und war verhaftet worden. Seine gewagten Worten waren durch die Stadt gehallt: »Der Schah ist eine Marionette Amerikas. Der Schah muss weg!« Hassan saß am Radio. Vom verwaisten Basar aus machte sich eine protestierende Menschenmenge auf den Weg. Tausende Menschen füllten die Straßen. Die Truppen wurden mobilisiert. Es kam zu Zusammenstößen. Gewehrschüsse hallten durch die Luft. In Tajrish brach Chaos aus. Die Schule wurde für drei Tage geschlossen. »Probleme in der Innenstadt«, sagte mein Vater. »Bleibt zu Hause. Geht nicht raus«, riet Hassan. Die Stadt erstarrte. Fatimah hörte auf, Teppiche zu knüpfen. Massenverhaftungen sorgten für überfüllte Gefängnisse, und das harte Durchgreifen brach die Proteste. Der Ayatollah wurde für neun Monate unter Hausarrest gestellt, bevor man ihn ins türkische und später irakische Exil abschob. Jene Woche im Jahr 1963 war wie eine böse Ahnung. Sie war der Beginn des für den Schah verhängnisvollen Countdowns gegen die islamische Geistlichkeit.

Jedes Jahr im September tauchte ein klappriger Schulbus an unserem roten Tor auf, und meine drei Brüder und ich brausten pflichtbewusst zur Community School im Herzen der Stadt nahe des Madschlis (Parlament). Der Fahrer, Mr. Boghardi, raste ungestraft über rote und gelbe Ampeln wie ein Stier, der hinter dem Cape des Toreros her war. »Wir müssen Grün erwischen«, rief er, während aus seinem Radio Petula Clark *Downtown* besang und die Supremes ihn warnten: *Stop! In the Name of Love*. Auf dem von Bäumen beschatteten Campus mit seinen roten Ziegeln fanden wir uns wieder in einem Gemisch aus 20 Nationalitäten von überallher auf Gottes weiter Erde. Und auch wenn sie um die Jahrhundertwende von protestantischen amerikanischen Missionaren ursprünglich als Hospital gegründet worden war, spiegelte unsere Schule mit ihrer gemischten Schülerschar die Vereinten Nationen wider. Unterrichtet wurde in Englisch, Farsi und Französisch. In jeder Sportart außer Fußball unterlagen wir unserem Rivalen vom anderen Ende der Stadt: der übertrainierten, testosterongeladenen, extrem seriösen American School.

Unser höchster schulischer Festtag war logischerweise das einzige Datum, auf das sich alle einigen konnten: der United Nations Day. Höhepunkt dieses Ereignisses war ein lärmend fröhliches und beliebtes Kaleidoskop von Nationaltrachten und Flaggen. Klappernde Holzschuhe marschierten neben herabhängenden Sombreros, fließende Saris und rosa glänzende Turbane neben kessen Cowboyhüten. Weiche baumwollene Dishdashas scheuchten seidene Kimonos. Mahagonifarbene Ledersandalen schlurften unter erdfarbenen Batik-Sarongs. Dashikis, karierte Kilts und Pelzkappen folgten perlen- und spitzenbesetzten Hauben. Eine Woche vor dieser »Prozession der Nationen« wurden Lose für die Fahnenträger gezogen. Keiner wollte die Flagge seines eigenen Landes präsentieren. Exotische Schönheit war gefragt. Ich betete immer um Brasilien. Verständlicherweise, oder? Das Smaragdgrün des Amazonas, ein wenig tropisches Sonnengelb und ein kobaltblauer Nachthimmel mit blinkenden Sternbildern – das war zweifellos der erste Preis. Ich erinnere mich, in einem Jahr total geknickt gewesen zu sein, als meine Fahne bekannt gegeben wurde: Kanada, das schlichte rote Ahornblatt.

Das letzte Überbleibsel der missionarischen Vergangenheit der Community School konnte man immer dienstags und donnerstags morgens um elf Uhr erleben. Zögernd zogen wir dann in die Kirche: Kanwarbir, mein Sikh-Freund, zu meiner Rechten, meine jüdische Freundin Sara an meiner linken Seite, mein Bahai-Kumpel Ahmad und der junge adelige Vali gleich hinter uns. Reverend Lockhart aus dem mittleren Westen legte so viel Gefühl in seine Predigt, dass er uns, wenn er in Fahrt war, an den Königshof von Belsazar und Nebukadnezar im alten Babylon oder ins alte Ägypten transportieren konnte. Zwischen den massiven Zedernholzwänden brüllte er mit flammenden Worten: »Lass mein Volk frei!« Ich blickte die Wände hinauf und war schockiert, dieselben feurigen Worte unter der gewölbten Decke geschrieben zu sehen. Darunter stand das unbeugsame Trio Shadrack, Meshak und Abednego.

Voller Leidenschaft und rotgesichtig forderte Reverend Lockhart uns nach jeder geistlichen Vorstellung auf, uns zu erheben und aus dem Gesangbuch zu singen. Eines Morgens rief er aus: »Seite 35, *Onward Christian Soldiers*« (Vorwärts Christi Streiter). Wir sprangen auf und fielen in das Lied ein. Das Klavier erklang, und unisono schmetterten wir noch das erste Wort »*On-waaard*«, doch dann folgte schon ein vielstimmiges Durcheinander. Statt »*Christian*« hallte eine Kakophonie aus »*Muslim-Sikh-Jewish-Armenian-Bahai-Buddhist-Catholic-Zoroastrian*« von den Wänden wider. Unbeirrt dröhnten wir weiter: »*so-oool-dieeers, march-ing as to waaar*«. Die Balkendecke hallte, und unsere Stimmen blieben zusammen bis zu »*with the cross of Je-sus going on before*«, da kam es wieder zum Durcheinander, als die Namen von »*Buddha-Mohammed-Singh-Moses*« die Luft erfüllten.

Während Reverend Lockhart mit den Armen fuchtelte und versuchte, unsere Stimmen in Einklang zu bringen, wurde sein peinlich berührtes Gesicht noch röter. Ihm wurde wohl schmerzlich bewusst, dass seine junge Herde glaubensmäßig schon festgelegt war und jeder trotzig an der religiösen

Überzeugung seiner Eltern festhielt. Wir waren der lebende Beweis für die babylonische Sprachverwirrung und die Vielfalt der Nationalitäten. Was der gute Reverend jedoch offenbar übersah, war die strahlende Schönheit in der Kapelle an jenem Tag. Während ich neben Juden, Sikhs, Muslimen und Zoroastriern stand, wurde mir bewusst, dass uns alle dasselbe Ziel verband. Jede Stimme, die von ihrem Propheten und dessen Glauben kündete, sprach die Wahrheit. Wer genau zuhörte, konnte die 99 Namen Gottes vernehmen. »Es gibt nur eine Religion«, schrieb George Bernhard Shaw, »auch wenn hundert Versionen davon existieren.« Aus Respekt vor meinen Klassenkameraden konnte ich mich nie für einen Glauben entscheiden. Ich konnte die Lektion, die sie mich an jenem Tag gelehrt hatten, nicht verraten.

Vor 700 Jahren schrieb der persische Dichter Rumi über seinen Gott:

> Ich bin weder Christ noch Jude, auch Parse und Muslim nicht;
> Vom Osten nicht, noch vom Westen, vom Festland nicht,
> noch vom Meer,
> Nicht stamm ich vom Schoße der Erde und nicht aus des
> Himmels Licht.
> Ich bin nicht aus Staub oder Wasser, aus Feuer nicht, noch
> aus Wind,
> Vom Sein nicht, vom Werden, vom Thron nicht, nicht saß ich
> auf Teppichen schlicht.
> Nicht Indien hat mich geboren, nicht China, Saqsin und Bulghar,
> Nicht gegen Iraq noch das Ostland erkenne ich Sohnespflicht.
> Rizwän nicht noch Eden, noch Hölle ist heimatlich mir vertraut,
> Das Diesseits nicht noch das Jenseits, noch Adams und Evas Gesicht.
> Mein Ort ist da, wo kein Ort ist, mein Zeichen ist ganz ohne Mal,
> Nicht Körper bin ich noch Seele – ein Glanz nur von Seinem Licht.
> Die Zweiheit hab ich verworfen, ich sah in zwei Welten nur eins:
> Ich suche und kenne und rufe nur Ihn, bis das Auge mir bricht.
> Er ist der Erste und Letzte, ist Schale und ist der Kern.

Die Augen von Sara Haim waren große, goldbraun schimmernde Seen. Vergrößert durch ihre Brillengläser, die so dick waren wie Flaschenböden, bekam ihr unschuldiger Rehblick einen zärtlichen Schimmer, von dem ich hoffte, das er nur mir galt. Diese spindeldürre iranische Jüdin in ihrem karierten Schottenrock und ihrer weißen Rüschenbluse war meine heimliche Freundin in der vierten Klasse. Eingerahmt von ihrem kurzen Pony schimmerten ihre helle Haut und das Grübchen an ihrem Kinn. Doch es waren ihre mit stiller Klugheit strahlenden Augen, die mir mit einem einzigen Blick warm ums Herz werden ließen. Einmal saßen wir schweigend in ihrer Synagoge, als sie ein Gedicht in hebräischer Schrift abschrieb. Es waren die Worte, die Königin Esther an ihren König Xerxes (Ahasuerus) richtete. Ich fragte sie nach ihrer Bedeutung, da lächelte sie hinter ihren dicken Brillengläsern und wandte sich schweigend ab. Zu Hause versteckte ich das von mir in Ehren gehaltene Gedicht in meiner kleinen Bibliothek.

Sie war zwar sehr klug, aber auch schrecklich schüchtern. Wortloses Einverständnis ließ unsere Zuneigung nicht über vorsichtiges Flirten hinauskommen. Als ich sie in der fünften Klasse bat, mich zu heiraten, meinte sie, sie würde darüber nachdenken. Ihr schmaler Körper wirkte so zerbrechlich, dass ich fürchtete, ein starker Windstoß könnte sie fortwehen. Wenn unvermittelt ein Sturm über den Spielplatz fegte, rannte ich zu ihr, um sie an der Hand zu nehmen, bis er vorüber war. Obwohl ich wusste, dass sie fliegen konnte, wollte ich sie noch einen Tag länger auf der Erde behalten.

Wann immer Hassan uns abends Geschichten von Leili und Madshnun, Nizamis verrücktem jungen Liebespaar, erzählte, musste ich an Sara denken. Jahre später übersetzte ein Rabbi in New York das Gedicht für mich. »Liebe kennt kein Alter«, las er. Damals musste ihre Familie schon aus Teheran geflohen sein. Ich frage mich, wo sie jetzt ist. In Tel Aviv? Paris? Los Angeles? Ein schmerzhaft starker Wind mit viel mehr Gewalt, als wir uns das als Kinder je hätten vorstellen können, hat sie bestimmt fortgetragen.

Anders als alle meine übrigen Freunde kam Kanwarbir jeden Morgen mit drei Reihen sorgsam geflochtener Zöpfe, die ordentlich in seinem Nacken festgesteckt waren. Er konnte sie nicht sehen, aber wir. Mit seinem kleinen Mausgesicht, großer Brille und x-beinigen knochigen Knien schien Kanwarbir für einen Sikh-Krieger viel zu zerbrechlich. Ich kam stets zu seiner Verteidigung gerannt, wenn unser Klassentyrann ihn auf dem Kieker hatte.

Als wir eines Tages grüne, saure Pflaumen zusammen aßen, erzählte er mir im Vertrauen, dass er bald einen Turban tragen würde. Seine Eltern hatten die Zeremonie, mit der er zum Mann erklärt würde, angesetzt. Dann würde sein Haar zum ersten Mal verhüllt. Während wir über die Farbe des Stoffes sprachen – Mandarin, Lachs oder Burgunder –, fühlte ich eine Spur Eifersucht in mir aufwallen. Wie toll musste es sein, Miss Joses Klassenzimmer geschmückt mit einem leuchtend zitronenfarbenen Turban zu betreten! Sara Haim wäre von meinem Anblick bestimmt hingerissen und würde mir endlich ihre Liebe gestehen. Warum hatten meine Mutter und mein Vater mir nie einen gegeben? Kanwarbir, du Glücklicher, dachte ich.

Das erste Mal wurde ich zum Afternoon Tea in sein Haus eingeladen. Mit einem breiten Grinsen begrüße Kanwarbir mich und führte mich hinein. Durchs Wohnzimmer waberten die durchdringenden Düfte von Koriander, Curry, Nelken und Weihrauch. Bevor wir uns setzten, um uns zu unterhalten, zeigte er mir einen kleinen Altar auf einem Eckregal. Darauf standen silbern gerahmte Fotos von turbantragenden Familienmitgliedern, von Onkeln und Großvätern, allesamt mit imposanten Bärten.

In einem fließenden rosafarbenen Sari servierte seine Mutter uns dampfende Becher mit dunklem Tee, während mein Freund seine Sammlung von Tintin-Büchern hervorholte und wir zu lesen begannen. Als seine Mutter ihn rief, schenkte ich dem keine Beachtung. Sie redete in einer Sprache, die ich nicht verstand. Die Comics vor mir hatten mich in ihren Bann gezogen. Ich folgte Tintin, Hergés rothaarigem belgische Reporter, auf die Eishänge des Himalaja in Tibet, wo er nach Fußspuren des Yeti suchte.

Die Zeit verging. Die untergehende Sonne tauchte den Raum in Zwielicht. Als ich aufblickte, war ich allein. Ich fragte mich, wo mein Freund sein mochte. Ich begann nach ihm zu suchen, aber ohne Erfolg. Im Haus war es absolut still. Langsam begann ich, die Treppe hinaufzusteigen. Als ich mich dem Absatz näherte, hörte ich eine leise flüsternde Frauenstimme. Ich spähte in ein Schlafzimmer zu meiner Linken und sah die Silhouetten von zwei Personen, die auf einem Teppich saßen.

Sie waren wie übergossen von den letzten goldenen Sonnenstrahlen. Kanwarbir saß mit dem Gesicht zum Licht gewandt. Seine Zöpfe waren gelöst, und ein Wasserfall langer, schwarzseidiger Haare fiel über seinen Rücken bis auf den Boden. Mit ihren schmalen, langen Fingern hob seine Mutter das Haar an und fuhr ganz langsam mit einer Bürste hindurch.

Ich war nervös und aufgeregt. War es falsch, diesen so intimen Moment zu beobachten? Ich konnte mich nicht losreißen. Dieses stumme Bild, vertraut und zärtlich, fesselte mich. Ihre linke Hand fuhr, als besäße sie Augen, durch die Mähne ihres Sohnes. Die rechte bürstete sein seidiges Haar, das so rein und unangetastet erschien.

Ich musterte meinen zerbrechlichen kleinen Kämpfer Kanwarbir, der wie ein Löwenjunges am Ende des Tages gestriegelt wurde. Sein ganzes Leben lag noch vor ihm. Bald würde ein Turban sein Haupt krönen. Jeder Bürstenstrich seiner Mutter fuhr durch sein Haar und über seine nackten bronzefarbenen Rücken. Anmutig führte sie die Bürste an seinen Nacken und hob die einzelnen Strähnen an, bis sie wie in Zeitlupe zu einem Bogen auseinanderfielen, ähnlich einem geöffneten japanischen Fächer. Die goldenen Strahlen der untergehenden Sonne fielen durch sein Haar. Ich werde nie erfahren, wie lange ich wie angewurzelt dort stand. Als die Dämmerung schließlich der Dunkelheit wich, schlich ich auf Zehenspitzen die Treppe hinunter. In dem Zimmer mit dem Räucherduft und dem Altar wartete ich still, bis mein Freund von seinem Lager zurückkehrte.

20 Jahre später erfuhr ich, dass Kanwarbir unmittelbar nach unserer Abreise aus Teheran einen schrecklichen Unfall hatte. Als er in der Pause am Klettergerüst hing, bestimmt bei dem Versuch, sich zu beweisen, verlor er den Halt und stürzte hinunter. Als er erwachte, hörte er den Arzt flüstern, sein Rückgrat sei gebrochen. Tragischerweise würde der Löwe den Rest seiner Tage im Rollstuhl verbringen müssen.

Ein anderer Lieblingsmitschüler war Vali, der aus dem Befehlshaber-Clan der Farmanfarmaian stammte, einer aristokratischen, reichen Familie, die von der abgesetzten und entmachteten Qajar-Dynastie abstammte. Seine Onkel waren berühmt für ihre Weltläufigkeit und ihre aggressiven Geschäftspraktiken, die ihnen ein riesiges Vermögen bescherten. In seinem Zuhause zeigte Vali mir seine Sammlung von Goldmünzen, die auf Familienhochzeiten zu Hunderten geworfen wurden. Unter dem Islamisten-Regime sollte dieser Reichtum seine Familie zur Zielscheibe machen. Bevor dies geschah, emigrierte Vali jedoch mit einem Großteil seiner Verwandtschaft. Unglücklicherweise wurden seine zurückbleibenden Onkel Khoddadad und Rashid während der Revolution verhaftet. Obwohl er eigentlich zum Tode verurteilt war, ließ man Khoddadad frei, nachdem ein ehemaliger Diener sich an seine Freundlichkeit erinnert hatte. Ein Revolutionswächter gab ihm die Möglichkeit, über die Grenze in die Türkei zu fliehen. Rashid kam vier Jahre später frei.

Unmittelbar neben uns wohnte Ali, der wütende, stets vor sich hinbrütende Sohn unseres Teilzeit-Gärtners. Ein künftiger Robespierre, der vom Schicksal dazu bestimmt war, jene auszusuchen, die vor den Erschießungskomitees an die Wand gestellt wurden. Alis Familie, wie auch die von Vali, sollte während der Revolutionswirren in den Kampf um Macht und Geld verwickelt werden. Feudale Loyalität und religiöser Gehorsam trennten die Klassen voneinander, und viele sannen auf Rache.

Die beste Metapher für die Kluft zwischen Arm und Reich war das Fließen des Wassers. In unserer Wasserrinne floss das unberührte Gebirgswasser vorbei und in die *jubes* genannten Straßenkanäle des wohlhabenden Nordens von Teheran. Dann schlängelte es sich Kilometer um Kilometer durch die Stadt, wo man sich damit wusch und putzte, wo es getrunken wurde und wo man Abfall hineinversenkte, bis es schließlich trüb und braun in den Süden

Teherans gelangte und Cholera sowie andere Infektionen mitbrachte. Dort verdienten sich die Menschen ihren Lebensunterhalt mit Betteln; Augenkrankheiten grassierten. An jedem Freitag schloss sich meine Mutter einer jungen Frau vom Pasteur Institute an, die in den von Armut geplagten Elendsvierteln Reis und Medikamente verteilte. Ihre Besuche waren wie ein Tropfen ins Meer.

Das Porträt des Schahs verfolgte uns überall. Seine Titel – König der Könige, Schatten des Allmächtigen, Mittelpunkt des Universums, Licht der Arier – rahmten seine Ausbeute an militärischen Orden ein, die an seiner Brust hingen wie Tiertrophäen an den Wänden im Haus eines Jägers. 1968 zeigte das Land anlässlich seiner Krönung Stärke. Der Schah krönte sich und seine Kaiserin, die Shahbanou, in einer narzisstischen Zeremonie. Seltsamerweise habe ich nie seinen Namen in der Öffentlichkeit ausgesprochen gehört. Wie eine Mine, die bei Berührung explodieren konnte.

Bei einer Party gab einer der iranischen Freunde meines Vaters nach dem Genuss von einigen Gläsern Wein einen Witz über den Schah zum Besten. Am nächsten Morgen verschwand er. Als mein Vater sich nach ihm erkundigte, wurden nur Finger an Lippen gelegt und »SAVAK« geflüstert. Das war der Name der Geheimpolizei des Schahs. Der Freund wurde eine Woche lang festgehalten. Danach, so berichtete mein Vater, war er ein gebrochener Mann.

Die Armut in den riesigen ländlichen Gebieten des Iran lässt sich nur als unmenschlich beschreiben. Die viel gerühmte Landreform, die (von Washington angeregte) so genannte Weiße Revolution, hielt nicht, was sie versprochen hatte. Einsame Dörfer mussten – nach dem Abzug der Feudalherren, die bis dahin investiert hatten, um die komplexen Bewässerungssysteme instand zu halten – mit ansehen, wie ihre alles entscheidenden Wasserleitungen verfielen. Unvorbereitete Bauern verkauften ihr »neues« Land und zogen in die Städte. Die Agrarindustrie und maschinenbetriebene Landwirtschaft drängten in die Lücke und vertrieben noch mehr Menschen von ihrem Land. Importierte Maschinen gaben auf den Feldern den Geist auf und niemand hatte Ersatzteile. In den 1970ern war es so weit, dass der Iran sich nicht mehr selbst ernähren konnte. Die Preise schossen in den Himmel, Nahrungsmittelimporte und Inflation wurden alltäglich. Von den ehrgeizigen Plänen des Schahs unberücksichtigt, strömten Tausende aus den Dörfern nach Teheran, wie die Farmpächter, die in den 1930er-Jahren aus der amerikanischen Dust Bowl geflohen waren.

Diese Menschen ließen sich dann im Süden Teherans nieder. Die Katastrophe war absehbar. Der Zorn war tief und gärte. Die Korruption innerhalb der königlichen Familie war allgemein bekannt. Im Westen ausgebildete Patrioten fühlten sich von den rücksichtslosen Geschäftemachern, die den Hof umgaben, betrogen. Ausländische Experten kamen im Gefolge teurer Technologie ins Land, erhielten hohe Gehälter, trieben die Mieten in die Höhe und lebten in den besten Vierteln Teherans. 1973 hatte der Mann von der Straße nichts vom unverhofften Gewinn der OPEC. Es gingen Gerüchte um, wonach Vermögen in die Schweiz geschafft würden. In europäischen Hauptstädten inszenierten Studenten Proteste gegen den Schah. Kultivierte Demokraten plädierten für eine pluralistische Gesellschaft. Die angesteckte Lunte würde bald zur Explosion führen.

Als die Revolution durch die Straßen donnerte und den Pfauenthron niedertrampelte, war jeder schockiert von der massiven und fast einhelligen Unterstützung. Aus den Slums, den Elendsvierteln, ja selbst aus den reichen Vorstädten im Norden marschierten Millionen in die Hauptstadt und durchs ganze Land. Die Kleptokraten am Pahlevi-Hof packten ihre Koffer und flohen nach Europa. Die »Große Zivilisation« des Schahs fiel wie eine windige Hollywoodkulisse in sich zusammen.

Auf den lumpigen Resten begann die Shia-Geistlichkeit den ersten reinen Gottesstaat seit der Herrschaft des Propheten Mohammed in Medina zu errichten. Die im Ton kompromisslose *veleyat-e faqih*, die Herrschaft der Islamgelehrten, war Khomeinis Inspiration und wurde alsbald in der neuen Verfassung verankert. Es gab ein böses Erwachen, als die Technokraten der Mittelklasse und die im Westen ausgebildeten Intellektuellen – die zunächst so viel Begeisterung und Hoffnung in die Revolution gesetzt hatten – sich von den Geistlichen hintergangen fühlten. Zu Tausenden traten sie die Flucht an. Viele trafen in Europa und den USA ein und hatten alles verloren. Beharrlich bauten sie ihr aus den Fugen geratenes Leben wieder auf, abgeschnitten von ihrer geliebten Heimat und in dem Wissen, nicht zurückkehren zu können.

Der Iran hatte sein Tor zur Welt zugeschlagen.

Im Verlauf der Jahre schwelgte ich gelegentlich mit iranischen Freunden in Erinnerungen, und in jenen Momenten kam mir der vergessene Duft von Rosen wieder ins Gedächtnis wie der des Rosenwassers in Fatimahs Zimmer.

Ein Aroma – und schon strömten wie ein Fluss andere Erinnerungen heran: knuspriges *sangak*-Brot, das zischend aus dem Ofen eines Bäckers kommt; der herbe Geschmack eines *sharbat* aus Granatäpfeln, der rubinrote Saft auf zerkleinertem Eis an heißen Sommertagen; eine Schüssel Reis in der Dämmerung an Fatimahs Webstuhl; der sanfte Klang einer Schilfrohrflöte; rostrote Bergpässe, die sich in den Wolken verlieren; mit gelben Laternen beleuchtete Teehäuser; die Geräusche von Colonel Shakis Hengsten, die für eine sterbende Dynastie galoppieren; Hassans Augenbrauen – so schwarz wie Krähenflügel; der bittere Geruch von *taryak*, dem gerauchten Opium eines grinsenden weißhaarigen Großvaters; burgunderfarbene Teppiche alteingesessener Stämme, die auf Steinen am Fluss trocknen; lange schwarze Umhänge, die über knietiefen winterlichen Schnee fegen; unter fliehenden Füßen zertretene Rosenblütenblätter.

Alles kam mir wieder in den Sinn.

Selbst der Anblick von Hassans Fersen, die in Feuerwänden verschwanden.

KAPITEL 4

Pasargadaes Steine, Zarathustras Flamme

In eine zerklüftete Bergschlucht im nördlichen Fars geschmiegt, liegt an der Fernstraße zwischen Shiraz und Isfahan das verschlafene Dorf Sivand, wo man noch einen persischen, aus der Zeit vor der arabischen Invasion stammenden Dialekt spricht. Jahrtausendelang verband diese Straße das persische Kernland mit dem alten Sitz der Macht in Pasargadae, der ursprünglichen Heimat der Arier. Ein wilder Fluss grub für die Bewohner Sivands eine natürliche Festung in die blanken Felswände. Schlanke Pappeln bewachen ihre Häuser aus Stein und Lehm, die jenseits eines Brückenstegs liegen. Entlang der Hauptstraße stehen Dutzende von Ständen mit Blechdach und Wänden aus Sperrholz, aneinandergelehnt wie schwankende Kartenhäuser, und bieten den vorbeikommenden Autofahrern ihre Waren an.

Es war mitten am Vormittag. Lkw-Fahrer legten auf ihrem Marathon quer durchs Land, bei dem sie Fracht vom Golf in den Norden nach Teheran schafften, eine Verschnaufpause ein. Ihnen offerierte Sivand verbotene Schätze: eine Auswahl illegaler Kassetten, die iranische Sänger im südkalifornischen Exil aufgenommen hatten. Die Buden am Straßenrand waren voll davon. Die Tische bogen sich unter Kisten dieser Kassetten. Ich lauschte auf den Tonfall und die Silben der Verkäufer. Die gutturalen Klänge der rachenquälenden arabischen Vokale waren verschwunden. Spurlos. Die Worte klangen klar und knapp.

»In der Geschichte gibt es wie in einem schlecht konstruierten Konzertsaal vereinzelte tote Winkel, wo man die Musik nicht hört«, schrieb einmal der amerikanische Dichter Archibald MacLeish. Bei unserer Suche nach Hassan hatten wir es uns zur Aufgabe gemacht, die toten Winkel dieses Landes aufzuspüren. 20 Jahre lang hatte die Islamische Republik ihre Version der Wahrheit kundgetan, aber es existierten auch noch andere Wahrheiten. Nur indem wir auf die Vergangenheit horchten, konnten wir hoffen, bis unter die glatte Oberfläche zu gelangen. Und wo konnte man besser damit beginnen als an der Wiege der Zivilisation, wo erste Umwälzungen sich in

Mythen verwandelten? Nicht weit von Sivand entfernt hatte 2500 Jahre zuvor ein junges und starkes Perserreich, geformt von Kyros dem Großen, den Konzertsaal der Geschichte betreten. Jetzt war es an der Zeit, unseren Tribut zu zollen.

Als ich an einer Bude vorbeikam, die mit Wahlplakaten für Khatami tapeziert war, bat ich den jungen Standbesitzer, in seiner Sprache, also Pahlewi oder Mittelpersisch, und nicht im üblichen Farsi des modernen Iran, in meinen Kassettenrekorder zu sprechen. Er tat es mit Vergnügen und unter Gelächter. Ich verstand kein Wort. »Ich bin mir sicher, er hat dir ein paar komische Spottnamen verpasst«, sagte Vaz, unser offizieller Begleiter, der danebenstand. Mit welchem Lebewesen aus dem Tierreich mochte er mich verglichen haben? »Keine Ahnung«, sagte Vaz. »Ehrlich gesagt wirkte er ziemlich respektvoll.« An einem Kirschsaft nippend zeigte ich mich für seine Gefälligkeit erkenntlich und sah seine Sammlung raubkopierter Kassetten durch.

»Die Leute hier in Sivand sind schon immer Anarchisten gewesen«, erklärte unser Reiseleiter Akbar in fließendem Englisch. »Die haben schon immer gemacht, was sie wollten. Das weiß jeder, aber niemand tut etwas dagegen.«

»Und die Musik?«

»Die kommt aus Tehrangeles«, sagte er. »Sie wissen schon, aus L. A.«

»Und was ist mit so was?« Aus zwei krachenden Lautsprechern hämmerte ein ungesunder Mix aus Abba-Sound, Pop-Synthesizern, Bässen und Discobeat.

»So was ganz besonders.«

An den sonnigen Küsten Kaliforniens florierte eine ganze Musikindustrie für die rund 500 000 Iraner in Los Angeles. Diese iranisch-amerikanische Kultur hat einige echte Stars hervorgebracht. Die Kehrseite war ein Heer von exzentrischen pseudoromantischen MTV-Schickies. Deren politische Ansichten, Geschmack und Vorliebe für Glamour entsprachen denen eines anderen Volksstammes im amerikanischen Exil: den Kubanern in Miami. Fairerweise muss man aber sagen, dass die kommerziellen Klänge aus den Studios von L. A. für die Kunden eine frische Alternative zu der von den Geistlichen geprüften Musik des gegenwärtigen Iran waren.

Nach ein paar Minuten hatten wir jedoch mehr als genug vom Zuhören. Rich und ich gaben dem harten Akzent des Händlers den Vorzug, der von tiefen persischen Wurzeln zeugte und frei von jeglichen arabischen Wörtern war. Widerstand schien in diesem unbeugsamen Bergdorf eine uralte Tradition zu haben.

Akbar stammte aus Shiraz. Sein stattlicher Schnurbart, der an eine Lenkstange erinnerte und himmelwärts zeigte, seine Brille und seine windzerzauste Frisur verliehen ihm das Aussehen eines Bohemiens. Als ziemlich gut aussehender Bursche mit einer gewissen Ähnlichkeit mit Omar Sharif hatte Akbar sein Studium in Südkalifornien absolviert. Nach der Revolution kehrte er in den Iran zurück, um eine Familie zu gründen, die er uns stolz auf einem Foto aus seiner Brieftasche präsentierte. Neben seinem Job bei der Raffinerie vor Ort arbeitete er noch schwarz als Fremdenführer und brachte ausländische Besucher zu den antiken persischen Stätten. Dabei erklärte er die besondere Proto-Religion seines Landes, die er »*zorro-astarian*« aussprach. Zum Glück glich sein breites Wissen Vaz' auffällige Defizite locker aus.

Unser Reisebüro, Caravan Sahra Tours, hatte uns Vaz zugewiesen. Einen dünnen, Brille tragenden, nervösen 35-jährigen Junggesellen mit ausdrucksvollen Augen und einer etwas wirren Ausstrahlung. Er schien ständig zwischen Unglauben und Schock zu schwanken, zwischen plumper Selbstgefälligkeit und konspirativer Intrige. Vaz hatte keine Ahnung von Geschichte und es schien ihm auch nichts auszumachen. Obwohl sein Vater eine Baufirma in Teheran besaß, erzählte Vaz, er habe sich entschlossen, auf eigenen Füßen zu stehen. In Toronto hatte er als Nachtmanager in einem 24-Stunden-Geschäft gearbeitet. Doch nach einigen Jahren war er nach Hause zurückgekehrt und wieder bei seinen Eltern eingezogen. Sein Englisch war tadellos. Er erzählte, wir seien sein zweiter Auftrag. Seit seinem letzten waren sechs Monate vergangen. Damals hatte er eine Gruppe von Japanern über den Basar von Teheran geführt. »Sie haben rein gar nichts verstanden«, konstatierte er nüchtern. »Natürlich hätte es geholfen, wenn ich ein wenig Japanisch gesprochen hätte.« Als Meister der Ironie begleitete Vaz die meisten seiner Sätze mit unbewegter Miene.

Bei den Straßenständen von Sivand driftete ich zu Akbar hinüber, um mit ihm über die Wurzeln der sogenannten Arier im Iran zu sprechen. Diese haben keine genetischen Wurzeln, wie die Ideologie der Nazis fälschlicherweise behauptete. Stattdessen ist die einzige Möglichkeit, sie aufzuspüren, die Sprache – linguistische Paläo-Anthropologie, um genau zu sein. Beim Studium ausgestorbener Völker und ihrer Sprachen stößt man auf Fossilien eines massiven Stammes, einer indoeuropäisch genannten Proto-Sprache; diese soll vor rund 8000 Jahren gesprochen worden sein. Aus ihr haben sich als Zweige Farsi, Englisch, Sanskrit, Schwedisch, Latein, Griechisch, Italienisch, Spanisch, Französisch, Russisch und Deutsch entwickelt. Der Sprachhistoriker Cavalli-Sforza hat sogar noch weiter zurück geforscht und behauptet, die früheste Muttersprache überhaupt entdeckt zu haben, die er Nostraisch nennt.

Die Einwanderung der Arier in den Iran ist mythologisch durchsetzt. Der Legende nach sollen die arischen Stämme aus dem Norden gekommen sein, nachdem der sagenumwobene König Jamshid seinem Volk befohlen hatte, die Sonne zu suchen. Aus den mit Gestrüpp und Disteln bewachsenen russischen Steppen zogen sie in wärmere Gebiete, nach Indien, auf das iranische Plateau und weiter Richtung Westen nach Griechenland und Italien. Seit 3000 Jahren nennen die Menschen auf dem Plateau ihr Land Iran. Man glaubt, dass diese Bezeichnung sich vom antiken *Aryanam*, was Land der Arier heißt, ableitet. Persien oder *Persis* war die hellenisierte falsche Aussprache von Pars, dem eigentlichen Namen der südwestlichen Provinz, Heimat der Herrscher des Perserreiches. Weil es im arabischen Alphabet kein P gibt, nannten die arabischen Eroberer es »Fars«.

Ich dachte über die linguistische Archäologie nach, die Hitler missbraucht hatte, um sich seine biogenetisch »arische« Nation auszudenken. Er nahm die Idee von einer gemeinsamen indoeuropäischen Sprache in Anspruch, um seine pathologische Vorstellung von »Blutreinheit« zu untermauern und trieb den Sozialdarwinismus in schrecklichster Weise auf die Spitze.

In unserem Kleinbus versuchte Akbar, Ordnung in das Chaos zu bringen. 1932, so berichtete er uns, hatte Reza Shah Pahlewi, der Vater des letzten Schahs, den international anerkannten Namen Persien abgelegt und als Tribut an die arische Abstammung des Landes durch den jahrhundertealten Namen Iran ersetzt. Ausländische Botschafter protestierten dagegen, doch der Reza Shah berief sich darauf, dass es die alten Griechen und nicht die Iraner gewesen waren, die sein Land als Erste Persien genannt hatten. Nach dem gleichen Muster haben die Chinesen in jüngerer Vergangenheit den britischen Namen Peking zugunsten von Beijing abgelegt. So ist es heute, alles andere ist Vergangenheit. Die Bulldogge Churchill protestierte auf seine Weise: »Der Schah mag es nennen, wie er mag«, grummelte er, »doch es wird immer Persien bleiben.«

Die einzigen Leute, die heute noch Persien sagen, sind Wissenschaftler und Exiliraner, die die Bezeichnung in den langen Jahren im Ausland wiederaufleben ließen. Im verzweifelten Bemühen, jede Verbindung mit der Islamischen Republik Iran und deren Aktionen zu leugnen, verkünden diese Exilanten als eine Art kollektiven Refrain: »Ich bin Perser.« Auf Cocktailpartys von Manhattan bis London, von Paris bis Santa Monica sprechen die selbsternannten »persischen Prinzen« nur von der Vergangenheit. Gleichzeitig stellte ein bei der Fußballweltmeisterschaft in Frankreich angesetztes

Match zwischen den Erzfeinden USA und Iran all ihre Ablehnung auf die Probe. Beim Anpfiff spürte ich, wie ein neuer Patriotismus entbrannte, dem sich nur wenige entziehen konnten.

Als wir den iranisch-amerikanischen musikalischen Straßenbasar in Sivand verließen, schob unser Fahrer Nasrollah meine soeben erworbene Kassette in seinen Recorder. Trauriges Klagen: ein alter Lieblingssong. Durch die abgenutzten Lautsprecher schraubte sich die aufgeregte Altstimme einer Frau krachend hinauf in Sopranhöhen. Nasrollah zeigte mir zustimmend seinen hochgereckten Daumen. Sein stoppelbärtiges Grinsen begrüßte mein Gefallen. Als alter Recke auf den iranischen Fernstraßen umklammerte Nasrollah das Lenkrad mit riesigen, starken Händen und größtem Selbstvertrauen. Er habe zwei Familien, wie er mir erzählte – seine Frau und zwei Kinder, und jetzt auch uns.

Statt wie ein guter Navigator nach vorne zu schauen, begann Vaz laut mit Nasrollah zu diskutieren, was diesen von der Serpentinenstraße ablenkte. Ein Streit entspann sich. Das Gesicht des Fahrers wurde zornesrot. Im Laufe der Auseinandersetzung blickte Nasrollah Vaz finster an, der ihn inzwischen eindeutig aufbrachte.

»Vaz, lass ihn fahren«, sagte Rich vom Rücksitz aus.

»Es ist in Ordnung Richard«, sagte Vaz. »Ich bin euer Fremdenführer. Der Fahrer muss sich an *meine* Anweisungen halten.«

»Wir hassen Unfälle.«

»Keine Sorge. Ich habe alles im Griff.«

»Genau darüber machen wir uns Sorgen.«

»Wir sind sicher, *baba*, sei unbesorgt.«

»Nicht, wenn du Nasrollah auf diesen Bergstraßen weiterhin vollquasselst.«

»Er ist nur der Fahrer. Ich bin der Boss.«

Plötzlich drang zu unserer Linken ein lautes Motorengeräusch durch die geöffneten Fenster. Ein Bus, voll mit angsterfüllten Gesichtern, überholte unseren verbeulten Kleinbus. An seinen Seiten stand in riesigen roten Lettern der Firmenname: *Rasool*, Prophet. Vaz begann, Nasrollah anzuschreien, der den Kopf drehte und ihm einen wuterfüllten Blick zuwarf. Da erschien hinter einer uneinsehbaren Kurve hupend ein entgegenkommendes Auto. Der Bus zog auf unsere Spur herüber und verfehlte unseren vorderen Kotflügel nur knapp. Nasrollah brüllte und bremste. Als er das Steuer herumriss, heulten wir alle auf. Über den Straßenrand spähte ich zu dem tosenden Fluss in der Schlucht hinab, etwa 120 Meter unter uns. Der Bus dröhnte vorbei. Auf seinem Heck lasen wir in leuchtend grünen Buchstaben: *Ein Weg ins Paradies.*

Mein Gott, dachte ich, manche Dinge haben sich kein bisschen geändert. Autofahren im Iran war nach wie vor eine religiöse Erfahrung.

Bald fuhren wir an ein paar weiß blühenden Mandelbäumen auf einem schmalen Bergrücken oberhalb grünender Weingärten vorbei. Das trockene Land faltete sich auf und erzeugte unvermittelt Felsabbrüche, die ambra- und aprikosenfarben und in Rosttönen gestreift waren. Auf beiden Seiten des Flusses Murghab ragten turmhohe, seltsam geformte Felswände auf, die vom Lauf der Zeit durchschnitten worden waren. Unsere kurvige Strecke folgte dem Grund der Schlucht. Krähen steuerten im Sturzflug auf unsere Windschutzscheibe zu und ließen sich übermütig von den Aufwinden emporheben. Sandstein hing in versteinerten Wellen über uns und schien der Schwerkraft zu spotten. Vaz saß jetzt mit zusammengekniffenen Lippen da, während Rich sich direkt hinter seiner Schulter postiert hatte, um sicherzustellen, dass er schwieg. Meine Mutter schlief und hinten plauderte Kevin mit Akbar über Zarathustra. Chris und mein Vater musterten die vorbeiziehenden Felswände. Die Geographie hatte eine geradezu unheimliche Ähnlichkeit mit einer Westernkulisse. »*John Ford country*«, sagte Dad.

Nasrollahs Strecke folgte über eine Stunde lang dem Flusslauf nach Norden durch die Schlucht, bis wir plötzlich aus dem Schatten der Klippen ausbrachen und uns auf einer riesigen Ebene befanden. Das war es wieder, das Land mit dem weiten Himmel. Das baumlose Hochplateau präsentierte sich rau und unfruchtbar. Dann flimmerten Felder mit grünenden Alfalfa-Sprösslingen vorbei. Während wir die Dasht-Murghab-Ebene durchquerten, verließen wir die Hauptstraße und bogen links in Richtung des Dorfes Pasargadae ab. Der griechische Geschichtsschreiber Herodot berichtet, dass die Perser, als sie zum ersten Mal in diese Landschaft kamen, noch Nomaden waren. Der königliche Stamm, so sagt er, waren die Pasargadaen, und so erhielt die Hauptstadt des Perserreichs diesen Namen. Hinter den schützenden Ziegelmauern der kleinen Siedlung wuchs nur eine Handvoll Bäume. Wir fuhren daran vorbei und zurück auf die grüne Ebene. Langsam näherten wir uns dem Grabmal von Kyros dem Großen, das wie eine weiße Fackel strahlte.

Akbar erzählte uns, es sei nur dank der Gewitztheit der Dorfbewohner von Pasargadae unversehrt. Im 7. Jahrhundert ritten vordringende Araber, die sich vorgenommen hatten, alles Antike und Heidnische zu zerstören, zu dem Grabmal hinauf und fragten, wer dort bestattet sei. »Salomons Mutter«, erwiderten die Dörfler. Der heilige Name aus dem Koran ließ die ungehobelten, des Lesens nicht mächtigen Beduinen davongaloppieren. Der Bluff hatte funktioniert. Inzwischen stand die Ruhestätte von Kyros II., dem Gründer des Perserreiches, ganz allein. Seine Achämeniden-Dynastie trug nicht seinen Namen, sondern den seines Stammvaters, Hachamanisch, von den Griechen Achaimenes genannt.

Als wir auf das Grabmal zuspazierten, schloss sich Nasrollah uns an und ließ Vaz im Kleinbus zurück. Er schien ernsthaft an dem Monument interessiert zu sein. Dann nahm er mich beiseite und flüsterte so laut, dass die anderen es hören konnten. »Wir müssen ihn loswerden.«

»Wen?«, fragte ich.

»Vaz«, sagte Nasrollah. »Er ist gefährlich und verrückt.«

»Meinst du?«

»Ich bin mir sicher. *Kheli divaneh*, sehr verrückt.«

»Lass mich das mit den anderen besprechen.«

»*Kheli mamnoun*, vielen Dank.«

»Nicht der Rede wert.«

»Vielleicht können wir ihn hierlassen.«

Nasrollahs Vorschlag überraschte mich nicht.

Ich sprach mit Mom, die Mitleid mit ihm hatte. Dank ihrer Arbeit mit lernbehinderten Kindern hatte sie einen besonderen Blick für so etwas. Sie behauptete, Vaz zeige verräterische Symptome.

»Extreme Legasthenie«, konstatierte sie.

»Ein ahnungsloser Quertreiber«, lautete Kevins Einschätzung.

»Ein dummer Spion«, sagte Dad.

»Und was, wenn er zu verrückt ist, um für die Regierung zu arbeiten?«, fragte ich.

»Da könnte was dran sein.«

Akbar verhielt sich diplomatisch. »Vaz ist kein Intellektueller. Ich kümmere mich schon um euch.«

Wir hielten kurz vor den sechs Steinstufen, auf denen eine Kammer mit Giebel und einem einzigen versiegelten Eingang stand. Der Gründervater des Iran hatte zweieinhalbtausend Jahre ungestört geruht. Als wir auf seinen Sarkophag blickten, staunten wir über dessen Schlichtheit. Das war etwas völlig anderes als die grandiosen Ruinen von Persepolis, die ich bislang nur auf Bildern gesehen hatte. Auf diesem uneingeschränkten Aussichtspunkt mit freier Sicht bis zum Horizont in alle Richtungen stand das bescheidene Monument ganz allein. Die antike Hauptstadt mit ihren Palästen, Gärten und Tempeln war zu Staub zerfallen und verschwunden. Das einzige Bauwerk, das den Jahren getrotzt hatte, gehörte Kyros. Pudrig weiß, ohne eingemeißelte Verzierungen oder anderen Schmuck, bot es einen philosophischen Blick auf Macht im Angesicht der Ewigkeit. Bewusst nach menschlichen Maßen errichtet, lenkte es den Blick auf eine im Laufe der Zeiten verwitterte Inschrift. Dies war Kyros' Botschaft an die Nachwelt. Akbar zitierte sie aus dem Gedächtnis:

»Willkommen, Pilger,
ich habe dich erwartet.
Vor dir liegt Kyros,
König von Asien, König der Welt.
Nur Staub ist von ihm geblieben.
Beneide mich nicht.«

Ich starrte auf das weiß verwitterte Grabmal, seine Silhouette vor der Landschaft, hoch aufragend vor dem azurblauen Himmel. Ich berührte den Stein – seine Oberfläche fühlte sich glatt an, ein über die Jahrhunderte von Händen abgeschliffenes Objekt der Verehrung. Chris packte seinen Skizzenblock aus und begann zu zeichnen.

Die überall im Nahen Osten verstreuten antiken Ruinen – sei es in Petra, bei den Großen Pyramiden, in Hatschepsuts Tempel oder in Ephesos – haben Generationen von zwielichtigen Dragomanen, Profiteuren und Wühlern hervorgebracht. Wie Fischer warten sie auf den täglichen Fang. Im Iran jedoch hat ihre Abwesenheit glücklicherweise dafür gesorgt, dass die Achämeniden-Denkmäler unangetastet geblieben sind. Nur zwei betagte, bärtige Bauern machten sich in der Nähe zu schaffen und schienen so neugierig auf uns wie wir auf Kyros' Grabmal. Sie winkten mit ihren Spaten. Ich winkte zurück. Über uns zogen dicke, weiße Wolken dahin. Ein kühler Wind kam von Westen, wo am Horizont runde, schneebedeckte Gipfel den Zugang zu der riesigen Ebene versperrten.

Als Robert Byron schrieb, Alexander der Große sei der erste Tourist an Kyros' Grabmal gewesen, war das natürlich dichterische Freiheit. Lange bevor der makedonische Prinz hier in Ehrfurcht niederkniete, waren Generationen von Pilgern zu dieser Sehenswürdigkeit geströmt. Byron wollte auf die für ihn typische subtile Weise Alexanders Verehrung für Kyros als klassischen Helden zum Ausdruck bringen. Wir wissen, dass Alexander auf seinen Feldzügen Xenophons *Kyrupaedie – Die Erziehung des Kyros* mit sich führte, dazu noch Homers *Ilias*, die zusammen mit einem Dolch unter seinem Kopfkissen lag. Kyros verkörperte die Attribute eines genialen Feldherrn und leidenschaftlichen Eroberers, war sowohl mächtig als auch barmherzig. Der berühmte literarische Generalist Xenophon beschrieb den Achämeniden-König so: »Kyros war als Person der Bestaussehende, in seiner Seele der Großzügigste, der Wissbegierigste, der größte Freund von ehrenvollem Ruhm, so dass er um des Lobes willen alles Leid und alle Gefahren auf sich nahm.«

Akbar stand still versunken da. Er hatte die University of California in Santa Barbara absolviert und lebte jetzt mit seiner Frau und zwei Töchtern im nahen Shiraz. Sein schwarzes Haar wehte im Wind. Die neugierigen Bauern rückten näher, Regenwolken verbargen die schneebedeckten Gipfel. Hocherhobenen Hauptes begann er zu sprechen: »Ihr müsst wissen, dass Kyros nicht nur Vater der Iraner ist, sondern auch Vater der freien Menschen auf dieser Welt. Er hat menschliches Denken auf eine höhere Ebene gebracht. Heute über Menschenrechte zu reden ist leicht, aber er hat damit begonnen.«

»Und vor Kyros?«, fragte Richard.

Akbar sagte: »Der assyrische Herrscher Sennacherib, der sich rühmte, alle Männer, alle Frauen, selbst die Katzen und Hunde getötet zu haben.«

»Sogar die Katzen?«

»Allerdings. Dann zerstörte er alles und befahl, die Ernte zu vernichten. Er streute Salz auf die Saaten. Weil Gott es ihm aufgetragen hatte. So behauptete er es jedenfalls. Und ich habe euch noch nichts von Nebukadnezar erzählt.«

Rich fluchte leise vor sich hin.

»Als dagegen Kyros nach Babylon kam, befahl er seinen Leuten, die Tempel der Juden und die von Marduk, dem Gott der Babylonier, zu achten. ›Respektiert die Zivilisten‹, sagte er. ›Verteidigt alle, die nicht kämpfen. Beschützt die Frauen.‹«

»Wie erfrischend anders«, sagte meine Mutter.

Als sei er von einer göttlichen Vision geweckt worden, war Kyros von seiner Ebene bei Pasargadae losmarschiert und hatte seine treuen Armeen aus Medern und Persern über die Pässe des Zagrosgebirges geführt und hinab in die feuchten Ebenen Mesopotamiens, bis vor die Tore von König Nebukadnezars sagenumwobenem Babylon. Raffiniert leitete er den Euphrat um, und zwar mit einer groß angelegten technischen Meisterleistung, die später Leonardo da Vinci inspirierte, den Verlauf des Arno so zu ändern, sodass Pisa von seinen florentinischen Zahlmeistern unterjocht werden konnte. »Der Fluss soll verkleinert werden, indem man viele kleine Ströme abzweigt, wie Kyros, König der Perser, es bei der Eroberung Babylons tat«, schrieb Leonardo begeistert in sein Notizbuch. Schwere Regenfälle und erbitterte Auseinandersetzungen unter den Ältesten von Florenz dämpften die anfängliche Begeisterung für sein gewagtes Projekt. Schließlich gab man es auf. Wo Kyros Erfolg gehabt hatte, scheiterte Leonardo.

Herodot schreibt, Kyros sei in Babylon nicht als gefürchteter Eroberer eingezogen, sondern als heldenhafter Befreier. Nebukadnezars Sohn Nabonidus, ein völlig unfähiger und skandalumwitterter Herrscher, hatte die größtmögliche Verachtung seines Volkes auf sich gezogen. Während seiner kurzen Regentschaft hatte er die Götter herausgefordert, die Priester des Marduk gegen sich aufgebracht, Aufstände angezettelt und einen regelrechten Bürgerkrieg heraufbeschworen. Kyros erschien als Retter und spielte seine Rolle brillant. Als die Priester ihn an den Stadttoren willkommen hießen, versprach er, den Marduk-Tempel zu achten und zu restaurieren. Er trat als ein Beschützer ihres Glaubens auf.

Ein von Kyros im Jahr 539 v. Chr. hergestellter steinerner Zylinder erinnert an das Ereignis. Die Inschrift lautet: »Ich bin Kyros, König von Babylon, König von Sumer, König von Akkad, König von vier Ländern … Meine große Armee nahm Babylon friedlich ein, und ich erlaubte nicht, dass dem Land Babylonien und seinen Menschen irgendein Schaden zugefügt würde. Das respektvolle Verhalten der Babylonier lehrte mich … und ich befahl, dass es allen freistehen soll, unbeschadet ihren Gott zu verehren. Ich befahl, dass niemandes Heim zerstört werden soll und niemandes Besitz genommen …«

Windböen wehten um uns herum.

»Die erste Erklärung der Menschenrechte«, verkündete Akbar.

»Eine Kopie davon ist in New York am East River ausgestellt«, berichtete ich meiner Mutter.

»Tatsächlich, und wo?«

»Im Saal der Generalversammlung der Vereinten Nationen.«

»Seht ihr«, sagte Akbar, »Persepolis und Kyros' Grabmal in Pasargadae waren dazu bestimmt, der Weltbevölkerung erhalten zu bleiben, nicht nur uns Iranern. Denn Geschichte ist für jedermann. Wir sind die Manifestation vergangener Zeiten, und wir geben das, was wir sind, an unsere Kinder und die Zukunft der Welt weiter. So hängen, wie man sieht, die Ereignisse des Lebens alle zusammen. Darum liebe ich Geschichte.«

Wir nickten alle, ziemlich bewegt von seinem unerwarteten Loblied auf die Geschichte. Er wischte sich über die Stirn und blickte wieder zu dem Grabmal hinauf. Ich fragte mich, ob er zu weit gegangen war, ob er drauf und dran war, seine persönlichen politischen Überzeugungen zum Besten zu geben. Inzwischen war auch Vaz zu uns gestoßen und schien aufmerksam zuzuhören.

Akbar fuhr mit seinen leidenschaftlichen Ausführungen fort: »Für das iranische Volk, zumindest für die Muslime, gibt es zwei Mekkas. Das eine ist das Mekka in Saudi-Arabien und das andere ist das Mekka von Pasargadae und

Persepolis. Während Mekka das islamische Erbe repräsentiert, stehen die anderen beiden für das wahre Vermächtnis, ein Iraner zu sein. Einige Ignoranten verstehen das jedoch nicht. Sie wollen die Vergangenheit zerstören. Hier ist der Ort, an dem zu siedeln und zu leben sich die Arier entschlossen. Die Provinz Fars ist das Herz des Iran. Geografisch ist der Ort, an dem wir hier stehen, einzigartig für den Iran. Er verbindet Mittelasien mit Mesopotamien.«

Schweigend blickten wir auf die riesige Weite und die darüber hinwegziehenden Wolken. Chris hatte seine Kohlezeichnung vom Grabmal vollendet. Meine Mutter blickte sich wohlwollend um. Ich schaute die den Horizont nach Westen abschließenden Berge an, die wieder frei von Regenwolken waren. Ich stellte mir die Euphorie vor, mit der der persische Befreier in der mesopotamischen Hauptstadt begrüßt worden sein musste, wo der Stamm Israel zwei Generationen lang versklavt worden war.

Der »Philosophen-König« der Griechen wurde von den Propheten des Alten Testaments sogar noch weiter erhöht, denn sie beschrieben den Perser Kyros als Retter-König, der von Jahwes Hand berührt worden war. Ezra und Jesaja verkündeten, er sei »der Gesalbte des Herrn«. Jeremia erklärte: »Jahwe rührte die Seele des Königs der Meder, um die verruchte Hure Babylon zu erschlagen.«

Als Schurken der Antike hatten die Assyrer und Babylonier im Laufe von drei Jahrhunderten die bösen »Künste« Sadismus, Verschleppung und Völkermord perfektioniert. Unschuldige zu massakrieren war eine Spezialität, die Zwangsumsiedelung ganzer Völker eine andere. Dreist hatten sie sich selbst zu Gottes strafender Hand ernannt. Niemand war vor ihnen sicher. Als Jerusalem 586 v. Chr. nach der zweiten Belagerung, die schließlich die Dynastie Davids beendete, zusammenbrach, befahl Nebukadnezar, den großen Tempel seiner Schätze zu berauben, und ließ die verbleibenden Überlebenden, schwer beladen mit geraubtem Gold, ins Exil ins schwüle Mesopotamien marschieren.

Als fast 50 Jahre danach Kyros vor den Toren Babylons stand, erschien er den Menschen wie ein Wunder. Der Perserkönig befreite das hebräische Volk nicht nur aus der Gefangenschaft, sondern tat mit staatsmännischer Freundlichkeit das Undenkbare: Er ließ all das Gold zusammentragen, das Nebukadnezar sich in Jerusalem angeeignet hatte, und schickte die Exilanten mit dem Befehl nach Hause zurück, den zerstörten Tempel Salomons wiederaufzubauen.

Zum anderen preist Jesaja Kyros als einen »Messias«. Der Perserkönig ist das lebendige Zeichen für Gottes Erlösung – ein liebender Gott, der seinem

Volk schließlich vergeben hat, dessen Exil beendet und es befreit, damit es die Flüsse von Babylon verlassen und seine lange Reise zurück in die Heimat Zion antreten kann. Aber das ist noch nicht alles. Jahwes Diener Kyros wurde gesandt, um »den Nationen Gerechtigkeit zu bringen … Er wird nicht scheitern … bis er Gerechtigkeit auf Erden errichtet hat.«

Man weiß, dass sich nach der Befreiung nicht alle Hebräer dem Treck zurück in ihr Land angeschlossen haben. Viele entschieden sich dafür, unter persischem Schutz in der reichen Stadt zu bleiben, während andere den Blick nach Osten richteten und sich in die Königshauptstadt Susa begaben, die hoch auf einem Steilufer mit Blick über das riesige mesopotamische Flussdelta lag. Der Legende nach sollen jüdische Gemeinden auch die iranischen Städte Isfahan und Shiraz gegründet haben. Generationen später heiratet im Herrscherpalast von Susa die biblische Heldin Esther den persischen König Ahasuerus. Damit beginnt eine weitere gefahrvolle Sage vom kollektiven Überleben. Die junge Esther muss sich dem Kampf mit Haman stellen, einem niederträchtigen makedonisch-griechischen Wesir, der jüdisches Blut fordert. Für ihr Volk intervenierend, trägt sie ihrem Onkel Mordechai auf: »Geh und versammle alle Juden, die du in Susa finden kannst, und veranstalte ein Fasten in meinem Namen.« Dann tritt sie selbst auf den Plan. Sie nutzt ihren beträchtlichen Charme, um Einfluss auf ihren Ehemann zu nehmen. Esther überlistet ihren Gegner und besiegelt für ihn das gleiche Schicksal, das er ihrem Volk zugedacht hatte. Seither wird in Synagogen überall auf der Welt alljährlich zu Ehren der mutigen persischen Königin das Purimfest gefeiert.

Welche Ironie, dachte ich, dass im gesamten Nahen Osten ausgerechnet das iranische Volk die älteste antike Verbindung zum jüdischen Volk hat. Ein über 2000 Jahre altes heiliges Band. Und wie seltsam, dass die Mullahs es in nur 20 Jahren schafften, Israel in ihr Schreckgespenst zu verwandeln, in den Feind der Islamischen Republik schlechthin. Kyros, dessen war ich mir sicher, hätte ihnen einige Lektionen in Sachen moralischer Erleuchtung erteilen können.

Der in der Antike so seltene Humanismus von Kyros verkörperte die zoroastrischen, in der Seele der iranischen Nation eingebundenen Glaubensgrundsätze. Der Visionär Zarathustra bleibt eines der großen Rätsel der Weltgeschichte. Über den iranischen Propheten mit dem persischen Namen Zardusht ist kaum etwas bekannt. Fragt man in der westlichen Welt einen Durchschnittsbürger auf der Straße nach Zarathustra, denkt dieser vielleicht an Feuerverehrer oder erwähnt möglicherweise Nietzsches »Also sprach Zarathustra«. Danach gäbe es kaum mehr als fragende Blicke. Sein Geburtsdatum? Nur vage Schätzungen. Es soll uns genügen zu wissen, dass er vor

Konfuzius, Buddha, Jesus und Mohammed auf die Welt kam. Zarathustras Lyrik, die heiligen *Gathas*, sind die frühesten Gedichte der persischen Literatur. In Avestan geschrieben, einer eng mit dem Altpersischen und dem vedischen Sanskrit verwandten Sprache, bilden die erhaltenen Schriften, Gebete, Vorschriften und traditionelle Geschichten, das heilige Buch *Avesta*.

Die meisten Gelehrten setzen Zarathustras Geburtsdatum irgendwann im 6. Jahrhundert v. Chr. an. An welchem Ort? Manche sagen Aserbaidschan, andere nennen die ostiranische Provinz Khorasan. Allerdings überschattet ein erstaunlicher Zufall sein Leben. Innerhalb einer Generation nach seiner Geburt brachte Asien zahlreiche geistige Führer hervor: den Weisen Konfuzius in China, Prinz Gautama, der später als Buddha berühmt werden sollte, in Indien.

Zarathustras prophetische Vision von einem moralischen Gott wurde geformt vom irdischen Kampf zwischen Licht und Schatten, Gut und Böse, *Ahura Mazda* und *Ahriman*. Doch der Mensch steht nicht tatenlos daneben und sieht den kosmischen Kräften zu. Zum ersten Mal in der Geschichte predigte Zarathustra den Grundsatz des freien Willens. In seiner kraftvollen neuen Religion sorgt der Mensch für das Gleichgewicht. Er sagt sogar, wir seien alle »Engel« und auf die Erde herabgestiegen, um in diesem Kampf gegen das Böse zu helfen und die Welt zu retten. Das ist der Grund unseres Daseins.

Was moralische Pflicht angeht, ist Zarathustras Botschaft einfach: reine Gedanken, reine Worte, reine Taten. Am Lebensende kehren wir in den Himmel zurück, aber es gibt eine kleine Hürde: die endgültige göttliche Wertung. Überquert man die Brücke, begrüßt einen der Sonnengott Mithra und wägt das Leben auf seiner Waage der Gerechtigkeit. Neigt sich der Zeiger zum Guten, erscheint ein himmlischer Engel, um uns ins Licht des Paradieses zu geleiten, das uns erwartet. Sind die Schalen der Waage im Gleichgewicht, ist unser Schicksal der Ort der Gemischten, wo man ein graues Dasein ohne Freude und Trauer führt. Fegefeuer. Wenn der Zeiger jedoch in die andere Richtung ausschlägt, verengt sich die Brücke zu einer scharfen Schneide und eine Hexe, ausgezehrt und in Lumpen, schlingt ihre Arme um die Seele, zerrt sie von der Brücke und verschleppt sie in die Tiefen der Unterwelt, wo die Schlechten eine »lange Zeit des Elends, der Finsternis, des widerwärtigen Essens und Wehklagens« ertragen müssen.

Über Zarathustras Einfluss auf das westliche religiöse Denken ist kaum etwas bekannt. Nur wenigen ist bewusst, dass seine bahnbrechenden Innovationen dem Judaismus die Vorstellung vom Messias lieferten. Ich sah noch einmal die Liste durch, die ich vor der Abreise aus New York in mein Notizbuch gekritzelt hatte. Aus der erschöpfenden *Cambridge History of Iran* hatte ich die Überzeugungen und Konzepte herausgeschrieben, die auf iranischem Boden entstanden und dem zoroastrischen Glauben entlehnt sind:

- der Glaube an einen Retter
- der Dualismus von Gut und Böse, Licht und Finsternis
- der Glaube an Engel und Erzengel
- Satan als Inbegriff des Bösen und Gegenspieler Gottes
- die Doktrin von einem Leben nach dem Tod und der Unsterblichkeit der Seele
- das Jüngste Gericht
- Belohnung und Bestrafung durch göttliche Gerechtigkeit
- die Vorstellung von Hölle, Fegefeuer und Paradies
- die Wiederauferstehung der Toten
- der Glaube an die Apokalypse
- tausendjährige Zeitintervalle
- Zerstörung des Bösen und die Erneuerung der Welt am Ende aller Tage.

Keine schlechte Liste, dachte ich mir.

Als Zarathustra erstmals von *Soshyant*, dem künftigen Messias, sprach, der die Welt erlösen würde, konnte kaum einer seiner Anhänger vorhersehen, dass diese prophetische Vision Eingang in zwei andere Glaubensrichtungen finden sollte – erst in den jüdischen, dann in den christlichen Glauben. Noch weniger konnte man damit rechnen, dass 600 Jahre später in Judäa ein reisendes Paar, heimatlos und erschöpft auf Herbergssuche, zwischen einer Kuh und einem Esel auf einem Strohlager schlafen würde. Die schwangere Frau gebar, wie es heißt, ihr Kind, während draußen neugierige Hirten herumlungerten. Tage später kamen über die Hügel im Osten königliche Besucher, um dieses Kind zu sehen. Das hat große Ähnlichkeit mit tibetischen Priestern, die eine Reinkarnation des Dalai oder Pantschen Lama suchen. Eine göttliche Suche.

Nach altem iranischem Glauben wird ein leuchtendes Zeichen am Himmel stehen, wenn ein Retter geboren wird. Zardushts Prophezeiung war eindeutig. Jahrhundertelang studierten zoroastrische Priester die Sterne. Auf einem Berg in Sistan gab es einen besonderen Tempel, von dem aus sie den Himmel absuchten. Obwohl Marco Polo darauf beharrte, sie seien aus der Stadt Saveh gekommen, erzählt die iranische Überlieferung, dass die drei Priester, die nach Bethlehem gingen, den Stern zunächst oben in Sistan sahen und ihm dann Richtung Westen folgten.

Da Zarathustra der Erste war, der die Ankunft eines Retters prophezeite, ist es vielleicht nur angemessen, dass seine Priester, die drei Weisen aus dem Morgenland, dem Kind die Ehre erwiesen und das Eintreffen des Messias bestätigten. Nach Christus' Tod und Auferstehung warf ein frisch konvertierter Saul in den Mittelmeerländern sein Netz nach christlichen Seelen aus, während Petrus Samen für die Mutter Kirche ins Herz des kaiserlichen Roms pflanzte. Die Grundsteine der neuen Religion waren Geschenke zweier antiker Glaubensrichtungen: zum einen des semitischen, zum anderen des persischen Glaubens.

Lange Zeit haben die Christen ihre jüdischen Wurzeln treu gehegt. Aber ich kann mich des Gedankens nicht erwehren, dass es eine noch unbeglichene Schuld beim Iran gibt. Die Shia-Mullahs werden sich ebenso wie ihre fundamental christlichen Brüder im Geiste hüten, daran zu rühren. Die Vorschriften ihrer heiligen Bücher akzeptieren einen neuen Synkretismus sicher nicht bereitwillig. Und so hängt in Archibald MacLeishs schlecht konstruiertem Konzertsaal der Geschichte dieses Patrimonium Zarathustras nach wie vor in einem toten Winkel, wo man es nicht hören kann. Ohne einen Namen. Ohne Dankbarkeit. Unausgesprochen.

Dieses reiche Vermächtnis erschien mir so fern, als wir Kyros' Grabmal verließen. Ich blickte über die grün durchzogenen Ebenen, das Herzland Persiens. Im Westen verschwammen die schneebedeckten Gipfel im Dunst. Wir bestiegen alle den Kleinbus und fuhren langsam zurück zu den dicht gedrängten, lehmverputzten Mauern des Dorfes. Es heißt, nach der Revolution hätten die Mullahs beabsichtigt, den Namen dieses historischen Ortes zu ändern, der seit Jahrtausenden als Pasargadae bekannt ist. Die Einheimischen lehnten das ab und folgten damit ihrer Tradition von Loyalität und Unabhängigkeit.

Auf einer staubigen Straße kamen wir an einem großen Schutthügel vorbei. »Das ist das Grabmal, das der Schah für sich errichtet hat!«, sagte Akbar. »Es wurde nie vollendet. Die Leute haben es zerstört. Sie wollen ihn nicht zurück – besser, er bleibt in Kairo.«

Der letzte Schah, Mohammed Reza Pahlevi, hatte ehrgeizige Pläne, hier bestattet zu werden, nahe bei seinem Superhelden Kyros. Er befahl, dass ein eigenes majestätisches Grabmal für ihn errichtet würde. Als wir daran vorbeifuhren, deutete Akbar auf den unrühmlichen Haufen, eine unfertige Baustelle, bedeckt von Sand und zerbrochenen Ziegeln, alles, was nach der Revolution als Ruine übriggeblieben war.

1971, während des prunkvollen Spektakels zur 2500-Jahr-Feier der iranischen Monarchie, besaß der Schah die Kühnheit, sich in vollem Ornat vor

Kyros' Grabmal zu stellen und über die vergangenen Zeitalter zu sprechen, umgeben von klickenden Kameras, ausländischen Würdenträgern, gekrönten Gästen und der Presse. Er hob die Hand, um der feiernden Menge Schweigen zu gebieten, und verkündete dann: »Kyros, du magst nun ruhen. Ich halte Wache.«

Heute kann man den letzten Schah 1600 Kilometer entfernt in Kairo finden, in diesem pulsierenden, mittelalterlichen, verpesteten, unerbittlichen menschlichen Bienenstock, den Luftverschmutzung und endlose Verkehrsstaus plagen. Er liegt aufgebahrt in den staubbedeckten Mauern der Hussein-Ali-Moschee, ein Gefangener seines eigenen Handelns, weit von der eigentlichen Heimat der Perser entfernt. Die weite grüne Ebene von Pasargadae hat, wie es scheint, keinen Platz für Hochstapler.

KAPITEL 5

Die Herren und Damen von Persepolis

Auf einer Straße in Shiraz kämpfte meine Mutter mit ihrem islamischen *rusari*, dem Kopftuch, das nicht an seinem Platz bleiben wollte, als eine unerwartete Windböe ihr dunkelblaues Tuch wie einen Drachen in die Lüfte hob und mehr als nur ihre Ohren freigab. – Das war jenseits jeglicher akzeptabler Sittsamkeit. Ich erschauderte. Ihre Hände fuhren durch die Luft in dem Versuch, die Sache in den Griff zu bekommen. Mein Bruder Chris versuchte ihre Entschleierung vor öffentlichen Blicken zu verbergen, indem er flügelartig mit ausgebreiteten Armen schlug.

»Steinigen oder verfluchen«, murmelte Chris. »Du hast die Wahl.«

»O mein Gott.« Kevin rollte mit den Augen. Ihre Haare waren völlig unbedeckt.

Während sich all ihre Männer als hoffnungslos erwiesen, blieb eine vorbeigehende junge Frau stehen, um meiner Mutter zu helfen. Sie stellte sich als Mahnaz, Medizinstudentin an der Universität von Shiraz, vor. »Madam, haben Sie noch einen schönen Aufenthalt in meinem Land«, sagte sie höflich, nachdem sie meine Mutter wieder eingewickelt hatte.

Ich bemerkte, dass sich in der Nähe eine kleine Menschenmenge versammelt hatte, um einigen Straßenkünstlern zuzusehen, deren starker Mann in einer Szene wie aus La Strada versprach, seine Ketten zu sprengen. Sie schenkten uns keinerlei Beachtung. Frisch versammelt steuerten wir durch die Masse. Den Rollstuhl meiner Mutter hatten wir im Auto gelassen. Mit Geduld und Mut, ihren empfindlichen Knöchel testend, ging sie nun am Arm meines Vaters. Im schwindenden Licht des Nachmittags überquerten wir alle die Schwelle und passierten die Tore des Vakil-Basars.

Dunkle Schatten schluckten das Sonnenlicht. Vor uns tat sich eine hoch aufragende, gewölbte Hauptarkade mit der vertikalen Geräumigkeit einer gotischen Kathedrale auf. Von diesem wichtigsten Fußweg gehen alle Straßen aus und fächern sich gut eineinhalb Kilometer weit in alle Richtungen auf. Durchziehende Brisen sorgen für ein luftiges Gefühl. Wasserbassins in

Innenhöfen und von Bäumen umschlossene Kreuzgänge liegen versteckt an den Nebenwegen und erwarten all jene, die eine Pause von der Hektik des Basars suchen.

Grelle Comic-Poster der Gründungsväter der Shia, direkten Nachkommen des Propheten – der rehäugige Imam Ali mit dem Schwert in der Hand und sein Sohn Hussein hoch zu Roß tragen die heilige smaragdgrüne Fahne –, allesamt in knalligen Farben gemalt, belebten die schäbigen, schmutzigen Mauern der Händler. Wo einst das Bild des Schahs hing, schmückten nun schwarzweiße Regierungsfotos der bärtigen Führer des Regimes die Läden. An einer Kreuzung im Labyrinth starrte ein riesiger Ayatollah mit wachsamem Blick von der gewölbten Decke herab: Es war der unangefochtene, allmächtige Khamenei. Kabel mit bunten Lichtern hingen wie eine Perlenkette unter seinem Kinn, bereit für künftige Feste. Richard konnte die herrschende Dreieinigkeit immer noch nicht auseinanderhalten: Khomeini, Khamenei, Khatami. Er hatte es auch aufgegeben und nannte sie nur noch »die drei Ks«.

Durch die erhöhten arabeskenförmigen Fenster fiel grelles Licht. Ich berührte die dicken, kühlen mittelalterlichen Mauern. Das rhythmische Hämmern der Kupferschmiede erklang in einem Gang zu meiner Linken. Die Geräusche geschäftiger Kunden echoten durch schwach erhellte Tunnel. Jungen aus Shiraz spazierten Hand in Hand; Mütter und Töchter strichen zärtlich über Seidenschals; da waren Afghanen mit Turban und Teppichen unter dem Arm; ein Turkmene feilschte um eine Teekanne; Qashqai-Nomaden schienen frisch von den Bergweiden zu kommen, die Frauen grellbunt herausgeputzt.

Wir fühlten uns exponiert, verletzlich und gehemmt, aber die Kauflustigen schienen uns überhaupt nicht zu beachten. Meine Augen gewöhnten sich an die Dunkelheit. Lampen und nackte Glühbirnen erhellten jeden Laden und seine baumelnden Waren: handgenähte Spitze, Seiden- und Baumwollstoffe; Kupfertabletts und Servierschalen; stammestypische Webarbeiten, Satteltaschen und Teppiche; Teegläser und Porzellan; Lederschuhe und Turnschuhe. Alles, um Kundschaft anzulocken. Und natürlich gab es keine Preisschilder.

Schnell kamen die Erinnerungen an unsere langen Streifzüge mit Hassan über den Basar in unserem Viertel zurück, Hand in Hand, um Obst und Gemüse zu erwerben. Jede Einkaufstour, damals wie heute, war eine Reise ins Ungewisse. Der Nationalsport Handeln folgt einem strengen Verhaltenskodex und ist nichts für zart Besaitete. »Man sollte sich das Ganze als Improvisationstheater vorstellen«, pflegte mein Vater zu sagen. »Höchste Dramatik verleiht jedem Kauf Farbe.« Zwei Worte der Warnung gehören gesagt: *caveat emptor*. Die Händler, *bazaaris* genannt, gelten als die gewieftesten Gegner. Ich erinnere mich an die verbalen Schaukämpfe in Tajrish, die stets mit Hassans Frage »Das da, wie viel?« begannen. Es folgte ein überhöhter Preis als Antwort. Nach einer kurzen Pause pflegte Hassan mit den Augen zu rollen und gespielte Demütigung aufblitzen zu lassen, als habe man ihn beleidigt.

Es überraschte mich stets, wie rasch sich diese Wortwechsel hochschaukelten. Jedes neue Angebot von Hassan wurde mit einer brüsken Zurückweisung gekontert. Das verbale Hin und Her – durchsetzt mit Anrufungen Gottes, Armut als Einwand, Klagen darüber, beschwindelt zu werden, oder Schwüren auf die Gräber der Vorfahren – folgte einem flotten Rhythmus. Jede Äußerung ließ die Lautstärke weiter anschwellen. Bevor die beiden schließlich die Grenzen des Anstands überschritten oder vor Erschöpfung zusammengebrochen wären, wurde der Kampf für unentschieden erklärt, und mit wiederhergestellter Würde war der Handel perfekt. Hassan pflegte unsere frisch erstandenen Auberginen, Tomaten und gerupften Hühner zu übernehmen und gab mir eine Tasche mit Orangen und Granatäpfeln zu tragen.

Wir kurzsichtig, dachte ich bei mir, das ganze Gespräch zwischen Käufer und Händler wegen eines simplen, achtlos hingekritzelten Preisschilds nicht mehr stattfinden zu lassen. In diesem harmonischen Verhältnis bestand schließlich das Geheimnis aller Basare. Im Laufe eines Lebens suchte man immer wieder denselben Stand auf. Und die Treue wurde belohnt. »*Babajan*, mein lieber Vater, ich gebe dir dieses Besondere, nur für dich.« So entstehen Freundschaften.

Seinen Urinstinkten folgend war Richard bereits ins Geschehen eingetaucht, Chris hinter ihm her, angelockt von silbernen Baluchi-Armbändern für ihre Frauen daheim.

Tief in dem schummrigen Markt standen mein Vater und ich plötzlich vor einer Auslage mit fein gravierten, funkelnden Metallarbeiten. Hinter der Schaufensterscheibe waren gehämmerte Bronzetabletts mit stolzen Achämenidenkönigen und -königinnen und starren kaiserlichen Soldaten ausgestellt, daneben Silbertabletts mit sich umarmenden Liebenden aus Omar Khayyams weinseligem *Rubaiyat*. »Ich kann nicht glauben, was ich da sehe«, flüsterte mein Vater. Diese bacchanalische Pracht aus paradierenden Majestäten, romantischen Stelldicheins und Bauchtänzerinnen, die im Lampenlicht erstrahlte, brachte uns regelrecht aus der Fassung. Zwei zentrale Tabus des Regimes – Schahs in ihrer eitlen Pracht und eindeutige Liebesszenen – wurden hier offen gebrochen. Als ich den stämmigen Ladenbesitzer darauf ansprach, antwortete er: »Diese Darstellungen sind nicht für jeden Geschmack. Manche lieben es eher konservativ, nur mit Schriftzeichen.« Er holte ein Tablett mit Koranversen hervor. »Welches gefällt Ihnen besser?« Er grinste.

Ich stolperte einen Säulengang hinunter, folgte meinen Brüdern durch ein Tor hinaus ins Sonnenlicht. In der Mitte eines von Ladenfronten eingegrenzten Innenhofs befanden sich ein sanftgrünes Wasserbecken und betörende Orangenbäume. Während ich noch ins grelle Licht blinzelte, schlängelte sich ein junger Mann mit einem Handtäschchen neben mich.

»*Gudday*, Partner.«

»Hallo.«

»Hoffe, du genießt Shiraz. Kann ich dir mit was helfen?«

»Nein, danke. Aber wo hast du diesen Akzent her?«

»Sydney, weißt du. *Down under*. Bin da aufgewachsen, bis mein Dad beschlossen hat, uns hierher zurückzubringen.«

»Wie gefällt es dir?«

»Nicht so schlecht. Ist jetzt mein Zuhause. Hab neulich ein paar nette deutsche Mädchen kennengelernt.«

»Echt?«

»Hör mal, wenn du bei mir deine Dollars wechseln willst, mach ich dir 'nen Superkurs.«

»Morgen vielleicht.«

»Kein Problem, Partner. Du findest mich hier neben dem Teich. *Gudday*!«

Sein »St. Louis Thirty-niners«-Basketballshirt, die am Knie zerrissenen Levi's und die Air Jordans waren zweifellos hip. Als er mit dieser Haltung eines Burschen, der hier zu Hause ist, den Innenhof durchquerte, wurde mir klar, dass ich gerade ein veritables laufendes Plakat für die Generation X beobachtete. Das war alles ein wenig verwirrend. Ich hatte ein viel härteres islamisches Durchgreifen gegen die globale MTV-Kultur erwartet. Diese »dekadente« amerikanische Mode war nicht ausgemerzt worden, wie man uns im Laufe der Jahre immer wieder versichert hatte. Die schwer bewachten Grenzen dieses Landes der Tabus schienen so durchlässig zu sein wie ein Teesieb.

Shiraz – die mythische Stadt der Dichter, des Weines, der Rosen und der Liebe – hatte mehr Ähnlichkeit mit einem Mittelmeerhafen als mit einer von Land umschlossenen Oase hinter den steinernen Zagros-Zitadellen. Ein gesunder Fluss strömte durchs Stadtzentrum. Eine Lücke in den Bergen, die den Weg aus der Stadt Richtung Norden freigab, trug den triumphierenden Namen Allah al-Akbar. Ein Gebirgszug, den Akbar »Schlafender Mann« nannte, legte sich um die Westflanke der Stadt und schien seinen runden

Schmerbauch in den Himmel zu strecken. Wie treibend auf einem Meer aus weiten Wüsten, das sich von Syrien bis Pakistan erstreckt, lag Shiraz auf einem der seltenen Streifen natürlich bewässerter grüner Felder.

Diese Region mit Namen Fars ist quasi die iranische Toskana. Als Mitte des antiken Persien ist sie zudem Geburtsort der Shiraz-Traube, die inzwischen auch in Australien gedeiht. Und so wie Fiesole oberhalb von Florenz einst eine Festung der Etrusker war, so bot Shiraz den ersten arischen Stämmen Schutz. Im Lauf der Jahrhunderte erwarb die Stadt sich einen Ruf, weil sie Gelehrte, Künstler und die beiden berühmtesten Dichter des Landes hervorbrachte: Hafis und Saadi. Ein weiterer berühmter Sohn Shiraz' war Ostad Isa, der Architekt des Taj Mahal.

Ich wusste, dass wir unsere Reise am richtigen Ort begonnen hatten.

Es war immer noch dämmrig, als wir zur Moschee Nasir al-Mulk hinaufgingen, der ersten rosafarbenen architektonischen Kreation, die ich je gesehen habe. Offensichtlich hatte hier ein Qajar-Schah des 19. Jahrhunderts seinen farbverrückten Handwerkern aufgetragen, den langweiligen holländischen blau-weißen Porzellanmotiven aus dem Landleben etwas Frische einzuhauchen. Sorgsam von Hand bemalt, mischten Tausende glasierter Kacheln in dem leuchtenden Rosa von Rosenblütenblättern sich mit Sonnenblumengelb.

Der Eingang war mit einer Kette versperrt. Wir suchten nach dem Hüter der Schlüssel, und ein glatzköpfiger, halb bärtiger *Hadschi* trat aus einer Tür in einer Lehmmauer jenseits des kleinen Platzes.

»*Salam, agha.* Frieden, Herr«, grüßten wir ihn.

»*Khosh amadid*, willkommen«, sagte der Hausmeister.

»Warum ist diese *masjid* geschlossen?«

»Die Leute kommen nicht mehr. Es gibt keine Betenden mehr.«

»Warum?«

»Vielleicht weil der Mullah fortgeschickt wurde.«

»Fortgeschickt?«

»Vielleicht hat er zu viel von teuflischer Politik geredet.«

Religiöse Auseinandersetzungen, bei denen ein Mullah den anderen attackierte, Reformer gegen Hardliner, waren hier eskaliert.

»Manchen Mullahs hat man ihre Turbane weggenommen«, fuhr der Hausmeister fort. »Dann sind sie wie gewöhnliche Leute. Das ist die Strafe. Sie können von Glück sagen, dass sie noch am Leben sind.«

Die Moschee war leer. Als wir den Innenhof durchquerten, fielen mir unpassende Kacheln auf, die nicht hierhergehörten: mit Landhäusern, holländischen Windmühlen und nordeuropäischen Flusslandschaften. Lächerliche

Ehrfurcht vor westlichem Geschmack hatte solche iranischen Experimente hervorgebracht. *Gharbzadegi*, Vergiftung durch den Westen – ein beim heutigen Regime ziemlich beliebter Ausdruck –, war eindeutig noch vorhanden und in der Qajar-Zeit sehr verbreitet gewesen. Die dominierende Farbe war nicht das kühle, fromme Türkis, das man üblicherweise mit den islamischen Moscheen im Iran assoziierte. Hier verbreiteten leuchtendes Rosa und Gelb ein Gefühl der Wärme.

Bei Sonnenuntergang ballten sich über unseren Köpfen dunkle Wolken zusammen und ein sanfter Regen begann zu fallen. Wir schauten aus dem Innenhof mit seinen glasierten Kacheln zum geschwärzten Himmel hinauf. Chris deutete auf einen doppelten Regenbogen, der über der Kuppel leuchtete. Die von der untergehenden Sonne hervorgebrachten Farben waren sogar noch aufregender als die Kacheln mit floralen Mustern, die uns umgaben. Wir nahmen das als gutes Omen.

An jenem Abend versicherte uns unser Hotelmanager, dass wir hier im Apadana, einem preiswerten Konkurrenten des Fünf-Sterne-Hotels Homa am anderen Ende der Stadt, zufrieden sein sollten. Der Name Homa war von dem geflügelten persischen Greif entlehnt, der einst oben auf den Säulen von Persepolis saß und nach wie vor die Hecks der Flugzeuge von Iran Air als treues Maskottchen ziert. Aber ich wollte gern glauben, der Name sei eine Verballhornung von *hoama*, dem euphorisch machenden Lieblingstrank zoroastrischer Priester. In *Schöne Neue Welt* hat Aldous Huxley sein narkotisches Soma dem antiken Rezept nachempfunden. Ich stellte mir eine Hotelkette unter diesem Motto vor – mit einem Guinness Magic in Lagos, einem Vin Santo in Florenz, einem Mundvoll Qat in Sanaa –, als der Manager meinen Vater auf ein anderes Thema ansprach.

»Verzeihung, Mr Ward, das andere Hotel, wo sie wohnen wollten, ist bitte nicht gut.«

»Warum? Es hat fünf Sterne.«

»In der Lobby hängt sehr großes Schild. Auf Englisch. *Down to Amrika.*«

»Verstehe.«

»Aber unter diesen englischen Worten steht es auch in Farsi, *Marg bar Amrika.*«

»Bedeutet das nicht ›Tod für Amerika‹?«

»Ja. Sie hoffen, wenn Gäste kein Farsi lesen können, wird es ihre Gefühle nicht so sehr verletzen.« Der Manager zwinkerte Dad zu. »Deshalb ist besser, wenn Sie hier wohnen. Wir sind ein privates Hotel, nicht von der Regierung. Viel freundlicher. Keine Politik.«

Ich bewunderte sein geniales Marketing.

In der Lobby bemerkte ich inzwischen eine Gruppe von fünf italienischen Damen, allesamt in leuchtend bunte Kopftücher gehüllt. Wenn dies ein Filmset gewesen wäre, hätte Fellini seine Kamera sofort angeworfen. Ein Fremdenführer fesselte mit seiner Geschichte ihre Aufmerksamkeit.

»An Moharram war ich mit Italienern unterwegs, die an einer heiligen Prozession vorbeikamen und diese mit ihren Kameras filmen wollten. In der Gruppe war ein sehr gut aussehendes Mädchen.«

Die Damen kicherten.

»Ihr Haar war unbedeckt, und einer der religiösen Typen blickte sie aus der Menge heraus an und kam auf sie zu. Natürlich bekam sie große Angst. Sie erwartete, dass er wütend sein würde. Aber da sagte er zu ihr: ›Du bist soooo süß, ich möchte dich einfach küssen.‹«

»*Ah si*«, riefen die Damen. »*Che carino!*«

An jenem ersten Abend brauchte ich lange, um einzuschlafen; ein unheimliches freudiges Kribbeln überkam mich. Es fühlte sich irgendwie surreal an, wieder hier zu sein, zu hören, wie Farsi gesprochen wurde, wie der Wind durch die frischen Blätter an den Bäumen vor meinem Fenster raschelte, und eine gedrungene Gestalt zu sehen, die im Lampenlicht nach Hause ging, und sich vorzustellen, dass irgendwo da draußen, jenseits der Berge vielleicht Hassan war. Richard war nach hinten gesunken, war eingeschlafen und hatte sein Leselicht brennen lassen. In seinem Gesicht stand ein kleines zufriedenes Lächeln. Ich wollte ihm für seine spontane Idee danken, die uns hierhergebracht hatte. Der Jüngste von uns Brüdern hatte alles ermöglicht.

Zum Frühstück gab es Fladenbrot, Sauerkirschmarmelade, Butter, Honig und Joghurt in Schalen. Es wurde eimerweise Tee ausgeschenkt. Mein Vater erzählte von einem Hahnenschrei, der ihn senkrecht aus dem Bett hatte schießen lassen. Meine Mutter war von dem Geruch frisch gebackenen Brots aufgewacht. Chris' Augen hatten sich nach den »Toor!«-Schreien von einem nahen Schulhof geöffnet. »Ich bin ziemlich erschrocken«, sagte er, »ein kleiner Adrenalinstoß.« Als halb professioneller Torwart zuckte Chris immer zusammen, wenn er irgendwo Torjubel vernahm. Kevin hatte von unserem alten Garten in Teheran geträumt.

Plötzlich wurde die Tür aufgestoßen und Vaz betrat den mit Leuchtröhren erhellten Raum. Er setzte sich und schenkte sich Tee ein.

»Also, wer ist dieser Hassan?«, fragte er mit seiner merkwürdig hochgezogenen Augenbraue.

Schweigen. Er hatte unsere Unterhaltung belauscht.

»Ein Schulfreund.«

»Aah.« Er rollte mit den Augen.

Langsam standen wir vom Tisch auf, einer nach dem anderen.

Auf dem Weg nach draußen warnte mein Vater uns leise. Vaz sei, so sagte er, der perfekte Spion für eine Trainingsmission von solch untergeordneter Bedeutung.

»Aber wir können nichts machen«, sagte Richard. »Das Außenministerium sitzt am längeren Hebel. Leider können wir ihn nicht loswerden.«

»Pass nur auf, was du sagst«, sagte Dad.

Ich schaute zurück. Vaz aß noch immer. Dieser Armenier, mit seinem spitzen Kinn, den eingefallenen Wangen, der spitzen Nase und den stechenden Augen hinter seiner John-Lennon-Brille, war ein Rätsel für mich.

Während wir in der Lobby wieder aufeinandertrafen, erzählte Vaz zum wiederholten Mal seine Geschichte von seiner Arbeit als Nachtkassierer in Toronto. Er war nie befördert worden, also kehrte er in den Iran zurück und eignete sich eine neue Arbeitsmoral an. »Als ich nach Teheran zurückkam, war ich es gewohnt, hundertzehn Prozent zu geben, aber das kümmerte niemand. Eigentlich wollten sie viel weniger. Heute gebe ich nur zwanzig. Manchmal dreißig.«

Verblüfft und misstrauisch, wie er war, hatte er eine verdrehte Überlebensstrategie entwickelt. Jeder Tag, so sagte er mir, sei ein neuer Tag. Die Wahrheit sei flexibel. Was immer man gesagt hatte, würde sich später leugnen lassen. Alle seine Aussagen endeten mit »mehr oder weniger«.

»Nun, Vaz«, sagte ich. »Vergiss eines nicht. Wenn es Zeit ist, in den Kleinbus zu steigen, dann gibt es nur eine Wahrheit. Wenn es Zeit zum Aufbruch ist, werden wir aufbrechen, mit dir oder ohne dich.«

An jenem Morgen verließen wir mit unserem grimmigen Fahrer Nasrollah am Steuer Shiraz durchs Allah-al-Akbar-Tor Richtung Norden. Eine Stunde später erreichten wir hinter gelbbraunen, sanften Hügeln den Nadelwald, der den Weg bis nach Persepolis hinein umgibt. In die senkechten Falten des Kuh-e Rahmat, des Berges der Gnade, geschmiegt, erhob sich Darius' mächtige Schöpfung.

In biblischen und griechischen Texten wird Persepolis nirgends erwähnt. Doch das ist verständlich. Es war ja nie eine Stadt im eigentlichen Sinne, sonder ein Ort heiliger Zeremonien, den die persischen Könige einmal jährlich nutzten.

Und er war riesig. Noch als Schatten seiner früheren Pracht erhob sich Persepolis mehr als 15 Meter hoch auf einer enormen, etwa 300 Meter tiefen und einen halben Kilometer breiten Kalksteinplattform. Die einen – zu Zeiten des Schahs gepflanzten – Nadelwald turmhoch überragende, eindrucksvolle senkrechte Mauer aus Steinblöcken ließ Menschen, die darunter standen, wie Zwerge aussehen. Rund um die große Doppelstiege für Zeremonien scharten sich Dutzende Schülerinnen auf Besichtigungsausflug, alle in obligatorisches Schwarz gekleidet und bereit zum Aufstieg. Von unten konnte ich nur ein paar schlanke korallenweiße Säulen sehen, die in den azurblauen Himmel ragten. Meine Mutter nannte es eine kolossale Geburtstagstorte, deren Säulen wie Kerzen wirkten.

Auf den ersten Blick erinnerte es mich an Epidaurus, das große Freilufttheater auf dem Peloponnes, weil es sich auf ähnliche Weise an den Hügel schmiegte, der es umgab, und wegen seines weiten Blicks über das Tal und bis zu den aufragenden Gipfel im Norden ausgewählt worden war. Doch wo Epidaurus in einen kleinen Hügel gegraben war, ragte Persepolis kraftvoll auf einer extra konstruierten Bühne aus dem Berg der Gnade. Diese Bühne hatte einst die Paläste von Darius und Xerxes, den königlichen Harem, Paradiesgärten, Bäder, den Herrscherschatz und die grandiose Apadana-Halle getragen.

Riesige, von Hand geschnittene Steinblöcke konnten es mit den Werken der Baumeister der Inkas aufnehmen. Wo Epidaurus poetisch erscheint, wirkt Persepolis kühn, ein gewagtes Levitationskunststück, das den Menschen über die Natur erhebt. Heutzutage benutzt man einfach die Treppen, um hinaufzukommen. Meine Mutter am Arm stützend folgte ich den Schulmädchen. Oben tauchte ein kleiner, einsamer Getränkekiosk auf.

Ich wandte mich um und blickte auf die Apadana, einen der großartigsten Räume der Monumentalarchitektur auf der ganzen Welt. Als wir das »Tor aller Völker« passierten, schauten zwei asiatische Kentauren – riesige Gesichter mit lockigen Bärten auf Pferdekörpern – mit Ozymandias-Blick auf uns herab. Als wir uns umdrehten, schnappte meine Mutter nach Luft beim Blick über die Ebene, die sich bis zum von Bergen gesäumten Horizont erstreckte. Schweigend standen wir da. Es gab keine Mauern ringsum, keine Verteidigungsanlagen, keine Befestigungen, nicht den Hauch von Angst. Dieser Palast war eindeutig entworfen worden, um das breite Panorama der Hochebene als Bühne für schillernde Spektakel zu nutzen. Die Aussicht war einfach atemberaubend.

Mir kamen einige Beschreibungen in den Sinn, die ich gelesen hatte: »Öd und staubig wie alle Ruinen«. »Verlassen, weit von Wasser entfernt, wie steinerne Fossilien«. »Ein unbedeutendes Echo«. »Alles zerstört«. »Die Vorstellungskraft muss Höchstleistungen vollbringen, um den einst machtvollen Ort zu bevölkern«.

Ich erkannte, der beste Zeitpunkt für einen Besuch von Persepolis war der, den auch die Menschen der Antike gewählt hatten. Dann ergab es den größten Sinn. An *Nowruz* – zur Geburt des Frühlings und zum persischen Neujahr –, dann ist die weite Ebene von frischem, grünem Weizen durchzogen, die Berge sind übersät von Wildblumen, Krokussen, Mohn und Kräutern. Weiß blühende Mandelbäume und rosafarben getupfte Kirschbäume knospen um diese Jahreszeit. Wiedergeburt und Regeneration sind allgegenwärtig. Das Leben kehrt zurück. Die smaragdgrünen Ausblicke sind kraftvoll und einladend.

Als Ort für Zeremonien war Persepolis klug gewählt, an einer strategischen Position im persischen Herzland zwischen der Sommerresidenz Ecbatana und der Winterresidenz Susa. In die übrig gebliebenen Mauern sind Lebensbäume, Lotus und Sonnenrosetten geritzt, die für Fruchtbarkeit stehen. Gebetsinschriften heißen den zoroastrischen Gott willkommen: »Ahura Mazda, der diese Erde geschaffen hat, der den Himmel geschaffen hat, der den Menschen erschaffen hat, der gute Dinge für den Menschen erschaffen hat.« 500 v. Chr. von Darius dem Großen erbaut, diente Persepolis während des heiligen Neujahrsfestes dem ganzen Reich als Pilgerziel.

Vor uns tummelten sich schnatternde Schulmädchen, picknickende Großfamilien, neugierige Studenten unter der Führung von Universitätsprofessoren und wild herumtollende Kinder mit schnaufenden Großmüttern, die ihnen auf den Fersen waren. Sie alle strömten herbei, als ob eine uralte kollektive Erinnerung sie riefe. Jetzt, im Frühling, war der Zeitpunkt, seinen Tribut zu zollen.

Ein Dutzend Mädchen wuselte vor uns zwischen den Ruinen herum. Ich beobachtete, wie manche verweilten, um die steinernen Gesichter untergegangener achämenidischer Herrscher zu berühren, die in die gelb durchzogenen Blöcke gemeißelt waren. Ein Mädchen schaute sich verlegen über ihre Schulter um, bevor sie das Basrelief eines Soldaten streichelte und etwas Staub wegwischte. Plötzlich drehte sie sich um und ertappte mich dabei, wie ich sie in diesem intimen Moment mit einem längst verstorbenen Vorfahren betrachtete.

Als ich wegsah, ordnete sie ihren Schleier neu und schlüpfte hinter eine halb umgestürzte Säule. Eine Stimme rief nach ihr. Eine ihrer Freundinnen hantierte mit einer altmodischen Kamera. Gefangen von der antiken Welt, studierte sie die Bildkomposition und trat näher an die Steinfiguren heran. Ihr Finger drückte auf den Auslöser und sie schaute lächelnd auf. War das Fotografieren dieser Vorfahren nicht *haram*, verboten? Jahrzehntelang hatte die Islamische Republik die heidnische Vergangenheit des Iran mit großem Eifer verdammt. Aber offensichtlich drang aus diesen leeren Kammern immer noch eine leise Musik.

Während des goldenen Zeitalters des Perserreichs versammelten sich die Herren und Damen, Würdenträger und Gesandte aus den fernen Winkeln Asiens, Afrikas und Europas hier in Persepolis, um dem Achämenidenkönig Darius die Ehre zu erweisen. Aus fernen Reichen jubelten sie ihm zu – von der mächtigen Donau, dem unsterblichen Nil, der azurblauen Ägäis und dem Indus –, lauter treue Untertanen, über die eine und einzige Welt verteilt.

In die große Stiege gemeißelte Basreliefs künden von ihrer Ankunft: Ägypter in Karawanen mit schwer bepackten Pferden, Griechen aus Lydien mit Gold und anderen kostbaren Geschenken, Libyer, die Antilopen am Zügel führten, Babylonier mit Büffeln, mit bestickten Kleidern beladen, Inder, die Waffen und Maultiere mitführten, Äthiopier mit ihren mit Elfenbein beladenen Pferden, arabische Kamele, bepackt mit Gewürzen und Weihrauch, sowie Afghanen mit Schafen und Stoffen. Ich studierte den fortlaufenden Fries eines mächtigen Löwen, der seine Zähne in die Lenden eines Stieres schlug. Es verkündete den Sieg der Sommersonne über den Winterregen: den Triumph des Guten über das Böse. Astronomen, die die Himmelskonstellationen der Antike zurückberechneten, kamen zu dem Ergebnis, dass zur Frühlings-Tagundnachtgleiche der Löwe im Zenith stand, während der Stier verschwand.

Die Delegationen erklommen die Stufen, traten durch das »Tor aller Völker« und zogen auf dem Weg, ihrem großen König die Ehre zu erweisen, an der Apadana vorbei. Es muss ein überwältigender Anblick gewesen sein, in dieses größte Auditorium, das je gebaut wurde, zu spähen, wo 10 000 Menschen Platz fanden, das jedoch reserviert war für die medischen und persischen Adeligen. Weiter schreitend gelangten sie zum Palast der hundert Säulen und rückten langsam mit ihren Geschenken im Dämmerlicht auf den goldenen Thron zu. Dort erwartete sie sitzend der König in schillernder Pracht, umgeben von Würdenträgern in Prunkgewändern und in Weihrauchschwaden gehüllt.

Nachdem der König jede Gabe angemessen gewürdigt hatte, wurde sie in die Schatzkammer verbracht. Am Ende des Tages zog sich Darius in seinen Privatpalast zurück und konnte auf der unten sich nach Westen erstreckenden Ebene Tausende von Lagerfeuer sehen, wo Männer bis zur Morgendämmerung wachten.

Als der italienische Kaufmann Pietro della Valle 1621 Persepolis besuchte und die Apadana der Länge nach abschritt, zählte er noch 25 der ursprünglich 72 Säulen. Ich zählte 13. Erdbeben, Brände und schlechte Konservierung haben nur wenige stehen lassen.

Auch wenn moderne Iraner ihren fernen Vorfahren vielleicht patriotische Bewunderung entgegenbringen, so können sie sich doch dem Urteil ihres Klerus nicht entziehen: alles bloß Heiden. Die Mullahs in Teheran sind sich einig: Diese Ahnen spielen für unser Leben keine Rolle. Sie wurden vor der wahren Offenbarung Gottes, vor dem Propheten Mohammed geboren. Daran lässt sich nichts ändern, dieses Stigma besteht ewig fort. Sie sind vom Islam getrennt. Die heutigen Glaubenswächter in ihren schwarzen Gewändern haben versucht, die Vergangenheit sauber abzutrennen. Die scharfe Klinge der Häresie brachte eventuelle Proteste zum Schweigen.

Es war kein Zufall, dass Hassan, Fatimah und ihre Kinder alle nach der heiligen Familie des Propheten, den Heldenfiguren der Schiiten, benannt waren. Hassans älterer Bruder trug den Namen des großen Märtyrers Hussein. Keines der Kinder hatte den großen »Heiden«-Namen Kyros oder Darius. Die Geister von Persepolis, der Ruhm des historischen Persiens mit all seinem Reichtum und seiner Magie war zu weit von ihrer Welt entfernt.

Im 20. Jahrhundert schwang das Pendel der nationalen Identität zwischen islamischer Kultur und persischem Vermächtnis hin und her. Die kurzlebige Pahlewi-Dynastie übernahm sich in ihrer Dauer von gerade mal 50 Jahren am Achämeniden-Reich von Darius und Xerxes. Der Schah errichtete es neu und prahlte damit auf eigene Gefahr. Ayatollah Khomeini setzte dem allen ein Ende. Die »Hand des Islam« schlug das Pendel mit Gewalt weg von den königlichen heidnischen Ahnen und hin zu den frommen Erben des Propheten und des Koran.

Zum Glück hatten wir Akbar, den einheimischen Führer aus Shiraz, der dank Richards Beharrlichkeit weiterhin mit von der Partie war. Iranische Geschichte war seine Leidenschaft, Persepolis seine große Liebe. Wo Vaz nur wenig zu sagen hatte, erwies Akbar sich als urban, versiert und intellektuell. Wir folgten ihm in Darius' Palast der Hundert Säulen.

»Der dunkelste Bereich war hier drin«, erklärte er. Keine einzige Säule stand mehr, die Sonne schien strahlend, wir mussten unsere Fantasie bemühen. »Der König pflegte an genau dieser Stelle auf seinem Thron zu sitzen.« Akbar zog mit seinem Fuß einen Kreis in den Staub.

»Aber warum im Dunkeln?«, fragte Rich.

»In östlichen Ländern müssen die Herrscher etwas Mysteriöses an sich haben. Selbst heute haben wir die Frau von Imam Khomeini nie in der

Öffentlichkeit gesehen. Das Gleiche gilt für die Gattin von Ayatollah Khamenei, unserem höchsten Führer. Wir bekommen ihre Familien nie zu Gesicht. Die Mächtigen zeigen sich nie in ihrem Alltag zu Hause. In unserer Gesellschaft nimmt ein Führer eine charismatische heilige Identität an und die Leute schauen zu ihm auf. Wenn ihr mir gehorcht, so sagen sie, dann gehorcht ihr Allah. Also halten sie Abstand zum Volk und ihr alltägliches Leben bleibt ein Geheimnis.«

»Keine Fotografen, keine Paparazzi?«

»Nein, auf keinen Fall! Jahrtausendelang ist das gemeine Volk von einem Herrscher, dem König, regiert worden. Nun haben wir Präsident Khatami. Geduldig warten wir auf Entscheidungen, die zu Veränderungen führen. Gemäß der Verfassung müssten beispielsweise Bürgermeister vom Volk gewählt werden, doch das ist bis jetzt nicht geschehen, und noch ernennen die Mullahs alle Bürgermeister. Die Menschen wollen neue politische Parteien, die versuchen, die Wirtschaftslage zu verbessern. Die Mehrzahl der Mullahs in der Regierung sind konservative Dorfbewohner, die ihr Leben mit dem Studium der Sharia, dem islamischen Gesetz, verbracht haben. Was verstehen sie von Wirtschaft? Um die Wirtschaft zu retten, braucht man Spezialisten, Ökonomen, Geschäftsleute. Das ist heutzutage das Hauptproblem. Schulen, Krankenhäuser, Straßen, Elektrizität und all die großartigen Dinge, die man nach der Revolution für die Menschen getan hat, genügen nicht mehr. In einem Punkt sind wir uns alle einig – der Iran muss eine starke Wirtschaft aufbauen.«

Während Akbars Ausführungen fiel mir ein junges Mädchen in einem Tschador auf, die hinter einer Säule stand und uns belauschte. Ich spürte ihre Neugier und schlenderte in ihre Richtung, während ich so tat, als würde ich die Aussicht bewundern. Als ich an ihr vorbeiging, sprach sie mich an.

»Darf ich Sie etwas fragen, Mister? Warum fotografieren Sie das alles?« Sie deutete auf meine Kamera.

»Weil wir früher in diesem Land gelebt haben und wir uns daran erinnern wollen.«

»Ich weiß. Ich habe mich schon mit Ihren Eltern unterhalten. Ihre Mutter hat mir erzählt, sie habe sich immer ein Mädchen gewünscht.«

»Natürlich, weil sie vier Jungs hat.«

»Ich möchte nur Jungs.«

»Warum sagst du das?«

»Ein Junge kann sich ohne das hier frei bewegen.« Sie tippte auf ihr Kopftuch. »Im Koran steht nicht, dass man das tragen muss. Aber verraten Sie mir, was Sie gerne hätten, einen Jungen oder ein Mädchen?«

»Beides.«

»Ich möchte nur Jungen, die können dann frei sein«, wiederholte sie,

»Vielleicht ändert sich ja etwas«, sagte ich und meinte die jüngsten Wahlen.

»Nein. Das ist alles, worauf es den Mullahs ankommt. Sie wollen uns einfach versteckt halten.« Sie schüttelte den Kopf. Dann rief eine Stimme »Maryam, Maryam«.

Ihr Blick schoss umher, ob ihre Lehrer bemerkt hatten, dass sie sich mit mir unterhielt.

»Bitte sagen Sie Ihrer Mutter auf Wiedersehen von mir.« Sie lächelte flüchtig und verschwand dann rasch.

Meine Mutter hatte uns beobachtet und kam jetzt leicht humpelnd zu mir herüber. Sie seufzte. »Arme Kleine, sie fühlt sich wirklich eingesperrt.«

Ich nahm die Hand meiner Mutter, und wir setzten uns auf den Fuß einer Säule, die einst die gigantische Decke aus kostbarer Libanonzeder mit gestützt hatte. Zerbrochene Säulen lagen überall um uns im Sand verstreut. Ein kleiner Staubwirbel wehte den Hügel herauf.

Kevin stellte die Preisfrage: »Wie war das mit dem Brand von Persepolis?«

Akbar erzählte uns seine Version des Völkermords, als der makedonische Sieger ausufernd feierte und die Flammen 20 Meter hoch schlugen, bis sie an den Zedernbalken und silbernen Dächern leckten. »Alexander der Große, der im Herbst des Jahres 331 v. Chr. in Persien einmarschierte, wollte seine Hand auf das Herz des Landes legen.« Akbar hob seine Hand und ballte sie zur Faust. »Er wollte dem Volk seine Macht zeigen. Darum steckte er Persepolis in Brand. Dies war das Herz und die Seele des Achämeniden-Reiches.«

»Als Alexander ausgenüchtert war und sah, dass alles bis auf die Grundmauern niedergebrannt war, weinte er da wirklich?«, fragte Richard.

»Natürlich. Er war wütend«, erwiderte Akbar. »Wenn du Geschichte aus Schulbüchern lernst, hörst du nur Heldentaten von Alexander, aber wenn du die Kehrseite betrachtest, wirst du verstehen, warum wir im Iran ihn *gostakh* nennen. Das Entscheidende am Reisen ist, dass du bald beide Seiten einer Münze sehen kannst.«

»*Go-stakh*«, wiederholte ich und schrieb es auf.

»Das ist ein altpersisches Wort.«

»Und bedeutet?«

»Nun … Hurensohn.«

Ich blieb mit meiner Mutter an dem Kiosk aus Blech neben den ehemaligen Quartieren der königlichen Damen stehen. Heute befindet sich dort ein

Museum. Eine Reihe ungestümer Mädchen kletterte den Steinpfad des nahen Kuh-e Rahmat hinauf, des Berges, der zu den in die Felswand gehauenen Gräbern führt, die an Bienenwaben erinnern. Ich fragte den Burschen hinter der Theke, ob es hier jeden Tag so zugehe.

»Kommen viele Iraner her?«

»Was glaubst du?« Er lächelte. »Das ist *Takht-e Jamshid*, der Thron des Jamshid.« Er breitete seine Arme mit nach oben gerichteten Handflächen aus, als würde er persönlich die Verantwortung für die gesamte Anlage tragen. »*Baba*, die ganze Welt muss kommen, wie du und deine Mutter, zu *Takht-e Jamshid*.«

Der Name traf mich wie ein Hammer. Ich hatte ihn vergessen. Die Iraner haben diese Ruinen schon immer den Thron des Jamshid genannt, nicht Persepolis. Wenn Alexanders Hand, wie Akbar sagte, die Vergangenheit ausgelöscht hat, dann wurde sie als Mythos neu geschrieben. Mythenmacher war Ferdowsi, der Barde des 10. Jahrhunderts, dessen episches Gedicht *Shanameh*, »Die Geschichte der Könige«, viermal so lang ist wie die *Ilias*. In bewegendem Tonfall zeichnet Ferdowsi Irans präislamische Geschichte nach, von ihren Anfängen bis zu den letzten heldenhaften Sassaniden-Königen, die bis zur arabisch-muslimischen Invasion herrschten. Seine *Shanameh* ist das persische Nationalepos. Dank Ferdowsis machtvoller Feder haben die Iraner seit Jahrhunderten Persepolis Jamshid zugeordnet, einem mythischen König, über den es keine historischen Aufzeichnungen gibt. Jamshid, der glorreiche Sohn des Kauimers, habe hier, so berichtet Ferdowsi uns, als Herr über die Welt auf dem persischen Thron gesessen und 700 Jahre regiert, zu einer Zeit, als man den Tod noch nicht kannte.

Sich auf die Vergangenheit zu berufen ist eine heikle Angelegenheit. 1925 proklamierte Reza Shah seine Pahlewi-Dynastie, nach der Sprache der Sassaniden-Dynastie benannt, die vor der Geburt von Allahs Prophet regierte. Reza Shah Pahlewis Erbe, Mohammed Reza, hüllte sich sogar in die Gewänder von Darius und ließ alles Achämenidische wiederauferstehen mit schillernden Son-et-lumière-Spektakeln und hollywoodartigen Kulissen vom alten Persien. Sein Pfauenthron glitzerte in der Sonne. Seine Soldaten nannte der junge Schah »die Unsterblichen«, nach den 10000 Elitesoldaten des Xerxes. Wegen seines Traums von einem Großreich am Persischen Golf finanzierte er sich eine unvergleichliche Armee. Die Namen der damals Geborenen spiegeln die neue Epoche: Kyros, Darius, Jamshid und Manijeh. Alle Produkte, die modern und westlich waren, und dies zusammen mit der neuen Identität des präislamischen Persien galten als der letzte Schrei. Wie die Griechen, die um ihrer neuen nationalen Identität willen das Parthenon und Perikles wiederentdeckten, so versuchte es auch der Schah.

Er wusste, dass persische Mystik beim westlichen Publikum besser ankam als die islamische Identität. Eine Schulkarriere in der Schweiz sorgte dafür, dass der Schah besser Französisch als Farsi sprach – seine grammatikalischen Fehler in der Muttersprache waren peinlich. In seinem prunkvollen Niavaran-Palast regierte Blindheit. Er und seine Berater ignorierten den islamischen Glauben des Volkes; sie denunzierten und verfolgten die nicht willfährigen Mullahs und beschnitten die Trauerrituale im Zusammenhang mit Husseins Märtyrertum im Monat Moharram. So lernten die Iraner langsam, sich ihrer eigenen Kultur zu schämen. Irgendwann musste es zum großen Knall kommen.

Akbar führte uns an den Rand der breiten Terrasse und wir blickten hinaus in die Ferne. Er zeigte auf eine riesige, zusammengebrochene Zeltkonstruktion im Nadelwald unter uns und erzählte von einer Zusammenkunft in jüngerer Vergangenheit. Mit übertrieben gewaltiger Stimme zählte er die Extravaganzen des Schahs anlässlich der 2500-Jahr-Feier des Persischen Reiches im Jahr 1971 auf. Champagner floss in Strömen und das Essen aus dem Maxim's wurde von der Air France eingeflogen. Prominente, Adel und Jet-Set schmückten den Festumzug im Stil von Cecil B. DeMille: neun Könige, drei regierende Prinzessinnen, dreizehn Präsidenten, zehn Scheichs und zwei Sultane tummelten sich anlässlich der 200-Millionen-Dollar-Fete in Persepolis. Sogar ein Kaiser war dabei: Haile Selassie von Äthiopien. Selbst Imelda Marcos kam. Vizepräsident Spiro Agnew vertrat die USA.

»Jeder Iraner wusste, dass der Vater des Schahs Unteroffizier einer Kosakenbrigade gewesen war und die Pahlewi-Dynastie erst fünfzig Jahre andauerte!« Akbar lachte. »Es war so dumm vom Schah, über Kyros als seinen blutsverwandten Vorfahren zu sprechen.« Dann schilderte er die avantgardistischen Künstlerspektakel, die Kaiserin Farah in Shiraz veranstaltet hatte, und einen berüchtigten Vorfall von 1975: »Stellt euch eine französische Truppe von splitternackten Darstellern vor, die am helllichten Tag über den Vakil-Basar tollen!« Die Einwohner von Shiraz waren schockiert. Das königliche Ansehen hatte einen neuen Tiefpunkt erreicht.

Fünf Jahre danach saß der Schah als Gast von Präsident Manuel Noriega in einem Luxusresort auf einer zu Panama gehörenden Insel im Exil fest. Während der General mit dem Ananasgesicht die traurige Kaiserin ins Visier nahm, verlor sich ihr Gemahl in Verschwörungstheorien über die CIA, den MI-6 und seine Absetzung. Die letzte Reise des Schahs näherte sich dem

Ende. David Frost traf zu seinem lang ersehnten Interview mit dem abgesetzten Monarchen ein, und zwar in Begleitung des jungen BBC-Reporters Andrew Whitley, der während der Revolution aus dem Iran berichtet hatte. Als der Schah ihn erkannte, wurde er hysterisch und brüllte: »Sie sind der Grund dafür, dass ich mein Land verloren habe!« Er war überzeugt, dass bei seinem Sturz selbst die BBC die Finger im Spiel gehabt hatte.

Zum gleichen Zeitpunkt schickte auf der anderen Seite der Weltkugel der berüchtigte Ayatollah Khalkali, der die Verantwortung für Tausende wegen der Verletzung islamischen Rechts zum Tode Verurteilter trug, eine Kolonne von Bulldozern in der staubigen Ebenen von Margh Dasht auf direktem Weg nach Persepolis. Sein Traum war es, die achämenidischen Monumente unterzupflügen, als eine Art kulturelle Säuberung der Islamischen Republik. Die Bulldozer stoppten einen Kilometer vor der Apadana. »Ein Mob wütender Dorfbewohner, die schrien und Steine warfen, brachte sie zum Umkehren«, sagte Nasrollah stolz. Wundersamerweise blieb die Anlage verschont.

KAPITEL 6

Nachtigallgarten, Sufi-Dichter und ein Gasthaus

Bei Sonnenuntergang trafen wir in Bagh Eram, das heißt Paradiesgarten, ein, wo wir auf eine Gruppe Collegestudenten stießen, die begeistert waren über das Treffen mit uns willigen Versuchskaninchen, an denen sie ihre Fremdsprachenkenntnisse erproben konnten. An der Universität von Shiraz, auf einem gelbbraunen Hügel oberhalb des Gartens, gibt es eine medizinische Fakultät, wo die Vorlesungen nur auf Englisch gehalten werden. Mein Bruder Chris, der seine Ängste für einen Moment abgelegt zu haben schien, scherzte mit einem blonden Inquisitor. Andere Studenten scharten sich um ihn und fragten, woher er stamme.

Er antwortete: »Ich bin vom Großen Satan.«

Da brachen sie in Gelächter aus.

»Wo bist du zu Hause?«

»Philadelphia.«

»Phiiil-dal-phija?«

»Genau.«

Vaz schaute erschrocken drein. »Sag nicht ›Amrika‹«, warnte er, während seine Augen herumschossen wie die eines nervösen Spatzen, der darauf wartet, dass der Falke herabstößt. »Das ist nicht komisch, Chris. Du weißt nie, wer zuhört.«

Während die Studenten ihr Englisch erprobten und die üblichen Fragen stellten, wie uns der Iran gefalle usw., fiel mir ein blühender Chinesischer Weißdorn ganz in der Nähe auf. Sein vertrauter durchdringender Duft schlug Kev in seinen Bann. Ich konnte ihn fast schnurren hören. Er hatte sich nie vollständig von dem plötzlichen Verlust der Anblicke und Gerüche seiner Kindheit erholt. Verzückt schloss er die Augen und tauchte mit der Nase in die Blüten wie ein betrunkener Kolibri. Ich tat es ihm gleich und erinnerte mich daran, dass der süße Duft jedes Jahr im Frühling die Luft rund um unser Haus in Tajrish gesättigt hatte. Jetzt zog er uns zurück in unseren alten Garten.

Mit diesem wertvollen Foto aus dem Jahr 1963 begann unsere Suche. Es zeigt Hassan, Fatimah und ihre Mutter Khorshid mit Baby Ali.

Rich, Chris und ich posieren mit Fatimah und ihren Kindern Ali und Baby Mahdi in unserem Garten in Teheran für ein Foto mit den geliebten Dackelwelpen.

Während sie den Marmorsarkophag des Mystikers und Dichters Hafis berühren, murmeln Pilger seine Verse wie Gebete.

Ein Bus röhrt auf der Straße nach Yazd an uns vorbei. Die Heckscheibe vieler Busse bietet genug Platz für überdimensionale Mahnworte an nachfolgende Fahrer.

Donna findet Khorshid in Tudeshk! In ihren Händen hält sie das Foto, das uns wie durch ein Wunder zu Khorshid führte, welche uns mit Gebäck herzlich willkommen heißt.

Die Säulen von Persepolis neben dem »Tor aller Völker«. Hier versammelte sich das Reich für die Feierlichkeiten zum persischen Neujahr.

In Persepolis stehen Soldaten des persischen Reiches stramm, in zeitlosen Basreliefs, die sich auf den Steinfundamenten der Apadana-Halle befinden.

Vor der Felswand von Naqsh-e Rustam blickt mein Vater Patrick ehrfürchtig hinauf zum 2400 Jahre alten, kreuzförmigen Grabmal des Achämenidenkönigs Darius II.

Zwei Jungen in der Freitagsmoschee in Isfahan – sie stehen vor einem kunstvoll verzierten *mihrab* (Gebetsnische), der mit persischen Schriftzeichen gekachelt ist.

Brunnen sind in ganz Iran ein Sinnbild für Leben, da sie in jedem persischen Garten blühenden Blumen und Obstbäumen Wasser spenden.

Der *Schamasch* (Synagogendiener) von Isfahan und seine Frau empfangen uns am Sabbat. Im Iran lebt eine ziemlich große, aber zahlenmäßig rückläufige jüdische Gemeinschaft.

Die Safavid-Kuppel der Scheich-Lutfullah-Moschee, ein Meisterwerk islamischer Architektur, erhebt sich über den von Einkaufsarkaden gesäumten Imam-Platz in Isfahan.

Im Herbst 1960 mietete meine Mutter Mr Jalalis Villa aus roten Ziegeln, weil sie sich in den dazugehörigen Garten verliebt hatte. Acht Jahre lang hatten saudiarabische Sanddünen ihre Sehnsucht genährt. Türkis gekachelte Brunnen, gerahmt von den Säulen hoher Nadelbäume, rankender Wein, blühende Blumen, Pergolen und Wasserbecken. Am Ende des schattigen Wasserwegs befand sich ein klassizistischer Pavillon im italienischen Stil. Darunter konnte man in eine neapolitanische Grotte blicken, wo Wasser gemächlich von Stalaktiten tropfte. Zwei weiße Statuen standen auf Felsen in der Höhle. Mit einander zugewandten Gesichtern konnten sie die Augen nicht voneinander lassen: ein hübscher Hirte, der mit seiner Flöte ein Abendlied spielte, und ein liegendes, gerade in Ohnmacht fallendes junges Mädchen. Anmutig hielt sie den Zeigefinger an ihre Oberlippe. Seine Zehen waren vor Aufregung eingerollt. Für alle Zeiten erstarrt verführte der Flötenspieler die Nymphe. Das war mein Lieblingsversteck. Besonders wenn Kev, verkleidet mit seinem schwarzen Cape, uns als »Phantom Killer« nachstellte. Die Jagd war immer dann offiziell eröffnet, wenn das große rote Tor zuschlug und meine Eltern ins Teheraner Nachtleben davonfuhren. Kleine Brüder waren wie immer leichte Beute. Wir waren zu klein, um Kevins liebsten Zeitvertreib in Frage zu stellen, und so rannten wir los, um uns zu verstecken. Schutzsuchend schlüpfte ich in die Höhle, hinter den Hirten. Ich keuchte in mein Hemd, um mein lautes Atmen zu dämpfen, und lauschte auf die in regelmäßigen Abständen von den Stalaktiten in ein flaches Becken fallenden Tropfen. Die geheimnisvolle Liebe zwischen dem Hirten und der Nymphe schien ewig zu sein. Ich hatte schreckliche Angst, hier entdeckt zu werden. Herzklopfen, ein Schrei, dann verrücktes Zurückhuschen in die Schatten.

Jene Abende, die wir als Flüchtende verbrachten, lehrten uns Geduld und machten uns widerstandsfähig. Aber wir haben uns dafür nie bei Kevin bedankt. Als Hassan unsere Klagen vernahm, forderte er Kevin auf, sein Cape des Phantomkillers abzulegen, und Kev gehorchte.

Unser Vermieter, Mr Jalali, war ein linksorientierter Journalist, der in Kalifornien lebte, wo er half, Untergrundaktivitäten gegen den Schah zu organisieren. Wie meinen Vater hatten auch ihn seine politischen Ansichten ins Exil gebracht. Jeder benutzte das Land des anderen als sichere Zuflucht. Jalalis Garten war übrigens alles andere als proletarisch. Diese orientalische Version vom »Garten der Finzi-Continis« war die reine Fantasie.

Einmal zur Dämmerstunde, als die Sonnenstrahlen weicher wurden und verblassten und eine abendliche Brise aufkam, bestätigte mein Vater glaubwürdig meine Ahnungen über die Geister des Gartens. Er zeigte auf ein paar glimmende Lichter, die den Maulbeerbaum hinunter und dann an einem Beet mit magentafarbenen Löwenmäulchen entlangglitten.

»Siehst du sie, Terry?«

Ich schaute auf. Ein Flimmern so zart wie Spinnweben bewegte sich aufleuchtend von Blatt zu Blatt, pulsierte für einige Augenblicke und bewegte sich dann weiter. Mein Vater beugte sich zu mir hinab und sah mir in die Augen.

»Menschen mit grünen Augen sind den Elfen besonders nah«, sagte er. »Eines Tages werde ich dich mit in ihre Heimat nehmen, hinter dem Mount Erigal in Donegal. Schau hinüber, Terry. Der Garten ist voll von ihnen!«

Ich beobachtete, wie ihre Lichter aufstrahlten und wieder verblassten.

»Scheue kleine Burschen«, sagte er. »So weit von Irland, so weit von zu Hause entfernt.«

Später am gleichen Abend schlug ich den Atlas auf, um die Route dieser unberechenbaren Geister nach Donegal zurückzuverfolgen. Als Erstes war der gut 5600 Meter hohe Elburs zu überwinden. Ich stellte mir vor, wie sie alle mit ihren winzigen Flügeln schlugen, um den Pass bei Ab-e Ali zu queren, dann durch den Chalus-Tunnel flogen und in die feuchten Dschungel von Sisengan am Kaspischen Meer hinunterwuselten. Ein Dampfer aus Bandar Pahlewi konnte sie nach Baku mitnehmen. Nach dem Weg über den unwirtlichen Kaukasus bis zum Schwarzen Meer konnten sie als blinde Passagiere auf einem Frachter durch den Bosporus segeln, vorbei an Gallipoli, rund um den Peloponnes in Richtung Venedig, am äußersten Ende der Adria. Dort angelangt, würden sie die Dolomiten hinaufkeuchen, den Brenner passieren und rheinabwärts schweben. Irgendwo im Schwarzwald wurde mir schwummerig und ich schloss die Augen. Als ich wieder erwachte, wurde es mir schmerzlich bewusst: Donegal zu erreichen war unmöglich. Mein Vater hatte recht. Es war einfach zu weit.

Ich unterhielt mich mit Hassan darüber. »Darum müssen wir nett zu ihnen sein«, sagte er. Am nächsten Abend stellten wir ein Schälchen frische Milch draußen auf die Küchenveranda.

Nachdem Kevin und ich unsere Nasen aus den Weißdornblüten gezogen hatten, stolperten wir angenehm benebelt den Bagh Eram hinunter und konnten die Augen nicht von den edlen Zypressen lassen. Die standen aufgereiht und säumten die Wege bis zum Horizont. Ich wusste, dass Shiraz schon lange Zeit berühmt für seine Zypressen war. Dann fiel mich etwas anderes an. Es stupste mich und zerrte an mir, bis ich begriff, dass es die Erinnerung an die Villa dei Vescovi war, die Villa der Bischöfe auf dem mit Zypressen bewaldeten Hügel von Fiesole, wo Idanna und ich oft mit einem Freund spazierten. Als ich vor Jahren die Wege dort zum ersten Mal ging, befiel mich ein plötzliches Heimweh nach dem Iran, ohne dass ich wirklich wusste, warum. In der toskanischen Dämmerung hier wurde es mir klar: Die lange Hauptallee mit den schlanken Zypressen, die quadratischen Obstgärten, symmetrisch angeordnete Brunnen, einer in der Mitte, die anderen jeweils an den Enden. Diese italienische Gartenarchitektur hatte ihre Ursprünge im alten Persien. Und hier in Bagh Eram befand sich die Originalvorlage.

Paradies. Eden. Elysium. Arkadien. Shangri-la. Utopia. Wohnsitz der Seligen. Mittelalterliche Weltkarten haben das irdische Paradies stets im Osten angesiedelt. Das Paradiso des mittelalterlichen Europas – die berühmteste Schilderung liefert Dantes *Göttliche Komödie* – hat seine Wurzeln im Lateinischen *paradisos*, das sich wiederum vom Griechischen *paradeisos* ableitet. Um den wahren Ursprung zu finden, muss man allerdings weiter nach Osten blicken, über die unwirtlichen Wüsten der rauen Landmasse Asiens. Auf Altpersisch bedeutet *pari-deiza* »abgeschlossener Garten«. Die linguistischen Wurzeln des »göttlichen« Gartens liegen hier.

Der von Mauern umgebene Garten war die erste von Menschenhand geschaffene Oase der Geschichte – frisch, mit feuchtem Mikroklima, voller Farben, Düfte und Früchte. Trockene, steinige Erde lag gleich hinter den Umfassungsmauern. Die bis dato feindliche Umgebung wurde zu etwas Geschütztem, Beruhigendem und Zivilisiertem. Ausgeklügelte Bewässerungssysteme entsprangen bei den Urquellen. Teiche und Kanäle versorgten den ausgedörrten Boden. Platanen mit breiten Kronen und Trauerweiden warfen schirmartigen Schatten, sperrten die glühende Sonne aus und boten Nachtigallen den perfekten Schutz. Innerhalb der Einfriedungen standen Paläste oder Lustschlösschen mit Räumen zum Flanieren und Plaudern, zum einsamen Meditieren oder für romantische Begegnungen. Hinter der natürlichen Schönheit sorgte eine sorgsame Struktur aus geometrischer Aufteilung der Flächen, Bewässerungskanälen und Pflanzzeiten für das Funktionieren des labilen Ökosystems.

Den nomadisierenden persischen Philosophen-Königen waren diese Gärten ganzjährige Oasen. Das endlose Plätschern des Wassers, der Duft von Tuberosen, falschem Jasmin, Veilchen in allen Schattierungen, Nachtkerzen, blauen Hyazinthen, Tulpen mit Rosenduft und kostbaren Teerosen, die bei den Iranern so überaus beliebt sind, dazu Obstgärten mit Pfirsichen, Kirschen, Pflaumen, Aprikosen, süßen und sauren Zitronen, Feigen und Maulbeeren – all das ergab zusammen eine neue natürliche Harmonie und integrierte den Menschen voll und ganz in den Kosmos.

Nasrollahs Kleinbus ruckte die geschäftige Zand Avenue hinunter wie ein bockendes Wildpferd, hustend von Ampel zu Ampel. Nasrollah tätschelte das korrodierte Armaturenbrett und erklärte mir: »Sie liebt die offene Landschaft, keinen Stadtverkehr.«

»Vielleicht braucht sie eine Pause?«, schlug ich vor.

»*Baleh*, ja.«

Einen Augenblick später hatte sein Ross sich endgültig entschieden und blieb störrisch mitten auf dem Boulevard stehen. Peinlich berührt und aufgeregt bat der arme Nasrollah uns um Geduld, während er das Problem lösen würde. Etwas Öl, sie brauche etwas Öl, meinte er. Wir stiegen aus, während er die Motorhaube öffnete.

Vaz riet uns, nicht wegzugehen. »Bleibt in der Nähe. Wir müssen uns an unseren Plan halten.«

»Aber den habe ich geschrieben!«, sagte Richard. »Und ich bin durstig.«

»Wir haben heute Abend noch Hafis auf dem Programm«, sagte Vaz.

»Ich weiß.«

»Morgen fahren wir nach Yazd.« Er begann zu lachen.

»Was ist so komisch daran?«

»Könnt ihr euch vorstellen, in diesem Fahrzeug die Wüste zu durchqueren?« Vaz nickte zu Nasrollah hinüber. »Psst, Richard, meinst du nicht, wir sollten ihn loswerden?«

Nasrollah und Vaz wollten den jeweils anderen abschütteln. Richard, der die Details der Reise festgelegt hatte, fühlte sich für beide verantwortlich. Akbar hatte beschlossen, sich rauszuhalten. Der Rest von uns stand auf der Seite des bärtigen Fahrers, bis auf Mom, deren weiches Herz immer größer war als die aller anderen zusammen.

Akbar schaute unter die Motorhaube und versuchte Nasrollah zur Hand zu gehen. Dann rief er mich zu sich. »Terry, solange wir den Motor wieder flottmachen, solltet ihr versuchen, in die Rabizadeh-Synagoge da drüben reinzukommen. Sie ist die größte in Shiraz.«

Meine Brüder entschieden sich für Kirschsaft in einem Laden an der Ecke, während meine Mutter und ich den Boulevard überquerten und die Synagoge betraten. Einige ältere Männer lasen im Licht eines Kronleuchters in Büchern. Still blieben wir an der Seite stehen. Da näherte sich eine ältere kleine Frau in schwarzem, langem Umhang, die Haare unter einem Tuch verborgen, um uns zu begrüßen. Ihr Name war Esther und sie lebte in dem alten jüdischen Viertel.

»Wir bereiten uns auf Pessach vor, morgen.« Ihr Englisch überraschte uns.

»Ich lebe in New York«, sagte ich. »Das ist meine Mutter.«

Ihre Augen weiteten sich und ein breites Lächeln trat auf ihr faltiges Gesicht. »Amerika!« Sie schüttelte uns die Hände. »Ach, bleiben Sie lange in Shiraz?«

»Nein, *khanoum*, Madam. Wir reisen morgen weiter.«

»Wie schade. Warum so bald?« Sie zuckte mit den Achseln. »Meine Familie ist über die ganze Welt verstreut. England, Israel, Kalifornien.«

»Also haben viele Shiraz verlassen?«, fragte ich.

»Ja, nach der Revolution. Die Wirtschaft brach zusammen. Nur fünftausend von uns leben noch hier. Die Jungen reden nur vom Fortgehen.«

»Und Sie?«

»Ich bleibe«, sagte sie. »Ich bin Iranerin. Wir sind schon so lange hier.«

»Gott segne Sie.«

»Sie sollten meinen Sohn Ramin kennenlernen.«

»Aber wir fahren morgen schon nach Yazd.«

»Darf ich fragen, warum Yazd?«

»Wir sind in den Iran gekommen, um einen alten Freund wiederzufinden.«

»Möge Gott mit euch sein.«

»Und mit Ihnen, *khanoum. Shalom.*«

»*Shalom.*«

Sie küsste meine Mutter auf beide Wangen. Als wir gingen, dachte ich über Esther und ihren Sohn nach – wie sicher waren sie unter den Mullahs? Mir erschien sie so verletzlich wie ein ungeschützter Bauer bei der Eröffnung einer Schachpartie. Manche Hardliner genossen die Möglichkeit, jeden beliebigen Menschen anzugreifen, wenn es ihren Absichten diente. Die einzige Frage war, wann sie wen als Nächstes attackieren würden. In der Islamischen Republik diente Israel den Konservativen als Erzfeind, als Prügelknabe. Iranische Juden liefen stets Gefahr, als Fünfte Kolonne betrachtet zu werden. In ihrer besonderen Lebenssituation gefangen, waren sie leicht als politische Werkzeuge zu benutzen.

Gleichzeitig wurde die jüdische Minderheit, wie man mir versichert hatte, toleriert und als »Volk des Buches« respektiert. Trotz der boshaften politischen Bemerkungen gegenüber Israel war die Kommunikation mit dem jüdischen Staat über die Hintertür seit Jahrzehnten in Gang. Schließlich hatten der Iran und Israel in Saddam Hussein einen gemeinsamen Feind. Bei der Verteidigung des Landes gegen die gut ausgerüsteten irakischen Invasionstruppen im Jahr 1980 machten die iranischen Führer über ausgewanderte iranisch-jüdische Mittelsmänner geheime Waffengeschäfte mit israelischen Ministern, der CIA, Oliver North und sogar Ronald Reagan. Die Shia-Treuen wussten von diesen Deals nichts, bis die Iran-Contra-Affäre über Washington hereinbrach. Wie bei den meisten Revolutionen profitierte das Regime von der Anwesenheit der Feinde ringsherum und konnte seine Herrschaft so rechtfertigen.

Mir wurde schwer ums Herz. Ich dachte an meine Freundin in der vierten Klasse, Sara Haim, und fragte mich, ob durch irgendeinen Zufall Esther die Familie gekannt oder wenigstens von ihr gehört haben konnte. Warum hatte ich sie nicht gefragt? Meine Mutter hängte sich bei mir ein, als wir die Straße erneut überquerten, um zurück zum Kleinbus zu gelangen. Ich musste an Esthers Vorfahren denken, die sich entschieden hatten, ihrem Befreier Kyros nach Osten über das hohe, sonnenverbrannte Zagros-Gebirge zu folgen, anstatt Richtung Westen nach Zion zurückzukehren. Ihre Kinder stellten nun diese Entscheidung in der Antike in Frage.

Eine Generation lang sahen die Amerikaner nur eine Seite des Iran: Fernsehbilder einer rigiden, theokratischen, schwarz gekleideten Herrschaft. Den wenigsten ist auch nur im Entferntesten bewusst, dass es noch eine andere Seite gibt: das Vermächtnis von Hafis' »Lied von der Seele«, das in den letzten sechs Jahrhunderten jedes iranische Herz durchdrungen hat.

Hassan hatte oft von Hafis gesprochen und seine Gedichte rezitiert. Er hütete den *Diwan* des Dichters aus dem 14. Jahrhundert wie einen Schatz und konsultierte ihn oft, um sich Rat zu holen. Shiraz war Geburts- und Sterbeort von Hafis. Hassan hätte es sicher gutgeheißen, dass wir seinem geliebten Poeten unsere Aufwartung machten. Eine gute Sache, hätte er gesagt, auf unserer langen Reise ins Ungewisse.

Nachdem wir Nasrollah mit seinem hustenden Wagen auf der Golestan Street zurückgelassen hatten, spazierten wir einen Zypressenweg entlang, der auf eine breite, hellrosa Treppe aus Granit zuführte, die zu beiden Seiten mit Hunderten von Terrakottatöpfen – gefüllt mit Flieder, Stiefmütterchen, Löwenmäulchen und Anemonen – geschmückt war. Oben, am Ende der Treppe, lag ein abgeschiedener Garten vor uns. Knospende Orangenbäume markierten die vier Ecken. Zwei flache Wasserbecken, zur Linken und zur Rechten, verströmten einen türkisfarbenen Schimmer. In der Mitte behütete eine mit Patina versehene Kupferkuppel in Schirmform, getragen von acht schlanken Säulen, den ewigen Schlaf von Hafis. Der Dichter ruhte in einem durchscheinenden Sarkophag in seinem Garten irdischer Freuden.

Die Verehrung ihrer Dichter ist für die Iraner eine grundlegende Angelegenheit. Rumi, Hafis und Attar, die alle aus der Sufi-Tradition kommen, sind ihnen so heilig wie Dante, Shakespeare und Yeats den Europäern und Amerikanern. Diese persischen Mystiker feierten die Freuden des Lebens – Natur,

Wein und Liebe –, während sie ihr Liebstes mit ekstatischen Gefühlen besangen. »Sufi« könnte sich vom persischen *saf* herleiten, was so viel bedeutet wie »rein« oder, auf Arabisch, »der Wolle trägt« – wegen der bescheidenen Gewänder der erleuchteten Suchenden, die den Iran durchwanderten wie die Sadhus Indien. Um das 12. Jahrhundert traf man sie überall in der muslimischen Welt an. Für die Sufis ist Gott der Geliebte, und sie finden ihn in ihrem Herzen wie auch in jedem einzelnen Bestandteil der Schöpfung. Ihre Dichtung ist unendlich weit entfernt von der puritanischen Strenge der Mullahs.

Wie in Italien die Oper, so ist im Iran die Lyrik die allumfassende künstlerische Leidenschaft. Wenn die Mailänder Scala Kultstätte für Liebhaber der Musik ist, dann ist der rosenblättrige glitzernde Teich und der verzierte Marmorsarkophag von Hafis der ultimative Ort des Friedens und der Inspiration für jene, die Dichtung lieben – und das sind fast alle Iraner. Lange bevor das mittelalterliche Englisch sein harsches germanisches Brummen abgelegt hatte, waren die iranischen Poeten bereits an der Arbeit und schmiedeten ihre Verse in Farsi, der Sprache, die von der ottomanischen Türkei bis ins Indien der Moguln für Hochkultur stand. Knapp tausend Jahre lang hat die klassische persische Lyrik die Seele der Nation abgebildet.

Farsi, diese unversehrte Sprache, war für das Land lange Zeit der Fels von Gibraltar, sein lebendes Denkmal der eigenen Identität, das die arabische und die türkische Invasion überstand. Alle Länder zwischen dem Atlasgebirge Marokkos und dem Tigris im Irak übernahmen das Arabisch der von ihnen eroberten Beduinen. Auf diese Weise löschten sie ihre historische Vergangenheit in der Zeit vor dem Islam aus. Nur der Iran widerstand. Seine Muttersprache blieb intakt, auch wenn sie sich an die arabische Schrift assimilierte und zahlreiche arabische Wörter übernahm. Das reiche Erbe des Landes fungierte als unverrückbares Grundgestein. Alle kulturellen Strömungen östlich der Gebirgskette des Zagros – ob in Isfahan, Shiraz, Buchara, Samarkand, Kashmir oder Neu-Delhi – trugen den Stempel der iranischen Kultur. Der osmanische Hof in Istanbul sprach ebenfalls Farsi. Und viele Gelehrte beharren bis heute darauf, dass es die persische Kultur war, die letztlich den Islam gerettet hat, weil sie die von den Arabern eroberten Länder als gebildeten Universalstaat neu geformt hat.

Eine kultivierte Sprache blühte dank ihres eigenen Rhythmus, ihrer eigenen Form, des raffinierten Stils und vieler berühmter Künstler. Die literarische Gebärmutter des Iran brachte Rudaki, Ferdowsi, Omar Khayyam, Rumi, Saadi, Nizami und als größten von allen Hafis zur Welt. Kein iranischer Dichter, der auf sich hält, würde beginnen, sein Handwerk auszuüben, ohne zuvor alle Werke dieser Meister gelesen zu haben, deren profundes Vermächtnis

Sprache, Fantasie und Gefühl umfasst. Auf einer tieferen Ebene geht es außerdem um den Widerhall der poetischen Tradition. Viele der Meisterwerke waren von brillanten Sufi-Mystikern und ihrer Liebe zu Gott inspiriert. So schlug die Dichtkunst tiefe Wurzeln in der iranischen Volksseele.

Akbar führte uns mit leisen Erklärungen um den Sarkophag herum. »Hafis hat prophezeit, dass dies eine Pilgerstätte werden würde.«

»Und so ist es«, sagte mein Vater.

»Seit seinem Tod im Jahre 1390 kommen Menschen aus allen Schichten an sein Grab.«

Im sanften Dämmerlicht beobachtete ich Männer, Frauen und Kinder, die ihre Hände auf seinen Sarkophag legten und dabei seine Verse flüsterten. In den Stein waren in fließender Farsi-Kalligraphie zwei Lieder aus dem *Diwan* gemeißelt.

»Ja«, fuhr Akbar fort, »alle sind willkommen, selbst jene, die Wein trinken.«

»Trunkenbolde?«

»Ja.« Akbar lachte.

»Sag so was nicht«, giftete Vaz.

»Bei Gott, das hat Hafis hier geschrieben.« Indem er die Inschrift mit der Hand berührte, rezitierte er: »Sitzt nicht ohne Wein und Musikanten auf meinem Grab, so dass ich tanzend auferstehen kann.«

»Heute käme er dafür ins Gefängnis«, sagte Vaz.

»Damals erzeugten die Zoroastrier den Wein und führten die Tavernen. Nur Nicht-Muslime konnten diese Tätigkeiten ausüben«, sagte Akbar. »Aber Hafis schrieb in Symbolen. Roter Wein stand für die trunkene Liebe Gottes, nach der alle Sufis dürsteten. Die Taverne war die Zufluchtsstätte der Seele, und der Wirt der Lehrer, der seine Schüler auf dem spirituellen Weg leitete.«

»Trotzdem würden sie heutzutage alle eingesperrt.«

Ich beobachtete eine alte Frau, die den Marmor sanft streichelte und dazu die Lippen bewegte. Sie bemerkte uns nicht einmal. Mit geschlossenen Augen schien sie sich Hafis anzuvertrauen, als ob er ihr zuhörte.

Der Name Hafis bedeutet, »er, der memoriert hat«, und wird einem Menschen verliehen, der den gesamten Koran auswendig gelernt hat. Der unter dem Namen Shamsuddin Mohammed Geborene war auch als »Übersetzer der Mysterien«, »Sonne des Glaubens« und »Zunge des Unsichtbaren« bekannt.

Im Teehaus am entlegensten Ende des abgeschiedenen Gartens nippten meine Brüder und ich Tee aus winzigen Gläsern mit Goldrand und zogen an Wasserpfeifen. Ich fragte mich, wie stark Hafis die amerikanische Bewegung der Transzendentalisten beeinflusst hatte. Seine Lyrik speiste sich aus zoroastrischen und platonischen Wurzeln und bezog ihre Weisheit von den Gelehrten der Antike. Seine Vision stellte eine Herausforderung für die strengen Dogmen der Mullahs dar. Kev schlug den *Diwan* auf, den Akbar mitgebracht hatte, und las laut vor:

> Der Sinn von »Wasser des Lebens« und »Garten Irams«
> ist nichts anderes als »Bachufer« und »schmackhafter Wein«.
> Sitte und Suff sind beide vom selben Stamm abgeleitet.
> Wessen Liebesblick liefern wir unser Herz aus? Freier Wille,
> was ist das?
> Das Geheimnis hinterm Vorhang, was weiß der Himmel davon?
> Du Herausforderer (Gottes), dein Hadern mit dem Vorhanghalter,
> was hat's zu bedeuten? [...]
> Der Frömmler wünscht sich den Trank von Kauthar und Hafiz
> einen Pokal (Wein);
> was wohl dazwischen der Wunsch des Schöpfers sein wird?

Ganz positiver Humanist, klagte Hafis niemals die Schwachen an; vielmehr entschuldigte er sie. Er verteidigte die Unterdrückten, streckte die Hand aus, um ihnen aufzuhelfen. Er rehabilitierte den »Wüstling« mit den typisch persischen Mitteln – ein wenig dekadent, bezaubernd vage, ein gewandter Freigeist. Er porträtierte ihn als einen Suchenden, der sich dem Pfad der Liebe widmet und dessen Suche letztlich ein Befreiungsakt ist. Für Hafis war der wendige und fantasievolle persische Charakter der Schlüssel zum Überleben in Schwierigkeiten aller Art. Er erklärte sich selbst zum »Wüstling« und trotzte den *zahed*, den moralisch Gerechten:

> Tadle nicht die Freigeister, o Frömmler mit deinem reinen Charakter;
> dir wird ja auch die Sünde eines anderen nicht angeschrieben.
> Ob ich gut, ob ich böse bin, geh, kümmere dich um deine
> (eigene Angelegenheit)!
> Jeder erntet zuletzt das Werk, das er gesät hat.
> Jeder Einzelne sucht den Freund, ob nüchtern, ob berauscht;
> jeder Ort ist ein Haus der Liebe, ob Moschee, ob Tempel.

Er lehnte öffentlich zur Schau gestellte Frömmigkeit ab und verachtete religiöse Heuchelei. Offen forderte er die blinde Obsession der Mullahs für den Buchstaben des Gesetzes heraus: Indem sie auf winzige Details starrten, übersahen sie die Größe Gottes. Aber wie scharf auch immer seine poetischen Attacken sein mochten, der iranische Klerus wagte nie den Versuch, ihn zu beeinflussen oder seine Stimme aus den Häusern und Herzen der Iraner zu verbannen.

Heute werden seine Verse von populären traditionellen Musikern gesungen; man hört sie übers Radio auf den Basaren, liest sie zu Hause und reicht sie von einer Generation an die nächste weiter. Seine Lyrik besitzt eine solche Kraft und Treffsicherheit, dass jeder Zuhörer oder Leser sich persönlich davon angesprochen fühlt, als sei sie ausschließlich für ihn oder sie geschrieben worden.

»Wenn du seine Worte hörst, ist es, als würde er genau jetzt zu dir sprechen«, erzählte Akbar uns kopfschüttelnd. »Das ist das Erstaunliche daran.«

Ein junger Bursche mit einem Vogelkäfig in der Hand ging an uns vorbei. Darin sang ein grüner Papagei.

»Wir glauben auch, dass Hafis in die Zukunft blicken kann. Er kennt die Lösung für alle unsere Probleme. Öffne sein Buch und lies. Die Antwort ist immer da.«

»Soll ich einfach umblättern?«, fragte Rich.

»Nein, du musst das Buch zuerst schließen und dann irgendwo aufschlagen.«

»So?«

»*Baba*, nein, du musst erst die Augen schließen, deinen Geist zur Ruhe kommen lassen und dann Hafis anrufen.«

Rich schloss die Augen und öffnete das Buch. Akbar begann zu rezitieren: »Die Zukunft unserer eingesponnenen Welt liegt verknotet wie geschlossene Knospen; also fließ wie ein Frühlingslüftchen, das die neuen Blüten entfaltet.« Die melodiösen Klänge einer *tar* umfingen uns sanft.

»Wir Iraner«, sagte Akbar, »wenden uns an ihn, wann immer wir uns verloren fühlen, Schmerz empfinden oder natürlich verliebt sind. Seine Lyrik spricht Menschen aller Schichten an. Ich kann gar nicht sagen, warum, aber sie ist einfach perfekt. Jeder, ob Frau oder Mann, führt Privatgespräche mit ihm.«

Die Iraner suchen im *Diwan* Rat, so wie manche von uns in Horoskopen, dem *I Ging* oder in Runen. Es ist auch allgemein bekannt, dass Queen Victoria bei Hafis nach Antworten suchte.

Das 14. Jahrhundert war ein chaotisches, gewalttätiges Zeitalter. Hafis musste mit ansehen, wie Krieger auf schwarz verhüllten Pferden wieder und wieder sein geliebtes Shiraz bedrohten. Doch nur selten fand etwas von diesem politischen Aufruhr Eingang in seine Dichtung. Stattdessen war sein Hauptaugenmerk auf die Liebe Gottes gerichtet.

Als der türkische Eroberer Timur am Horizont auftauchte, bereit, die Stadt zu plündern – er hatte soeben jedes Leben in Isfahan ausgelöscht und einen Turm aus 70 000 Totenköpfen errichten lassen –, soll er der Legende nach Hafis von Angesicht zu Angesicht getroffen haben. Man nannte ihn auch *Timur-e lang*, Humpelnder Timur, weil er ein kürzeres Bein hatte. Im Westen wurde er als Tamerlan bekannt.

Hafis hatte in einem Gedicht geschrieben, dass er nur zu gern Timurs königliche Hauptstädte Samarkand und Buchara gegen die Zuneigung einer schlanken türkischen Schönheit eintauschen würde. Der unbesonnene kriegerische Kaiser hatte diese Worte als schwere Beleidigung seiner Heimatstädte aufgefasst. Hafis bot ihm gelassen eine Erklärung dafür an: »Herr, an meinen unbesonnenen extravaganten Exzessen könnt ihr erkennen, wie arm ich bin.« Tamerlans Zorn zerstreute sich und Shiraz wurde verschont. Der Dichter wurde nicht enthauptet, sondern belohnt.

»Wer ist denn das?« Mein Vater bemerkte einen bunt gekleideten, zottigen Typen, der soeben beim Teehaus eingetroffen war.

»Zeig nicht mit dem Finger auf ihn«, sagte Chris.

»Der Bursche da. Mit den langen weißen Haaren und zerlumpten Kleidern.«

»Er ist ein *darvish*, ein Sufi«, sagte Akbar.

Ich drehte mich um, damit ich einen Blick auf ihn werfen konnte. Unter seinem weißen, buschigen Bart und der Adlernase schickte er ein breites Grinsen in meine Richtung. Sein zerrissener, schwerer Mantel war aus handgewebtem Paisley-Patchwork in leuchtendem Orange und Dunkelrot. Seine Lammfellstiefel waren schon eine weite Strecke gegangen. Vaz schaute einen Augenblick lang auf, wandte sich dann aber wieder seiner Blubberpfeife zu.

»Was für ein erstaunliches Outfit«, bemerkte meine Mutter.

»Das ist seine Uniform«, sagte Akbar.

»Er gibt nur an«, sagte Vaz.

»Haben Sufis eigene Moscheen?«

»Nein, sie haben gar nichts«, sagte Akbar.

»Sie sind überall und nirgends. Wie eure Zigeuner«, sagte Vaz.

»Hört nicht auf ihn«, sagte Akbar. »Dies ist ein *darvish* alten Stils. Aber heute wandern die Sufis nicht mehr umher – sie sind Händler, Bauern, Polizisten, Studenten und Hausfrauen. Du könntest einem Sufi begegnen und es nicht einmal merken.«

Auf einer Sufi-Reise ist der Lehrer der Führer. Er erzählt Parabeln, Rätsel und Geschichten, um seine Anhänger auf sanfte Weise zu erleuchten. Sein Ziel ist die Auflösung des Egos. So wie ein Mönch des Zen-Buddhismus danach strebt, sein Ich völlig zu entleeren, versucht auch ein Sufi sein inneres Gefäß zu leeren. In der Welt des *erfan*, dem persischen Weg des Mystizismus, leert man dieses Gefäß jedoch, um es mit dem Segen göttlicher Liebe zu füllen.

Während er uns Tee nachschenkte, erzählte Akbar, dass das Farsi-Wort *divaneh*, verrückt, im Sufi-Lexikon noch eine zweite Bedeutung habe. »Es kann auch verrückt vor Liebe bedeuten.«

»Ich unterschreibe alle meine Briefe so«, sagte Kevin. »Verrückt.«

»Und von unserem Wort *divaneh* kommt euer englisches *divine*.«

Sobald man einmal vom Göttlichen berührt werde, versicherte Akbar uns, spüre man die Erleuchtung, die Hafis beschrieb: Wenn du, wie Jesus, gänzlich nackt gen Himmel aufsteigst, reichen hundert Strahlen deiner Laterne, um die Sonne zu erleuchten.

»Und das«, sagte Akbar, »ist genau das, was viele Mullahs nicht wollen. Sie sage: ›Nein, wir sind die Lehrer. Ihr müsst uns folgen.‹«

Ich sah auf, um sicherzugehen, dass niemand uns belauschte.

Akbar fuhr fort: »Jetzt wenden sich viele Menschen dem Sufi-Weg zu. Sie suchen nach einem sanfteren Islam, einer Weichheit tief im Herzen, um Gottes Segen zu erlangen. Das scheint auch Präsident Khatami zu sagen. Viele Leute spüren, wenn sie ihn reden hören, dass seine Worte jene *ishraq* in sich tragen, also die Erleuchtung.«

Vielleicht war die bloße Tatsache, dass wir Hafis die Ehre erwiesen, rebellischer, als wir dachten. In unserem Teehaus unter Sternen, umgeben von wabenartigen Mauern, herrschte reges Treiben, man tauschte flüchtige Blicke. Paare nippten an süßem Tee, Studenten aßen Pistazien und Rosenwassereis, Freunde teilten sich blubbernde Wasserpfeifen. Das Ganze fühlte sich an wie ein kollektiver Akt des Widerstands. Eine junge Frau mit hübschen, mandelförmigen Augen trat selbstbewusst an unseren Tisch und stellte sich Kevin vor. Er grinste und plauderte in seiner typischen entwaffnenden Art drauflos, was bald in Gelächter mündete. Schon reckten die Leute neugierig die Hälse. Schließlich gab die Frau Kevin einen Zettel. Leicht verwirrt nahm er ihn an und sie ging fort.

»Was ist das?«, fragte ich.

»Sie hat uns zu sich nach Hause eingeladen. Das ist ihre Adresse.«

»Dann kennst du sie schon lange?«, fragte Vaz.

»Nein, ich habe sie gerade erst getroffen.«

»Ich bin beeindruckt«, sagte Vaz. »Du bist ja ganz schön schnell.«

»Ihr Name ist Farinaz. Sie sagt, sie sei Medizinstudentin.«

Aufgeregt diskutierten wir unseren ersten Besuch in einem iranischen Privathaus.

»Wie kannst du ihr nur vertrauen?«, sagte Vaz. »Du kennst sie doch gar nicht.«

»Und wenn man uns folgt?«, fragte Chris und plädierte für die sichere Variante.

»Vielleicht raubt man euch aus«, fügte Vaz hinzu. »Es könnte eine Falle sein. Man kann nie wissen.«

»Ich würde sehr gern ihre Familie kennenlernen«, sagte Mom.

Eine Stunde später, in der Dunkelheit, hatten wir uns in einem Vorort von Shiraz verirrt. Nasrollah fuhr ständig im Kreis herum und fluchte, während Akbar ihn erst nach rechts, dann nach links dirigierte. Einsame Straßenlaternen ließen kleine Lichtinseln auf die verwaisten, von hohen Ziegelmauern gesäumten Gehsteige fallen. Es gab niemanden, den man nach dem Weg hätte fragen können. Vaz riet uns, umzukehren.

»Wisst ihr was … wir haben's versucht. Und wenn wir es nun einfach nicht finden?«, schlug Rich vor.

»Nein, nein«, protestierte meine Mutter.

»Das schaffen wir schon«, sagte mein Vater.

Kevin sagte: »Vielleicht haben sie Abendessen für …«

»… zehn Leute«, ergänzte meine Mutter.

»Wir wollen doch nicht die nächste Truppe von ›Tod den Amerikanern‹ heraufbeschwören, nur weil wir in Shiraz ein so schlechtes Beispiel abgegeben haben«, sagte Chris.

»Ich habe siebzehn Mal nein gesagt«, beharrte Kevin.

»Und jetzt müssen wir da hin«, fasste meine Mutter zusammen.

»Glaubst du, das wird eine große Party?«, fragte ich.

»Das werden wir nicht wissen«, sagte Vaz, »bevor wir dort sind.«

Schließlich fanden wir die Gasse. Unser Kleinbus fuhr an der Seite in den Schatten, der Motor erstarb. Das Heulen eines Hundes jagte uns Schauder über den Rücken, nachdem Kevin die Haustür gefunden und geläutet hatte. Farinaz öffnete und begrüßte uns lächelnd, in Jeans und ohne Tschador. Meine Mutter und mein Vater traten als Erste ein, dann folgten wir Brüder. Die gesamte Familie erhob sich von den großen Teppichen am Boden und begrüßte uns.

Wir schüttelten jedem die Hand, bevor wir uns mit gekreuzten Beinen, die Rücken gegen Kissen an den Wänden gelehnt auf dem Teppich niederließen.

Tee wurde serviert. An der Wand hing ein kleines Bild, die Silhouetten eines Liebespaares, aus zarter weißer Spitze ausgeschnitten. Die beiden hielten sich an den Händen. Wir redeten über das warme Wetter, die Gärten von Shiraz und das bevorstehende amerikanisch-iranische Weltmeisterschaftsspiel. Anstatt das möglicherweise heikle Thema zu umgehen, bestärkte mein Vater als leidenschaftlicher Fußballfan Farinaz' Vater hinsichtlich des iranischen Teams. Dank einiger Spieler aus der deutschen Bundesliga sollte es eine starke Mannschaft sein, erzählte er Dad, auch wenn seine Kollegen im Postamt weniger zuversichtlich seien.

»Und wer soll Ihrer Meinung nach gewinnen?«, fragte er.

»Der Iran natürlich«, erwiderte Dad.

»Oder vielleicht unentschieden?«

»Ah, ja.«

Beide lachten herzlich über ihre diplomatischen Antworten.

»Mr Patrick«, sagte Farinaz, »Sie hätten hier sein sollen, als der Iran sich für die WM qualifizierte! Das Spiel war in Sydney, also blieben wir bis spät in der Nacht auf und schauten es uns an. Dann erwachte ganz Shiraz! Die Straßen waren voll mit hupenden Autos und die Leute tanzten mitten im Straßenverkehr. Die Polizei konnte nichts tun.« Sie lächelte. »Die schauten einfach nur zu.«

»Schade, dass ich das versäumt habe.«

»Unser nächstes Spiel, Mr Patrick, gegen Amerika, wird einen großen Freudentaumel erzeugen, das verspreche ich ihnen!«

Wärme hatte sich über den Raum gesenkt. Rich und Chris freundeten sich mit den jüngeren Kindern an, plauderten, erzählten Witze und bekamen Antworten. Nach der dritten Runde Tee erklang *santur*-Musik mit fröhlichem Rhythmus aus einem Kassettenrecorder. Farinaz' altkluger kleiner Bruder und ihre Schwester in einem Minnie-Mouse-T-Shirt standen auf und tanzten. Wir klatschten leise den Rhythmus mit, bis der Junge Chris auf die Füße zog. Zunächst errötete er, dann begann auch Chris zu tanzen. Er breitete seine Arme mit den Handflächen nach oben aus. Bald flatterten sie wie fliegende Störche. Das war sein Markenzeichen, das er schon in seiner Kindheit perfektioniert hatte und das seine Beweglichkeit demonstrierte.

Farinaz' Geschwister gaben sich redlich Mühe, es ihm nachzutun, aber sie sahen eher wie wilde Hühner aus und fielen von einem Lachkrampf in den nächsten. Es dauerte nicht lange und Chris wirbelte herum wie ein Derwisch. Die Kinder ahmten ihn sofort nach und drehten sich wie Kreisel, bevor sie hysterisch kichernd auf den Teppich fielen. Inzwischen war auch Kevin aufgestanden und versuchte ernsthaft, einem anderen begeisterten kleinen

Bruder ein paar Schritte à la Fred Astaire beizubringen. Dann sprang Farinaz auf und schloss sich ihnen an, als sei Tanzen ihre zweite Natur. Jeder Tänzer umkreiste den Raum und schaffte es wundersamerweise, nicht auf die Beine der Eltern zu treten. Alle waren überraschend wendig. Während ich die Bewegungen meines eigenen kleinen Tanzpartners imitierte, erinnerte ich mich daran, wie Hassan an Festtagen unsere Füßen das hemmungslose Tanzen gelehrt hatte.

Dan ist ein Sanskrit-Wort und bedeutet »religiöses Verhalten«. Aus dieser Wurzel stammt offenbar das englische *dance*. Sufis nutzen in ihren Ritualen oft Tanz, um eine höhere spirituelle Ebene zu erreichen. Unser harmloses Spektakel in Farinaz' Haus war alles andere als fromm, aber wir fühlten uns alle irgendwie befreit. Unsere Wangen hatten sich gerötet, wir keuchten und unsere Augen glitzerten. Abgesehen von dem unerwarteten Fußballsieg war Tanzen etwas, das hier nur hinter verschlossenen Türen stattfand, in der Abgeschiedenheit eines Privathauses. Ich begann die zwei Gesichter dieses Landes zu begreifen: innen und außen, *baten* und *zaher*. Intimität und öffentlicher Auftritt. Leichtigkeit und Strenge.

Man brachte uns Datteln so groß wie Pflaumen und noch mehr Tee, während wir wieder zu Atem kamen. Ich fragte Farinaz nach ihrem Medizinstudium.

»Sehr schwer. Wir müssen ganz schön hart arbeiten. Unter dem Schah gab es in den Dörfern wenig Krankenhäuser und Ärzte. Aber jetzt«, sagte sie mit Nachdruck, »genießt jeder medizinische Versorgung. Wir wissen, wie wichtig es ist, dem Volk zu dienen.«

Sie vertrat eine neue Generation voller Dynamik und Idealismus. Ich fragte sie, ob viele Studenten Khatami gewählt hätten.

»*Hameh*, alle!«, antwortete sie. »Besonders die Frauen. Unser Präsident hat versprochen, Veränderungen vorzunehmen, die die Gesellschaft weiterbringen, und er redet zum ersten Mal von den Bedürfnissen der Frauen. Er spricht von einem anderen Islam. Von einem Gott der Liebe.«

»Wie Hafis?«

»Ja, genau. Und unser Präsident sieht auch sehr gut aus.« Sie errötete, während sie Kevins Teebecher neu füllte. Ich setzte mich neben Farinaz' Mutter, die mit meiner Mutter über Religion sprach.

»Können Sie mir sagen, *khanoum*«, fragte sie, »warum Christen und Muslime sich so bekriegen?«

»Ich weiß es nicht.« Meine Mutter seufzte.

»Warum kämpfen sie gegeneinander, wo es doch nur einen Gott gibt?«

»Es geht um Politik, immer um Politik.«

Farinaz nickte und fragte: »Und welcher Religion gehören Sie an?«

Schweigen erfüllte den Raum. Dann erwiderte meine Mutter: »Derselben wie Hafis!«

Alle außer Vaz klatschten.

Als wir uns erhoben, um zu gehen, gab Farinaz meiner Mutter ein Geschenk: eine Ausgabe von Hafis' *Diwan*. Gerührt von dieser freundlichen Geste, berührte Mom den Umschlag, schloss die Augen, flüsterte seinen Namen und schlug das Buch an einer zufälligen Stelle auf. Farinaz las in ihrem melodiösen Englisch und übersetzte Zeile für Zeile:

»Ich habe so viel von Gott gelernt
Dass ich mich nicht mehr
Christ, Hindu, Muslim,
Buddhist, Jude nenne.
Die Wahrheit hat so viel von ihr selbst mit mir geteilt,
Dass ich mich nicht länger
Mann, Frau, Engel oder auch nur bloße Seele nennen kann.
Liebe hat Hafis so vollkommen durchdrungen,
Dass sie sich in Asche verwandelt und mich befreit hat
Von jeglichem Vorsatz und jedem Bild,
Die mein Geist je kannte.«

»Der reinste, wunderbarste Zufall, Mom«, sagte Kevin, als wir nach draußen in die Dunkelheit stolperten. Wir mussten Nasrollah wecken, der in seinem Wagen fest eingeschlafen war.

Zurück im Apadana-Hotel, setzte ich mich an die leere Bar, freudig erregt, aber auch müde. In der Lobby war es still. Ein einsamer Portier sah auf und bot mir ein Exemplar des *Daily Iran* an, einer neuen englischsprachigen Zeitung. Ich las die Überschriften vom 11. April:

Bürgermeister sechs Stunden lang im Gefängnis Evin verhört.
118 Pilger in Mekka totgetrampelt.
UN-Menschenrechtskommission kritisiert Iran: Verbesserungen in der Ära Khatami zugebilligt.
Russen weisen israelische Behauptungen über Sprengköpfe zurück.
Jelzin und Nasarbajew diskutieren Kontrolle des Kaspischen Meeres.

Auf der Rückseite stieß ich auf die vielversprechende Kolumne »What's up«, die eine Reihe von Kurzmeldungen enthielt:

Human Rights Watch ermahnt Iran, Teherans Bürgermeister Gholamhussein Karbaschi, der auf der Basis von Korruptionsvorwürfen verhaftet wurde, einen fairen und öffentlichen Prozess zu gewähren.

Die Satanischen Verse, die den Iran veranlassten, wegen der vermuteten Beleidigung des Islam ein Todesurteil über den britischen Autor Salman Rushdie zu verhängen, werden weltweit als Taschenbuchausgabe veröffentlicht. Seit seiner Erstveröffentlichung vor neun Jahren wurden über 250 000 Exemplare des Buches verkauft.

The Jerusalem Post berichtet, dass der Iran »mit russischer Hilfe bald einen Meilenstein bei der Entwicklung von Triebwerken für eine Mittelstreckenrakete, die Israel treffen könnte, erreicht haben wird ... Israel nutzte seine Freunde im amerikanischen Kongress, um Druck für Sanktionen gegen russische Firmen zu machen, die am iranischen Raketenprogramm beteiligt sind.«

Der deutsche Außenminister Klaus Kinkel sagte am Mittwoch, es sei Bonn nicht gelungen, einen Gnadenerlass für einen deutschen Geschäftsmann zu erhalten, der im Iran zum Tode verurteilt worden war, weil er außereheliche sexuelle Beziehungen zu einer Muslimin unterhalten habe.

Auch die Gebetszeiten waren aufgeführt: Morgendämmerung 5:16; Sonnenaufgang 6:43; Mittag 13:07; Abend 19:52.

In einer Kolumne namens »Hotline« beklagte ein Mr. T. Shiralilon das Fehlen eines Hotels im Dorf Maouleh, einem bezaubernden Ort im Kaspischen Wald von Gilan, der eine Menge Besucher anlockt. Ein anderer Bürger, P. Mehrjouei, thematisierte den Verlust kluger Köpfe im Iran und wie der Mangel an entsprechenden Einrichtungen und Anreizen Wissenschaftler davon abhielte, im eigenen Land Karriere zu machen.

Auf der Unterhaltungsseite verkündete eine Überschrift: »Nach zwei Jahrzehnten kehrt Hollywood in den Iran zurück«. Während der zweiwöchigen *Nowruz*-Ferien, so wurde berichtet, würden über ein Dutzend amerikanischer Filme auf den fünf staatlichen Fernsehkanälen gezeigt, darunter Streifen von Charlie Chaplin und Buster Keaton, Steven Spielbergs *E. T.* und *Robocop*.

Auf der Sportseite waren Farbfotos von Michael Jordan beim Sprung zum Korb und Tiger Woods beim Abschlag von einem Sandloch bei den Masters in Augusta sowie Berichte über die Tour de France und Michael Schumachers Formel-1-Sieg abgedruckt.

Der *Daily* bot mehr Unterhaltung und gesunde Selbstkritik als jede andere mir bekannte Zeitung im Nahen Osten. Die Verhaftung und der Prozess von

Bürgermeister Karbaschi bildeten den Interessensschwerpunkt. Einige Artikel beschrieben diesen politischen Lackmus-Test als öffentliches Signal für den Beginn der lange erwarteten öffentlichen Auseinandersetzung zwischen Gemäßigten und konservativen Hardlinern. Eine Überschrift riet zur Vorsicht: »Ayatollah Emami Kashani ruft dazu auf, der Gesellschaft Spannungen zu ersparen«. Ein Appell, nach Karbaschis Verhaftung einen kühlen Kopf zu bewahren.

Ich hatte erwartet, den lasterhaften Westen aus den Nachrichten ausgeblendet zu finden, oder bestenfalls mit schlechtem, regierungsfreundlich-tendenziösem Journalismus gerechnet. Stattdessen las ich wörtliche Zitate aus der *Jerusalem Post*, dem *Guardian*, vom Sprecher des US-Außenministeriums James Rubin und seiner Chefin Madeleine Albright. Zufällig berichtete der *Iran Daily* von einer kryptischen Entschuldigung der Außenministerin Albright bei iranischen Ringern, die zu einem Wettkampf nach Oklahoma eingeladen worden waren. Die Beamten der Einwanderungsbehörde hatten sie rüde behandelt und den Athleten Fingerabdrücke abgenommen, nachdem sie amerikanischen Boden betreten hatten.

In den Geburtswehen revolutionärer Veränderung schien die Presse hier viel offener zu sein, als ich es von meinen Jahren in Ägypten unter Sadat gleich nach der Unterzeichnung des Friedensabkommens von Camp David in Erinnerung hatte.

Ich legte die Zeitung weg und bemerkte einen Mann, der in einer Ecke der Bar an einer Zam-Zam-Cola nippte. Ich gesellte mich zu ihm und wir begannen zu plaudern. Er war Franzose und in Ölgeschäften unterwegs. Darum ging es immer. Fluch und Segen des Iran. Mein Vater kam herein, setzte sich zu uns und begann von dem ersten Ort im Iran zu erzählen, wo man 1908 auf das schwarze Gold gestoßen war, im britischen Camp bei Masjid-e Suleiman in den Ausläufern des Khuzestan-Gebirges. Am Standort eines antiken achämenidischen Tempels, der später in »Salomons Moschee« umgetauft wurde, lagen die unraffinierten Ursprünge von British Petroleum, das einst weltweit unter dem Namen Anglo-Iranian Oil Company firmierte.

Mein Vater schilderte, wie er 1958 nach Masjid-e Suleiman geflogen war. »Ich hatte noch nie in meinem Leben solche Verhältnisse gesehen«, sagte er. »Unerbittlich und hoffnungslos. Alle lebten in Zelten, wie Flüchtlinge in einem Alptraum. Briten aus Indien warteten darauf, ihren Fünf-Jahres-Dienst ableisten zu können, bevor sie die bezahlte Heimreise antreten konnten. Sie waren alle völlig von Sinnen. Ein erbärmliches britisches Herrschaftssystem im Miniformat. Verschiedene Gehaltsstufen für jede Nationalität: die englischen Aufseher ganz oben, danach die indischen Buchhalter. Die armen iranischen Arbeiter bekamen nichts. Der einzige Anreiz für sie waren winzige Prämien. Ich erinnere mich, dass es sogar jemanden gab, der die Ratten fing.«

»*Alors*, das ist ja schrecklich. Ratten?«, sagte der Franzose namens Philippe.

»Der Rattenfänger wurde für jede tote Ratte mit einem halben Rial bezahlt«, erzählte mein Vater weiter. »Kluge Maßnahme, um den Ort sauber zu halten, dachte man. Ich erinnere mich an einen gewitzten jungen Iraner, der mit Abstand die meisten Prämien kassierte. Ich ging zu seiner Baracke und stellte fest, dass er sie in Käfigen hinter seinem Zelt züchtete, einfach um aus diesen geizigen Briten ein bisschen Extrageld rauszulocken. Konnte man ihm nicht verübeln.«

»Widerlich, diese Briten«, spottete Philippe. »Wir Franzosen hätten sie besser behandelt.«

»Wie in Algerien?«

»Aber Patrick, das war etwas anderes. *Algérie* war Frankreich.«

»Jedenfalls hatten die Briten damals seit fünfzig Jahren Öl im Iran gefördert und es gab keinen einzigen ausgebildeten iranischen Techniker. Das war ein Skandal. In Arabien, wo ich gearbeitet hatte, war eine ganze Generation ausgebildet worden.«

Der Franzose rollte mit den Augen, behielt seine Gedanken für sich und paffte seine Gitanes. Er war der typische elegante Ausländer, den man in jedem Land des Nahen Ostens antrifft, ein selbst ernannter Experte auf allen Gebieten, der immer erklären kann, warum das Regime vor Ort Unterstützung verdient. Er lobte die Mullahs, mit denen er über Ölkonzessionen verhandelte. »Sie sind ganz amüsant, wissen Sie. Manche haben sogar Sinn für Humor.«

Wir saßen nur zu dritt in dieser vor der Revolution sicherlich florierenden Bar. Ein schläfriger Portier servierte uns eine Runde Zam Zam. Khamenei blickte mit Turban von einem Foto auf der holzverkleideten Wand zu uns herab. Ein Poster machte Werbung für Reisen zu den sonnengebleichten Säulen von Persepolis, in verschlungenen türkisfarbenen Lettern stand »Islamic Republic of Iran« darauf.

Philippe war erst kürzlich von den Ölfeldern Khuzestans im Westen zurückgekehrt und prüfte nun die Raffinerie in Shiraz auf geschäftliche Möglichkeiten. Er stellte seine Zam Zam ab und seufzte. »Ihr sprecht von Geschichte? *L'empereur* hatte einst große Pläne für dieses Land. Der Iran hat seine große Chance verpasst. Napoleons große Armee hätte bis nach Kalkutta marschieren können. Dann wäre es nichts mehr mit den Briten gewesen.« Er schlug sich auf die Schenkel.

»*Bolshaya Igra*«, sagte Pat.

»*Excuse me?*«

»Das Große Spiel.«

»Ah ja. Nun, das hätte vieles geändert.«

Zunächst hatte ich Philippe unerträglich gefunden, mit seinem Bärtchen und den stechenden Augen. Aber er hatte vielleicht nicht unrecht. Was, wenn Napoleon es bis nach Indien geschafft hätte? Mir war klar, dass es nicht oft vorkam, dass ein Franzose im Ausland die Vorzüge von Napoleons Bestrebungen pries.

»*L'empereur*, ach ja, sie haben die Welt aufgeteilt. Aber der Zar wollte Istanbul. Napoleon lehnte ab. Erst nehmen wir uns Indien, sagte er, dann sehen wir weiter.«

»Dann war also geplant, durch den Iran zu marschieren?«, fragte ich.

»Natürlich. Also, verstehen Sie, damals wurde für so etwas keine Erlaubnis eingeholt.«

Philippe runzelte die Augenbrauen. Er zündete sich die nächste Zigarette an. Die dunklen Intrigen des Großen Spiels erfüllten den rauchigen Raum. Er skizzierte die Strecke auf dem kleinen Tisch und umkreiste dabei unsere Zam Zams. Sein Finger folgte der levantinischen Küste, passierte die Zedern des Libanon und überquerte die Serviette, die die syrische Wüste darstellen sollte.

»*Voilà,* nun folgen wir dem Euphrat flussabwärts und überqueren das Zagros-Gebirge. Es muss Frühling sein, wegen des guten Wetters. Dann kommt das indische Plateau.« Es kam mir irgendwie surreal vor, in der dämmrigen Lounge diesen Feldzug nachzuvollziehen. Ich schaute zu meinem Vater hinüber, der mir zuzwinkerte.

Wir verfolgten beide Philippes Finger, der sich seinen Weg durch den heimtückischen Hindukusch – eine weitere zerknüllte, von der Cola braunfleckige Serviette – bis zum anderen Rand des Tisches bahnte. Die schlafenden Ebenen Indiens lagen darunter. Schließlich beugte Dad sich vor, um ein einziges Wort auszustoßen: »Moskau«. Das machte allem ein sofortiges Ende. Philippe kehrte zurück auf die Erde und stieß sein Zam Zam krachend um. Die gesamte syrische Wüste war mit dunkler, klebriger Limonade bedeckt.

In einer baltischen Stadt gibt es eine Gedenktafel. Die bringt den russischen Winter auf den Punkt. Auf der einen Seite steht: Napoleon Bonaparte kam 1812 hier mit 400000 Mann vorbei«. Auf der Rückseite heißt es: »Napoleon Bonaparte kam 1812 hier mit 9000 Mann vorbei.«

»Ach, Napoleon«, stöhnte Philippe und wischte seine verschüttete Zam Zam auf. »Warum musste er in dieses verdammte Russland ziehen? Warum?« Ich half ihm beim Saubermachen.

Als Philippes Partner die Bar betrat, standen wir auf und schüttelten uns die Hände. Reza trug einen gestutzten Bart und die Art von Anzug ohne Krawatte, wie er im Iran so beliebt ist. Seine Augen leuchteten wie tote Monde.

Ja, sagte er, er habe unsere Bemerkungen mit angehört. Aber es seien nicht die Franzosen oder die Russen gewesen, die die Iraner gefürchtet hätten. Nicht einmal die Amerikaner, sondern die Briten.

»Die Briten hatten doch überall die Hand im Spiel. Selbst beim Sturz des Schahs und der Rückkehr des Imam Khomeini.«

Während ich Reza zuhörte, fiel mir ein Scherz von Hassan ein: »Wenn ein Nachbar schlecht redet und seine Frau beleidigt, müssen die Engländer dahinterstecken.« Jahrhundertelang hatte die Anglophobie praktisch für alles Negative im Iran herhalten müssen.

»Lasst mich euch etwas über die Briten erzählen«, sagte Reza. »Haben sie sich nicht über Indien gewaltsam Zugang zum Iran verschafft? Und hat nicht ein Engländer namens D'Arcy die Konzession für alles, was unter der Erde liegt, gekauft? Wie in Gottes Namen«, fragte Reza, »konnte der Schah das Recht an all unseren Bodenschätzen an einen Engländer verschachern? Aber das hat er getan. Und hat nicht ein anderer Engländer namens Reuters die Rechte für die Eisenbahnen des Landes und die Nationalbank gekauft? Und ging nicht die gesamte Tabakernte für nichts an die Briten? Und hat nicht all das zur konstitutionellen Revolution von 1906 geführt?«

Reza fuhr fort, uns zu erläutern, warum diese scheiterte. 1907 teilten die Russen und die Briten Persien insgeheim auf: Der Norden ging an den Zaren und der Süden an den König. 1917 besetzten die Briten jedoch das Land in der Absicht, ein Protektorat daraus zu machen. Und wählte nach dem lang ersehnten Sturz der verhassten Qajaren, so fragte er, nicht in Wirklichkeit General Ironside den neuen Schah Pahlewi? »Natürlich war es so«, schnaubte Reza. »Und während des Zweiten Weltkriegs, 1941, als die Engländer und Russen bei uns einmarschierten, wurde da der Schah nicht ohne viel Federlesens fortgeschafft?«

»Nach Johannesburg«, warf ich ein.

»Und von wem?«

Ich äußerte meine Vermutung. »Von den Briten?«

»Natürlich, *baba.*« Er lächelte herzlich.

Ich erzählte Reza, was George Bernhard Shaw einmal geschrieben hatte: »Ein Engländer handelt stets nach Prinzipien: Er kämpft wegen seiner patriotischen Prinzipien; er nimmt dich nach seinen geschäftlichen Prinzipien aus; er versklavt dich nach seinen Herrschaftsprinzipien.«

»Jaaa! Genau.« Er strahlte.

Als 1941 britische und russische Truppen den iranischen Löwen bei der Gurgel packten und das Land besetzten, wurde der junge, in der Schweiz ausgebildete Sohn von Schah Reza, ein Playboy, auf den Pfauenthron gesetzt. Der alte Schah wurde mit einem britischen Kriegsschiff fortgeschafft, erst nach Mauritius, dann nach Transvaal – mit Sicherheit nicht der Altersruhesitz, den er sich erhofft hatte. Dort starb er auch.

1951 waren alle Blicke aufs Öl und den Persischen Golf gerichtet. Ein neu gewählter Premierminister, Mohammed Mossadegh, hatte London und Washington geschockt, als er das iranische Öl verstaatlichte und damit allen britischen Ansprüchen ein Ende setzte. Das war allerdings nicht verwunderlich, denn er hatte entdeckt, dass die iranischen Tantiemen geringer waren als die Steuern, die das Land an die britische Schatzkammer zu entrichten hatte. Damit war auch das zu Ende.

Über Nacht avancierte Mossadegh zum Liebling unter den führenden Politikern in der Dritten Welt. *Time* machte ihn zum Mann des Jahres. Die Londoner Presse nannte den trotzigen Politiker »Mossy«. Inzwischen gingen die mächtigsten Ölkonzerne der Welt – Exxon, Mobil, Chevron, Shell, Gulf, Texaco und BP – gegen die Anglo-Iranian Oil Company in Stellung. Diese »Sieben Schwestern« weigerten sich, auch nur einen Tropfen iranischen Erdöls auf ihre Tanker zu verladen. Ihr kollektiver Boykott wirkte.

Nach zwei Jahren war die iranische Wirtschaft ein Chaos. Mossadeghs populärer Traum von nationaler Souveränität war ernstlich gefährdet. Der junge Schah fürchtete um den Verlust seiner Monarchenmacht und floh heimlich nach Rom. In seiner Zuflucht an der Via Veneto wartete er schmollend auf Nachrichten von britischen Agenten in Teheran, die einen für den Kalten Krieg typischen Coup durchführten, der Mossys kühnem Experiment ein Ende bereiten sollte. Es heißt, US-Dollars hätten die Basare überschwemmt und pöbelnde Horden finanziert, die das Haus von Premierminister Mossadegh im Norden Teherans umlagerten. 1953 kehrte der Schah auf einem fliegenden Teppich zurück, den der Secret Service und sein begieriger neuer Partner, die amerikanische CIA, zusammengeflickt hatten.

In dem Jahr dieses unsäglichen Coups blickte Freya Stark, die unbezähmbare Nahost-Reisende, auf die Skyline von Abadan, den Brennpunkt der britischen Interessen im Iran, der beide Länder an den Rand eines Krieges brachte: »Ich sitze hier und sinne über die Schönheiten der Zivilisation nach – einen Wald von hohen Schornsteinen, ein Feld von alufarbenen Eisentanks, eine rülpsende Rauchsäule, die jahraus, jahrein brennt – den anglo-persischen Ölhafen … Schaut man nach Süden, fließt dort der große Fluss still und flach, zwischen Palmenhainen, so wie die Sumerer ihn gesehen haben mögen; aber das im Norden könnte, abgesehen von der Sonne, Glasgow sein.«

Alles wegen des Öls. Nachdem der Schah wieder auf seinem Thron saß, stolzierten die Agenten der CIA ins Rampenlicht und ließen sich mehr anrechnen, als ihnen zustand. Denn jeder an den Hebeln der Macht wusste, dass der britische Geheimdienst im Hintergrund die Fäden zog. Diese Effekthascherei half dabei, die Kritik der Öffentlichkeit und des Kongresses an amerikanischen Katastrophen in Guatemala und der Schweinebucht zu zerstreuen. Kermit Roosevelt, CIA-Chef im Nahen Osten und Enkel von Präsident Theodore Roosevelt, sprach stolz und ganz offen vom ersten erfolgreichen Coup des neu gegründeten Dienstes. Das kam den Briten gerade recht.

Unverblümt lieferte Roosevelt in seinem Buch *Countercoup: The Struggle for the Control of Iran* eine Chronik der glanzvollen Verschwörung. Er beschrieb zahlreiche Höhepunkte: seine Vorladungen nach London durch den britischen Geheimdienst, Flug in den Iran unter Tarnung, Verstecken in Kofferräumen von Autos, das Einschleichen in den Golestan-Palast, die Bezahlung Hunderttausender Dollars an den Straßenpöbel, Inszenierung von Massendemonstrationen und schließlich die Begrüßung des Schahs am Mehrabad Airport. In jenem historischen Augenblick, als seine Füße die Rollbahn berührten, schüttelte der Schah Roosevelts Hand und sagte: »Ich verdanke meinen Thron meinem Gott, meinem Volk – und Ihnen.«

Rechtzeitig verlagerten die Iraner ihr Misstrauen und ihren Zorn von den Briten auf die unverfrorenen Amerikaner und deren eifrigen Schüler, den Schah. Verschwörungstheorien für die kommenden Generationen wurden genährt.

Wir hörten etwas gegen die Glastür knallen und blickten auf. Die Tür ging auf, und Vaz hielt sich die Nase, während er die Bar betrat. Er hatte sich offensichtlich wehgetan. Er hatte uns belauscht und sich dabei die Nase in den schwingenden Türen eingeklemmt.

»Mr. Ward, Sie haben vergessen, die Trilaterale Kommission Jimmy Carters und Henry Kissingers zu erwähnen. Und was ist mit den Freimaurern, die die Welt beherrschen wollen?«

Niemand antwortete. Es war schon zu spät. Philippe war müde und Reza gähnte. Die Unterhaltung über Verschwörungen hatte uns angenehm erschöpft. Wir erhoben uns alle und verließen den Raum.

Und was ist nun mit Vaz, fragte ich mich, als ich mit Dad die Treppe hinaufstieg. War er einfach ein Übersetzer, den Richards Reisebüro zufällig damit beauftragt hatte, uns zu begleiten? Oder für wen arbeitete er wirklich?

KAPITEL 7

Kerbela ist überall

Auf dem Weg nach Yazd, 160 Kilometer nördlich von Shiraz, wurde die Straße von einer Gruppe Qashqai blockiert, die auf lebhaften Pferden und Maultieren zu den Hochweiden zog. Bellende Hunde hielten die Herden schmutziger weißer und schwarzer Schafe und fetter Hammel zusammen, die mit den herabhängenden Schwänzen wackelten – massenhaft *kebab* auf vier Beinen.

»Türken ... Barbaren«, murmelte Vaz vor sich hin.

»Das sind Iraner, Vaz«, sagte Rich.

»Nicht wirklich.«

»Klar sind sie das.«

»Das verstehst du nicht. Sie sind schmutzig und ungebildet. Der Schah hat sie angesiedelt und Steinhäuser für sie bauen lassen. Gratis.«

»Und was ist passiert?«

»Sie haben ihre Zelte in den Innenhöfen aufgeschlagen und draußen geschlafen.«

»Und wer schlief dann drinnen?«

»Ihre Schafe. Sie haben sie in die Zimmer gelassen. Nennst du das vielleicht zivilisiert?«

»Im Sinne der Qashqai schon.«

»Also wirklich, Richard. Ich dachte, du wärst ein moderner Mensch.«

»Ihr fester Wohnsitz war jedoch nur von kurzer Dauer. Im Chaos der Revolution packten sie zusammen und zogen los«, fügte Akbar hinzu und holte seine Karte von Fars hervor. Er zeigte uns darauf ein Tal, das tief zwischen den Bergen eingekeilt lag. Er nannte es »verborgener Himmel«. Im Sommer schlugen die Qashqai ihre Zelte am Fluss Kor auf, hoch oben im grün gefleckten Zagros, wo ihre Schafe grasten und ihre Lagerfeuer unter den Sternen loderten. »Eines Tages müssen wir dorthin«, sagte er.

Unsere weitere Reise führte uns durch eine unwirtliche Landschaft. Nasrollah schlängelte den schwerfälligen Kleinbus über einen erbarmungslosen

Pass mit Namen Couly Kush, Zigeunermörder. Im Winter, so erzählte er, könnten nicht einmal die hartgesottenen Nomaden ihn überqueren. Mit Buschwerk bewachsene Steppe erstreckte sich bis zum östlichen Horizont. Bläuliche, schneebedeckte Berge erhoben sich im Westen. Über uns flogen Krähen mit grauen Schwingen und Bäuchen, die Köpfe und Schwanzfedern schwarz. Wir hielten an einem Kontrollposten am Straßenrand. Ein gelangweilt dreinblickender Polizist begann mit seiner Befragung.

»Die suchen nach *taryak*, Opium«, erzählte Akbar uns, während Nasrollah verhört wurde. »Viele rauchen *taryak*. Es kommt aus Afghanistan. Die sind die größten Opiumhersteller. Mit Tausenden von Tonnen pro Jahr.«

An einem Berghang über uns konnte ich Qashqai erkennen, die sich ungehindert in einer Karawane fortbewegten. Ein glatzköpfiger, mürrischer Soldat in schlecht sitzendem Tarnanzug fragte mich, wo ich herkäme. Er sah für meine übliche Antwort »Vom großen Satan« viel zu ernst aus.

»Amrika«, erwiderte ich in meinem besten Farsi. Er nickte und schrie dann etwas in Richtung eines wartenden Lkws, voll mit jungen Afghanen. Illegale Einwanderung war hier ein ebenso großes Problem wie in Südkalifornien. Der sowjetische Einmarsch in Afghanistan, ein brutaler Bürgerkrieg, und danach die fundamentalistischen Taliban hatten Millionen Flüchtlinge in den benachbarten Iran getrieben. Sobald sie die Grenze überwunden hatten, fanden sie Arbeit und Sicherheit anstelle von Hunger und Angst. Doch nach zwei Jahrzehnten war die Gastfreundschaft der Iraner schon arg strapaziert.

»Besser als die da, *bah*«, er spuckte aus. »Du Tourist?«

»Ja.«

»Du kommst in den Iran, du fährst wieder, *inshallah*.«

Ich schaute auf seine Waffe. »*Inshallah*.« Ich lachte nervös.

»Dann bist du besser als die da.«

»Warum?«

»Die kommen und gehen nie wieder.«

Er tippte an den Plastikschirm seiner Mütze und kniff die Augen zusammen, um den Bergrücken über uns zu betrachten. Das schwache Läuten der Glöckchen der Schafe war zu hören. Die Qashqai hatten den Berg überwunden und waren weit von jedem Kontrollpunkt entfernt.

»Und die«, seufzte er, »sind vor langer Zeit gekommen und auch nie mehr gegangen.«

Im Iran gab es schon immer Spannungen zwischen Bauern, Stadtbewohnern und Nomaden, die als Hirten lebten. Da herrscht eine uralte Rivalität. Im Laufe der Jahrhunderte ritten Stämme aus Zentralasien in Wellen ins Land, immer auf der Suche nach Weideflächen. Bis heute treiben Nomaden ihre Herden im Wechsel der Jahreszeiten auf unterschiedliche Weiden. Immer in Bewegung in den Bergen, tragen sie mit zweierlei Waren zur iranischen Wirtschaft bei: Teppiche und Hammelfleisch. Stadtbewohner und Bauern stehen diesen wandernden Hirten in etwa so gegenüber wie viele Europäer den Sinti und Roma. Nur wenige bewundern ihre stolze Nomadentradition.

Der Iran präsentiert sich als komplexes, ethnisch reiches Mosaik aus Farsi sprechenden Städtern, die nur etwa die Hälfte der Bevölkerung ausmachen, sowie aus Türkisch sprechenden Clans und den Stämmen der Azeris, Baluchis, Kermani, Turkomanen und Qashqai.

»Stellt euch mein Dorf vor nur fünfzig Jahren vor«, wurde Hassan nicht müde anzuführen. »Lehmmauern und vier Türme. Die hölzernen Tore wurden über Nacht geschlossen und draußen streiften Räuber ungehindert umher. Reisen war eine gefährliche Sache, wie zur Zeit von Cowboys und Indianern.«

Jedes Dorf war eine eigene, von Mauern umgebene Insel. Dahinter lag ein grausames Meer mit kaum einem schützenden Hafen. Jede Reise war von Furcht und Ungewissheit geprägt. Nur wenige Mutige gingen dieses Risiko ein. Und sie reisten niemals allein.

»Wenn mein Vater mit seiner Karawane mit zwanzig oder dreißig Leuten loszog«, erzählte Hassan uns, »dann wusste er, dass er vielleicht nie mehr zurückkehren würde. Deshalb sagte er jedes Mal zu seinem Bruder: ›Hier ist mein Geld. Wenn ich nicht zurückkomme, gib es meiner Familie.‹«

Abends, unter dem Sternenzelt, pflegte Hassan uns zu beschreiben, wie sein Dorf von viereinhalb Meter hohen Lehmmauern geschützt war, in denen es Löcher zum Hinausschauen gab. Bei Sonnenuntergang wurden alle Schafe und Kamele hineingetrieben und das Tor geschlossen. Aber jeder wusste, dass es ihr Held, der Meisterschütze Haj Ali Jamail war, der marodierende Qashqai-Banden fernhielt, und nicht die hohe Mauer. Die Qashqai waren so raffiniert, dass sie ihren Pferden Teppichstreifen um die Hufe wickelten, um sich im Schutz der Nacht leise zu nähern. Jeden Abend, kurz vor dem Einschlafen, hörte Hassan als kleiner Junge zwei Wachen immer wieder einander zurufen: »Sei vorsichtig!« und »He du, pass auf!«.

Erst Jahre später, lange nachdem Hassan im Alter von sieben Jahren zum Arbeiten nach Teheran gekommen war, wurden die Lehmtürme und hohen Mauern von Tudeshk abgerissen. Und zwar von Leuten, die wussten, dass die Zeiten marodierender Räuberbanden endgültig vorüber waren. Ganz langsam steckten überall im Iran Dorf- und Stadtbewohner die Köpfe aus ihren Häusern und warfen verstohlene Blicke auf den Horizont.

Die Sonne brannte herunter, während ich an Hassans alte Erzfeinde dachte, die Qashqai, die hinter uns über die Hügel zogen. Weil sie nicht von Kontrollposten der Polizei aufgehalten wurden, kamen sie schneller voran als jeder Laster auf der Straße.

Da hörte ich ein Stöhnen hinter mir. Kevin, der unter bohrenden Kopfschmerzen litt, hatte seine Augen mit einem schwarzen Schal bedeckt, und meine Mutter tupfte ihm die Stirn mit einem feuchten Tuch.

»Auf Reisen wie dieser«, erklärte Rich Akbar ganz sachlich, »muss es immer einem schlecht gehen.« Mein Vater nickte, während ich ihm eine Wasserflasche reichte. Der leise stöhnende Kev war unser Opferlamm für die lange Reise, die vor uns lag. Durch die Wüste in Richtung von Hassans Tudeshk.

Ein überholender Bus hüllte uns mit einer Wolke Dieselgestank ein, die uns die Sicht nahm und durch die Fenster hereindrang. Als der graue Nebel sich lichtete, dröhnte ein überladener, voll besetzter Bus mit heftiger Schlagseite an uns vorbei. Auf dem Heckfenster stand in deutlichen roten Lettern auf Englisch: *Don't Forget God.*

»Seien wir froh, dass wir nicht mit diesem Bus fahren müssen«, sagte Mom und bedeckte Kevins Gesicht mit ihrem Schal.

»*Al-hamdulillah*, Gott sei gelobt«, sagte Akbar.

»*Al-hamdulillah*«, echote ich automatisch.

»Warum ist es auf Englisch geschrieben?«, fragte Chris.

»Der Fahrer will einfach nur schick sein«, antwortete Vaz.

Auch wenn die Botschaft altmodisch wirkte, war die Schrift ganz modern: eine spirituelle Reklametafel für die neue Theokratie und eine Erinnerung an den Allmächtigen.

Immer wieder war mir aufgefallen, dass die Leute den Namen Gottes – auf Arabisch *Allah*, auf Farsi *Khoda* – ständig im Munde führten. »Bei Gott«, *Be Khoda*; »Gott sei gelobt«, *Al-hamdulillah*; »So Gott will«, *Inshallah*; »Gott schütze dich«, *Khoda hafez* – diese Wendungen flossen mit der gleichen Häufigkeit in Unterhaltungen ein, mit der Amerikaner »einen schönen Tag« wünschen. Solche Redewendungen sind in alten Kulturen mit starken Traditionen weit verbreitet. In ganz Asien, ob im Iran, in Indien oder Indonesien, wird Gott im täglichen Leben ständig angerufen. Und für Reisende sind sie eine sanfte Form von Versicherung. Schließlich hatte uns erst an diesem Morgen der Portier des Apadana in Shiraz mit dem klassischen persischen Spruch *Mosafer aziz Khodast* verabschiedet – »Der Reisende wird von Gott geliebt«.

Jeder von uns Reisegefährten war individuell auf diese Reise eingestimmt. Chris ließ in den seltsamsten Momenten mit durchdringenden, wirren Fragen seine Angst wie Blitzstrahlen aufleuchten. Sein Vertrauen war angespannt wie eine straffe Klaviersaite. Kev hatte beschlossen, Chris' schrille Ausbrüche mit Zen-artiger Stille auszugleichen, als wäre geduldiges Beobachten das einzige Gegenmittel. Der ruhige Rich war weder schweigsam noch ängstlich. Detailversessen verfolgte unser jüngerer Bruder unser langsames, mühseliges schrittweises Vorankommen. Der heilende Knöchel meiner Mutter wurde durch die außergewöhnliche Wiedervereinigung mit ihren vier Söhnen gestärkt. Und Pat, immer ganz der Patriarch, gab permanent Einzeiler von sich, um uns bei Laune und Vaz in Schach zu halten.

Bei dem Straßendorf Sarmaq flößten grün sprießende Weizenfelder der ausgeblichenen Landschaft für einen kurzen Moment etwas Leben ein. Und gerade als ich eine verlassene Schotterstraße ausmachte, die sich in der Ferne verlor, riss Nasrollah das Steuer nach rechts, und wir kamen vom komfortabel gepflasterten Nord-Süd-Highway ab und rumpelten in die Wüste. Eine dichte Staubwolke waberte um uns herum. Rasch verloren wir alles, was hinter uns lag, aus dem Blick. Unser Weg führte uns jetzt nach Osten, in die alte Zoroastrier-Hochburg Yazd. Eine Stadt im geografischen Herzen des Iran.

Der Kleinbus hüpfte über die Spurrillen aus gepresstem Lehm, die sich vor uns erstreckten. Wir flogen in die Luft: Ich stieß mir den Kopf am Wagendach, Chris landete auf Richards Schoß, Vaz verlor seine Brille, Kev rutschte auf den Boden. Der Wagen war erfüllt von einem Chor lauter Schreie. Verwirrt nahm Nasrollah seinen schweren Fuß vom Gaspedal. Er drehte sich zu uns um und bot jedem Einzelnen ausführliche Entschuldigungen an. Als er meinen Vater ansah, legte er besonders viel Gefühl in sein »*bebakhsheed*«. Dad war tropfnass – meine fliegende Wasserflasche hatte ihn großzügig begossen. Aber er nahm es locker und lachte über das Chaos.

»Ist schon okay, *agha*!«, sagte er. »Das hat mich richtig wach gemacht.«

»Und dein nasses Hemd sollte dich abkühlen, mein Lieber«, sagte meine Mutter.

Liebvoll tupfte sie seinen Hals und seine Ohren mit einem trockenen Handtuch ab. Seine Augen strahlten, als wäre er von einem Erzbischof mit Weihwasser besprengt worden. Er wandte sich um und warf meiner Mutter einen zärtlichen Blick zu.

»Wir müssen«, so hat John Berryman es einst empfohlen, »in Richtung unserer Angst reisen.« Doch ich konnte sehen, dass meine Eltern keine hatten. Gemeinsam schauten sie erwartungsvoll nach vorn.

Vor uns lag eine Höllenfahrt: zehn Stunden durch Ödland und über zwei Bergpässe, um in die erbarmungslose Dasht-e Lut zu gelangen, eine Wüste, die die Mitte des Landes mit kühler Stille überzieht. Dort würde unser Weg gen Osten abrupt in Yazd enden. Das feindselige Terrain hinter dieser Stadt kann es in der Konkurrenz um die erschreckendste Gegend der Erde mit Saudi-Arabiens Leerem Viertel, Chinas Wüste Gobi und der libyschen Sahara aufnehmen. Diese Wüste erhält kein Leben. Und keine Illusionen. Sie ist schlicht und ergreifend unpassierbar.

Ich studierte auf meiner Karte unsere Reiseroute. Es war eine feine rote Linie, schwach und fragil – nicht der gesunde, dicke blaue Strich, den wir gerade verlassen hatten. Sie führte über Berge, die sich aus dem Niemandsland zu erheben schienen. Gestrichelte Linien markierten ausgetrocknete Flussbetten, und kunstvoll gefärbte, höher gelegene Bereiche füllten große leere Flächen aus. Das verknitterte Rückgrat einer Bergkette durchschnitt unseren Weg von Nord nach Süd. Der höchste Gipfel war der Shir Kuh, der Löwenberg mit einer Höhe von 4075 Metern.

Wir wurden in langsamem Fahrtempo durchgerüttelt, bis die Straße flacher zu werden begann und sich der Asphalt wie ein schwarzer Teppich einladend vor uns entrollte. Gipfel so scharf wie Haifischzähne und mit eisigen Spitzen zeichneten sich in der Ferne ab. Eine Diskussion über die Farbe Weiß entspann sich.

»Schöner Schnee«, sagte Rich.

»Was meinst du damit?«, fragte Vaz.

»Was ich meine? Den Schnee dort.« Rich zeigte auf die turmhohen Gipfel im Westen.

»Das ist kein Schnee.«

»Natürlich ist es welcher.«

»Kann nicht sein«, sagte Vaz. »Ist zu trocken hier.«

»Also, was ist es dann?«

Vaz überlegte einen Augenblick lang. »Salz.«

»Es gibt keine Salzablagerungen auf einer Bergspitze.«

»Warum nicht?«

»Ist geologisch unmöglich.«

»Weißt du, Richard, im Iran sind viele Dinge möglich.«

Rich hob die Hände. »Du spinnst.«

»Ich bin vielleicht nicht so schlau«, sagte Vaz, »aber auch nicht so dumm. Weißt du, ich bin irgendwo dazwischen.«

»Wie praktisch«, murmelte Kev unter seinem Schal hervor. »Die Welt nach Vaz.«

Über Jahrtausende hat der Schnee dem Iran das Überleben gesichert. Mit zu wenig Regen gestraft – immer nur einige Zentimeter pro Jahr –, befinden sich die Wasserreserven des Landes an dem Ort, wo man zuletzt danach suchen würde. Jeden Winter vom Schneefall eingehüllt, dienen die Hochgebirgsgipfel als riesige Reservoirs. In den heißesten Sommermonaten wird langsam tropfendes Schmelzwasser durch das Felsgestein gefiltert. Rinnsale der kostbaren Flüssigkeiten bewegen sich dank der Schwerkraft durch geniale von Menschen gemachte unterirdische Kanäle, so genannte *qanat*s, in kilometerweit entfernte Wüstenstädte, Dörfer und zu Bauernhöfen. Jeder fürchtet die Dürre, wenn die Eiskappen einmal verschwunden sein sollten.

Kevin konnte die Aussicht nicht genießen. Er stöhnte immer noch, angeschlagen von einem Bazillus, der seinen Hals schon seit der Abreise in New York quälte. Er lag als unser erstes Opfer ausgestreckt auf dem Rücksitz.

»Ahriman hat mich erwischt«, murmelte er und verfluchte den zoroastrischen Gott des Bösen. Moms Schal schützte seine Augen vor der blendenden Sonne. Sie nahm meine Flasche und gab ihm das wenige Wasser, das wir noch hatten. Ja, unser Geist war willig, aber unsere Körper mussten das Reisen erst noch lernen.

Mit jeder Stunde, die verstrich, entfaltete die Wüste ihre sandige Monotonie vor unseren Augen. Unerwarteterweise empfand ich den Anblick dieser Landschaft als aufregend. Adrenalin wehrte trotz des Motorgeräuschs den Schlaf ab. Nasrollahs unstete Fahrweise brachte noch mehr Erinnerungen in mein Bewusstsein. Lange vergessene Bilder tauchten auf. Eine einsame Hütte mit einer schlanken Pappel. Warme Gerüche der trockenen Erde. Die raue Schönheit der Trostlosigkeit, so willkommen in ihrer Kargheit, so hart in ihrer Strenge. Und so befreiend, ohne Reklametafeln, Motels oder Shopping Malls.

Der vorrevolutionäre Wahnsinnsfahrstil à la Mad Max, den wir noch so gut in Erinnerung hatten, war inzwischen wirklich gemäßigt. Abgesehen von ein paar haarigen Situationen waren die Straßen ruhig, in gepflegtem Zustand und ordentlich asphaltiert. Autowracks, die, wie ich mich erinnerte, am Grunde von Schluchten und in Flussbetten vor sich hin rosteten, gab es nicht mehr. Drakonische Strafen und Kontrollstellen hatten die überheblichen Fahrgewohnheiten gezähmt.

Meiner Mutter fiel eine Situation ein, in der wir dem Tod nur knapp entronnen waren, als sie mit ihren Jungs nach einem Nachmittag beim Skifahren in den Bergen oberhalb von Teheran vor 35 Jahren beinahe in eine Schlucht gestürzt wäre.

»Wisst ihr noch die Heimfahrt aus dem Noor Club bei Ab-e Ali, als wir fast im Tal unten gelandet wären?«, fragte sie.

Wie hätten wir das vergessen können? Ich schauderte bei der Erinnerung daran, wie sie diese Serpentinen entlangfuhr, neben gähnenden, hunderte Meter tiefen Abgründen.

An jenem Nachmittag war ein auf dem Eis rutschender, außer Kontrolle geratener Lkw um die Kurve auf uns zugerast. Meine Mutter hatte den Wagen an den Rand der Fahrbahndecke gezogen, während der Laster vorbeischlingerte. Die Nasen ans Fenster gepresst, hatten Rich und ich hilflos zugesehen. Die Stoßstange des anderen verfehlte unsere linke Tür nur um Zentimeter. Nachdem die Gefahr vorüber war, sprangen wir alle aus dem Wagen und starrten einander an, als ob ein echtes Wunder uns gerettet hätte. Meine Mutter zitterte. Unsere Reifen auf der rechten Seite hingen am äußersten Ende des Asphalts, Millimeter vom steilen Abbruch entfernt. Ein sanfter Schubs und wir wären alle umgekommen.

»Hinter Abarqu liegt«, wie Akbar uns erinnerte, »nichts mehr zwischen uns und Yazd.« Eine Tasse Kaffee auf die Schnelle kam nicht in Frage. Auch kein Glas Wasser. »Die Wüste ist ein Ozean, auf dem wir gehen können«, schrieb Napoleon. »Sie ist das Bild der Unermesslichkeit.« Wenn er versucht hätte, mit seiner Armee durch diese grenzenlose Ödnis bis nach Indien zu marschieren, wäre diese sicher noch deutlicher untergegangen als im Schnee von Moskau.

Marco Polo hatte diesen Weg jedoch vor 700 Jahren genommen. Nachdem er durch das verbotene Land gestapft war, muss es den rastlosen Venezianer sehr erfreut haben, das völlig abgelegene Yazd zu erreichen und dort auf Windtürme, Feuertempel und einen kühlen Basar mit honiggetränkten Süßigkeiten zu stoßen. Die Abgeschiedenheit war stets der Schutzschild der Stadt gewesen. So war das einsame Yazd eine der wenigen persischen Städte, die dem Mongolensturm entgingen. Dschingis Khan konnte es einfach nicht finden.

Richards Neugier auf das zoroastrische Vermächtnis von Yazd hatte unsere Reiseroute bestimmt. Ohnehin hatte sich niemand sonst aus der Familie die Zeit genommen, die Karte zu studieren. Mit irischem Fatalismus stellten wir uns der vor uns liegenden Strecke. Nur ich kannte die exakten Details. 208 Kilometer hinter Yazd lag Tudeshk, Hassans Dorf.

Abarqu war ein halb verlassenes Lehmziegeldorf in gnadenloser Einsamkeit. Wir fuhren zu Mittag dort ein. Unter Sand halb verborgen, wiesen die leeren Straßen keinerlei Lebenszeichen auf. Gleich hinter dem südlichen Ortsausgang stießen wir jedoch auf eine Zypresse, die wie ein wundersames Minarett aussah. Turmhoch wie ein uralter Mammutbaum, mit einem Stamm so dick wie die tropischen Banyans, die die Balinesen mit heiligem Stoff umwickeln und als Wohnsitze der Geister verehren. Mit seinen ausgebreiteten nadelbesetzten Ästen ragte er senkrecht in den Himmel. Akbar erzählte uns, dieser riesige Baum habe schon den durchziehenden Ariern aus den nördlichen Steppen Schatten gespendet. Mit ihrem safranfarbenen Sonnenschirm suchte meine Mutter ebenfalls Schutz unter seinen einladenden Ästen.

Ein löchriges und verrostetes türkisfarbenes Schild versuchte die lange Geschichte des Baumes auf Farsi und auf Englisch wiederzugeben, doch die vom Sand abgeschliffenen Buchstaben gaben mir Rätsel auf. Diese heilige Zypresse von Abarqu war eine Art Denkmal, aber es steckte noch mehr dahinter.

»Schau dir mal dieses Muster an«, sagte Akbar und deutete auf das Paisleymuster seines Schals. »Das ist eine Zypresse, das Symbol meines Landes. Und warum, glaubst du, ist sie gebeugt?«, fragte er rhetorisch. »Von der Last der arabischen Invasoren. Sie ist gebeugt, aber niemals gebrochen.«

»Ein stummer Zeuge«, sagte meine Mutter aus dem Schatten. »Stellt euch vor, wie viele Invasionen sie mit angesehen hat.«

»Zu viele, Mrs Ward.«

Also war das berühmte Paisleymuster, das als Synonym für Indien gilt, in Wirklichkeit eine persische Zypresse mit hängenden Zweigen aus dem Iran. Vielleicht war das Muster mit eindringenden Farsi sprechenden afghanischen Truppen, die dort die Mogul-Dynastie gründeten, nach Indien gekommen. Oder noch früher, mit den Parsen aus Bombay, die vor muslimischer Verfolgung geflohen waren und die Flamme Zarathustras mit ins Exil nahmen. Wer auch immer die Zypresse an die Ufer des Ganges gebracht hatte, sie war ein Symbol des Protests. In Teppiche und Stoffe gewebt und genäht, diente das Paisleymuster als stumme Erinnerung an persisches Leid unter arabischem Joch. Gebeugt, aber nicht gebrochen.

Arabia Deserta, so der historische Name Saudi-Arabiens, war immer ein ausgedörrtes, unbedeutendes Land gewesen, notleidend in der Antike und kulturell rückständig. An der Küste des Roten Meeres standen ein paar mit Palmen durchsetzte marode Handelsstädte. Im glühenden Landesinneren kämpften, beraubten und bekriegten sich Beduinenstämme wegen Kamelen, anderer Besitztümer und Frauen. Des Abends wurden an Lagerfeuern in der poetischen Tradition der Väter und Vorväter Sagen gesponnen.

Im Jahre 610 jedoch sollte sich das Leben dieser Arabisch sprechenden Wüstennomaden für immer ändern. In Mekka zog sich damals in einer feuchten Nacht ein frommer, 40 Jahre alter Gewürzhändler in eine Höhle vor der Stadt zurück, um dort zu meditieren. Während er betete, erschien ihm ein Feuerball. Aus der feurigen Vision heraus vernahm er das Wort: »Rezitiere«. Mohammed war verwundert. Da sprach die Stimme erneut: »Rezitiere!«

Mohammeds Begegnung mit dem Erzengel Gabriel war seine erste göttliche Offenbarung.

Bald bedrohten ihn von Eifersucht getriebene Gerüchte und zwangen ihn, Mekka mit seiner kleinen Schar von Getreuen zu verlassen und im nahen Medina Zuflucht zu suchen. Seine Flucht, Hedschra genannt, markiert das erste Jahr des muslimischen Kalenders, 622. Wörtlich übersetzt bedeutet Islam, der Name des neuen Glaubens, »Unterwerfung« unter den einen und wahren Gott, Allah. Die Gläubigen wurden Muslime genannt. Mohammed gilt als der letzte Prophet einer langen Reihe biblischer Gestalten, zu der auch Abraham, Moses und Jesus gehören. Gottes eigene Worte, seinem auserwählten Boten offenbart und von ihm weitergetragen, wurden später zum heiligen Koran. Der Prophet starb 632, ohne einen Nachfolger bestimmt zu haben. Bald danach wurde der Islam von einer zentralen Frage zerrissen. Wer war sein rechtmäßiger Erbe? Wer sollte Kalif und damit Beschützer der Gläubigen werden?

Mohammed hatte nur ein einziges Kind, seine geliebte Tochter Fatimah. Sie hatte Ali, den ersten Gefolgsmann des Propheten, geheiratet, und Mohammed mit Hassan und Hussein zwei Enkel geschenkt. Damit war für viele Muslime die Nachfolge des Propheten klar.

Machtpolitische Auseinandersetzungen sorgten jedoch für tiefe Risse im Islam. Die Patriarchen der größten Stämme übergingen Ali und wählten ihren Führer – den ersten Kalifen, Abu Bakr – durch das Einvernehmen ihrer Stämme. Diese Gläubigen, ihre Nachkommen und Konvertiten nannten sich Sunniten, was sich von *sunnah*, Tradition, ableitet.

Ihre Gegner sahen jedoch in der Familie des Propheten, angeführt von seinem Schwiegersohn Ali und den Enkeln Hassan und Hussein, die einzigen legitimen Erben. Dieser Zweig des Islam wurde Shia Ali, Partisanen Alis, oder Schiiten genannt. Aufgrund seiner gewaltlosen Einstellung akzeptierte Ali die ersten drei gemeinschaftlich gewählten Kalifen. Doch der wachsende Zorn mündete in einen blutigen Aufstand gegen den dekadenten dritten Kalifen Uthman in Damaskus. Schließlich wurde Ali zum vierten Kalifen gewählt, fünf Jahre später jedoch ermordet. Bei seinem Tod verkündete der korrupte Sohn Uthmans seine Herrschaft über die islamische Welt von Damaskus aus und gründete die Dynastie der Umayyaden.

Seit damals haben die Schiiten alle Kalifen als Usurpatoren abgelehnt. Und daher kamen die arabischen Sunniten, die inzwischen 90 Prozent der Muslime weltweit ausmachen, zu dem Standpunkt, die Schiiten seien eine abtrünnige Sekte – Revolutionäre, die man verfolgen und unterwerfen müsse. Der Iran und der Süden des Irak blieben trotzdem schiitische Hochburgen.

Mit dem wehenden Sand Arabiens fegte der Islam nur fünf Jahre nach dem Tod des Propheten in den Iran. Unter dem furchterregenden Kommando von Omar, dem zweiten Kalifen, tauchten sonnengegerbte Männer in zerlumpten Gewändern auf Kamelen und mit blitzenden Lanzen am südlichen Horizont auf. Im Jahr 637, auf dem Schlachtfeld von Qadisya, wurde die berühmte Armee der Herrscher Persiens, der Sassaniden, vernichtet. Das war ein demütigendes Ende der strahlenden 400 Jahre alten Dynastie, die einst sogar Rom erniedrigt hatte. Fast über Nacht war die 1200-jährige Herrschaft der Perser auf dem Plateau beendet. In dem patriotischen Epos von Ferdowsi wird die Invasion als »nationale Katastrophe« beklagt. Fortan war der Iran eine unterworfene Nation ausländischer Eroberer, ein Stein im islamischen Mosaik, das sich von stürmischen Atlantikbrechern bis zu den Schneefeldern des Himalaja und zur Südchinesischen See sowie entlang einer Inselgruppe namens Feuerring erstrecken sollte.

Omars brutale Eroberung des Iran hatte die Auswanderung von Muslimen in die südirakische Stadt Kufa zur Folge, die für Ali und seine Getreuen bald zur Zuflucht wurde. Wandernde schiitische Dichter, Kaufleute und weitere Andersdenkende, die vor der sunnitischen Verfolgung flohen, strömten in den Iran, wo sie Alis Lehren und die Legitimität des heiligen Stammbaumes Mohammeds verbreiteten. So kam es, dass Ali einen besonderen Platz in den Herzen der Iraner einnahm. Er predigte soziale Gerechtigkeit und Respekt vor der Wahrheit. Sein vorbildliches Leben ist bis heute ein Fanfarenstoß für den Glauben.

Alis heldenhafter Sohn Hussein heiratete die letzte Sassaniden-Prinzessin Shabanou, die von Omars Truppen gefangen genommen worden war. Ihre Verbindung knüpfte ein symbolisches Band zwischen der Familie des Propheten und der persischen Königsdynastie. Im Laufe der Jahrhunderte wurde die schiitische Opposition zum Sprachrohr der politisch und gesellschaftlich Unzufriedenen in der muslimischen Gemeinschaft. Ein 760 von Abu Muslim geführter Aufstand, der von der iranischen Provinz Khorassan ausging, zerstörte schließlich die Macht der Umayyaden und war Geburtsstunde des strahlenden Abbassiden-Kalifats in Bagdad mit seinem deutlichen persisch-sassanidischen Einfluss. Es sollten jedoch noch weitere 800 Jahre vergehen, bevor der schiitische Glaube von der herrschenden Elite des Iran angenommen wurde. Heute ist der Iran die einzige Schiiten-Nation der Welt.

So wie die historische Rivalität zwischen dem katholischen Papsttum und Luthers Protestanten hat auch die religiöse Spaltung in Sunniten und Schiiten im Laufe der Jahrhunderte große Bitterkeit erzeugt. Von ihren entgegengesetzten Standpunkten aus betrachten sie einander nach wie vor als

Antagonisten. Sunnitische Araber erzählen einem bis heute, alle Schiiten seien Ketzer.

Während die Schiiten sämtliche Kalifen nach Ali als unrechtmäßig verdammen, wurzelt ihre Überzeugung in dem Glauben an Heilige, berufene Imame und alle Nachkommen des Propheten. Ali und seine beiden Söhne Hassan und Hussein sind die ersten drei Imame. Verschiedene Schiiten-Schulen unterscheiden sich in der Zahl der anerkannten Heiligen: fünf bei den libanesischen Drusen, sieben bei den Ismailiten, angeführt vom Aga Khan. Die Iraner glauben an zwölf Imame. Der zwölfte, Imam al-Zaman oder der Heilige Aller Zeiten, verschwand im 10. Jahrhundert auf mysteriöse Weise. Er ist der schiitische Messias oder *mahdi*, der im Verborgenen lebt und am Tag des Jüngsten Gerichts dann erscheinen soll, um die Gerechtigkeit auf Erden wiederherzustellen. Überall im Iran wird still für seine Rückkehr gebetet.

Sunnitische Araber halten das für pure Abtrünnigkeit. Und allen westlichen Befürchtungen vor einem einigen Islam zum Trotz werden die iranischen Schiiten letztlich immer in direktem Konflikt mit den zahlenmäßig überlegenen arabischen Sunniten stehen. Letztendlich ist dies ein Schisma, das wohl niemals überwunden werden kann.

Nachdem Akbar, wie die meisten Iraner, ein leidenschaftliches Naturell besaß, konnte er seine Abneigung gegen die Araber nicht verbergen.

»Ignorant und unkultiviert«, sagte er mit Nachdruck. »Die von Omar ausgeschickten Araber waren echte Barbaren.« Er spottete über diese Muslimbrüder, die zur Zeit seiner Vorfahren alle persischen Bücher und Bibliotheken zerstört hatten. »Analphabetische Kameltreiber, die nicht lesen konnten und alle Bücher zerrissen und in Flüsse warfen.«

»Nein«, stieß meine Mutter hervor.

»Und als Intellektueller verurteile ich das«, sagte Akbar.

»Hört, hört«, meinte der benommene Kevin, der in einen inzwischen mit Wasser befeuchteten roten Schal gewickelt war. Nasrollah lag ausgestreckt bei geöffneten Türen in seinem Kleinbus und versuchte vom leichten Wüstenwind zu profitieren. Rich und Vaz führten ihre Debatte über Schnee und Salz fort. Wobei Vaz nach wie vor keinen Millimeter zurückwich.

»Arabern kann man nie trauen«, legte Akbar nach. »Alles, was sie wollen, sind unsere Teppiche und unsere Frauen! Barbaren, sie sind einfach Barbaren.« Sein Gesicht lief rot an. »Heute lachen die arabischen Scheichs und sagen: ›Wir haben das Geld. Wir können alles kaufen, und lass *die* das Denken übernehmen.‹«

»Amen«, sagte Richard.

Im saudiarabischen Dhahran hatte mein jüngerer Bruder bereits fünf frustrierende Jahre unter einem launischen Chef ertragen, der schamlos alle Ideen Richards als seine eigenen ausgab. Im Gegenzug für seine Duldung dieses Treibens erhielt Richard ein hübsches Gehalt und ein mehrstöckiges Haus in der Vorstadt, nahe einem schmutzigbraunen, öldurchtränkten Golfplatz.

»Stellt euch vor, sie haben alle Bücher zerstört.« Akbars Augen flackerten. »Barfüßige Eidechsenfresser!«

Seine Stimme wurde noch schriller, als er den Eroberer, Kalif Omar, zitierte: »Wenn die Bücher im Einklang mit dem Islam stehen, dann brauchen wir sie nicht. Und wenn sie das nicht tun, sind sie *haram*, also verboten.«

»Was für ein Riesenfehler«, sagte meine Mutter. »Unverzeihlich.«

»Unser Prophet Mohammed sagte uns: ›Sucht Wissen, selbst bis nach China.‹ Er hielt wirklich viel vom Lernen. Doch Omar war von seinem Fanatismus so verblendet, dass er befahl, alle Bücher hier und in Ägypten zu vernichten. Darum ließ er die berühmte Bibliothek von Alexandria niederbrennen. Im Iran übersah Omar jedoch Jundi Shapur, die eine der weltgrößten Sammlungen wissenschaftlicher und philosophischer griechischer Manuskripte enthielt.«

Wir saßen gerade im Schatten, als plötzlich ein drahtiger, energiegeladener kleiner Junge mit einem schlappen Fußball unterm Arm auftauchte.

»Lasst uns spielen!«, rief Rich. Sekunden später kickte der Junge den Ball und rannte mit meinen Brüdern herum. Je zwei Steine markierten die Tore. Sie schossen den Ball hin und her, dann kam auch mein Vater dazu. Während der Ball zwischen den vielen Beinen herumwirbelte, erinnerte ich mich an den Tag, als Hassan uns zum ersten Mal auf den Rasen gebracht hatte und uns einen kleinen gelben Ball überreichte, den er gefunden hatte.

Seit jenem Frühlingsnachmittag hatten wir mit Kindern an vielen Orten gespielt: an den Stränden des Kaspischen Meeres, in den Tivoli-Gärten von Kopenhagen, auf den Wiesen im Central Park und im kenianischen Busch. Bei diesem universellen Spiel machten wir alle die gleichen Kopfballfehler, dieselben schlechten Pässe, und es kam zu den üblichen Balgereien. Durch die wilde Begeisterung, gepaart mit einer tänzerischen Grazie bei der Ballabgabe, wurde manchmal selbst die schäbigste Baulücke in den Himmel gehoben. Chris' Fähigkeiten als Torwart hatten ihm in seiner Zeit in Cornell nationalen Ruhm beschert, zunächst unter den Ivy-League-Unis, dann in ganz Amerika.

Der Junge büchste nach links aus. Richard ließ ihn vorbeischlüpfen. Nach einem geschenkten Pass meines Vaters dribbelte der Kleine und schoss dann den Ball aufs Tor. Ein generöser Chris sprang in Zeitlupe und ließ ihn absichtlich zwischen seinen Armen und den zwei Steinen hindurch.

»*Gooo-aaal!*«, rief der Junge triumphierend und rannte zu meinem Vater hinüber, um ihn zu umarmen. »*Gooo-aaal!*«, jubelte auch Vaz.

Mutter, Akbar und ich sahen dem Spiel zu, während Kev mit geschlossenen Augen wie in tiefer Meditation versunken dasaß. Ein Weitschuss ließ den Ball den Hügel hinabfliegen. Der Junge und Vaz jagten ihm nach.

Dieses einfache Spiel, bei dem man einen einzigen Ball durch die Gegend schießt, fesselt die Aufmerksamkeit der Menschen weltweit, selbst an so fernen Außenposten wie Abarqu. Dieser dreckige Ball hat mehr Verbindungen zwischen Menschen geknüpft als jedes Mobiltelefon. Er hat jeden Winkel der Erde erreicht. Man begreift das Spiel in jeder Sprache, und es ist weltumspannend, viel eher als ein Big Mac.

»Hoffen wir mal, dass wir in Teheran ein Spiel zu sehen bekommen«, sagte mein Dad. Der WM-Countdown und das Debüt der iranischen Mannschaft waren bald in aller Munde. Aber Akbar schmollte.

»Mrs Ward«, fragte er, »warum werfen uns die Amerikaner mit den Arabern in einen Topf? Wann werden sie verstehen, dass wir nicht ein und dasselbe Volk sind?«

Sie seufzte. »Akbar, Amerika ist wie eine Insel, abgeschnitten von der Welt«, erwiderte sie. »Die meisten wissen es einfach nicht besser.«

Ich zuckte mit den Schultern. »Und es ist ihnen auch egal.«

Aber Akbar einen Araber zu nennen wäre mehr als ein Versehen. Es wäre eine Beleidigung. Als würde man darauf beharren, ein Ire sei das Gleiche wie ein Brite, ein Grieche ein Türke oder ein New Yorker ein Texaner. Aufgrund von Geschichte, Kultur, Sprache, Küche und an erster Stelle wegen ihrer Auslegung des Islams, waren Iraner und Araber niemals Freunde. Auch wenn Griechen und Türken Nachbarn sind, werden einem alle Griechen beteuern, ihre einzige Gemeinsamkeit mit den Türken sei die Grenze. Das Gleiche gilt für Iraner und Araber.

»Wie können Amerikaner das so falsch verstehen?«, fragte Akbar erneut.

»Dafür gibt es viele Gründe«, sagte Mom. »Arroganz, Selbstgefälligkeit, Engstirnigkeit, Naivität. Sie holen sich alle Antworten bei CNN und im Internet. Das solltest du doch wissen, Akbar, du hast dort gelebt. Es ist Fantasy-Land.«

»Also«, fragte Kevin, nahm seine Kopfbinde ab und wischte sich die Stirn, »wer ist überhaupt ein Araber?«

Die Definition, antwortete ich ihm, sei denkbar einfach. »Ein Mensch mit Arabisch als Muttersprache.«

Nur eine Handvoll Iraner, die entlang des Persischen Golfes lebten, fielen in diese Kategorie. Die übrigen 60 Millionen der Bevölkerung nicht.

»Siehst du, Kevin«, sagte Akbar. »Wir sind keine Araber.«

Wir spazierten mit Akbar durch die leeren Straßen von Abarqu und betraten einen kleinen Kramladen, wo ein rabenschnabeliger Ladenbesitzer träge versuchte, mich für ein paar Zwiebeln, Zigaretten, zwei Säcke mit Reis und seine Plastikschüsseln zu begeistern. Ich kaufte ein paar Flaschen Wasser und einen Apfel und machte ihm Komplimente über seine Heimatstadt. Er redete vom Wetter. Nannte es »den Monat des Himmels«. Jetzt sei es kühler, meinte er, aber wartet ab bis zum Sommer. Schmelzender Asphalt, explodierende Reifen.

»Wann waren Sie das letzte Mal in Teheran?«, fragte ich.

»Ich war noch nie dort, *al-hamdulillah*. Sie sagen, ich sollte. Aber ich sage, nein, danke. Ich würde nicht mal nach Paris fahren!«

Er hasste Großstädte – zu viel Verkehr. Hier kam alle halbe Stunde ein Auto vorbei, das war genau sein Rhythmus. Es bestand kaum Hoffnung, dass sich in nächster Zeit an dieser Frequenz etwas ändern würde. Man könnte dort Tolstois Gesamtwerk auslesen und sich sicher sein, durch nichts und niemanden gestört zu werden.

Jenseits des Platzes stand eine eindrucksvolle Moschee aus Lehmziegeln, deren zwei Kuppeln der gefälligen Form der Doppelhöcker des baktrischen Kamels nachempfunden zu sein schienen. Ich bewunderte die pure geometrische Harmonie: das Fehlen von Winkeln, die sauberen, runden Wölbungen, die lohfarbene Kuppel, die runden Mauern, die ins Dach übergingen.

Akbar und ich wollten das Bauwerk näher betrachten. Die Tür schwang weit auf. Drinnen zogen wir unsere Schuhe aus. Ich strich mit meiner Hand über die Wand, eine kühle Tonmembran in Rotgold, von menschlichen Berührungen ganz glatt. Das Licht war gedämpft, die Stille mit Händen zu greifen.

Aus einer Ecke nickte uns ein schwarz gewandeter Mullah langsam zu, das Gesicht zum *mihrah* gewandt, einem kleinen Marmorbogen, der in jeder Moschee Richtung Mekka zeigt. Ein verschlafener alter Mann, der ausgestreckt auf einer dünnen Schilfmatte lag, hob den Kopf. Er schenkte mir ein aufmunterndes Lächeln, rollte sich dann wieder auf die Seite, um sein Nickerchen fortzusetzen. Stress schien in Abarqu nicht gerade ein verbreitetes Problem zu sein.

Wir setzten uns in der kühlen Moschee, und Akbar schilderte mir die große Anziehungskraft des schiitischen Glaubens auf die stets leidenden Iraner.

»Weißt du, unser Schutzpatron ist Imam Ali.«

»Natürlich«, antwortete ich.

»Ja. In unser aller Herzen lebt er als Held weiter. Er führte ein einfaches Leben, in Armut. Gemäß den Worten des Propheten. Er kämpfte nicht um die Macht, er kämpfte um soziale Gerechtigkeit. Weißt du, er liebte und verteidigte iranische Konvertiten, die von Omars arabischen Eroberern grausam misshandelt worden waren.«

Durch Ali, so erklärte er mir, seien die Iraner zum Islam gekommen. In ihm fanden sie ihren Sprecher, ihre Beschützer, ihren Märtyrer. Als Alis Partisanen konnten sie ihre historischen Tragödien betrauern und um Gerechtigkeit beten.

»Ali fragte seine arabischen Anhänger, die gegen die Zoroastrier kämpften: ›Habt ihr ihre heilige Schrift, *Avesta*, gelesen? Sie haben ihren eigenen Glauben und verehren so wie wir nur einen Gott.‹ Er versuchte sogar, den Beduinen Einhalt zu gebieten, die darauf brannten, Krieg gegen uns zu führen«, flüsterte Akbar.

»Was passierte dann?«, fragte Rich, der sich in der Moschee zu uns gesellt hatte.

»Seine arabischen Brüder wandten sich gegen ihn. ›Er liebt die Fremden‹, sagten sie. Sie töteten zuerst ihn, dann seine Söhne, Hassan und Hussein. Schreckliche Morde.«

Der Stammbaum des Propheten war zerstört.

»Schschsch«, mahnte Akbar Rich, dessen Neugier hinsichtlich der Anfänge des Islam eine weitere Frage heraufbeschworen hatte. Der dösende Mann war aufgewacht, streckte sich und nahm eine kniende Position ein. Zeit für *namaz*, das Gebet. Er drehte seine Handflächen nach oben, um Allahs Segen zu empfangen. Dann beugte er sich vor und berührte mit der Stirn sanft den mit Teppichen ausgelegten Boden.

»Erinnerst du dich an Hassans *namaz*?«, fragte Rich mich.

Wie oft hatte ich Hassan zugesehen, wenn er zum Beten niederkniete. Eines Nachmittags, als er und ich vom Tajrish-Basar heimgingen, war sein Fahrrad mit Taschen voller Auberginen, Gurken, Joghurt, Lamm und noch warmen länglichen Brotlaiben beladen. Wir blieben bei der *Imamzadeh Saleh* – der Moschee und gleichzeitig dem Schrein – unmittelbar neben dem hektischen Markt am Fluss Darband stehen.

»Terry *jan*, warte hier auf mich. Ich muss hineingehen und beten.« Hassan drückte mir die Plastiktüten in die Hände, bevor er seine Sandalen auszog und über die Teppiche tappte, um einen geeigneten Platz zum Meditieren zu finden.

Ich spähte hinein, saß neben den aufgereihten Schuhen, knabberte an dem warmen Brot und bewachte die Einkaufstüten sowie sein robustes schwarzes Fahrrad. Der warme, mit Teppichen ausgelegte Boden, die türkisfarbenen Wände und die blanken Spiegel umhüllten diese einfache Geste der Frömmigkeit. Mit zum Himmel gewandten Handflächen kniete er und rezitierte stumm. Er senkte den Kopf zum Boden, in Gehorsam gegenüber dem Allmächtigen, wobei seine Stirn die kleine Scheibe berührte, die dem Glauben nach aus Erde, die von Kerbela stammte, gemacht ist und die die Schiiten beim Beten benutzen. Kerbela ist der Ort im Südirak, wo Alis Sohn Hussein brutal ermordet wurde. Er erhob sich und kniete dann noch dreimal nieder.

Als wir danach durch die von Bäumen gesäumten Straßen nach Hause gingen, sprach er wieder. »Das war für Baby Mahdi«, murmelte er. »Gott muss uns helfen, er ist so krank.«

Nachdem es in Begleitung meiner Mutter beim Arzt gewesen war, schwebte das Kind immer noch in Gefahr. Als wir nach Hause kamen, hob Fatimah den kleinen hustenden Mahdi hoch und legte das zerbrechliche Wesen in Hassans starke Hände. Dann erhob sie sich hinter ihrem Webstuhl, wusch sich und ging schweigend ins Zimmer ihrer Mutter Khorshid. Dort betete sie.

In der Moschee von Abarqu hob der kniende alte Mann wieder den Kopf und der Mullah stand auf.

»Rasch, lasst uns gehen.« Akbar fasste mich am Arm. Im grellen Sonnenlicht stolperten wir die Stufen hinunter und zogen unsere Schuhe an. Eine riesige Holzkonstruktion in Gestalt einer Kuppel lehnte an den Lehmmauern der Moschee. Ein paar junge Männer standen daneben und prüften die Holzbretter.

»Zu *Ashura*, am zehnten Tag des Monats Moharram, werden viele junge Männer diese Plattform tragen, und irgendeiner wird darauf in der Rolle von Hussein sterben«, erklärte er aufgeregt.

»*Baleh*, ja.« Ich erinnerte mich ganz deutlich an die lebendigen Szenen in meiner Kindheit.

»Jeder Zuschauer wird weinen. Es ist schon fast soweit«, sagte Akbar. »*Ashura* ist schon in fünf Wochen.«

Jedes Jahr wird ein Passionsspiel namens *taziyeh* in den ersten zehn Tagen von Moharram aufgeführt. Es ist die zeitlose Tragödie der Schiiten, in deren Mittelpunkt das Martyrium von Hussein, dem Enkel des Propheten und Sohn von Ali, steht. Diese Veranstaltung ist wie ein Anker für die Gläubigen. Sie wird nicht von professionellen Schauspielern aufgeführt, sondern von Einheimischen in einer Art Straßentheater.

Die Menge der Zuschauer kennt die Handlung auswendig. Schwarz verschleierte Frauen umgeben die Bühne. Schon wenn ihnen die Tränen in die Augen steigen, wissen sie, dass sie lange und heftig weinen werden. Die Schauspieler sind in gute und böse Charaktere aufgeteilt. Grün und Weiß sind die Farben von Hussein und seinen Anhängern, die ihre Rollen singen. Rot ist dem hasserfüllten General Shemr und seinen wilden Kriegern vorbehalten, die ihren Text sprechen.

Das Spiel beginnt mit einer einsamen, nach Osten ziehenden Karawane, die sich durch die arabische Wüste schleppt. Der großmütige Hussein ist in einer heiligen Mission zur Stadt Kufa im Südirak unterwegs, die ihn angefleht hat, zurückzukehren und wie sein Vater als rechtmäßiger Erbe des Propheten zu regieren. Seine kleine Karawane besteht, Frauen und Kinder eingeschlossen, aus 72 Personen.

Das Vermächtnis des Propheten steht auf dem Spiel. Das Kalifat liegt in den Händen des Usurpators und Tyrannen Yazid. Hussein weiß, dass Yazid plant, ihn zu töten, und trotzdem kehrt er nicht um. Seine Todesverachtung ist erschütternd. Hussein ist bereit zu sterben, um die Reinheit des Islams zu retten.

Die Tragödie ereignet sich am zehnten Tag des Moharram. Man schreibt das Jahr 680. Hussein und seine Gefolgsleute werden unter der sengenden Sonne Kerbelas gnadenlos abgeschlachtet. Die wenigen überlebenden Frauen und Kinder werden zusammen mit Husseins Kopf nach Damaskus geschleppt, wo man sie dem Kalifen Yazid vorführt. Dieses Gemetzel ist in der iranischen Seele bis heute präsent. Es symbolisiert die hehren Ideale des Märtyrertums, den niemals endenden Kampf gegen Tyrannei und Ungerechtigkeit. Es ist ein Nachhall auf die jüdischen Märtyrer von Masada und die Passion Christi.

Die jungen Männer testeten die Plattform vor der Moschee und begannen, ihre Köpfe mit schwarzen Tüchern zu umwickeln, als ob sie sich für *Ashura* vorbereiteten. Sie scherzten, lachten, hatten Spaß und bemerkten nicht, dass wir sie beobachteten.

In Teheran änderte sich die Stimmung im schwarzen Monat Moharram selbst in unserem Haushalt. Es war eine zehntägige Steigerung. Eine seltsame Düsterkeit legte sich über die Stadt. Jegliches Lächeln verschwand. Spannung lag in der Luft. Fatimah wurde mürrisch mit uns, als hinge eine Wolke der Melancholie über ihrem Webstuhl. An den Abenden erschien Hassan in seinem schwarzen Hemd, bereit für *rowza*, das sind Aufführungen, bei denen das Leid und die Taten der schiitischen Märtyrer in den Moscheen oder Privathäusern erzählt wurden. Und auf den Versammlungen mit Gesang schlug er sich rhythmisch mit den flachen Händen an die Brust. Im Verlauf der Tage versanken Hassan und seine Lieben in Traurigkeit. Zum Zeichen seiner Trauer ließ Hassan seinen Bart wachsen.

»Terry, es ist so traurig, Imam Hussein und seine Kinder zu sehen«, berichtete Fatimah einmal über *taziyeh*, »wenn man weiß, dass sie sterben werden.«

Sie schilderte die Tränen, die stets fließen, wenn Sakinah, Husseins jüngste Tochter, vor Durst weint. Ein junger Mann namens Abbas wird von Yazids Schergen gestellt, als er ihr einen vollen Wassersack aus Lammleder reichen will. Man hackt ihm die Hände ab, doch Abbas versucht mutig, das Wasser mit den Zähnen zu ihr zu tragen. Der junge Qasem, der in der öden Ebene heiratet, zieht mit Hilfe seiner Frau einen weißen Umhang über. In diesem Moment halten alle den Atem an, denn Weiß ist die Farbe des Martyriums. Dann ist es an Hussein, durch das Schwert zu sterben. Eine Figur ohne Kopf taucht auf und stürzt. Das Schmerzlichste für alle ist, wie Fatimah bekannte, das Weinen der wenigen verwaisten Kinder, die überlebt hatten.

Um die Mittagsstunde an *Ashura* schien Teheran über Husseins Tod zu seufzen. Damit war die Trauerzeit vorbei, doch die Intensität des kollektiven Kummers und der Schuld klangen leise nach. Einige Tage lang wirkte Hassan wie ausgelaugt, die fromme Fatimah blieb schweigsam. Es war kein Zufall, dass die Ghasemis nach Mohammeds Familie benannt waren: Hassan, Fatimah und Ali.

Dieser prägende Augenblick von *Ashura* kann es mit dem Leid Christi aufnehmen. Aber im Unterschied zum christlichen Leidensweg gibt es für die Schiiten keine Auferstehung, keine Erlösung, nur Leid und Tränen. Die Iraner werden dem bösen Yazid seine Verbrechen niemals vergessen oder vergeben. Die Sunniten allerdings tun das. Darum ist auch die Kluft zwischen Schiiten und Sunniten so irreversibel tief.

In einem einzigartigen Geniestreich machte sich Ayatollah Khomeini die machtvolle Symbolik von *taziyeh* zunutze. Schon 1963, als zum ersten Mal Aufstände Teheran erschütterten, brach der spätere oberste Führer mit der Tradition und attackierte die Monarchie, indem er sich des Dramas von Kerbela bediente. Im Laufe der Jahre stempelte Khomeini Mohammed Reza Pahlewi zu keinem Geringeren als dem unbarmherzigen Kalifen Yazid. Dieser unrechtmäßige Schah, so sagte er, verkörpere die Korruption und das Böse auf Erden. Das leidende iranische Volk müsse sich gegen Ungerechtigkeit erheben. Wie Hussein müsste es sich ebenfalls zum Kampf für die gute Sache rüsten. Yazid müsse verschwinden, hatte er gefordert. Der Schah müsse weg.

Und hinter Yazid lauerte natürlich die Verkörperung des Bösen: Amerika, der Langzeit-Helfer des Schahs, fügte sich perfekt in die Rolle des »Großen Satans«. Der Iran, verkündete Khomeini, müsse von plündernden Imperialisten gereinigt werden, die ungestraft blieben, das gottgegebene Öl wegsaugten, unmoralischen Vergnügungen nachgingen und die Gesellschaft korrumpierten. Keine Kompromisse! Dieser Schah, die Marionette Amerikas, musste weg!

Bei einer Nation, die seit Jahrhunderten von Demütigung und Kapitulation durch ausländische Mächte gezeichnet ist, fielen Khomeinis Worte auf fruchtbaren Boden. 1964 verabschiedete der Madschlis ein Gesetz, das es Gerichten verbot, die Vergehen Angehöriger des amerikanischen Militärs zu verfolgen. Im Gegenzug wurde dem Iran eine ordentliche Finanzspritze der USA zugesichert. Ayatollah Khomeini protestierte heftig gegen diese Form diplomatischer Immunität: »Sollte der Schah einen amerikanischen Hund überfahren, würde er zur Verantwortung gezogen, doch wenn ein amerikanischer Koch den Schah überfährt, kann niemand gegen ihn vorgehen ... Ich verkünde, dass dieses schändliche Votum des Madschlis im Widerspruch zum Islam steht und ungesetzlich ist.«

Mit dieser Kritik war er zu weit gegangen. Die Regierung schickte ihn ins Exil, zunächst in die Türkei, dann in die heilige Stadt der Schiiten, ins irakische Nadschaf, wo sich der Schrein des Imam Ali befindet, und schließlich nach Frankreich. Doch Khomeini gab nicht nach. Seine Predigten wurden zusammen mit denen des flammenden islamischen Nationalisten Ali Shariati auf Band aufgezeichnet in den Iran geschmuggelt, wo man sie in Privathäusern, Bussen, Taxis und Moscheen im ganzen Land anhörte. Das war Musik in den Ohren der Anhänger des ehemaligen Premierministers Mossadegh, aber auch in denen verfolgter Linker, Intellektueller, Nationalisten, Kommunisten, Studenten, Traditionalisten und des Klerus. All diese Gegner Pahlewis taten sich zu einer gemeinsamen Forderung im Sinne von Khomeinis kompromissloser Einstellung zusammen. Geeint durch ihren Hass auf den »von Amerika manipulierten« Schah, brauchte dieses breite Bündnis nur einen Funken, um das Feuer zu entfachen.

Das Streichholz wurde im Januar 1978 angerissen, als ein verleumderischer Artikel erschien, der Khomeini denunzierte. Erzürnte Koranschüler in der religiösen Stadt Qom brachen daraufhin zu Protestmärschen auf. Die Polizei antwortete, indem sie in die Menge schoss. Einige Studenten starben. Gemäß der traditionellen Trauerzeit wurde 40 Tage danach eine Prozession für die getöteten Protestler abgehalten. Gleichzeitig fand in Täbris eine ähnliche Prozession statt und es kam zu Gewaltausbrüchen. Wieder eröffneten Soldaten das Feuer und Unruhen brachen aus. Weitere Menschen wurden getötet, was Trauermärsche in anderen Städten auslöste: in Isfahan, Shiraz, Mashhad und Teheran.

Im Verlauf des Sommers kam es zu wilden Streiks auf den Ölfeldern und in den Basaren, und weitere Prozessionen brachten die Volksseele zum Kochen. Wachsende Unzufriedenheit trieb Tausende von Demonstranten auf die Straßen. Bis zum Dezember hatten die Ereignisse mit dem Monat Moharram ihren Höhepunkt erreicht. An *Ashura* zogen zwei Millionen Menschen durch die Teheraner Innenstadt und brachten alles zum Erliegen. Die Menschen, die den Marsch anführten, trugen Weiß, um ihre Bereitschaft zum Martyrium kundzutun. Viele junge Frauen aus den eleganten nördlichen Vorstädten waren aus Protest verschleiert. Einen Monat danach, im Januar 1979, floh der Schah nach Übersee, wie er es auch schon 27 Jahre zuvor getan hatte, als Premierminister Mossadegh das iranische Öl verstaatlicht hatte. Nach dem gleichen Muster überließ der Schah seine Anhängerschaft einem ungewissen Schicksal. Nur dass diesmal kein vom Ausland eingefädelter Coup seine Herrschaft rettete. Khomeini sollte im Triumph aus Paris heimkehren. Der Kerbela-Zyklus war vollendet. Yazid war weg.

Die politisierte *taziyeh* wurde zu einem leibhaftigen Theater. Indem sie den Volkszorn mobilisierten, nahmen sich Khomeini und seine Revolutionskomitees erst einmal die reiche, vom Westen geprägte iranische Elite vor und denunzierten sie als Götzendiener, Schädlinge, Volksfeinde. Dann stellte Khomeini sich gegen seine nationalistischen und linksgerichteten Verbündeten. Als sich der Staub schließlich legte, war sein Traum einer islamischen Republik unumstößliche Realität geworden.

Am 4. November 1979 drangen ein paar Studenten in die amerikanische Botschaft ein und nahmen die Menschen dort als Geiseln. Einen Moment lang waren die Revolutionsführer unsicher, was ihr weiteres Vorgehen betraf. Doch Khomeini begriff den Symbolcharakter dieser Aktion. Die Geiselnahme, die Revolution, der »Große Satan« – all das wurde zum Kerbela-Epos von Imam Hussein verwoben. In den zwei Jahrzehnten seit 1979 bestand die moralische Aufgabe des islamischen Regimes hauptsächlich in der göttlichen Mission des Klerus, den »Großen Satan« und den »bösen Yazid« von iranischem Boden und aus der iranischen Seele zu vertreiben.

1980 gab ein weiteres Ereignis dem Kerbela-Paradigma neuen Auftrieb. Blitzangriffe und Raketenbeschuss in der südwestlichen Ölprovinz Khustan: Saddam Husseins irakische Truppen drangen über den Schatt el-Arab in den Iran ein. Imam Husseins Martyrium war in der iranischen Seele so stark verankert, dass Khomeini es benutzen konnte, um die Nation mit seinem neuen

Schlachtruf zu einen: »*Kullyawm Ashura, kull ard Kerbela.* Jeden Tag ist Ashura, Kerbela ist überall.«

»Ja, wir haben viele junge Burschen verloren«, sagte Akbar mit Blick auf die Jugendlichen, die sich um die Plattform drängelten. »So viele Freiwillige, und keiner kam zurück.«

Bei den Kämpfen stellte sich bald eine Pattsituation ein, doch für den Klerus war es eine unwiederbringliche Chance, sich die Schreine von Nadschaf und Kerbela im Südirak zu sichern. Der Traum, diese heiligen Pilgerstätten zu befreien, wo Ali und Hussein zu Märtyrern geworden waren, verwandelte sich in einen Kreuzzug. Nach Jahrhunderten des Trauerns war es an der Zeit, die ruchlosen Araber zu bestrafen und die historischen Verbrechen zu rächen. Also kam es zur Invasion in den Irak.

Es folgte ein sechs Jahre dauerndes unbeschreibliches Gemetzel, das über eine Million Tote hinterließ und die iranischen Erdölzentren Abadan und Khorramshar lähmte. Das bittere Patt dauerte und dauerte, ähnlich dem schrecklichen Stellungskrieg im Ersten Weltkrieg. Freiwillige wurden durchs Niemandsland geschickt, in einen tödlichen Dunst aus Giftgas, in Minenfelder, Stacheldraht und Maschinengewehrfeuer, oft ohne eine einzige Kugel zum Zurückschießen. Der Martyriumszyklus trieb sie an und füllte die Friedhöfe. Grimmiger Patriotismus ließ alle Regimekritiker verstummen. Aus dem vom Krieg verwüsteten Khuzestan strömten Millionen von Flüchtlingen in die Slums und Armenviertel von Shiraz, Isfahan und Teheran.

Schließlich gab Ayatollah Khomeini 1988 seine größte Enttäuschung bekannt: »Ich trinke den Giftbecher.« Mit diesen bedeutungsschweren Worten beendete er den Krieg.

Wir hielten bei einem Kaffeehaus. Richard bestellte *dough*, ein durstlöschendes, mit Minze bestreutes Joghurtgetränk. Ziemlich außer Atem stolperte Vaz mit dem keuchenden kleinen Fußballer herein, beide staubbedeckt. Der Junge trug seinen Ball wie eine Trophäe. Der alte Mann aus der Moschee spazierte vorbei, und Akbar bedeutete ihm, sich doch zu uns zu gesellen. Das tat er mit der üblichen iranischen Höflichkeit, indem er uns Tee anbot und allen, mit Ausnahme meiner Mutter, die Hand schüttelte. Bald berichtete er Akbar von seiner Mekkareise.

Damals hatte Radio Iran es gerade aufgegeben, seine Revolution über die Golfgewässer hinweg zu senden. Alle Herrscherfamilien von Bahrain bis Kuwait schliefen fortan bedeutend besser, weil ihnen nicht mehr gedroht wurde, sie würden mit dem Hals auf dem Hackblock enden. Harte Worte waren gemildert worden. Den Mullahs war der Zugang nach Mekka wichtiger als die Verbreitung der Revolution. Und unser *haji* war gerade erst aus der heiligen Stadt des Propheten zurück.

Die Islamische Republik hatte sich inzwischen mit ihren arabischen Nachbarn und sogar mit dem verhassten Saddam Hussein arrangiert. Schließlich lagen die heiligsten Schiitenschreine nach wie vor auf seinem Territorium. Ironischerweise werfen nun viele Nationalisten dem Regime vor, arabisch indoktriniert – *arabzadegi* – zu sein, weil es die arabische Sprache, Musik und Kultur in seinem Volk fördere, um die islamische Identität des Iran für künftige Generationen zu festigen.

Ich dankte dem *haji* für seine Gastfreundschaft und bat den Kaffeehausbesitzer um die Rechnung.

»*Befarmaeed*, bitte«, wehrte er ab.

Ganz traditionell lehnte er mein Angebot zu bezahlen dreimal ab, bevor er meine Rials schließlich annahm. Chris steckte den Kopf herein. Feiner Staub überzog nach dem leidenschaftlichen Fußballmatch seine Hose. Der Junge warf seinen Ball diesem großen Amerikaner zu, den er mit seinem tollen Tor besiegt hatte. Er grinste von einem Ohr zum anderen. Chris strubbelte durch seine kurz geschorenen Haare und lachte. Mom rief aus dem Kleinbus: »Vergesst nicht, Kevin Wasser mitzubringen.« Er lag wieder ausgestreckt auf der Rückbank. Es war Zeit zum Aufbruch. Der Junge umklammerte fest seinen Ball und winkte uns zum Abschied aus Abarqu zu.

An einer Bushaltestelle auf der anderen Straßenseite schlief ein Mann im Schatten auf einer verwitterten Bank aus Blech. Eines seiner Beine hing seitlich herab. Nichts konnte ihn stören. Über dem Schnarchenden hing ein großes Plakat. Vaz lachte und wies uns darauf hin. Er übersetzte die Zeichen der Aufschrift: »Die Islamische Revolution ist stets aufmerksam, stets wachsam.«

In der Ferne stand, höher als das höchste Minarett der Stadt, die große Zypresse von Abarqu als stumme Zeugin allein auf weiter Flur.

KAPITEL 8

Türme des Schweigens, Tempel des Feuers

Wir fuhren über ein Meer aus glitzernden Sandwellen. Dumpf dröhnte unser kleiner Bus. Kühlende Böen wehten durch die Fenster. Meine Eltern dösten. Chris las Freya Starks *Durch das Tal der Mörder*, während Rich in die öde Landschaft hinausstarrte und Kevin ausgestreckt auf der hinteren Bank lag. Gott sei Dank ist es erst April, sagte Akbar. In drei Monaten würde diese Gegend wie ein Hochofen glühen.

Seit wir Abarqu verlassen hatten, boten die langen Stunden auf der Straße nur wenige Anzeichen von Leben. Jedes Fleckchen Grün erschien dem Auge grell. Jeder smaragdfarbene Spritzer auf der gelbbraunen, erdigen Leinwand wirkte geradezu schockierend. Jeder Grashalm kam einem deplatziert und erstaunlich vor, fast wie ein Trugbild. Die *qanats* oder Wasserkanäle verblüfften mich nach wie vor. Unter dieser Wüste kostbares Wasser einzufangen und es an die Oberfläche dieser verlassenen Ödnis zu leiten erforderte solchen Mut, solche Hartnäckigkeit, solche Kühnheit.

»Traumfelder«, sagte mein Vater im Vorbeifahren.

Ein Mandelhain neben einem einsamen Lehmziegelhaus nahm eine neue Bedeutung an. Ein abgeschiedenes Petersilienfeld wurde zur Offenbarung. Jeder Zweig, jedes grüne Blatt erschien wundersam, als ob es aus Gottes Hand gesprossen wäre.

In dieser grenzenlosen Weite erschien das Schicksal winziger, von unbarmherziger Wüste umgebener Siedlungen trostlos. So schnell wie ein grünes Feld ins Blickfeld geriet, verschwand es auch wieder wie von Zauberhand. Alles, was blieb, war die ewige Sonne, waren Wind, Fels und Sand.

Ich kämpfte gegen den Schlaf. Vaz war begeistert, als er ein Kamel ausmachte, das an einem Strauch knabberte. So allein gab dieses Tier ein surreales Bild ab. Weit und breit war kein Mensch zu sehen. Mit Stricken an den Füßen gefesselt, konnte das Kamel nicht weglaufen. Kevin interessierte das alles nicht. Er lag nach wie vor flach auf dem Rücken, seine aufgestellten Knie bewegten sich bei den Stößen des Wagens hin und her. Schwarze Gaze hing über seinem Gesicht. Mom schlief mit dem Kopf an Dads Schulter gelehnt, während er und ich versuchten, wach zu bleiben.

Chris fragte Akbar neugierig über seine Schulzeit in Kalifornien aus und nach guten Adressen in Santa Barbara. Akbars Lieblingslokal, das Pancho Villa, bot freie Aussicht auf den Strand und den Pier.

»Dann hat dir also die Zeit in den Staaten gefallen?«

»Natürlich, Chris.«

»Und warum bist du dann nicht geblieben?«

»Ich bin nicht wie die Iraner, die in L. A. leben. Weißt du, dieses ganze Schah-Gefolge mit seinem gestohlenen Geld. Schau dir an, was die gemacht haben. Sie haben ihrer Kultur, ihrer Religion, ihrem Land den Rücken gekehrt. Alles, woran sie denken, sind Klamotten, Whiskey, Kinofilme und Geld. Das ist kein Leben für mich.«

Wie Robespierres Angriff auf Ludwig XVI. mit seiner weißen Perücke führte die Islamische Republik einen Vernichtungsfeldzug gegen das Schahregime. Gnadenlose Rache traf die *taghouti*, jene verkommenen Anhänger eines Lebensstils, der von Alkohol, Glücksspiel und Frauengeschichten bestimmt war.

In diesem Krieg der Klassen erlitten die extravaganten Reichen dramatische Verluste. Sie wurden als arrogant, verantwortungslos und unmoralisch gebrandmarkt. Ihr Grundbesitz wurde konfisziert, ihre Fabriken wurden enteignet und prächtige Wohnhäuser besetzt. Wer von ihnen blieb, ertrug sein Schicksal stumm. Wer floh, fürchtet sich bis heute vor der Rückkehr. Embargos brachten den internationalen Handel zum Erliegen. Westliche Firmenchefs mieden Teheran. Von der Welt abgeschnitten, lernte das Land, sich selbst zu erhalten. Doch niedrige Ölpreise, Missmanagement und eine unkontrollierte Inflation, so erklärte Akbar uns, wurden rasch zum Fluch der Nation.

Wenn du Millionär werden willst, lautet ein bekannter Witz, fahr nach Indonesien und wechsle 100 Dollar, und du hast deine Million. Das Gleiche gilt für den Iran. Wir waren schockiert von den vielen Nullen auf den Rialscheinen. Für 1000 bekam man einen Kaffee. Für 2000 eine Taxifahrt. Ein himmelweiter Unterschied zu den 10-Rial-Fahrpreisen vor vielen Jahren. Die Hyperinflation hatte mit Tigerklauen zugegriffen. Und bei einem Kurs von 5000 Rial für einen Dollar – auf dem Schwarzmarkt ein wenig mehr – war klar, dass die Wirtschaft an einem absoluten Tiefpunkt angelangt war.

Akbar sah das Ganze philosophisch. »Leben ist mehr als der gnadenlose Kampf in New York. Wer braucht das? Ich liebe mein Land. Wenn ich ihm fern bin, bin ich verloren. Ich möchte hier leben.«

»Aber –« Chris wollte ihm die Schwierigkeiten und Entbehrungen aufzählen, doch Akbar fiel ihm ins Wort.

»Na gut, manchmal vermisse ich den Ozean und *Saturday Night Live*, weißt du«, scherzte er. »Aber mein Leben findet hier statt.« Er bot Chris ein paar getrocknete Melonenkerne an.

Vaz griff das Stichwort auf und fragte meine Mutter nach dem wilden Nachtleben im Teheran der Sechzigerjahre.

»Oh, die Nachtclubs waren fabelhaft, Vaz, mit Bauchtänzerinnen aus Ägypten.«

»Jaaa«, sagte Pat, »und sie hat so gern mit ihnen geplaudert.«

»Wow!« Vaz' Augen leuchteten.

»Alle Hotels hatten eigene Clubs«, sagte Mom. »Es war ein solcher Spaß. Und es gab fantastische Partys.«

»Allerdings«, sagte Pat, »waren die Menschen auf dem Land sehr arm.«

»Heute sehen die Leute sehr viel gesünder aus, das muss ich sagen«, meinte Mom.

Dad fuhr fort: »Ich erinnere mich an Kinder ohne Hosen und Schuhe, die Augen von Fliegen bedeckt.«

»Und diese aggressiven Hunde«, murmelte Kev von hinten.

Über das Motorengeräusch hinweg spitzte ich die Ohren. Eine bekannte Stimme scholl aus den Lautsprechern. Nasrollah zwinkerte mir verschwörerisch zu. Konnte das Googoosh sein?

In den Siebzigern, als boomende Discos, gewagte Miniröcke und Schlaghosen das Straßenbild in Teheran bestimmten, war ein süßes, temperamentvolles Mädchen namens Googoosh die regierende Popdiva. Sie sang und tanzte mit einer erfrischenden Sinnlichkeit. Alles war so neu und gewagt.

Weil sie westlichen Popsound mit Farsi-Lyrik verband, führten Googooshs Lieder die Hitlisten an. Ihre Kleidung inspirierte eine Generation von Jugendlichen. Man stelle sich Diana Ross, Edith Piaf und Madonna in einer Person vor. Vom Rampenlicht unbeirrt, bestimmte sie die Jugendkultur der Elite. Für diese verkörperte sie das Streben nach westlichen Vorbildern. Ihr vergnügter Stil und ihr koketter Charme begeisterten alle Mädchen, die daraufhin mit Kurzhaarfrisuren à la Googoosh in die Schule gingen. Auf Gartenpartys kopierten Mädchen ihre Bewegungen und Gesten beim Tanzen unter nächtlichem Himmel, während die Pepsiflaschen auf dem Rasen standen. Doch Googooshs schüchterne Lieder waren nichts für jeden Geschmack, schon gar nicht für den der Mullahs.

Auch Hassan missfielen sie eindeutig. Wenn er ihre Stimme aus dem Radio hörte, schnalzte er mit der Zunge und hob dabei den Kopf. Das hieß so viel wie *nakhe*, ein sehr entschiedenes Nein. Dann wusste ich, dass ich einen anderen Sender zu suchen hatte. Hassan bevorzugte die traditionelle persische Musik, die er seiner *sehtar* entlockte, einer kleinen Mandoline, die er spätabends hervorzuholen pflegte. Er genoss auch die scharfen, an Regentropfen erinnernden Töne des persischen Hackbretts *santur*, dem Vorläufer von Cembalo und Klavier. Sein Lieblingsinstrument war jedoch die schlichte *ney*, eine Rohrflöte mit hypnotischem, vollem Klang.

Nach der Revolution befahl das neue Regime strikte Ruhe. Gesang galt als unislamisch. Das Radio spielte nur monotone Koranrezitationen. Die Scheinwerfer gingen aus, Theater und Clubs schlossen. Vor die Wahl gestellt, ins Exil zu flüchten oder zu verstummen, entschieden sich die meisten Künstler für die Flucht. Googoosh entschloss sich zum Bleiben. Einen Monat lang saß sie im Gefängnis, danach verbot man ihr, das Land zu verlassen. Das führte dazu, dass sie die meiste Zeit als Gast bei Freunden an der kaspischen Küste verbrachte.

»Ist das wirklich Googoosh?«, fragte ich.

»Ja«, rief Nasrollah. »Gefällt's dir?«

»Wo hast du das her?«

»Na, was glaubst du denn?« Seine Nasenflügel blähten sich, und er warf mir einen gekränkten Blick zu, als hätte ich seine Hipness in Zweifel gezogen. Wie um mir gegenüber Farbe zu bekennen, griff er unter seinen Sitz und winkte mit zwei weiteren Kassetten. »Aus Sivand. Ich habe vier gekauft.«

»Vier?«

»Meine Tochter heiratet bald.«

»Glückwunsch!«

»Sie liebt Googoosh. Sie wird dazu tanzen.«

»Das ist toll!«, sagte ich und hob den Daumen. »Wie heißt dieser Song?«

»*Hejrat*«, grölte er. »Die Reise.«

Über das Stöhnen des Motors, der uns in diese Höhen hinaufbringen musste, hörte ich ein synkopiertes dump-a-dump der Trommeln, und ein Synthesizer erhob sich mit Googooshs Stimme über das schleifende Getöse. Vaz war eingenickt.

»Hier draußen ist es sicher, wenn man es spielt«, sagte Nasrollah und deutete aus dem Fenster in die eintönige Landschaft.

»In der Stadt nicht?«

»Nein«, flüsterte er und hob vielsagend die Augenbrauen. »Du verstehst ...«

Unter uns lag das berühmte Yazd. Die weit hingestreckte Stadt verschmolz mit der Wüste, unscharf unter einem einfarbig bräunlichen Umhang. Keine klaren Umrisse ließen erkennen, wo der Sand endete und die Siedlungen begannen. Aus der Ferne verankerte ein Paar schlanker Minarette die Skyline, während sich Dutzende und Aberdutzende sandfarbener Türme über den Flachdächern aus sonnengetrocknetem Lehm erhoben.

Wir waren nicht wegen des riesigen unterirdischen Basars hier, wegen der wertvollen Textilien oder des saftigen Gebäcks. Mit ihren antiken Feuertempeln hatte die Stadt jahrhundertelang als Pilgerstätte gedient. Und nach wie vor galt Yazd als Hauptstadt des Zoroastrismus.

Als wir hinunter in die Ebene kamen, erinnerten mich die Türme der ockerfarbenen Metropole an die mittelalterlichen Geschlechtertürme rivalisierender Familien in toskanischen Städten. Doch statt blutiger Fehden hatten die Yazdis es alljährlich mit einem gemeinsamen Feind zu tun: der Sommerhitze. Glühende Temperaturen von über 60 Grad Celsius sorgten für Bedarf an diesen genialen architektonischen Wunderwerken. Sie sind Lebensretter, Windfänger, Angelschnüre in den Himmel.

Eine große Öffnung an der Spitze des Turms fängt den heißen Wind ein. Böen finden ihren Weg den Schacht hinunter und prallen dort auf einen kühlen Teich. So wird die heiße Brise in frische, kühlende Luft verwandelt. Familien sitzen in den nahen Häusern und erfreuen sich an dieser uralten natürlichen Form einer Klimaanlage, die das Inferno draußen abwehrt.

Zwei steile Hügel dominierten die südliche Vorstadt, jeder von einer kreisrunden steinernen Zitadelle gekrönt. Rich entdeckte sie als Erster.

»Da!«, rief er. »Die Begräbnistürme.«

Auf Felsspitzen thronend, zeichneten sich diese Bauwerke gegen den blauen Nachmittagshimmel ab. Wir fuhren in ihre Richtung, streiften das mittelalterliche Stadtzentrum, bis wir die modernen Randbezirke erreichten und auf eine Schotterstraße geführt wurden. Unsere Staubwolke folgte uns bis zu deren Ende. Wir reckten und streckten uns und stießen Seufzer der Erleichterung aus. Die Fahrt hatte zehn Stunden gedauert.

Ich stützte meine Mutter; deren steifer Knöchel ihr Schmerzen verursachte. Nachdenklich blickte sie zu den Steintürmen hinauf. Chris und Rich teilten sich den letzten Schluck Wasser, Kevin war gerade aufgewacht. Mein Vater grüßte einen weißbärtigen Mann, der auf einem Esel vorbeiritt.

Kev und Akbar waren in ein Gespräch vertieft.

»Weißt du eigentlich«, fragte Akbar, »dass Zarathustra der erste Umweltschützer war?«

»Du meinst, er war ein Grüner?«

»Den Zoroastriern sind Erde, Wasser und Feuer heilig. Wenn ein Mensch stirbt und seine Seele ihn verlässt, was bleibt dann übrig?«

»Sein Leichnam.«

»Schmutzig, dreckig. Giftiger als ein Rattenfell.«

»Begraben sie ihn?«, fragte Kev.

»Nein, sie können die Erde nicht mit einem verrottenden Körper verschmutzen.«

»Verbrennen?«

»Nein! Sie können das heilige Feuer nicht beschmutzen.«

»Also was tun sie dann?«

Akbar zeigte zu einem kreisenden Geier hinauf. »Sie lassen den Körper auf der Spitze dieser Türme des Schweigens zurück. Eine Himmelsbestattung. Wenn man es sich genau überlegt, ist das ein Zeichen des Respekts vor der Umwelt.«

»Viele sagen, Ökologie bedeute das Nichtvorhandensein von Vorschriften«, sagte Kevin.

»*Baba*, jetzt klingst du sehr zorro-astrisch.«

Das gefiel Kevin. Sein Gesicht verlor jenen gequälten Ausdruck, er lächelte strahlend, zum ersten Mal an diesem Tag. Der lange Schlaf hatte ihm gut getan. Er sah gestärkt aus und reckte sein Kinn mit erneuerter Gewissheit. Da wusste ich bereits, dass er diesen neuen Glauben angenommen hatte. Bald würde er ihn in seine keltisch-mystischen Ansichten integriert haben. Mit irischer Übertreibung gesegnet, würde er das Ganze bald nach seinen Vorstellungen umgestalten.

Wir erklommen einen der Hügel. Der Wind heulte, während meine Brüder den steinigen Pfad hinaufkletterten. Ich folgte langsam mit Mom, half ihr bei ihren vorsichtigen Schritten und hoffte, ihr Knöchel würde durchhalten. Mein Vater ging hinter seinen Jungs. Die Sonne versank glühend und dunkelrot.

Der Turm stand verlassen da, kahl und unbedeckt. Nur ein Loch in der Mauer erlaubte uns, einzutreten. Wir standen in einem abgeschlossenen Innenhof, der leer und trotzdem unheimlich war. Jahrhundertelang waren hier tote Körper abgelegt worden, dem Himmel nah, so dass Aasgeier die Knochen sauber picken konnten. Dann wurden sie in eine kleine Grube in der Mitte des Hofes geworfen.

Akbar erzählte uns, der Schah habe zwar behauptet, achämenidische Wurzeln zu besitzen, und hatte sich entsprechender zoroastrischer Symbole bedient – was die Mullahs erzürnte –, trotzdem ordnete er 1965 an, diese Türme zu schließen und in der Nähe, am Fuß des Berges, einen Friedhof anzulegen. Kev stand an dem windgepeitschten Abhang und schaute auf den Friedhof hinunter – so viel weiter vom Himmel entfernt. Der verschwommene Horizont verblasste, die Stadt lag wie im Schlaf.

Am Rand des felsigen Abhangs, wo es etwa 30 Meter steil nach unten ging, flatterte das Tuch meiner Mutter im Wind, die Sonne schien hinter ihr. Erfreut über ihren Aufstieg trotz des angeknacksten Knöchels warf sie die Arme wie Vogelschwingen in die Luft.

»Seien Sie vorsichtig, Mrs Ward!«, rief Akbar.

Sie gehorchte. Und nachdem sie den kurzen Moment des Fluges beendet hatte, schmiegte sich ihr Umhang wieder um ihren Körper.

»Akbar«, fragte ich, »der Tschador, wann wurde er zum islamischen Kleidungsstück?«

»Weißt du, ursprünglich war er bei den Sassaniden Tradition.«

»Vor dem Islam?« Meine Mutter drehte sich überrascht um.

»Er war Sitte bei den bessergestellten Frauen, den Aristokratinnen. Sogar Ferdowsi beschreibt altpersische Frauen mit bedeckten Gesichtern. Wenn man nachliest, findet man keine Vorschrift im Koran, die befiehlt, den ganzen Körper mit einem Schleier zu verhüllen. Als die Araber eintrafen, übernahmen sie jedoch die Traditionen *unserer* Herrscher. So wurden Harem und Tschador im Laufe der Jahre islamisch.«

Und zum Zankapfel. Im 20. Jahrhundert hatte sich die iranische Gesellschaft hinsichtlich des schwarzen bodenlangen Tschadors – wörtlich übersetzt »Zelt« – einmal vor und einmal zurück bewegt. 1936 befahl Reza Shah, dass er verschwinden sollte. 1979 ordnete Ayatollah Khomeini an, er müsse wieder getragen werden. Das Thema wurde für »verwestlichte« iranische Frauen zur Nagelprobe. In den 90ern hatten sich die Kleidervorschriften gelockert, und Manteaus – knielange Regenmäntel – und Schals mit Blumenmuster waren ein alltäglicher Anblick. Bedeutsamer waren jedoch vehemente Forderungen nach Gleichberechtigung, die von den Frauen – durch die Wahl Khatamis ermutigt – geäußert wurden.

Ich erinnere mich, dass Fatimah unser Tor zur Straße niemals ohne ihren Tschador passierte. Und das war vor der Revolution. Rund ums Haus trug sie nur ein pastellfarbenes Kopftuch. Wir sahen ihr Haar nie unbedeckt, lediglich ihren Haaransatz. Sie fühlte sich so wohler. Wir haben das nie in Frage gestellt. Und ich hatte keine Ahnung davon, dass diese Sitte älter war als der Islam.

Eine Allee führte zum Hotel Safaieh, das in einer Oase mit hübschen weißen, stuckverzierten Bungalows lag. Von Richs gnadenlosem Zeitplan getrieben, checkten wir ein, wuschen uns und eilten in den nahen *Ateshkade*, den zoroastrischen Feuertempel. Erschöpft durchstreiften wir den Innenhof.

In die mit weißen Säulen versehene Fassade waren Darstellungen des heiligen Ahura Mazda gemeißelt, wie er mit seinen bunt bemalten Adlerschwingen schlug. Ich holte tief Luft. Ruhe und Frieden schienen diesen Ort gegen den Straßenlärm von draußen abzuschirmen. Die Tür zum Tempel stand offen. Kev und Rich marschierten hinein.

In der Mitte der langen, weißen Halle loderten hinter einer opaken Glasscheibe Flammen aus einer imposanten eineinhalb Meter hohen Bronzeurne. Ein weiß gekleideter Priester kam auf uns zu und sprach uns in fließendem Englisch an.

»Dieses Feuer wurde erstmals vor 1400 Jahren entzündet und dann nach Yazd gebracht.«

»Sie meinen, in all diesen Jahrhunderten hat es ununterbrochen gebrannt?« Wir sahen ihn ungläubig an.

»Ja«, sagte der Priester. »Es ist immer jemand hier, um die Flammen zu nähren. Generation für Generation ist das Feuer nie allein.«

Hinter dem Glas legte ein junges Mädchen in einem rituellen Gewand mehr Holz auf das Feuer.

»Aber jetzt gibt es nur noch so wenige von uns.« Er seufzte schwer.

»Wie viele Zoroastrier gibt es im Iran?«

Er blickte über seine Schulter, um sicherzugehen, dass ihn niemand belauschte, dann wandte er sich wieder uns zu. »In Yazd zehntausend. Manche Mullahs nennen uns Heiden und schüren den Hass auf uns. Was können wir schon tun?«

Er erzählte uns, dass Pilger aus aller Welt anreisten, um die 22 Tempel in der Provinz Yazd zu besuchen. Sie kommen in Flugzeugladungen aus Bombay, der größten Zoroastrier-Gemeinde der Welt. Die reichen indischen Parsen – deren Name von ihren persischen Wurzeln herrührt – beteten hier im Feuertempel.

Chris stellte seine Standardfrage: »Haben Sie je daran gedacht, fortzugehen?«

»Nein, ich muss hier bleiben. Wer würde sonst die heilige Flamme hüten?«

»Und was ist mit Ihren Kindern?«

»Ich bete für ihre Zukunft«, sagte der Hüter. »Viele unserer Leute sind schon alt. Das Leben ist sehr hart. Es sollte mehr Toleranz geben. Schließlich hat Imam Hussein mit der Shahbanou doch eine zoroastrische Prinzessin geheiratet. In Teheran kann man ihren Sarkophag besichtigen, aber trotzdem beleidigen manche uns und nennen uns Feueranbeter. Dabei betrachten wir nur das Licht, unseren Gott Ahura Mazda. Es geht nicht nur um Feuer.«

»Fanatiker verstehen Symbole nicht«, ergänzte Chris leise und voller Mitgefühl. Sie nickten beide. Wir verabschiedeten uns und kehrten ins Hotel zurück.

Während die Familie sich ausruhte, spazierte ich durch das Tor und zwischen den Bäumen weiter. Von da aus entdeckte ich drei Gestalten auf dem Gipfel des Hügels neben den Türmen des Schweigens. Augenblicke später kletterte ich wieder zum Gipfel hinauf, wo ich eine atemberaubende 360-Grad-Aussicht auf die Ebene hatte. Jede Staubwolke herannahender Reiter hätte man schon auf 75 Kilometer Entfernung gesehen. Jetzt herrschte Dämmerung.

Ich bewunderte die Aussicht, als ich eine Stimme hinter mir vernahm.

Eine junge Frau im Tschador sprach mich mit hartem britischen Akzent an: »Entschuldigung, sprechen Sie Englisch?«

»Ja«, antwortete ich.

»Ich konnte Ihr rotes Haar nicht übersehen.«

»Das ist irisch.«

»Pappy! Mummy!«, rief sie gegen den Wind. »Ich fürchte, sie streiten schon wieder«, sagte sie. »Wissen Sie, es gibt da einen weit verbreiteten Witz über Parsen. Sperren Sie drei von uns in einen Raum und Sie haben vier verschiedene Meinungen.« Sie lächelte.

»Und einer allein?«

»Dann schaut der Parse in den Spiegel und streitet mit sich selbst.«

Ich lachte. Die Parsen sind exzentrische, vielleicht einzigartige Abkömmlinge des ursprünglichen Zoroastrierstammes, der im 7. Jahrhundert auf der Flucht vor den arabischen Eindringlingen Richtung Osten floh. Sie ließen sich im indischen Küstenstaat Gujarat und rund um den Handelshafen Bombay nieder. Dort häuften sie große Vermögen an, lebten in feudaler Pracht, hielten verschwenderisch Hof und genossen Jahrhunderte später eine bevorzugte Stellung unter den Briten. Ihre helle Hautfarbe verbesserte ihre Position innerhalb des Kastenwesens. So hatten sie fern der Heimat ihr Glück gemacht. Heutzutage war jedoch Inzucht ein gravierendes Problem bei ihnen.

Eine hochgewachsene ältere Frau tauchte auf, mit flatternden rosa Seidengewändern unter einem sich bauschenden schwarzen Umhang. Ihr eindrucksvolles Gesicht wirkte geradlinig, selbstsicher und hübsch.

Ich stellte mich vor.

»Ah, dann sind Sie also Amerikaner«, rief ihre Tochter aus.

»Unsinn, Roshan«, sagte die Mutter. »Dann würde er nicht hier im Iran herumziehen.«

»Mummy, sei nicht unfreundlich.«

»Roshan, du zankst schon wieder.«

Ein älterer Herr in weißen Baumwollgewändern trat in mein Blickfeld. »Erzählen Sie, mein Junge, sind Sie wirklich ein Yank? Was um Himmels willen tun Sie hier?«

»Ich … also, meine Familie … wir sind auf einer Art Pilgerfahrt.«

»Super. Wir auch!«

»Aus Bombay?«

»Du lieber Himmel, nein, mein Junge. Aus London. Wir sind Parsen-Pilger, wissen Sie.«

»Ja, Ihre Tochter hat es mir gerade erzählt.«

»Darius, du klingst schon wieder wie Noël Coward, mit deinen ›Parsen-Pilgern‹.«

Das faltige Gesicht des Gentleman blieb von der Stichelei seiner Frau unbeeindruckt. »Wissen Sie, wir Zoroastrier leben seit mehr als tausend Jahren im Exil«, sagte er. »Ich dachte, es wäre höchste Zeit, einmal die Urheimat zu besuchen.«

»Mein Sohn ruht sich im Hotel im Bett aus«, sagte die Mutter. »Er ist von diesem vielen Marschieren bergauf, bergab einfach erschöpft.«

»Kein Rückgrat«, sagte Darius.

»Ja, ist schon gut, Darius, genug Kultur für heute.«

»Mein Schatz, das ist nicht bloß Kultur …«

»Da stehen wir, während die Nacht hereinbricht. Komm, lass uns diese Felsen verlassen, bevor ich in Ohnmacht falle.«

»Ja, Liebes.«

»Sehr nett, dass wir Sie getroffen haben«, sagte die Mutter. »Darius ist schwerhörig, bitte verzeihen Sie ihm.« Sie schüttelte meine Hand, und das war etwas, das Frauen im Iran heutzutage selten tun.

»Vielleicht werden wir noch Gelegenheit haben, uns in geringerer Höhe zu unterhalten«, meinte ihr Gatte und winkte mir zu.

Und dann marschierten sie los. Mit ziemlich korpulenten Rümpfen, die von reichlich gutem Essen kündeten und auf spindeldürren Beinen saßen. Ich beobachtete, wie sie über die Steine bergab stolperten. Darius bückte sich, um etwas aufzuheben und in die Tasche zu stecken. Ein Souvenir?

Nach dem Abendessen fuhren wir durch das moderne Yazd mit seinen sorgsam gepflasterten breiten Boulevards, an denen noch ein paar fröhliche Läden für Nachtschwärmer geöffnet hatten. Wir kamen an einem Kino und zwei hell erleuchteten Restaurants vorbei und vergaßen die Wüste fast. Rasch erreichten wir das blühende Zentrum der Altstadt, eines der größten im ganzen Land. Als wir um eine Ecke bogen, stießen wir unerwartet auf eine bemerkenswerte Sehenswürdigkeit, ein repräsentatives Bauwerk namens *Chakhmaq Tekyeh*, das sich voller Pracht zu einem Platz hin öffnete. Der Himmel pulsierte in den wundersamsten Pastelltönen des letzten Lichts und zeigte uns einen tief stehenden Vollmond. Zwei Stockwerke hohe Arkaden, türkis und cremefarben, umspannten den Platz. Von goldenem Licht überflutet schimmerte die Fassade. In der Mitte erhob sich ein 24 Meter hohes Fayence-Portal, dessen Minarette wie Lanzen aufragten und die Höhe optisch verdoppelten. Ein Brunnen reflektierte das Bild. Ursprünglich war das der Eingang zum Basar, und dieser Prachtbau stellte auch einen angemessenen Tribut an Yazds Schirmherren im Mittelalter, die Kaufleute, dar. Doch laut Akbar war der Basar bald nach seiner Fertigstellung verlegt worden und stand fürderhin nur noch als zauberhafte Verrücktheit da. Ich setzte mich mit meinen Brüdern an den Brunnen und betrachtete das Wunderwerk. Die lange, goldene Konstruktion schien wie ein Bogen gespannt, bereit, diese zwei mit Kacheln bestückten Minarette direkt in den Himmel zu schießen, damit sie den Grapefruit-Mond durchbohren konnten, der genau über ihnen hing.

Überrascht, eine Ausgabe von *Iran News* an der Hotelrezeption vorzufinden, überflog ich die Zeitung, um die Stimmung im fernen Teheran zu erfahren. Die Überschriften waren vielsagend: »Karbaschi als Nationalheld hervorgegangen«, »Fürsprecher von Teherans inhaftiertem Bürgermeister sammeln sich zu seiner Verteidigung«, »Karbaschis Freilassung steht bevor«. Die Durchsetzungskraft der Reformer wuchs.

Eine andere Zeitung, die täglich erscheinende *Farda*, berichtete von einem in Abadan verhafteten Mädchen, das sich mit seinem Kopftuch erhängt hatte. Ihr Vergehen? »Das Mädchen war in einem öffentlichen Park mit einem jungen Mann spazieren gegangen, mit dem es nicht verwandt war.« Und dann las ich diese Ankündigung:

> Die Jüdische Gemeinde der Provinz Yazd begann gestern ihr Pessach-Fest. Moussa Dodashi sagte, die Feierlichkeiten würden acht Tage dauern. Im Rahmen ihrer religiösen Rituale beten die iranischen Juden für ein langes Leben des Führers der Islamischen Revolution, Ayatollah Ali Khamenei, das Gedeihen der Islamischen Republik Iran sowie für Frieden und Ruhe rund um den Erdball.

Nach vielen Gläsern Tee saßen wir draußen auf den Veranden unserer Bungalows, bis erst meine Eltern, dann meine Brüder, einer nach dem anderen schlafen gingen. Ich bereitete mich auf den Abschied von Akbar vor. Er würde morgen früh ins heimatliche Shiraz zurückkehren.

Die trockene Luft ließ die Sterne glitzern wie ein riesiges Feuerwerk. Arktur strahlte im Bärenhüter; die linke Hand der Jungfrau hielt zum Zeichen des Frühlings ihre von Spica markierten Getreidebüschel. Der Große und der Kleine Bär jagten einander rund um den Nordstern. Kassiopeia umkreiste sie wachend.

Meine Familie war sich von Beginn an einig gewesen, unseren iranischen Begleitern den wahren Grund unserer Reise nicht zu nennen. Die drei schienen von unserer Obsession für das Dorf Tudeshk verwirrt. Nun jedoch beschloss ich, Akbar von unserer Suche nach Hassan zu erzählen. Während er mir zuhörte, wurden seine Augen hinter den dicken Brillengläsern immer größer.

»Das glaube ich nicht.« Er schüttelte den Kopf. »Ihr riskiert, in den Iran zurückzukommen, nur um einen Koch zu finden.«

Ich zeigte ihm das Foto von Hassan.

Er studierte das Bild. »Ich kann sehen, dass es eine nette Familie ist.« Er hob den Kopf. »Und ihr Dorf?«

»Tudeshk, zwischen Yazd und Isfahan. Hoffen wir.«

»Kenne ich nicht.«

»Keiner kennt es.«

»Habt ihr euch umgehört?«

»Rich hat dem Reisebüro sogar tausend Dollar für weitere Informationen geboten.«

»Und?«

»Nichts.«

»Terry *jan*, ich bin erstaunt. Glaubst du, dass ihr ihn nach so langer Zeit wirklich finden werdet?«

»*Inshallah*.«

»Und was, wenn nicht?«

»Keine Ahnung. Ich denke, wir werden weiter nach Norden bis Teheran fahren ...« Ich kam ins Stocken und hatte keine wirkliche Antwort.

Bevor ich den Satz beenden konnte, fiel Akbar mir ins Wort: »Mach dir keine Sorgen, mein lieber Freund. Selbst wenn ihr ihn nicht findet, wird etwas anderes geschehen.« Er schwieg und lächelte. »Am Ende werdet ihr entlang des Weges viele Hassans gefunden haben.«

Er hob den Blick und suchte den nächtlichen Himmel ab. Er sprach jetzt mit ruhiger, gedämpfter Stimme. »Weißt du, Gott ist der Herr, und wenn man zu Ihm betet, hört er zu. Gott ist überall. Das Problem ist, dass wir Ihn nicht sehen. Wir sind zu sehr mit unserem Alltag beschäftigt. Wir nutzen keine acht Prozent unseres Potenzials. Wir haben damit zu tun, Geld zu verdienen, zu arbeiten, Auto zu fahren. Wenn du morgens aufwachst und unerwartet im Hof einen Vogel singen hörst, dann ist das ein Zeichen von Ihm. Es liegt bei dir, zu fragen, wie lautet die Botschaft? Wenn wir lernen, wahrzunehmen, was wirklich um uns herum geschieht, dann werden wir Seine Antwort erhalten.« Er klang wie ein Sufi-Mystiker.

Er beugte sich herüber, um mich zu umarmen. Wir versprachen uns, in Verbindung zu bleiben, und tauschten unsere Adressen aus. Inzwischen bewunderte ich ihn. Sein poetisches Naturell, sein künstlerisches Feingefühl, sein Wissen und seine Menschlichkeit – all das würden wir schmerzlich vermissen.

»Ganz besondere Menschen, deine lieben Eltern, sie haben so viel Liebe zu geben«, sagte er. »Viel Glück und gute Nacht.«

»*Khoda hafez*«, sagte ich und dankte ihm nochmals.

Er ging schlafen, und ich blieb draußen im Abendwind. Vorüberziehende Wolken schluckten das Mondlicht. Eine prickelnde Furcht erfasste mich. Worauf hatten wir uns da eingelassen? In unserem mobilen Kokon der Familie Ward hatte das alles so selbstverständlich gewirkt, so zielgerichtet. Ich versuchte die negativen Gedanken aus meinem Kopf zu verbannen.

Der sanfte Wind frischte auf und schüttelte das Blattwerk über mir. Ich hörte ein Schlurfen in meinem Rücken, drehte mich um und spähte in die dunkle Baumgruppe. Ich konnte nichts erkennen, doch dann erschien eine einsame Gestalt. Es war Vaz. Hatte er meine Unterhaltung mit Akbar belauscht? Er zog heftig an seiner Zigarette und sagte kein Wort. Stattdessen schwang er ein Bein über das niedrige Geländer und setzte sich mir gegenüber. Ich sagte nichts. Wir starrten in den Himmel hinauf. Schließlich begann er zu reden.

»Terry, warum hast du es mir nicht gesagt?«

»Was?«

»Schau mal«, sagte Vaz mit gesenkter Stimme, »wollt ihr uns wirklich in Schwierigkeiten bringen?«

»Nein«, protestierte ich.

»Weiß er, dass ihr kommt?«

»Nein.«

»Und du glaubst wirklich, dass er euch sehen will?«

»Keine Ahnung.«

»*Baba*, nach all den Jahren. Er könnte schon tot sein.« Ich schwieg.

Vaz war ruhelos. »Also bitte sag mir, warum wir hinfahren.«

»Weil wir müssen.«

»Warum könnt ihr nicht ganz normale Touristen sein?« Vaz warf seinen glühenden Zigarettenstummel auf den Marmorboden und trat ihn aus.

Ich erwiderte nichts. Wenn er nicht begriff, war es sinnlos.

»Schau, du kannst morgen nach Teheran zurückfahren«, sagte ich schnippisch. Ich erhob mich und warf ihm einen Blick zu, um seine Reaktion abzuschätzen. Langsam schienen meine Worte zu wirken. »*Shab-bekhair*, gute Nacht.«

»*Shab-bekhair*«, murmelte er.

Während er sich eine weitere Zigarette ansteckte, schaute er demonstrativ in eine andere Richtung. Ich schlich zurück in mein Zimmer und ließ ihn rauchend im Mondschein zurück. In der Dunkelheit und von flackernden Schatten umgeben, warf ich mich ruhelos im Bett hin und her. Hatte ich den Verstand verloren? Wie konnten wir angesichts von über 60 Millionen Einwohnern im Iran hoffen, Hassan jemals zu finden? Und wenn wir ihn durch irgendein Wunder tatsächlich fänden, was würde er dann sagen? Würde er uns mit offenen Armen empfangen oder uns die Tür vor der Nase zuschlagen?

Als ich aufwachte, war Akbar bereits fort. Auf der Veranda fand ich Vaz auf demselben Geländer sitzend. Er sah benommen aus, rieb sich die Augen in der frischen Morgensonne, bevor er seine Brille wieder aufsetzte. Chris lachte albern und erzählte Rich eine Geschichte, die er »Die Nacht der 1001 Betten« nannte.

In der Verwirrung unserer Reiseaktivitäten war Chris in der Nacht zuvor ins falsche Zimmer gestolpert und in Akbars Bett eingeschlafen. Als Akbar hineingekommen war, hatte er sein Bett belegt vorgefunden, also war er in Kevs Zimmer getaumelt und hatte sich in mein Bett fallen lassen. Als ich eine schlafende Person in meinem Bett entdeckt hatte, war ich ins Nachbarzimmer geschlichen und hatte mich dort in das freie Bett gelegt, das eigentlich Vaz gehörte. Nach vielen Zigaretten hatte Vaz beide Matratzen in seinem Zimmer besetzt vorgefunden und hatte – weil er nicht bemerkte, dass Richards Zimmer halb leer war – das Nächstliegende getan: Er hatte auf dem Boden geschlafen.

Im frischen Morgenlicht hörte ich außer dem Gelächter meiner Brüder, wie Nasrollah sich bei Vaz beschwerte. »Der hat mich die ganze Nacht lang wach gehalten.« Er blickte Chris finster an. »Schnarchen wie eine Kreissäge. *Be Khoda*, schlimmer als ein Zug!«

»So schlimm?«, fragte Vaz.

»Der schlimmste Lärm, den ich je gehört habe. Wie soll ich heute fahren, ohne einzuschlafen? Das war ein Trick von dir. Du hast ihn in mein Zimmer geschickt und selbst …«

»… auf dem Boden geschlafen.«

»Pass bloß auf, dass das nicht noch mal vorkommt.«

Unbeeindruckt von der Schmährede des Fahrers, sah Vaz Chris voll Bewunderung an. Während des Frühstücks – Joghurt und Honig, heißes Brot, Feigenmarmelade und dampfender Tee – lobte er Chris wegen seiner Schnarchfähigkeiten.

Vaz schüttelte den Kopf. »Du musst ein echter Profi sein.« Er goss Chris eine neue Tasse Tee ein. »Nur ein echter Profi schafft es, einen Fahrer die ganze Nacht lang wach zu halten«, sagte er.

Als ich aus dem Fenster in die strahlende Morgensonne blickte, sah ich die nächste Krise heraufziehen. Auf geheimnisvolle Weise war ein weiterer Kleinbus aufgetaucht. Ein lauter Streit zwischen Nasrollah und einem neuen, ungebetenen Fahrer zwang Vaz, seinen Chef, unseren Reiseveranstalter, anzurufen. Nachdem er aufgelegt hatte, war Vaz aschfahl. Wir alle wollten Nasrollah zumindest so lange behalten, bis wir Tudeshk erreicht hatten. Wie um das Ganze noch schlimmer zu machen, wollte das neue Auto nicht anspringen.

»Ruf noch mal an«, sagte mein Vater zu Vaz. »Rich wird das in Ordnung bringen.«

»Ich kann nicht.«

»Warum nicht?«

»Sie verstehen nicht, Mr Ward. Ich bin gerade gefeuert worden.«

Am Ende rief Rich an und rettete Vaz' Job. Nasrollah blieb.

»Ich bin dir was schuldig, Rich«, sagte Vaz. »Glaub mir, das weiß ich. Ich habe viel Erfahrung im Gefeuertwerden. Zum Beispiel sollte ich bei meinem letzten Job das Markierungszeichen für einen Vermessungstechniker halten, aber ich konnte auf die Entfernung seine Handzeichen nicht erkennen. Das war die Art von Job, bei dem man nicht blöd wird, aber irgendwie schon. Wenn ihr wisst, was ich meine. Egal, jedenfalls wurde ich da auch gefeuert.«

Nach all dem Durcheinander war ich insgeheim erleichtert. Mit jedem Tag wurde mir klarer, dass die Festplatte unseres Inspektor Clouseau offenbar über nur begrenzten Speicherplatz verfügte. Wahrscheinlich hatte er unsere Suche nach Hassan längst vergessen.

Wieder in Nasrollahs Kleinbus, begannen wir die architektonischen Schätze von Yazd zu erkunden. Die im 14. Jahrhundert erbaute Masjid-e Jame oder Freitagsmoschee kann sich des höchsten Portalbogens der islamischen Welt rühmen. Es handelt sich um ein erhabenes Bauwerk aus der Zeit der Timuriden, gekrönt von zwei hoch aufragenden Minaretten. Hier sind kufische Schriften in die braunen Tonziegel eingebrannt, im Wechsel mit vielfarbigen geometrischen Mustern und atemberaubend schönen Fayencen, die dem floralen Türkis der Safaviden vorangingen. Das war die pure Eleganz und zündende Kreativität, die Robert Byron gepriesen hat. 1934 staunte er darüber, die Moschee in keinem Reiseführer erwähnt zu finden. »Sind Reisende blind?«, ereiferte er sich. Der spektakuläre spitz zulaufende Bogen war über 30 Meter hoch.

Auf dem Basar von Yazd bahnten wir uns einen Weg zwischen Kupfer- und Goldschmieden unter kühlen Gewölben, die mit kreisrunden Löchern versehen waren, durch die gleißende Sonnenstrahlen drangen. Das verwirrende Labyrinth aus weiß getünchten Korridoren war lichtdurchflutet. Nach all den Negativmeldungen über den Iran, die wir in Amerika gehört hatten, waren wir nicht auf nagelneue Autobahnen, saubere Straßen und vor allem so makellose Wege durch den Basar gefasst.

»Was ist hier los? Man kann ja im wahrsten Sinne des Wortes vom Boden essen.« Kev brachte die gleiche Überraschung zum Ausdruck wie schon auf dem Vakil-Basar in Shiraz.

»Wo sind die Bettler?«, fragte meine Mutter. »Wo sind Glaukome, Rachitis und Polio?« Und wo war die Hoffnungslosigkeit, die alle Würde raubte? Wo war die Verzweiflung, die wir zu Zeiten den Schahs gesehen hatten, als verkrüppelte Kinder auf Mercedes-Limousinen mit Chauffeur zukrochen und flehten: »Mein Opfer, Sir. Euer Sklave. Vergebt mir, werft mir gnädigerweise ein Almosen zu.« Als der Ölboom der Siebzigerjahre das Land mit Petrodollars überflutete, schwärmten scharenweise Bettler durch die Straßen der Hauptstadt des Schahs. Seit unserer Rückkehr hatten wir keinerlei Extreme gesehen – weder bedrückende Armut noch obszönen Reichtum.

Auf dem gesamten Basar war eine Art stiller Würde spürbar. Selten näherte sich uns jemand. Ein respektvoller Blick im Vorbeigehen, aber die Kunden schienen eher an ihren eigenen Geschäften interessiert als an sechs ziemlich seltsam aussehenden Ausländern. Wir spazierten an Stoffhändlern vorbei, die Seidenbrokate und zarte weiße Spitze feilboten.

Zwei junge Frauen mit hoch aufragenden Frisuren unter grauen Kopftüchern gingen an uns vorbei.

»Die müssen aus Teheran sein.« Vaz rümpfte die Nase. »Wir nennen das fünf Stock hoch.«

An Apothekenständen verkauften sich kosmetische Cremes und Öle sichtlich gut. Chris interessierte sich für dezent gemusterte Baumwoll- und Seidenhemden in erdigen Farbtönen. Modische Eitelkeit, ein iranisches Markenzeichen, war wohlauf. Nachdem man Ausländer und die unglaublich reiche verwestlichte Schicht verbannt hatte, war im Iran vielleicht endlich ein gewisses Gleichgewicht erreicht: Die unverantwortlich Reichen und hoffnungslos Verarmten waren tatsächlich verschwunden.

Als wir den Basar verließen, hatten meine Eltern eine neue Bekanntschaft gemacht: Mr Jamshid, ein Lehrer, dessen hohe gefurchte Stirn, buschiges weißes Haar und kugeliger Bauch ihm gewinnenden Charme verliehen.

»Er hat uns in sein Haus eingeladen«, sagte meine Mutter. »Das können wir nicht ablehnen.«

»Exzessive Gastfreundschaft – davor hat man mich gewarnt«, flüsterte Kev mir zu.

Wir willigten ein mitzukommen und saßen schon bald in einem malerischen 2-Zimmer-Haus auf Mr Jamshids Teppichboden und studierten einen detaillierten Plan des städtischen Basars, den er sorgsam kartiert hatte. Seine Tochter Masumeh brachte uns süßes Gebäck und Tee. Die mittelalterliche Shopping Mall von Yazd, in der wir drei Stunden lang zwischen Goldschmieden, Cafés und unserem in der prallen Sonne geparkten Kleinbus herumgeirrt waren, hatte er komplett auf einer Rolle sepiafarbenen Papiers abgebildet. Das Labyrinth besaß eine klare Form und deutliche Grenzen.

Die Struktur wirkte organisch. Gerade Linien bogen sich wie Flüsschen. Diesen Marktflecken hatte kein Stadtplaner in sein Schema gepresst, er hatte sich natürlich entwickelt. Jeder Pfad war nicht von einem Architekten, sondern wie zufällig von Fußgängern angelegt worden.

Im Laufe vieler Jahre festigten die Fußspuren der Yazdis die Biegungen und Kurven, die rechten Winkel, blockierten Kreuzungen, Plätze und Keller. Der Basar war etwas Lebendiges. Seine miteinander verwobenen Übergänge zur Stadt waren so fließend und vital wie Blutgefäße.

»Warum macht er sich all die Arbeit?«, fragte Vaz mit einem Blick auf Mr Jamshids Karte. Keiner von uns reagierte. »Ich schätze, weil es ihm Spaß macht«, murmelte Vaz wie zu sich selbst.

»Wenn man sich die Form des Basars ansieht«, erklärte Mr Jamshid, »dann ist er wie eine *dastgah*, eine Sammlung von Musiknoten. Seht mal, jedes Geschäft und jeder Laden am Weg ist eine Note der Melodie. Und wenn man zu einem Durchgang kommt, ist das wie eine Pause in der Partitur. Hört mal ...«

Er summte eine fröhliche *dastgah mahur*, während er den Zeigefinger von Laden zu Laden bewegte. »Diese *dastgah*«, sagte er, »ist ideal für die Dämmerstunde.« Dann hielt er inne, deutete auf einen Innenhof und umkreiste nach wie vor singend die überdachten Räume. »Seht ihr?«

»Ja, ja, wow!« Rich war begeistert.

Mr Jamshid hatte seinen eigenen einzigartigen hermetischen Plan dechiffriert. Intuitiv hatte er die mittelalterlichen Mauern der Stadt, ihre unzähligen Fußwege mit klassischen Melodien in Einklang gebracht. Alles war wie durch einen unsichtbaren Faden verwoben. Masumeh blickte ebenfalls erstaunt drein, bevor sie in nervöses Kichern ausbrach.

Konnte Mr Jamshid ein Sufi sein? Sein aufgezwirbelter üppiger Schnurbart mochte ein Fingerzeig sein. Während die anderen sich an den hausgemachten Ingwerplätzchen gütlich taten, setzte ich mich neben ihn.

»Verzeihung«, sagte ich leise. »Mr Jamshid, darf ich fragen, ob Sie ein Mystiker sind?«

Er antwortete mit einem schräg nach oben deutenden Kopfnicken und einem dezenten Zwinkern. Ich nickte zurück, als er mir einen Ingwerkeks anbot. Er zwirbelte seine lockigen weißen Bartspitzen und lehnte den Kopf zurück. Sein Blick wurde feurig. Just in jenem Moment musste ihm irgendwas ins Gedächtnis gekommen sein. Ein breites, zufriedenes Grinsen hob seine Wangen wie zwei Ballons.

»Heute Abend ist *zoor khaneh*, Haus der Stärke«, erklärte er. »Besondere Kämpfer. Seid meine Gäste! Kommt, das dürft ihr nicht versäumen.«

Wir stimmten alle sofort zu.

»*Kheli khub*! Sehr gut!« Er rieb vergnügt seine rundlichen Hände.

Als er aufstand, um seiner Frau zu sagen, sie solle mehr Kekse bringen, dachten wir über seine Worte nach. Würde das ein Ausflug in die hiesige Turnhalle werden? Oder ein Spaziergang in irgendeinen heißen, verrauchten Männerclub, um Schwergewichtler in Aktion zu sehen? Wir diskutierten in gedämpfter Lautstärke, ob wir tatsächlich mitgehen sollten.

»Mr Ward«, flüsterte Vaz, »wenn ihr Jungs nichts dagegen habt, werde ich heute Abend wohl im Hotel bleiben. Ich bin kein so großer Fan von *zoor khanehs*.«

»Wer ist das schon?«, stöhnte Chris.

Jahrhundertelang waren *zoor khanehs* Orte, wo muskelbepackte Männer – nach einem berühmten Sassanidenkrieger *pahlevan* genannt – iranische Kampfkunst vorführten. Kurz gesagt handelte es sich also um iranische Sumoringer. Dad fragte sich laut, ob *zoor khanehs* nicht vorrangig zu Rekrutierungsstätten für Schläger im Namen der Revolution, zur Brutstätte für Eiferer verkommen seien.

»Muskeln statt Hirn, wie beim Football«, sagte er.

»Mut statt Intelligenz«, stimmte Chris ihm zu.

»Mit einer großen Dosis patriotischer Inbrunst.«

»Ein Ort, wo die Emotionen hochkochen«, fügte Kev hinzu.

»Sollte es irgendeinen Ort geben, an dem Yanks unerwünscht sind, dann dort«, sagte Chris.

»Also, wir treffen uns dann später im Hotel«, sagte Vaz.

»Aber Mr Jamshid war so nett«, sagte Mom.

»Dann geht ihr also wirklich?«, fragte Vaz.

»Ich fürchte schon.« Mein Vater sah uns nacheinander in die Augen.

Als er die Entscheidung meines Vaters vernahm, verschluckte Chris sich hustend an seinem Tee. Seine Augen flehten »nein«, der Kopf meines Vaters nickte »ja«.

In den alten Zeiten pflegte Hassan regelmäßig vor seinen Räumen neben unserem Kirschgarten zu trainieren. Untersetzt und mit kräftigen Armen versehen, hatte er seine Brust durch jahrelanges hingebungsvolles Training gestählt. Mit einem schnellen Schwung hob er zwei Keulen, die geformt waren wie Bowling-Pins und die Größe von Baumstämmen hatten. Kein Problem. In einer fließenden Bewegung schwang er die beiden hinter seine Schultern, wirbelte sie dann um seinen Kopf und vollendete eine Acht. Fasziniert versuchten meine Brüder und ich es ihm mit kleineren Ästen gleichzutun. Wenn er fertig war, ließ er die Keulen stehen und schnappte sich ein Handtuch, um sich den Schweiß abzuwischen. Mit roten Gesichtern, schnaufend und keuchend versuchten wir jeder, seine Keulen aufzuheben, aber sie rührten sich nicht. Schwitzend lächelte Hassan uns an. »Zur rechten Zeit, Jungs, zur rechten Zeit.«

In Yazds schimmernder Dämmerung war nun unsere Zeit gekommen. Verlegen folgten wir Mr Jamshid im Gänsemarsch durch eine schmale, staubige Gasse. Eine Mutter mit Tochter eilte im Tschador an uns vorbei. In einem Hauseingang knurrten zwei Hunde. Bald vernahmen wir das Geräusch einer dumpfen Trommel und das Läuten einer Glocke. Meine Mutter fasste mich am Arm. »Wir sind schon ganz nah.«

Unser Gastgeber führte uns um eine Ecke auf einen kleinen Platz und blieb vor einer grünen Holztür stehen. Gehorsam reihten wir uns hinter ihm auf, da hörten wir den lauten Jubelschrei einer Menschenmenge: »Aaaaaah!«

Mr Jamshid drückte die Türklinke aus Bronze, und vor uns lagen hundert Paar Schuhe. Wir bückten uns unter dem niedrigen Türstock hindurch und legten rasch ebenfalls unsere Schuhe ab. Die Luft war stickig, warm und roch stechend. Etwa hundert Männer saßen in einem kleinen Theater mit zehn kreisförmig angeordneten Sitzreihen und einer abgesenkten Bühne.

Auf dem Holzboden absolvierten sechs junge Athleten ihr Programm. Rechts von uns saß ein gut aussehender Musiker, der in ein Mikrofon sang und trommelte. Seine Trommelwirbel und schnelle Gesänge, synchrone Bewegungen und schwitzende Leiber ließen die Wände wackeln. Der charismatische Trommler lenkte das Geschehen wie ein Dirigent sein Orchester. Er hatte die Zuschauer im Griff. Wie auf Kommando antwortete das Publikum mit »*Yaaaah Ali*!« Meine Mutter hängte sich bei meinem Vater ein und ging hinein, um mit Mr Jamshid einen Sitzplatz zu suchen.

Seit dem Mittelalter haben Athleten öffentlich in *zoor khanehs* trainiert. Die Übungen – teils Gymnastik, teils Tanz – waren ursprünglich dazu gedacht, die Männer für den Kampf auf dem Schlachtfeld vorzubereiten. Die Trommel, die Glocke und die Stimme des Sängers gaben den Takt vor. Gruppendarbietungen waren Übungen in Geschwindigkeit, geschickter Beinarbeit, Kraft, Geschicklichkeit, Ausdauer und Artistik.

Meine Mutter glitt zwischen Dad und Mr Jamshid auf eine Bank. Sie war die einzige Frau im Raum, unerschrocken schaute sie zu. Als begeisterter Sportler war Dad gleich wie gebannt.

Die aufgewühlte, zusammengedrängte Menge ließ die Temperaturen ansteigen. Die Jungs da unten waren Teenager, keine schwergewichtigen, dickbäuchigen Grobiane. Gazellen statt Nashörner. Diese geschickten Kämpfer repräsentierten die Blüte der Jugend, die Verteidigung ihres Landes. Die Zuschauer folgten jeder Bewegung. Die Übungen hatten bereits begonnen.

Ich konnte den Stolz im Blick der älteren Zuschauer erkennen. Die alten Männer blickten zweifellos nostalgisch in einen Spiegel vergangener Zeiten, als sie selbst des Nachts die Keulen geschwungen und jugendliches Feuer besessen hatten. Eine leidenschaftliche Beziehung verband Zuschauer und Athleten. Der Gesang wummerte durch den Ring. Die Luft war erfüllt von Kampfgeist.

Rich bückte sich, um seine Filmkamera herauszuholen.

»Vergiss es«, sagte ich und stieß ihn mit dem Ellbogen an.

»So eine Gelegenheit kommt nie wieder«, sagte Rich.

»Nicht hier.«

Über Lautsprecher machte der Trommler eine Ankündigung: »Unsere Gäste heute Abend kommen aus …«

Schweigen.

»Am-ri-ka.«

Während Rich seine Kamera wieder wegpackte, richteten sich alle Blicke auf uns. Aus der Menge erhob sich ein Murmeln. Ein Mann nickte mir zu, dann ein zweiter, ein Bärtiger zwinkerte in meine Richtung. Ich nickte zurück. Dann neigte ein Athlet mit mahagonifarbenem Haar den Kopf und zog rasch die Augenbrauen in die Höhe. Sogar der Trommler warf mir rasch ein

Grinsen zu. Mit großem Respekt nickte ich und senkte leicht den Kopf in Richtung aller Blicke, die meine Augen trafen.

»Willkommensgesten«, sagte Rich.

»Gott sei Dank«, sagte Chris.

Inzwischen schienen einige Zuschauer – Väter, Onkel, Cousins oder Freunde – ihren eigenen Gedanken nachzuhängen und die Gewandtheit jedes einzelnen Athleten sorgsam zu studieren. Der Rhythmus der Trommelschläge wurde schneller und schneller. Die Tribüne begann zu wackeln, als der Trommler Gedichte aus Ferdowsis Buch der Könige in martialischem Tempo rezitierte. Seine Trommelschlegel tanzten. *Dum du dum … ppiiinggg. Dum du dum … ppiiinggg. Klatsch … riing. Klappediklapp!*

Wie bei einem Jazzkonzert hatte jeder Athlet Gelegenheit zu improvisieren und zu jammen. Jeder nutzte die Bühne für seine eigenen Bewegungen und prahlte mit seinen Fähigkeiten. Es war eine Mischung aus gemeinsamen Harmonien und Solo-Riffs. Windmühlenartige Bewegungen mit wirbelnden schweren Holzkeulen über dem Kopf sorgten für spontane Beifallsrunden. Der absolute Hit bei den Zuschauern war ein wildes derwischartiges Kunststück. Das hatte ich als Junge nie gesehen, aber hier in Yazd waren die Teenager nicht zu bremsen. Beim Klang von Trommel und Glocke begannen die Füße einen unbändigen Wirbel. *Dum … du … dum, klatsch … klatsch … ring … di-ring!* Köpfe flogen nach hinten. Arme wurden in die Luft geschleudert. Stürmische Beschleunigung erzeugte schwindelerregende Unschärfe. Rundherum, rundherum ging es, bis donnernder Applaus und Getrampel von allen Seiten ausbrachen. Dann bremsten die menschlichen Propeller langsam ab. Lang anhaltender Jubel zeigte an, dass dies die Lieblingsdisziplin der Zuschauer war.

An den leuchtend grünen Wänden über unseren Köpfen war das Walhalla der Yazdis zu sehen. Ich studierte den Heldenaltar, die Sportlerporträts, frühere Champions und Märtyrer. Besonders ins Auge fiel mir das Schwarzweißfoto des gut aussehenden Volkshelden und beliebten olympischen Ringers Takhti, der in Helsinki eine Silbermedaille gewonnen hatte. In den 1960er Jahren war Takhti ein Führer der Nationalen Front des Schah-Gegners Mossadegh gewesen. Nach seinem Titelgewinn bei der Ringerweltmeisterschaft in Yokohama schockierte Takhti seine Landsleute, indem er den Schah brüskierte, als er sich weigerte, ihm die Hand zu schütteln. Bald danach wurde er ermordet aufgefunden. Gerüchte besagten, SAVAK, die Geheimpolizei des Schahs, habe ihn getötet.

Wie der mythische Krieger Rustan verkörperten Takhti und diese Kämpfer vor uns Ritterlichkeit und Tradition. Als bewunderte Vorbilder standen sie für einen Patriotismus der kraftvollen und zugleich bescheidenen Sorte und für einen gewissen Moralkodex: Stärke, gepaart mit Großzügigkeit. Nur einen Monat nach Khatamis historischem Angebot begrüßte die *Tehran Times* fünf amerikanische Ringer, die zur Teilnahme am Takhti Cup, einer internationalen Ringkampfmeisterschaft, eingetroffen waren. 12 000 Fans wohnten der Veranstaltung pfeifend und jubelnd bei. Bezeichnenderweise fand der nach 20 Jahren erste offizielle Kontakt zwischen dem Iran und seinem Erzfeind Amerika auf sportlicher Ebene statt.

Der Trommler hatte innegehalten und brachte die Menge jetzt langsam zur Ruhe. Alle sangen leise »*Yaaaah Ali*«, und die Vorstellung endete mit einem Gebet für Imam Ali, den Schutzheiligen des *zoor khaneh*. Wir erhoben uns zum Gehen. Hände streckten sich aus, um unsere zu schütteln.

»Yazdi-Bebop, wie Wild Jazz«, sagte Kevin, als wir in dem Haufen Schuhe herumwühlten, bevor wir wieder hinaus auf die staubige Gasse traten.

»Mir hat's sehr gut gefallen«, erklärte Mom.

Abschiedslächeln begleiteten uns, während wir Mr Jamshid im schwachen Licht aufgehängter Glühbirnen durch die Straßen folgten. In unseren Ohren klang noch das »*Yaaaaah Ali!*« nach.

KAPITEL 9

Verabredung in Tudeshk

Räuspernd wandte sich Kevin beim Frühstück an uns alle: »Wisst ihr, im Hotel Apadana in Shiraz habe ich mir keine Illusionen gemacht, aber hier …«

»Hast du erwartet, dass es so glatt gehen würde?«, fragte meine Mutter.

»Im Hotel oder im Iran?«

»Iran.«

»Ich hatte keine Ahnung, was ich erwarten sollte.«

»Ich auch nicht. Ich war … nun, ein wenig ängstlich.«

»Ich habe mich nicht gefürchtet«, sagte Kev. »Diese Menschen sind erstaunlich. Ich meine, die Aura, die man spürt.«

»Nasrollah ist ein Schatz«, sagte Mom. »Und Inspektor Clouseau ist mir schon richtig ans Herz gewachsen.«

»Absolut«, stimmte Kev zu. »Sobald man begriffen hat, was er kann und was nicht, ist er richtig unterhaltsam.«

»Wir wissen, was er nicht kann«, sagte Mom. »Er ist verschreckt, weil es ihm an Selbstvertrauen mangelt.«

»Wisst ihr, wovor ich mich am meisten gefürchtet habe?«, fragte Kev. »Vor langen Autofahrten in heißen Kleinbussen, dreckig und stinkig …«

Mein Vater nickte. Er hatte vor Jahren auf seinen Trips zu den Ölfeldern viele solche Reisen unternommen.

»… und bösartiger Polizei«, fügte Chris hinzu.

»In der New York Times habe ich gelesen, dass die Familie von Präsident Khatami aus Ardakan stammt. Das ist in der Nähe, oder?«, fragte Mom.

»Etwa dreißig Kilometer von hier.«

»Ich würde zu gern seine Mutter besuchen. Was meint ihr? Gibt es irgendeine Möglichkeit, das zu machen?«

»Nun, wir werden Vaz darauf ansetzen.«

»Ja, er muss da einspringen, wo Akbar aufgehört hat.«

»Nein«, stellte Kev klar. »Jetzt sind wir auf uns allein gestellt.«

Meine Mutter war wild entschlossen, Mrs Sakineh Ziai, der 78-jährigen Mutter von Präsident Mohammed Khatami, einen Besuch abzustatten. Sie wollte Mrs Ziai gratulieren und ihr sagen, was für einen bewundernswerten Sohn sie habe. Sie empfand es schlicht und ergreifend als richtig, ihre Begeisterung über die jüngste Annäherung an die Weltgemeinschaft, die ihr Sohn in Gang gebracht hatte, zu teilen. Klare Kansas-Logik.

Präsident Khatami, der 1997 mit 70 Prozent der Stimmen gewählt worden war, genoss im Iran eine Kennedy-artige Aura. Er war extrem beliebt bei Frauen und jungen Leuten, er weigerte sich, die Welt so zu betrachten, wie Khomeini es getan hatte: als Konflikt zwischen Ost und West. Er war in präislamischer persischer Geschichte ebenso bewandert wie im schiitischen Islam und in westlicher Philosophie, sprach fließend Englisch und Deutsch, nachdem er unter anderem zwei Jahre in Hamburg gelebt hatte. Der Internet-kundige Staatsmann redete wortgewandt von der Förderung der Frau und dem Dialog zwischen den Nationen. Er verkörperte einen frischen Wind des Wandels.

»Und er zieht sich gut an. Ihr solltet mal auf seine Lederschuhe achten«, sagte Vaz, »nicht solche plumpen Pantoffeln, wie Mullahs sie gerne tragen. Auch sein Bart ist stets gepflegt. Jeder mag ihn.«

Am 1. Februar, zwei Monate vor unserer Ankunft im Iran, zitierte ihn die New York Times: »Wir liebe alle Völker der Welt und möchten, dass sie uns ebenfalls lieben.« Später sprach er im iranischen Rundfunk und bat das Volk, damit aufzuhören, während seiner öffentlichen Reden das Revolutionsmantra »*Marg bar* …« oder » Tod für …« zu singen.

»Ich stehe für das Leben, nicht den Tod«, sagte er. »Unser Gott ist der Gott der Liebe.« Nachdem sie das gelesen hatte, war meine Mutter entschlossen, seiner Mutter ihre lobende Botschaft zu überbringen.

Wir vermissten Akbar schmerzlich. Unser gelassener, poetischer Patriot hatte uns in einer gewissen Leere zurückgelassen. Ich studierte erneut meine Karte: Ardakan, 32 Kilometer nördlich von Yazd. Als wir uns dem staubigen, einsamen, sandfarbenen Ort näherten, bat meine Mutter Vaz, uns zu helfen, das Haus der Präsidentenfamilie zu finden. Aber er war wieder einmal schwierig.

»Nein, nein, nein! Ich werde nicht nach dem Weg zu Khatamis Haus fragen!«, sagte er. »Da könnte Geheimpolizei sein, Revolutionsgarden!«

Chris stimmte ihm rasch zu. »Er hat recht. Warum Ärger riskieren? Mom, muss das sein? Können wir nicht einfach weiterfahren?«

»Abgesehen davon«, sagte Vaz, »haben wir doch nicht einmal einen Termin, oder?«

»Nein«, antwortete meine Mutter.

»Also können wir da auch nicht hin.«

Ich beugte mich vor und fragte Nasrollah, ob er uns helfen könne.

»Ja, natürlich«, antwortete er cool und blickte starr geradeaus. Unser pflichtbewusster Fahrer genoss die einmalige Herausforderung meiner Mutter. Er weigerte sich, auf Vaz' Proteste zu hören und sprach aus dem Autofenster heraus Passanten an, um nach dem Weg zu fragen. Ein junger Student schickte uns nach links auf einen staubigen Boulevard.

Mit seinem flammenden Blick, dem dicken Schnauzer und Dreitagebart erntete Nasrollah gehörigen Respekt von gegnerischen Verkehrsteilnehmern. Er fragte sich weiter durch, während wir durch die Stadt kreuzten. An einer Ampel antwortete ein Taxifahrer uns lauthals und deutete nach rechts. Wir bogen in die Straße ein und standen nach fünf Minuten an der nächsten Kreuzung. Vaz protestierte nach wie vor, aber niemand schenkte ihm Beachtung. Nasrollah hatte die Verantwortung übernommen. Ein Fahrer zeigte schüchtern in die Richtung, aus der wir gerade gekommen waren. Worauf Nasrollah sofort mit einem heftigen Manöver wendete. An der nächsten roten Ampel beugte er sich aus dem Fenster und rief einen alten Hadschi an, der zustimmte, uns zu helfen, und in den Kleinbus sprang. Er dirigierte uns zum ausgedörrten Stadtrand zu einem einfachen Ziegelhaus. Keine Bäume, keine Polizisten, die Straße verwaist.

Meine Mutter stieg aus und läutete. Vaz folgte ihr widerwillig, um zu übersetzen. Der Rest unserer Truppe blieb im Wagen, bis auf Richard, der hinter Vaz hinausschlüpfte.

Ein grünes Eisentor schwang auf und eine Frau in schwarzem Tschador begrüßte meine Mutter. Hinter ihr konnte ich ein kleines eingezäuntes Stück Land und einen bescheidenen Windturm erkennen. Mom und Vaz verschwanden drinnen. Das Wohnhaus hinter der Ziegelmauer wirkte spartanisch. Mom hatte das innerste Heiligtum der Familie Khatami betreten. Ihr Wunsch war in Erfüllung gegangen, dachte ich bei mir. Jetzt würde sie als eine Mutter, die den Iran schon immer geliebt hat, sprechen und in diesem Moment der Offenheit und Freundschaft ihre von Herzen kommenden Wünsche der Familie überbringen, deren Sohn vom Durchbrechen der Isolation redete, welche die Islamische Republik vom Rest der Welt trennte.

Als meine Mutter eine Stunde später wieder erschien, hob eine Böe aus der Wüste ihren Schleier wie ein Segel an. Unser Hadschi und Nasrollah wirkten ganz zufrieden. Mrs Ziai, Khatamis Mutter, sei nicht zu Hause gewesen, sagte Mom. Aber sie sei von der Schwester der Präsidenten, Maryam Khalili, begrüßt worden.

Die beiden Frauen hatten sich leidenschaftlich und hoffnungsvoll unterhalten und einander ihr Herz ausgeschüttet. Maryam sprach von ihrem tiefen Glauben. Mom lobte sie und ihre Familie für ihre Verdienste um die Allgemeinheit. Sie hatten die Weltlage erörtert, das Gesundheitswesen, die Wohnverhältnisse der Armen, hatten über junge im Iran-Irak-Krieg gefallene Männer und Khatamis Aufforderung zum internationalen Dialog gesprochen.

Meine Mutter fragte Maryam, wie sie ihre Kinder großgezogen hatte. Ihr älterer Sohn arbeitete an der Universität und hatte den Vorsitz einer Kommission, die Einigkeit zwischen Schiiten und Sunniten zum Ziel hatte. Ihre älteste Tochter war Schuldirektorin einer Oberschule am Ort, ihr anderer Sohn Direktor einer weiterführenden Schule in London. Die jüngste Tochter war 16 und ging noch zur Schule. Das Zimmer, in dem die beiden Frauen sich unterhalten hatten, war karg und makellos sauber. Sie saßen auf einem Teppich, und die weiß getünchten Wände wurden von einem großen Foto ihres dritten Sohnes dominiert, der im Krieg gefallen war.

»Er war erst siebzehn«, sagte Mom. »Sie ist immer noch voller Trauer. Ich habe ihr versichert, dass der Tod eines Sohnes das größte Opfer ist, das eine Mutter bringen kann. Sie erwähnte ein deutsches Kamerateam, das sie damals besucht hätte, um ihr Zuhause zu filmen. ›Wir haben sie mit großer Gastfreundschaft empfangen‹, sagte sie, ›aber dann haben sie unser Vertrauen ausgenutzt und das Material missbraucht.‹ Irgendwann kam ihre Enkelin, ein sehr hübsches Mädchen, und servierte uns Kardamomplätzchen und Mandarinen.«

Als wir losfuhren, redete meine Mutter über unseren bevorstehenden Besuch im »Vatikan« der Schiiten. »In Qom werde ich meinen Tschador tragen.«

»Nein, Mom«, entgegnete der stets ängstliche Chris. »*Ich* werde in Qom deinen Tschador tragen.«

Als wir wendeten, schaute ich die Straße hinunter. Immer noch keine Polizei. Khatamis Familie hatte sich wohl entschlossen, bescheiden zu leben – eine erfrischende Abwechslung zu den Patriarchen der islamischen Geistlichkeit, die ihren Sonderstatus und neu erworbenen Reichtum zur Schau stellten. Während Nasrollah Gas gab, erfüllte mich eine Welle des Stolzes auf meine Mutter. Selten finden Männer den Mut, Schranken zu überwinden. Wir streiten lieber oder klagen an. Gift sickert in die Seelen und wird dort hart wie Zement. Es ist ja auch so viel leichter, jegliches Nachgeben zu verweigern, als die Hand auszustrecken.

Wieder einmal lehrte Mom uns ihre wirkungsvolle Art, mit Dingen umzugehen. Hoffnung und Versöhnung erfüllen das menschliche Herz. Es gibt kein größeres Geschenk als das Begraben der Furcht. Reverend Cecil Williams von der Glide Memorial Church in San Francisco hatte eine andere Bezeichnung dafür: radikale Liebe. Sollten wir Hassan jemals finden, *inshallah*, werden wir dazu bereit sein.

Ironischerweise riefen viele der Revolutionäre, die in der Nacht des 4. November 1979 die US-Botschaft gestürmt hatten, darunter auch Khatamis jüngerer Bruder Reza, jetzt nach Normalisierung der Beziehungen zu Amerika. Der 20. Jahrestag der Besetzung rückte näher, und die Reformer traten sehr behutsam auf, weil sie die bevorstehenden Veränderungen spürten. Eine der Geiseln, der Diplomat Barry Rosen, der die gesamten 444 Tage festgehalten worden war, hatte sich vor aller Augen in Paris mit seinem früheren Kidnapper Abbas Abdi getroffen. Gemeinsam hatten sie von Versöhnung zwischen dem Iran und den Vereinigten Staaten gesprochen. Jegliche diplomatische Öffnung würde sich auch als Segen für die krankende Wirtschaft erweisen.

Allerdings hätte ein solcher Durchbruch eine schwere Bedrohung für die Legitimität der Hardliner als Glaubenshüter bedeutet. Sie liefen dadurch Gefahr, ihren Führungsanspruch zu verlieren. Fast zwei Jahrzehnte lang hatten sie das iranische Volk vor dem bösen Satan beschützt, der einst den bösen Yazid, verkörpert durch den Schah, kontrolliert hatte. Was würde passieren, wenn sie dem Bösen nun die Hand reichten? Wenn die große Kluft überwunden würde, konnten sie gleich aus der Politik aussteigen und in die Moscheen zurückkehren.

Wir fuhren in den Norden von Ardakan und weiter Richtung Nain, immer noch ein großes Stück von Hassans Dorf entfernt. Eine Batterie unheilverkündender Gipfel begleitete uns im Westen, zerklüftet und rasiermesserscharf. Ihre spitze Bewehrung ließ sie wie eine Herde wandernder Stegosaurier aussehen. Zu unserer Rechten, entlang des östlichen Horizonts, erstreckte sich die Dasht-e Khavir, eine trostlose Salzwüste.

Wir entdeckten eine Karawanserei – *caravan-sahra*, »Rastplatz für Karawanen« – neben der Straße und steuerten sie an. Sie war im 17. Jahrhundert unter den Safaviden errichtet worden, um Schutz und Zuflucht vor den Banditen zu gewähren, die auf den Handelsrouten durch die Wüsten zogen. Die Anlage hatte schon bessere Zeiten gesehen. Sie umfasste ein 400 Jahre altes Gasthaus, in dem Dutzende von Reisenden Quartier und Nahrung hätten finden können, ein Lagerhaus und einen riesigen befestigten Pferch für Pferde und Kamele, zu dem auch eine grüne Weide gehörte. Doch nun wirkte alles geisterhaft verlassen. Krähen umkreisten die zwei zerfallenden Türme, nirgendwo ein Zeichen menschlichen Lebens. Ein Portal führte in einen Innenhof, wo zwei räudige Kamele zwischen ausrangierten Lkw-Reifen angebunden waren.

Hassan hatte uns früher oft Geschichten von den Karawanen erzählt, die sein Dorf verließen. Jahrelang hatte sein Vater sich Kamelkarawanen angeschlossen, die Waren auf der beschwerlichen Nord-Süd-Route transportierten. Vom Hafen Bandar Abbas am Persischen Golf hatte er die Pässe des Zagros-Gebirges im Norden überwunden. In Täbris nahm er Ladungen von Weizen für den Rückweg auf. Im Laufe seines Lebens hatte er mit angesehen, wie die Sowjetunion den letzten Tropfen des Ost-West-Handels über Land aus den zentralasiatischen Teilrepubliken herausgequetscht hatte.

1941 bedeutete dann die britische Invasion das endgültige Aus für die Karawanen. Von ihrer Versorgungsbasis im Golf aus waren Churchills Truppen in riesigen Lastwagen, von den Iranern *camions* genannt, über das Zagros-Gebirge gedonnert. In Teheran hatte »Onkel Napoleon« gezittert, weil sein größter Alptraum Wirklichkeit geworden war: Die Briten rückten an! Und wie. Über das persische Hochland karrten die Tommys und indische Sepoys Kriegsgerät nach Norden zu den bedrängten russischen Verbündeten, die sich bei Stalingrad eingegraben hatten, und vereitelten Hitlers verzweifelten Versuch, sich der Ölfelder von Baku zu bemächtigen. Reza Shah wurde nach Mauritius fortgeschafft und sein Sohn auf den Thron gesetzt. Als Deutschland vier Jahre später kapitulierte, zogen sich die Briten zurück und hinterließen, wie Hassan uns berichtete, ihre Trucks.

Hassans Vater, der einst beteuert hatte, er würde eher seinen eigenen kleinen Sohn töten als eines seiner wertvollen Kamele, nutzte die Gunst der Stunde – und wurde Lkw-Fahrer. So wurden die Karawansereien entlang der Handelsrouten zu Relikten des Benzinzeitalters.

Wir erkundeten die Artefakte: Chris suchte sich mit seinem Skizzenbuch einen Weg in die Festung, Kev fütterte die Kamele mit etwas Heu, das ein unbekannter Wohltäter zurückgelassen hatte, Mom und Dad gingen Hand in Hand durch den verfallenen Torbogen, und Rich erklomm die Mauern, um eine bessere Aussicht zu haben. Wie viele Menschen mochten hier genächtigt haben? Auch ich kletterte die Ziegelmauern hinauf. Der Halt war trügerisch, doch die Aussicht unglaublich.

Lehmziegelwände zu erklimmen war eine meiner verrückten Leidenschaften als Kind gewesen. Nach der Schule hatte ich mich gemeinsam mit meinem Bahai-Freund Ahmad Khamsi auf verlassenen Baustellen mit Bergen von Ziegeln, halbfertigen Wänden und Dächern herumgetrieben. Oben auf den Mauern waren wir wie vorsichtige Seiltänzer auf dem zerbröselnden Lehm entlanggerutscht. Die Vogelperspektive war einfach aufregend gewesen. Wie viele Stunden wir so verbrachten? Hunderte. Jeder Schritt ein Glücksspiel, ein Wagnis zwischen gefährlichem, knochenbrecherischem Sturz und stummer Zen-artiger Poesie.

Nasrollah inspizierte eines der Türmchen der Karawanserei, die vom Wind schon gefährlich lädiert waren. Verwitterung hatte die Außenwände bereits in Lehm verwandelt, auf dem nun Gras wuchs.

»Keine gute Idee von Bruder Rich, dort oben herumzuklettern«, sagte er.

Er zeigte mir eine klaffende Lücke in dem Bogen, über den Rich gerade gegangen war. Ein großer Dreckklumpen fiel dort herunter. Nasrollah hob ihn auf. Dann blickte er über seine Schulter und wieder zu mir zurück, um sicherzugehen, dass niemand uns hörte.

»Was ist, wenn Hassan euch nicht sehen will?«

Vaz hatte es ihm offensichtlich erzählt. Ich reagierte nicht.

Nasrollah machte ein paar theatralische Gesten und strich sich einen nicht vorhandenen langen Bart. »Vielleicht ist er ein Mullah geworden.«

Ich spürte einen Knoten in meinem Magen. »Mach keine Witze«, sagte ich.

Nasrollah kicherte. »*Hameh Irani-ha khuband.* Alle Iraner sind gut.«

Als wir zu unserem Wagen zurückkamen, schnarchte Vaz auf der Rückbank. Nasrollah kontrollierte noch einmal den Kühler, setzte sich dann hinters Steuer und fuhr durch den Staub, um unsere letzte Etappe auf dem Weg nach Tudeshk zu beginnen.

»Nun, Jungs«, sagte mein Vater, »lasst uns hoffen, dass auf der anderen Seite jemand auf uns wartet.«

Mit jedem Kilometer wurden meine Eltern und Brüder aufgeregter und kribbeliger. Bei sechs eigensinnigen Reisenden hätten wir eigentlich einen Wortführer gebraucht. Doch es herrschte blanke Anarchie. Schließlich retteten wir uns in eine eigenartige Form der Entscheidungsfindung im Konsensverfahren. Nehmen wir an, jemand machte einen Vorschlag. Dann machten sich zunächst alle anderen darüber lustig. Dann machten wir uns über die Person lustig, die den Vorschlag gemacht hatte. Und dann brachte einer von uns einen anderen Vorschlag, der oft keinerlei Logik besaß, außer dass er das Gegenteil des ersten Vorschlags war. Danach setzte sich üblicherweise derjenige durch, der am längsten und am lautesten schrie.

Laut Karte war Tudeshk nur 80 Kilometer entfernt. Unverzüglich kam es zu Streitereien. Die feindselige Landschaft zog sich himmelwärts zurück, und die Straße versprach, uns über eine weitere Ansammlung von schroffen

Bergen zu führen. Diese Hochgebirgstour strapazierte Nasrollahs armen Bus in jeder Faser. Erfüllt von Mitgefühl und Sorge streichelte er das Armaturenbrett. Jedes gequälte Jammern des Motors ließ seine grauen Schläfen vor Schmerz zucken. Es war, als würden wir sein Lieblingspferd schlagen und misshandeln. Ich schnitt ein mitleidiges Gesicht, und er schien es zu schätzen, dass ein Leidensgenosse mit an Bord war. Und immer noch ging es weiter bergauf.

Scharfe Kehren verlangsamten unser Fortkommen zu einem Kriechen. Plötzlich kam uns in einer besonders steilen, uneinsehbaren Kurve ein Lastwagen auf unserer Fahrbahnseite entgegengedröhnt. Nasrollah riss das Lenkrad herum, was uns aus den Sitzen hob. Der Laster brauste bergab an uns vorbei. Vaz wachte auf und schaute meine Mutter voller Panik im Blick an.

»Keine Sorge«, flüsterte er.

Als er nach unserem Beinahezusammenstoß tief Luft geholt hatte, schrie er Nasrollah an.

»Was machst du denn?!«

»Halt's Maul!«, knurrte Nasrollah zurück, die Augen weiter starr auf die Straße gerichtet.

»Ja, halt's Maul, Vaz!«, schrie Rich von hinten.

»Warum? Er ist wahnsinnig. Wir wären fast ums Leben gekommen.« Vaz' Stimme klang schrill, geradezu hysterisch. Doch niemand war in der Stimmung, ihm zuzuhören. Gerade ihm nicht.

»Reg dich ab, sonst werde ich ungemütlich«, übertönte Richs Stimme das Motorgeräusch.

»Es ist meine Pflicht zu schreien, wenn er Fehler macht!«

»Hör zu, halt den Mund und rede nicht mit dem Fahrer.« Richs Augen glühten.

Eine weitere Haarnadelkurve. Irgendwo ertönte das Geräusch einer Hupe. Nasrollah fluchte, kniff die Augen zusammen und riss am Steuer.

Vaz wandte sich ihm zu, um eine neue Runde Gebrüll loszulassen, aber Rich schnitt ihm das Wort ab.

»Aaaaaah!«, schrie Vaz, als Rich ihn am Ohr packte und schüttelte.

»Richard!«, rief Mom.

Diesmal raste ein Bus um eine weitere uneinsehbare Kurve. Seine schmetternde Hupe übertönte alles andere. Wir klammerte uns an unsere Sitze und aneinander. Ich betete. In Sekundenschnelle war es vorüber. Der Busfahrer, der in einem selbstmörderischen Manöver an uns vorbeirauschte, verfehlte uns nur um Zentimeter. Ein Hut flog aus dem Fenster und purzelte im Fahrtwind über die Straße, bevor er über die Klippe rollte.

»Eindeutig jemand, der ans Schicksal glaubt«, murmelte Kev und blickte dem Raser nach, wie er den Berg hinabpreschte.

Wir fuhren sehr langsam in eine karge Ebene hinunter. Immer noch ein wenig zittrig und schweigsam. Als wir ein weiteres ödes Dorf mit Lehmziegelhäusern erblickten, schaute ich wieder in meine Karte. Wo war es? Ich schätzte die Entfernungen ab und rechnete, die Karte versprach Lebenszeichen. Ich suchte den Horizont ab. Zu unserer Rechten lag in der Ferne ein kleiner Luftwaffenstützpunkt. Zu unserer Linken nichts, leere, dürre Landschaft. Eine Reihe von *qanat*-Löchern. Dann tauchte wie eine Vision ein leuchtend grünes Straßenschild mit magischen Worten auf: *Tudeshk 20 km.*

Wir konnten es kaum glauben. Plötzlich überfiel uns alles auf einmal: unsere jahrelangen Witze über das Gedächtnis meiner Mutter, unsere Zweifel daran, das Dorf jemals zu finden, unsere Scherze über diese verrückte Idee. Und doch waren wir jetzt so nah dran. Konnte Hassans Tudeshk wirklich in dieser gottverlassenen Wüste liegen? Nach all diesen Kilometern, all den Jahren?

»Mom, du hattest recht«, sagte Chris und umarmte sie. Wir jubelten.

»Mein Gott, Jungs«, sagte sie. »Ich kann es gar nicht glauben.«

Nervöse Aufregung erfüllte den Kleinbus. Wie bei schnarrenden Elstern zur Paarungszeit im Frühling konnten wir unsere Gefühle kaum bändigen. Mit zusammengekniffenen Augen blickten wir die Straße vor uns hinunter. Und nach 20 langen Minuten tauchte es endlich dort auf, wo Himmel und Erde sich berührten.

Auf der linken Straßenseite standen ein paar Lehmhütten aufgereiht. Ich bemühte mich, das Dorf aus Hassans Schilderungen zu erkennen: Silhouetten von Mauern, Formen von Türen, Konturen von *qanats* und Brunnen. Hartes, trockenes Land umgab den Ort. Wo waren die Felder, von denen Hassan gesprochen hatte? Die Obstgärten? Die befestigten Stadtmauern, zum Schutz vor räuberischen Qashqai? Nur eine Ansammlung verstreuter Hütten rechts und links der Straße. Kein Grashalm, kein Anzeichen von Leben. Richard brach das Schweigen.

»Lasst uns jemanden fragen.«

Aufgeregt und furchtsam fuhren wir rechts heran. An der ersten Ladenfront war das abgenutzte Schild einer Bäckerei zu erkennen. Ein junger Bursche, von einer weißen Mehlschicht überzogen, trat heraus, um sich eine Zigarette anzuzünden.

»*Lotfan*, bitte, Hassan und Fatimah Ghasemi, kennen Sie sie?«, fragte Rich.

»Ghasemi?«

»Ja.«

»*Hameh ye Tudeshk Ghasemiand.*«

»Was hat er gesagt?«, fragte mein Vater.

»In Tudeshk heißt jeder Ghasemi«, übersetzte Vaz.

»Jeder?«

»Das ganze Dorf trägt diesen Namen. Er sei sehr verbreitet, meint er.«

Nun steckte meine Mutter den Kopf aus dem Fenster. »Hassan und Fatimah«, bat sie.

»Hassan«, wiederholte der Junge.

»Ja, ja. Hassan und Fatimah Ghasemi«, wiederholte sie laut.

»*Mordan*«, sagte er langsam.

»Was?«

»Sie … sie sind tot, Mrs Ward«, sagte Vaz.

Ich sah den Schmerz in den Augen meiner Mutter. Mein Vater ließ den Kopf in seine Hände sinken. Richard rührte sich nicht.

»*Bebakhsheed, khanoum*, entschuldigen Sie mich, gnädige Frau.« Der Junge in dem mehlbestäubten Hemd trollte sich.

Er hatte recht, fast jeder in diesem Dorf hieß Ghasemi. Und fast alle schienen unter zwanzig zu sein. Unsere Fragen nach Hassan stießen auf leere Blicke, Schulterzucken und ausdruckslose Gesichter.

Zwei andere junge Männer bestätigten uns kalt und im Chor: »Hassan und Fatimah *mordan*, tot.«

»Hört mal«, sagte Vaz. »Wir können nicht mehr tun. Lasst uns fahren.«

»Vielleicht hat er recht«, sagte Chris. »Wir sind einfach zu spät gekommen.«

»Mr Ward«, sagte Vaz, »wir können vor Einbruch der Dunkelheit in Isfahan sein. Wir haben immer noch ein großes Programm vor uns. Da gibt es den Chehel-Setoun-Palast …«

Wir begannen mit meinem Vater zu diskutieren, ob wir weiterfahren oder bleiben sollten.

»Wir sollten fahren«, sagte Chris.

»Ich weiß nicht. Was denkt denn der Rest von euch Jungs?«, fragte Dad.

Ich konnte nicht sprechen. Kevin murmelte irgendwas.

Meine Mutter öffnete die Wagentür, stieg aus und entfernte sich vom Auto. Während wir unseren nächsten Schritt überlegten, beobachtete ich sie durch mein Fenster. Diese langsamen, entschlossenen Schritte hatte ich schon früher an ihr gesehen. Ihr Gang war resolut. Nichts würde sie aufhalten.

Sie ging mit ihrem wehen Knöchel neben der Straße durch das staubgeplagte Dorf. Ich konnte sehen, dass sie das Schwarzweißfoto von 1963 bei sich hatte. Sie hielt alle Passanten an und zeigte es jedem.

Chris streckte den Kopf hinaus und rief ihr nach, aber sie ignorierte ihn und ging einfach weiter. Ich stieg aus und folgte ihr. Bis ich sie eingeholt hatte, war ich ins Schwitzen geraten. Ich studierte ihr Profil. Ihre Augen waren konzentriert geradeaus gerichtet.

»Terry, sie sind hier«, sagte sie mit stählernem Blick.

»Aber ...«

»Frag mich nicht, warum, ich weiß es einfach.«

Ich nickte.

»Jetzt geh zurück und sag Chris, dass ich nicht wieder in den Bus einsteigen werde, bis ich sie gefunden habe.«

Also ging ich zurück und die Debatte war beendet. Wir beobachteten sie alle durch die Windschutzscheibe. Nasrollah fuhr im Schritttempo hinter ihr her, blieb aber in sicherem Abstand, um sie nicht zu stören.

»*Khanoum* ist stark«, sagte er.

»Ich weiß«, erwiderte ich.

Zehn Minuten später stand sie in einer schmierigen Werkstatt zwischen ölschwarzen Motorradteilen vor einem stämmigen, bärtigen Koloss von einem Mann.

»Großartig«, sagte Chris. »Jetzt redet sie mit Brutus, dem Chef der hiesigen Hisbollah.«

»Wir sollten wirklich weiterfahren«, sagte Vaz.

»Wir werden hier nie wieder wegkommen«, jammerte Chris.

Leise konnte ich ihre Stimme hören: »... Hassan mit Fatimah ... das ist Baby Ali ... Großmutter Khorshid ... vor sechsunddreißig Jahren. Kennen Sie sie?«

»He, schaut mal«, sagte Kev. »Brutus ist ernsthaft interessiert.«

»Na klar«, sagte Dad, »das ist ja auch das Aufregendste, was ihm seit Jahren passiert ist.«

Brutus sah zu unserem Wagen herüber. Chris hatte recht – sein stoppeliger Bart gab seiner Erscheinung etwas Rücksichtsloses. Er war jemand, dem ich nicht gern in einer dunklen Gasse begegnet wäre. Ich winkte verlegen. Er ignorierte meine Geste und starrte wieder auf Moms Bild, die Stirn nachdenklich gerunzelt. Plötzlich hellte sich seine Miene auf. Er zeigte auf eine Person. Eindeutig hatte er jemanden erkannt. Ich lauschte angestrengt. »Khorshid!« Fatimahs Mutter! Voller Aufregung lief er durch ein Gewirr von Nebengassen davon, dicht gefolgt von Mom.

»Ke-Chri-Ter-Rich!«, rief sie uns in einem Wort, bevor sie um die Ecke verschwand. Wir sprangen aus dem Kleinbus und jagten ihr nach. Ich erhaschte noch einen Blick auf Brutus, der mit winkenden Armen schon eine andere Gasse hinunterstürzte. Aus dem Nichts tauchten Kinder aus Tudeshk auf. Wie auf Kommando strömte eine Flut von Dorfbewohnern aus diversen Straßen zusammen. Innerhalb von Sekunden war aus unserer kleinen Truppe eine ganze Horde von Menschen geworden.

Ich sah meine Mutter nach rechts humpeln, dann war sie wieder verschwunden. Ein Loch in der Mauer. Wir folgten ihr, schoben uns durch ein schmales Tor und stolperten auf ein kleines Anwesen, wo sich ein ausgemergelter Granatapfelbaum und ein unscheinbares, blassgrünes Haus befanden. Jenseits des winzigen Hofs ging eine leuchtend blaue Tür auf und eine alte Frau schaute ängstlich heraus. Sie blickte verschlafen drein. Ein Kopftuch mit Blumenmuster bedeckte ihr Haar und Teile ihres Gesichts. Plötzlich begegneten sich unsere Blicke.

Sie warf die Arme in die Luft und schien beinahe in Ohnmacht zu fallen. Meine Mutter ging auf sie zu und sagte ihren Namen: »Khorshid?« Meinem Vater stand vor Staunen der Mund offen. Kev konnte es sichtlich nicht glauben. Brutus hielt das Foto hoch und winkte damit, so dass auch andere es sehen konnten. Khorshid nahm Moms Hand und erzählte allen, wer wir waren. Unser Zug neugieriger Dorfbewohner – Väter und Söhne, Töchter und Schwestern – brach in lauten Jubel aus, Rich und Chris fielen mit ein. *Kheli sholoogh*, totales Chaos!

»Fatimah, Hassan, geht es ihnen gut?«, fragte Mom. »Und Ali? Mahdi? Wo sind sie?«

»*Baleh, baleh, baleh*«, antwortete Khorshid. Dann machte sie auf dem Absatz kehrt und lief in ihr Haus zurück. Ebenso schnell kam sie wieder heraus, eine Schachtel mit uns vertrauten selbstgemachten Keksen und Süßigkeiten im Arm.

»Isfahan«, sagte sie atemlos.

»Hassan und Fatimah?«, fragte Mom.

»*Hameh dar Isfahan-and.* Sie sind alle in Isfahan.« Über den Lärm hinweg rief sie eine Telefonnummer.

Ich kritzelte sie mir auf ein Stück Papier und fragte ein Kind, ob es in der Nähe ein Telefon gäbe. Es zog den stolzen Brutus am Arm, dessen wirrer Bart sich daraufhin in meine Richtung drehte.

»Komm mit«, sagte er zu mir.

Rich und ich zwängten uns durch das Tor und rannten zum Nachbarhaus, das zufällig Brutus gehörte. Ich hatte inzwischen beschlossen, dass seine

Der Garten einer ehemaligen Karawanserei, der heute zum Abbassi Hotel gehört. Im Hintergrund ragt die türkisfarbene Kuppel der Chahar-Bagh-Moschee von Isfahan empor.

Ein Bergsee am Fuße der Lion-Berge im Norden von Isfahan. Schweigend halten Pappeln neben der Ruine einer verlassenen Festung Wacht.

Die weite, grüne Ebene von Marg Dasht erstreckt sich auf dem Weg nach Naqsh-e Rustam und zu den Felsengräbern der alten Achämenidenkönige.

Es herrscht Chaos im Bus: Vaz bietet seinen Rat an, Donna lässt Pat den Vortritt, und Chris weist alle Kommentare vergnügt zurück.

Verloren in Teheran. Zwei Brüder geben ihre Suche nach unserem alten Haus im Stadtteil Zafaraniyeh am Fuße des Elburs-Gebirges auf.

Unser Haus im Jahre 1969, bevor unsere Familie den Iran verlassen hat. Heute ist davon nichts mehr zu sehen – dank zweier moderner Hochhäuser.

Ein junges Mädchen springt in Shiraz die Treppen zu Hafis' Grab hinauf, vorbei an einem Meer von Blumen, die mit Einzug des Frühlings in voller Blütenpracht stehen.

Ein verzückter Teppichhändler in Isfahan amüsiert sich königlich nach dem Verkauf eines kleinen Bakhtiari-Teppichs, der nun in meiner Bibliothek ausliegt.

Unbändige Freude überkommt uns, als Donna schließlich Hassan nach mehr als 29 Jahren zum ersten Mal wiedersieht. Meine Brüder Kevin und Rich sind überglücklich.

Wieder vereint im Hause der Ghasemis. In der Mitte sind Hassan und Pat, umgeben von ihren Söhnen, zu sehen. Fatimah und Donna sind rechts im Bild.

Hassans Festmahl wurde im traditionellen *sofreh*-Stil zu ebener Erde abgehalten. Wir feierten unsere Ankunft in seinem Haus in Isfahan gleich mehrere Tage lang.

furchterregende Visage nur Fassade war. Dahinter verbarg sich ein absoluter Schatz. Im Haus arbeiteten Frauen fleißig an ihren Webstühlen, er führte mich zum Telefon. Nachdem ich die Nummer gewählt hatte, wartete ich nervös auf das Klingeln.

»*Boushy.*«

Das war Fatimah. Ich hatte ihre Stimme sofort erkannt.

»Hallo, Fatimah«, sagte ich. »Terry *hastam.*«

»Ter-ry?«

»*Aareh.* Ja!«

Ich hörte einen Schrei, dann eine Art Explosion an meinem Ohr. Der Hörer war ihr aus der Hand gefallen. Dann vernahm ich wieder ihre sanfte Stimme.

»Terry? Terry!«

»Fatimah. Ja, ich bin's.«

»Nein … Terr-ry, wo bist du?«

»In Tudeshk.«

»Was tust du dort?«

»Wir sind gekommen, um dich und Hassan zu suchen. Meine *maman* und mein *baba* sind auch hier.«

»Nein!«

»Und auch Ra-chort und Chris-tofer und Kevin.«

»Ich glaub es nicht!«

»Und euer Ali?«

»*Baleh.* Alle Mahdi, Maryam, Ahmad, Majid, allen geht es gut. Kommt nach Isfahan!«

»Ja, natürlich!«

»Wir erwarten euch. Kommt schnell!«

Mit vor Aufregung weichen Knien kehrten Rich und ich mit der guten Neuigkeit zurück. Erneuter Jubel. Wir umarmten Khorshid – ihr Name bedeutet »Sonne« auf Farsi – und spazierten durch das Labyrinth der Dorfgassen zurück. Bevor wir wieder ins Auto stiegen, schüttelte Pat Brutus heftig die Hand und winkte der Schar von Tudeshkis zum Abschied.

»Göttliches irisches Glück«, sagte Kevin.

»Ich hätte niemals gedacht, dass wir sie finden«, gestand Dad.

»Ich hab es immer gewusst.« Mom lächelte. »Ich war nur krank vor Sorge.« Mein Vater legte seinen Arm um ihre Schulter.

Rich und ich tauschten High-Fives. »Hip, hip, hurra«, begann Kevin zu singen und wir stimmten ein. Selbst Vaz konnte sich ein breites Grinsen nicht verkneifen.

»Unglaublich«, sagte Chris zu ihm. »Weißt du, ich denke, du wirst von nun an Glück haben. Vielleicht hat sich für dich etwas geändert, weil du bei Kyros' Grabmal warst. Da bin ich mir ganz sicher.«

»Vielleicht hast du recht«, sagte Vaz.

Unsere lange verlorene Familie Ghasemi war nur drei Autostunden entfernt in Isfahan, der Hauptstadt von Shah Abbas dem Großen mit ihren türkisfarbenen Kuppeln. Unter einem dunkelnden Himmel steuerten wir voller Erwartung Richtung Westen auf die untergehende Sonne zu.

KAPITEL 10

Feste in Isfahan und eine Fahrradfreundin

Im Hotel Abbasi in Isfahan rief der freundliche Rezeptionist in unserem Zimmer an. »Verzeihung, die Familie Ghasemi wartet hier auf Sie.«

Rich klopfte laut an die Tür meiner Eltern. »Sie sind da!«

»Donna, lass uns gehen«, sagte Pat hinter der Tür.

»Schnell, Jungs, ich lauf schon runter«, brüllte Rich auf dem Flur.

Im selben Augenblick flogen unsere Türen auf wie bei einer Feuerwehrübung der Marx Brothers. Wir stürmten alle hinaus, stießen zusammen, der überschwengliche Richard voraus. Mit klopfenden Herzen folgten wir ihm und rannten die Treppen hinunter. Quer durch den begrünten Innenhof sausten wir an einem beleuchteten Brunnen, an Blumenbeeten und flanierenden Pärchen vorbei.

In der überfüllten Lobby aus Marmor schrie Richard laut: »Hassan!«

Ein schnauzbärtiges Gesicht blickte auf. Rich breitete die Arme weit aus und der Mann tat dasselbe.

»*Al-hamdulillah*!«, brüllte Richard. »Endlich.«

Staunend, während die vergangene Zeit in mir zusammenschmolz, sah ich zu, wie sich diese lang vermissten Freunde heftig umarmten. »Komm her, Ter. Hierher!«, winkte Rich mich näher heran.

Der Mann mit dem imposanten Brustkorb lachte, öffnete die Arme und drehte sich mir zu. Doch da spürte ich, wie mich ein Augenpaar mit magnetischer Anziehungskraft von der Seite her musterte. Ich wirbelte herum, und bevor ich wusste, wie mir geschah, fand ich mich in einem anderen Paar wartender Arme wieder.

»Hassan?«, fragte ich.

Ein strahlendes Lächeln breitete sich auf seinem Gesicht aus. Seine Augen funkelten. Ich konnte es nicht fassen: Sein schimmerndes schwarzes Haar, der kräftige Schnurrbart, seine stattliche Größe – all das war dahin. Stattdessen blickte ich in ein verwittertes Gesicht, in das sich die Spuren des Alters dunkel eingegraben hatten und das von harten Jahren erzählte. Ich war größer, aber sein Griff war fester. Alles war weg, bis auf die strahlenden Augen. Die wirkten immer noch elektrisierend. Ich war sprachlos.

Hinter mir hörte ich Kev sagen: »Das ist nicht Hassan.«

»O mein Gott«, stöhnte Richard, »ich habe gerade den Portier umarmt!«

Rasch löste sich Hassan von mir und richtete sich gerade rechtzeitig auf für die ausgebreiteten Arme meines überschwänglichen Vaters.

»Mr Ward!«

»Jaaaaa!« Dad stieß einen Triumphschrei aus: »Ah-hah!«

Chris, Kev und Rich drängten heran, um Hassan herzlich zu umarmen. Dann teilte sich unsere Menge wie das Rote Meer für meine Mutter. Eine Hand streckte meiner Mutter einen riesigen Strauß roter Rosen entgegen.

»*Khosh amadid*, welch große Freude, Sie zu sehen, Mrs Ward.«

Eine kleine Frau mit hellem Teint in einem schwarzen Tschador sprach diese Worte. Fatimah! Ich erkannte ihre von schwarz gerahmten Brillengläsern vergrößerten Rehaugen und den sanften, so vertrauten und einladenden Klang ihrer Stimme.

»Danke, Fatimah! Oh, ich danke dir«, sagte Mom und schüttelte ihre Hand.

Erstauntes Hotelpersonal drehte die Köpfe nach uns. Einige Touristen starrten uns verwirrt an. Eine kleine Schar schob sich nach vorn, alle hübsch angezogen in ihren besten Tschadors und Anzügen. Dann landete ein weiterer Blumenstrauß in Moms Arm, rosafarbene Gladiolen und Schleierkraut.

Unser Zusammentreffen war ein regelrechtes Delirium, mit dem Austausch von Umarmungen, Küssen und Freudenschreien. Während alle durcheinanderredeten, rollten Hassan Tränen über die Wangen.

»Ich bin so froh, euch zu sehen. Wirklich, das werde ich nie vergessen!«

Wir setzten uns auf die riesigen Ledersofas in der Lobby, unter Safaviden-Szenen von Wein ausschenkenden, unverschleierten Jungfrauen und Tänzern, die in jenen dekadenten Zeiten gemalt worden waren, als diese üppige Karawanserei als nobelstes Hotel des gesamten Nahen Ostens galt. Höflich stellte man sich einander vor, während eine Schar kleiner Kinder mit staunenden Augen zu uns Ausländern aufblickte.

Maryam und Mahdi, die in unserem Haus noch Babys gewesen waren, waren inzwischen ebenso erwachsen wie ihre beiden jüngeren Brüder Ahmad und Majid, die erst lange nach unserer Abreise zur Welt gekommen waren. Ahmad besaß verblüffende Ähnlichkeit mit seinem Vater. Er wirkte wie eine Kopie des jungen Hassan, schneidig und maskulin, mit einem dichten Haarschopf. Wie ihre Mutter trug auch Maryam eine Brille, die ihre energischen

Augen vergrößerte. Sie war das vielleicht charismatischste Mitglied ihrer Familie und verstand es großartig zu plaudern. Ihr spontanes Lächeln war ansteckend. Nur Ali war nicht da.

Maryams Ehemann Rasool knuddelte seine beiden vorwitzigen Jungs, die uns respektvoll die Hand schüttelten. All diese neuen Gesichter! Mit kurzem Bart und breitem Brustkorb stellte uns Mahdi leise seine schüchterne Frau Mahnaz vor sowie seine beiden kleinen Tiger Ali und Ahmad. Der Ghasemi-Clan konnte es, was die Größe anging, mit unserem aufnehmen. Hassan klatschte in seine kräftigen Hände, als sei alles geregelt.

»Mrs Ward, wie geht es euch allen? Seid ihr mit euren Jungs zufrieden?«

»Ja, Hassan. Sie sind alle gesund, keiner sitzt im Gefängnis«, scherzte meine Mutter.

»Hassan«, sagte mein Vater, »ich freue mich so, dass wir euch gefunden haben.«

»All die Jahre … Ich habe mir solche Sorgen gemacht, wenn ich an euch und eure Familie gedacht habe«, sagte meine Mutter.

»Eure Familie werde ich nie vergessen, ganz bestimmt«, wiederholte Hassan und schüttelte den Kopf.

»Eigentlich«, fuhr meine Mutter fort, »hatte ich euch einen Brief geschrieben und an Mr Gross von der Bank of America geschickt, aber er hat ihn nicht weitergeschickt. Er sagte, es gebe kein Dorf namens Tudeshk. Alle seine Leute sagten, es würde nicht existieren. Was sollten wir tun? Solche Narren!«

»Im Haus meiner Eltern hängt euer Bild an der Wand«, sagte Richard. »Mom hat es immer angesehen und gefragt: ›Wo ist Hassan jetzt bloß?‹«

Fatimah lachte. »Ich auch. Wo sind die Wards, habe ich Gott gefragt.«

»Wie seid ihr hierhergereist? In einem Bus?«, fragte Hassan und wir erzählten ihm von unserer Reise.

»Und gefunden haben wir euch dank Khorshid«, sagte Rich.

»Sie sieht noch ganz genauso aus«, sagte Kevin.

»Ja, meine Mama verändert sich nicht.« Fatimah nickte. »Nicht so wie Hassan.« Sie strich über seinen kahlen Kopf und wir lachten alle.

»In Tudeshk haben wir dieses Foto herumgezeigt.« Meine Mutter holte das Schwarzweißfoto der Ghasemis hervor. Hassan und Fatimah betrachteten es.

»Ah, das war bevor ich meine Haare verloren habe«, sagte Hassan.

»Ich auch!« Rich rieb sich den eigenen Kopf. Er begann ein Kinderlied zu singen. »*Katchal, katchal, kalache* …« Es machte sich über einen jungen Rekruten lustig, dessen Kopf so kahl geschoren wurde wie eine Walnuss. Maryams kleine Jungs kicherten, während Rich das Lied mit großen Gesten vortrug. Der Portier blickte finster zu uns herüber.

»Du bist richtig gut«, sagte Maryam.

»Dein *baba* hat mich das Lied gelehrt«, sagte Rich und verbeugte sich.

»Vergiss nicht, Richie«, verkündete Hassan, »wenn Haare so wichtig wären, dann würden sie in unseren Köpfen wachsen und nicht außen drauf.«

»Wisst ihr schon, dass Donna die Schwester von Präsident Khatami besucht hat?«, fragte Pat.

»Ach, wirklich?« Maryam war sichtlich beeindruckt.

»Als die Schwester des Präsidenten Donna fragte: ›Warum sind Sie in den Iran gereist?‹, sagte Donna« – Pat machte eine Kunstpause, um die Spannung zu erhöhen –: »›Natürlich, um Hassan zu suchen.‹«

Alle lachten.

Die Regierungsagenten im Hotel Abbasi müssen schockiert gewesen sein. Die Geigenmusik im Hintergrund – eine traditionelle Melodie in Moll, bei der es um Trauer über einen Verlust ging – hatte nicht die geringste Chance. Sie wurde von unserer angeregten Kakophonie völlig übertönt.

»Terry«, Mom tippte auf meine Schulter. »Warum bestellst du nicht etwas Tee für uns?«

Hassan hob die Hände. »Danke, aber bitte, Mrs Ward, wir brauchen keinen Tee. Morgen zum Mittagessen holt mein Sohn Ahmad euch ab und bringt euch in mein Haus.«

»Dann kommt ihr morgen zum Abendessen in unser Hotel«, sagte Rich.

»Nein, nein. Wenn wir in euer Land kommen, dann ja. Aber in meinem Land nicht.« Er legte eine Hand an sein Herz. »In Isfahan seid ihr meine Gäste.«

Kompakt und stämmig, sah Hassan immer noch gesund und kräftig aus, was er zweifellos täglichem Training verdankte. Sein charismatisches Gesicht änderte seinen Ausdruck fließend von Erstaunen zu gespieltem Zorn und dann zu Feierlichkeit. Er und Fatimah plauderten erstaunlich gut auf Englisch, obwohl sie diese Sprache fast 30 Jahre lang nicht gesprochen hatten und, nachdem sie beide im Alter von sechs Jahren mit dem Arbeiten anfingen, auch nie richtig in der Schule gelernt hatten.

»Dann lebt ihr also hier in Isfahan?«, fragte Pat.

»Ja«, sagte Hassan. »Wir haben Tudeshk verlassen, ich habe hier ein kleines Stück Land gekauft, und dann haben wir ein Haus gebaut.«

»Aber als ihr bei uns wart«, sagte meine Mutter, »habt ihr sehr schwer gearbeitet und mir immer gesagt, eines Tages würdet ihr nach Tudeshk zurückgehen, um dort eure Kinder großzuziehen. Ich erinnere mich, dass du mir sagtest: ›Auch wenn in meinem Dorf Dürre herrscht, ist es immer noch das beste der Welt, weil es *mein* Dorf ist.‹«

Im Laufe der Jahre hatte meine Mutter das oft bei unseren Zusammenkünften wiederholt. Es war Teil unserer Familiengeschichte geworden, als Beweis für den trotzigen iranischen Stolz und Hassans große Heimatverbundenheit.

»Also, ich besaß Land und auch ein kleines Haus. Aber es hat nicht funktioniert.«

»Weil ihr lieber nach Isfahan wolltet?«

»Nein, aber man hat mir einen guten Job im Hotel Kowsar angeboten. Ich war dort Chefkoch mit sechzehn Helfern in der Küche.«

»*Baba* hat sogar den Preis als bester Koch des Iran gewonnen«, sagte Maryam stolz.

»Natürlich bist du der Beste«, sagte Mom.

»Inzwischen habe ich mich nach zwanzig Jahren zur Ruhe gesetzt. Sie bitten mich, zurückzukommen, aber mit dem Hotel bin ich fertig.«

»Kaffee? Tee?«, fragte Rich. »Sollen wir ins Café gehen und eine Kleinigkeit essen?«

»Nein, nein.« Hassan winkte ab. »Ich habe mein Leben lang in Hotels gearbeitet. Ich würde nie dort essen!«

Auf der anderen Seite des Tisches plauderte Kev angeregt mit Maryam. Erstaunt erfuhr er von Maryam von Hassans zahlreichen Pilgerreisen nach Mekka, die man üblicherweise nur einmal im Leben unternimmt.

»Hassan war sechsmal auf *haj*?«, fragte Kev ungläubig.

»Ja, deshalb ist er ein wahrer *haji*.« Maryam sah ihren Vater voller Ehrerbietung an.

»Ich sage den Leuten, dass sie mich nicht Hadschi Hassan nennen sollen. Ich möchte das nicht. Einfach nur Hassan.«

»Okay, Hadschi Hassan. Erzähl, wie du dort hingekommen bist«, sagte ich.

Er lachte. »Es gab eine große Gruppe von Leuten aus Isfahan, die nach Mekka reisten«, sagte er. »Und mein Chef hat mir aufgetragen, mitzufahren und sie zu bekochen.«

»Ich wette, das war das erste Baked Alaska ihres Lebens«, witzelte Kev.

»Im glutheißen Arabien?« Hassan hob die Augenbrauen. »Kevin, du bist immer noch ein verrückter Junge! Alle waren zufrieden, also schickte mein Chef mich wieder und wieder. Sechs Mal. Ich flehte zu Gott, bitte nicht noch einmal. Und Gott war einverstanden.«

»Wo seid ihr hingegangen, nachdem ihr Teheran verlassen habt?«, fragte Fatimah Mom.

»Wie Bakhtiaris sind wir sieben Jahre lang herumgezogen, von einem Ort zum anderen, kreuz und quer durch Kalifornien«, erwiderte Mom. »Dann haben wir uns in Berkeley niedergelassen, die Jungs gingen aus dem Haus und aufs College, haben geheiratet und Kinder bekommen.«

»Wie viele Kinder?«

»Ich habe zwei Jungs«, sagte Rich, »Chris auch zwei, Kev zwei Mädchen und Terry keines.«

»Ein bisschen wie bei uns«, sagte Fatimah. »Sieben Jahre vergingen, bevor wir unser Haus in Isfahan gebaut haben. Dann ging Mahdi auf die Universität. Heute ist er Ingenieur. Und seht euch all die Enkelkinder an.«

»Hassan«, fragte Mom, »habt ihr Schwierigkeiten bekommen, weil ihr für eine amerikanische Familie gearbeitet hattet?«

»Nein, das war kein Problem.«

»Und als der Schah abdankte?«

»Das war der schönste Tag meines Lebens! Oder nein, nicht der schönste. Der war, als Ali, mein erster Sohn, geboren wurde. Als der Schah abdankte, konnte es niemand glauben. Wir jubelten. Sie sagten uns, der Iran würde der Himmel auf Erden werden. Aber dann kam der Krieg. Wir mussten gegen diesen verrückten Saddam kämpfen. Und so viele mussten sterben.« Er schüttelte den Kopf.

»Fatimah, das muss schrecklich für dich gewesen sein, alle deine Söhne im Krieg.« Mom berührte ihren Arm.

»Hassan war der Erste, der in den Krieg zog«, sagte sie. »Dann Ali, danach Mahdi. Ich blieb zu Hause, weinte und sorgte mich nächtelang. Saddam schickte seine Raketen nach Isfahan. Viele starben und viele gingen in ihre Dörfer zurück. Aber ich bin hier geblieben. Wenn ich hätte sterben sollen, wäre es mir egal gewesen. Ich möchte mein Zuhause niemals verlassen.«

Ruhig offenbarte sie ihre Seelenqualen, begleitet von einem schmerzlichen Lächeln. Ihr Blick flackerte, als sie sich an die nächtlichen Bombardements der Stadt erinnerte, während ihre Männer an der Front waren.

»Du wolltest nicht zurück nach Tudeshk?«, fragte meine Mutter.

»Nein! Nicht einmal für eine Nacht. Ich habe dort so viel gelitten.«

Während Hassan sich seinem Heimatdorf noch auf besondere, wenn nicht gar nostalgische Weise verbunden fühlte, war es bei Fatimah ganz das Gegenteil: Ihr erschien Tudeshk wie ein Fluch.

»Nachdem wir euer Haus verlassen haben, Donna, war ich fünf Jahre lang in Tudeshk gefangen. Wir hatten nur ein Lehmhaus, kein Wasser, keinen Strom. Es war so schwer.«

»Wo war denn Hassan?«

»Zuerst versuchte er es mit einem kleinen Laden, wo er Obst und Gemüse verkaufte. Er fuhr immer nach Isfahan, um die Ware einzukaufen. Aber die

Leute nahmen unsere Sachen und baten darum, sie später bezahlen zu können. Manche haben nie bezahlt, aber was sollten wir tun? Bis auf meinen Webstuhl haben wir alles verloren. Also stimmte Hassan zu, nach Isfahan zu gehen, wo er Arbeit in einem Hotel fand. Ich blieb mit den Kindern in Tudeshk, weil wir in der Stadt kein Zuhause hatten. Alles, was wir besaßen, war ein Stück Land, das wir für das Geld von euch erworben hatten. Also machte ich Tag und Nacht Teppiche, um sie zu verkaufen und davon ein Haus zu bauen. Mahdi half mir, und Ali half den Kindern. Es war so schwer, so schwer.« Sie rieb sich ihre zerschundenen Hände, denen man die jahrelange harte Arbeit ansah, und seufzte. »Deshalb sehe ich auch so alt aus.«

»Nein, du doch nicht. Sieh mich an, Fatimah.« Meine Mutter strich mit einem Finger über ihre Stirn.

»Danke. Heute habe ich ein Haus, ein Auto, einfach alles. Im Sommer kommt Ali auf Besuch, Mahdi hat sein eigenes Haus, und auch Maryam besitzt ein hübsches Haus.«

»Und wo ist Baby Ali?«, fragte ich nach ihrem Lieblingskind, dem Erstgeborenen.

»In Bandar Abbas.«

»Geht's ihm gut?«

»Ja, ja. Er ist Kapitän bei der Marine.«

»Hat er Kinder?«

»Ja, einen Jungen und ein Mädchen. *Al-hamdulillah.*«

»Ich habe euch wirklich von Herzen vermisst.« Hassan sah uns der Reihe nach an. »Jetzt seid ihr hier.«

Fatimah blickte meine Mutter liebvoll an und streichelte ihren Arm. »Sie müssen jetzt müde sein, Donna. So eine lange Reise, von Yazd durch die Wüste. Bitte, legen Sie sich schlafen. Morgen sehen wir uns. *Inshallah.*«

»Ja, Patrick, Donna, ihr kommt morgen zum Mittagessen!« verkündete Hassan erneut und lächelte sein wiedergefundenes strahlendes Lächeln, das die Kriegsjahre fortwischte.

Das war das Zeichen zum Aufbruch. Hassan erhob sich ebenso wie sein ganzer Clan. Es folgte eine lange Runde der Verabschiedung, bei der die Männer einander küssten und gemäß der respektvollen islamischen Tradition keiner von ihnen einer Frau die Hand schüttelte.

Nachdem die ganze Familie gute Nacht gerufen und in ihren kanariengelben Paykan gestiegen war, überflutete uns eine warme Welle der Zuneigung.

»Wir haben sie gefunden!«, sagte meine Mutter und hielt ihre Blumensträuße im Arm.

»Unglaublich. Und alle sind am Leben«, kam es von meinem Vater.

Wie betäubt und zugleich aufgekratzt wandten wir uns von der ruhigen, palmengesäumten Straße ab und spazierten zurück in die marmorverkleidete Hotellobby. Einlegearbeiten aus Holz sprachen von akribischen Restaurierungen. Ich betrachtete das Licht, das sich schillernd in dem Prunkstück in der Mitte brach, einem gut einen Meter hohen reich verzierten Silberpokal. In diesem Moment schoss ein Arm vor und packte Rich. Eine vertraute Umarmung traf ihn völlig unerwartet. »Ha-assa-an!«, schmetterte der Portier.

Wir mussten erst einmal wieder zur Ruhe kommen. Das alles war einfach unglaublich. Wir setzten uns unter den Sternenhimmel in das Terrassencafé des Hotels. Umgeben von plätschernden Brunnen, Bäumen und blühenden Blumen, Teetabletts aus Bronze und den fantastischen Kuppeln Isfahans versuchten wir schweigend Ordnung in das Chaos unserer Gefühle zu bringen.

»Und sie haben alle den Krieg überlebt«, sagte mein Vater unvermittelt.

»Es muss einen Gott geben«, behauptete Chris.

»Sein Schnurrbart ist absolut identisch«, sagte Chris, der immer noch über den überschwenglichen Portier staunte.

Kev stimmte ihm zu. »Eigentlich sieht er mehr wie Hassan aus als Hassan selbst.«

Wir genossen den Augenblick und nippten an unserem Tee. Dad lehnte sich auf seinem mit einem Teppich belegten Diwan zurück, seufzte und ließ den Blick über die Schönheit des Wasserspiels und die Blumen im Garten schweifen. Die Hand meiner Mutter ruhte auf seiner.

»Nun, Jungs«, sagte er zu uns, »denkt mal dran, was Oscar Wilde gesagt hat: »Das Buch des Lebens beginnt mit einem Mann und einer Frau in einem Garten, und es endet mit Offenbarungen.«

Meine Mutter hielt ihre Blumenbuketts auf dem Schoß und schaute auf die mit blauen Kacheln verzierte zwiebelförmige Kuppel, die sich hinter der Hotelmauer erhob. Zwei Minarette mit türkisfarbenen Spitzen standen wie Wächter daneben. An jenem Abend konnte ich mit ansehen, wie das Gesicht meiner Mutter sich um 30 Jahre verjüngte.

Taarof, das persische Ritual der Gastfreundschaft, ist überwältigend: kompliziert, subtil und vielschichtig. *Taarof* verleiht Gästen den Status von Halbgöttern. Der Gastgeber trägt im Kontrast dazu einen bescheidenen Umhang. Ein verbreiteter *taarof*-Ausdruck lautet *ghorban-e shoma*, was so viel heißt wie: »Möge ich dein Opfer sein« oder »zu deinen Diensten«. Der Gastgeber ist, kurz gesagt, bereit, sein Leben für den Gast zu geben. Großzügigkeit, wie man sie im Westen kennt, verblasst dagegen. Neben dieser feinen Zuvorkommenheit wirkt unsereins wie ein Bettler neben einem Prinzen.

Im Zentrum der persischen Gastfreundschaft steht das Essen. Jeder Gast begibt sich auf eine kulinarische Odyssee, die kein Ende zu nehmen scheint. Auf dieser Reise herrscht Zeitlosigkeit. Üppige Bankette werden zubereitet, genug, um einen durchziehenden Nomadenstamm satt zu bekommen. Die Hände des Gastgebers sind überall, servieren Speisen und Getränke, füllen Teller und Gläser nach. »Du hast nicht genug gegessen, *baba* … nur noch ein wenig.« Man wird höflich gebeten, ein zweites Mal zu nehmen, dann ein drittes Mal …

Selbstverständlich dauern solche Festessen Stunden. Das Zweischneidige daran: Da man nie genug essen kann, um den Gastgeber zufrieden zu stellen, darf man auch nichts ablehnen. Gemäß der Drei-mal-Regel kann man Essen ablehnen, aber es wird wieder und wieder angeboten. Um nicht unhöflich zu scheinen, muss der Magen sich unterwerfen, selbst wenn er schon bedenklich voll und an der Grenze zum Platzen ist.

Es gelten bestimmte Gebote des Anstands und der Höflichkeit: Der Gastgeber sitzt niemals, während der Gast steht, und dreht ihm oder ihr auch nie den Rücken zu. Außerdem isst er nicht vor den Gästen und entschuldigt sich natürlich permanent dafür, nicht genug Essen zu haben, auch wenn der Tisch oder die *sofreh* – eine Tischdecke, die über die Teppiche gebreitet wird – die Fülle kaum zu fassen vermag.

Zu Mittag trafen wir in Hassans Haus an der Bi-sim-Straße im Stadtviertel Bozorg Mehr ein. Vom frisch gewaschenen gelben Paykan fielen Wassertropfen auf die grauen Fliesen, die den Großteil des Hofs bedeckten. Auf einem Streifen Erde neben der Hausmauer wuchsen zwei mittelgroße Zypressen, eine Weinrebe, sorgsam gepflanzte rosafarbene Pelargonien, violette Stiefmütterchen und purpurfarbene Löwenmäulchen. Wie mein Vater war auch Hassan verrückt nach Blumen.

Er begrüßte uns in einem weißen Hemd, nachdem er den Morgen sicher in der Küche verbracht hatte. Sein cremefarbenes Ziegelhaus mit Flachdach erinnerte an Südkalifornien in den 1950er-Jahren, mit einer großen Holztür in der Mitte und je einer gläsernen Schiebetür an den Seiten.

»Was für ein schönes Haus«, sagte Mom. Sie begeisterte sich schon ihr Leben lang für familieninterne Renovierungsprojekte.

»Und deine Blumen?«, fragte mein Vater. »Erzähl mir davon.« Bemerkungen austauschend machten sich die beiden betagten Gärtner auf, das kleine Stück Land zu studieren, auf dem ein knorriger Apfelbaum, ein Quitten- und ein junger Granatapfelbaum standen. Außerdem kamen in ordentlichen engen Reihen grüne Schösslinge aus der Erde.

Wir schlüpften aus unseren Schuhen und betraten die weiß gekachelte erhöhte Veranda. In einem langen pistaziengrünen Kleid und einem schlichten schwarzen Kopftuch begrüßte uns Fatimah. Sobald eine Frau sich drinnen aufhält, legt sie ihren Tschador ab.

Sie führte uns durch einen schmalen Flur, der in ein geräumiges, kühles Wohnzimmer überging. Bunte Teppiche in den klassischen Rot- und Indigotönen bedeckten den gesamten Fußboden. Meine Mutter bewunderte die Zwischentüren, die mit Rauten, Sechs- und Achtecken aus buntem Glas in Smaragdgrün und Blau verziert waren. Wir setzten uns ins Wohnzimmer, eine gläserne Schiebetür gab den Blick auf den Apfelbaum und die beiden Väter frei, die immer noch draußen in Hassans kleinem Garten standen.

Dieser Tag war der Beginn unserer Treffen, auf denen wir uns an die langen Jahre unserer Trennung erinnerten. Wir weinten, lachten und aßen, während wir ihren Berichten von freudigen und traurigen Anlässen lauschten, tragischen Kriegserinnerungen und auch den wunderbaren Nachrichten, dass alle Kinder am Leben und wohlauf waren. Ebenso unvergesslich war Hassans iranische Version von Babettes Fest.

Der wohlriechende Duft von Safran füllte die Küche und zog durchs ganze Haus. Eine blaue *sofreh* wurde auf den Teppichen im Wohnzimmer ausgebreitet und wir knieten uns darum. Zam-Zam-Orangenlimonade stand vor uns. Teller mit *sabze*, einer den Mund erfrischenden Kräutermischung aus Minze, Estragon, Basilikum, Koriander und Frühlingszwiebel, wirkten als Farbtupfer, ebenso knackige rote Radieschen und weicher weißer Schafskäse. Es waren die Farben der iranischen Flagge.

Während Kev mit Maryam über ihren Beruf – Beraterin für Frauen – plauderte, spielten Chris und Rich Tic-Tac-Toe mit ihren Söhnen Masoud und Saeed. Neugierig darauf, was in der Küche brutzelte, stand ich auf, um Hassan beim Kochen zuzusehen und altbekannte Düfte zu schnuppern.

Als ich meinen Kopf in die Küche steckte, sah ich nur seinen Rücken und ein Handtuch über seiner Schulter. Mit zwei Töpfe jonglierend, stellte er schwungvoll ein Tablett mit frisch gebrutzeltem Hühnchen-Kebab ab. Er drehte die Flamme unter dem dampfenden Reis zurück und spießte ein Stückchen Huhn mit einer Gabel auf, um seine Zartheit zu prüfen.

»Probier mal, Rotschopf.«

Er benutzte meinen alten Spitznamen. Mir lief das Wasser im Mund zusammen, als ich einen Bissen probierte, der mich in vergangene Zeiten zurückversetzte.

»Das Geheimnis ist der Safran. Das Gelb bringt einen zum Lachen«, sagte er mit einem schelmischen Kichern. »Sieh mal, ich mische Zitrone mit Knoblauch, Zwiebel, Sumach und Safran. Dann grille ich es hier draußen.« Im Freien vor der Küche stand ein knisternder Holzkohlegrill aus Metall. »Fatimah mag den Rauch im Haus nicht, also habe ich mir das ausgedacht.«

»Mhm.« Ich stahl mir ein weiteres Stückchen, als er gerade nicht hinsah. »Komm, lass mich dir helfen.«

»Nein, nein. Geh du und setz dich hin.« Er löffelte dampfenden Reis in eine Schüssel und scheuchte mich hinaus.

Das war eine weitere Regel von *taarof*. Als Gast muss man müßig sein und darf keine Hilfe anbieten. Man braucht es nicht einmal zu versuchen. Die Rolle ist klar festgeschrieben: Man lässt sich bedienen und hat einzig und allein die Pflicht, die Verlegenheit des Gastgebers angesichts der aufgetragenen reichen Speisen zu zerstreuen.

Die aromatischen Düfte aus der Küche blieben nicht ohne Wirkung. Es herrschte eine Atmosphäre der Vorfreude. Endlich kamen die Tabletts mit haufenweise weißem, flaumigem Basmatireis und Hassans unvergesslichem Safranhuhn. Ooooh! Frittierte Aubergine und Lamm, *mosamma bademjan* – ein Gericht, das immer ein großes Kompliment für den Gast darstellt –, wurde meinem Vater gereicht. Herrlich! Frisches *barbari*-Brot, oval und mit einer knusprigen Kruste, dazu Schalen mit dickem, cremigem Jogurt wurden auf dem Tischtuch platziert. Die Brüder Ward schlugen zu.

Hassans Clan war gewachsen. Drei Generationen füllten das Haus, aber wir vermissten jemand. Der älteste Sohn Ali, den ich als kleinen Jungen mit lächelndem Gesicht so lebhaft in Erinnerung hatte, war nicht bei uns. Nach kurzem Drängen zeigte uns Fatimah Fotos von ihm: ein stattlicher Kapitän in schneidiger weißer Marineuniform vor dem blauen Himmel des Golfs. Seine Messingknöpfe strahlten und der Mützenschirm beschattete seine Adlernase und zuversichtliche Augen.

»Er sieht so gut aus«, sagte Mom. »Wie Hassan, als er noch jung war.«

»Ich hoffe, die verdammte US-Flotte in Bahrain lässt ihn in Ruhe«, murmelte Kev.

Den zweitgeborenen Sohn Mahdi hatten wir nur als Baby gekannt. Sein Schicksal hatte stets auf der Kippe gestanden. Viele Male hatte meine Mutter ihn mit Fatimah rasch ins Krankenhaus gefahren. Hassan erzählte, nach unserer Abreise habe eine englische Familie angeboten, ihn zu adoptieren und nach Großbritannien mitzunehmen. Aber das hatte Hassan abgelehnt. Mahdis niedrige Stirn, die ihn wie einen Angehörigen alter Maya-Stämme hatte aussehen lassen, hatte sich gehoben. Als Absolvent der angesehenen Universität von Teheran kümmerte er sich nun als ausgebildeter Ingenieur für Telekommunikation um die Telefonanlage und die digitalen Schaltsysteme bei der Isfahan Steel Company.

Maryam hatte ihren Abschluss in Theologie mit Auszeichnung gemacht und war mit Leib und Seele Lehrerin. Ihre Augen hatten Hassans lebhaftes Glitzern. Stolz erzählte sie mir von der Überzahl der Frauen unter den Studierenden der Teheraner Universität. Es war ihr auch ein Anliegen, über die beklagenswerten Lebensumstände der Frauen in Saudi-Arabien zu sprechen.

»Kannst du dir vorstellen, dass Frauen dort nicht wählen, nicht arbeiten, ja nicht einmal Auto fahren dürfen«, sagte Maryam. »Das hat nichts mit Islam zu tun.«

Sie redete auch über die saudisch-wahhabitischen Fanatiker, von denen man weiß, dass sie Osama bin Laden und die Taliban in Afghanistan finanzieren, die Frauen einsperren, der Parda unterwerfen und ihnen sogar die Kehlen durchschneiden. Sie war empört und nannte diese Leute Terroristen.

Plötzlich wandte sie sich an Chris: »Erzähl mir von deiner Familie.«

»Ich bin wie Hassan, ich bin der Koch im Haus. Ich koche sogar für meine Schwiegereltern, die bei uns leben.«

»*Mash'allah,* Gott sei's gepriesen. Das ist gut.« Sie nickte. »Wir wissen, dass der gesegnete Ali der Tochter des Propheten im Haus geholfen hat. Ehemänner müssen ihren Frauen zur Seite stehen.«

»Da bin ich anderer Meinung«, rief ihr Mann Rasool Iskander mit gespieltem Trotz.

Außer Hörweite von Maryam lachte Hassan. »Stellt euch vor, von meinen fünf Kindern ist ausgerechnet sie ein Mullah geworden.«

Rasool plauderte leise mit mir, und es war leicht zu merken, dass die feministischen Reden seiner Frau ihn nicht allzu sehr bekümmerten. Er war mit seinem besten Freund, Maryams Bruder Mahdi, bei der Armee gewesen. Im Krieg, so erzählte er mir, hätten die Iraker ihn gefangen genommen und fünf Jahre lang eingesperrt. Bei einem gefährlichen nächtlichen Überfall an der irakischen Front war Rasool einer der zahlreichen Verwundeten gewesen und bewusstlos auf dem Schlachtfeld zurückgeblieben. Er trug nach wie vor eine Stahlplatte im Kopf, von einer kostenlosen Kopfoperation der Iraker.

Rasool dreht sich zu mir und rollte mit seinen Welpenaugen. »Mein guter Freund Saddam!«

»Red keinen Unsinn!« Maryam stupste ihn lachend an. Sie spielte den zu seinem Stan Laurel passenden Oliver Hardy.

»Doch, mein Freund Saddam!«

Maryam und Rasool waren verlobt gewesen, bevor er in den Krieg zog, und sie hatte geduldig fünf Jahre lang gewartet, bis ihr Liebster zurückkehrte.

»Das Rote Kreuz hat ihn gerettet«, sagte sie.

»Wie?«

»Sie haben seinen Namen falsch geschrieben. Er wurde als Russell Alexander geführt.«

»Das stimmt. Ich bin Rus-sell«, sagte Rasool Iskander mit einem ironischen Grinsen.

Sein europäisch anmutender Name, den ihm ein Schweizer Betreuer verpasst hatte, ließ ihn aus dem Heer von 200 000 ausgemergelten Kriegsgefangenen hervortreten. Saddam Husseins Misshandlung der Gefangenen war brutal. Pro Tag gab es sieben Teelöffel Reis und fünf Teelöffel Suppe, so dass Rasool gerade noch um die 50 Kilo wog, als er endlich auf den Asphalt der Rollbahn hinunterhumpelte und den Boden seiner Heimat küsste. Die Iraker hielten damals noch Tausende Gefangene des Krieges fest, der 1986 geendet hatte.

Mahdi wurde ebenfalls auf dem Schlachtfeld verletzt, aber es gelang ihm, durch Lehm und Stacheldraht zu seinem Schützengraben zurückzukriechen. Glücklicherweise geriet er nicht in Gefangenschaft. Schrapnellsplitter drangen in seinen Kopf, in Hände und Beine ein, wo sie auch verblieben. Er verlor sein Gehör auf einem Ohr und kann mit dem anderen auch nur noch teilweise hören.

»Jede Familie hat Angehörige verloren«, sagte Mahdi traurig. »Ich hatte noch Glück.«

Sie brachten uns ein Foto von Hassans Neffen Daoud. Er war erst 16 Jahre alt, als er starb. Er war Kurzstreckenläufer gewesen, sehr schnell, und hatte noch ein ganz kindliches Gesicht gehabt.

Unerwartet tauchte Fatimah mit ein paar alten Fotos von uns auf – vier kleine Brüder in unserem längst verlorenen Arkadien im Norden Teherans. Auf einem Bild halten vier schmutzige Racker Dackelwelpen in die Kamera, während der kleine Ali in einem burgunderroten Pullover danebensitzt. Auf einem anderen legt die junge Fatimah neben einem plätschernden türkisfarbenen Springbrunnen Kevin den Arm um die Schulter.

Meine Brüder und ich starrten bewegt auf die Fotos. Fatimah berührte meinen Kopf und nannte uns ihre Söhne.

»Dein Haar ist jetzt nicht mehr so rot, Terry.«

»Aber sie nennen dich immer noch Rotschopf, sagte Rasool.

»Maryam hat auch Bilder von Kevin, Chris, Terry und Richie«, sagte Fatimah. »Alle meine Kinder haben welche.«

»War es nicht gefährlich, diese Fotos nach der Revolution zu behalten?«, fragte ich.

»Nein, nicht wirklich. Sie liegen in meiner Schublade. Und jetzt erzählt mir von all euren Kindern«, sagte sie zu meinen Brüdern. Kleine Fotos wurden begeistert aus Brieftaschen hervorgeholt, und schon war eine neue Generation im Raum.

Fatimah erzählte uns, die lange Reise der Ghasemis zurück nach Tudeshk habe einen Monat nachdem wir Teheran verlassen hatten, begonnen. Hassan ertrug die Vorstellung nicht, für eine andere Familie zu arbeiten, also zogen sie zurück in sein Dorf. Fatimah hasste es jedoch, in Tudeshk zu leben, wo sie als Kind so viel gelitten hatte. Nachdem wir gerade erst dort gewesen waren, fiel es uns nicht allzu schwer, ihre Gründe zu verstehen.

»Ich musste das Wasser zum Trinken und zum Waschen herbeischleppen. Das war schlimm für mich, immer das schwere Wasser tragen. Ich möchte Tudeshk nie wieder sehen.«

Hassan versuchte, der Situation etwas Positives abzugewinnen. »Ich mag mein Dorf. Ich könnte dort leben, völlig problemlos. Mir macht es nichts aus, mich nicht jeden Tag zu waschen«, sagte er. »Ich brauche nicht so viel Wasser, nur ein wenig zum Trinken. Ich half Fatimah bei ihren Teppichen, beim Kochen, Einkaufen, sogar beim Waschen. Abends trug ich alles hinunter zum *qanat*. Die Männer sagten dann immer: ›Seht euch nur diesen Verrückten an, der kommt, um die Kleider seiner Kinder und das Geschirr zu waschen.‹ Keiner der Männer machte irgendwelche Hausarbeit, dafür waren die Frauen zuständig. Ein Mann meinte sogar: ›An Hassans Stelle würde ich mich vom Dach der Moschee stürzen.‹«

»Inzwischen waschen alle Männer das Geschirr ab«, sagte Fatimah.

»Jawohl, ich habe in Tudeshk eine Revolution ausgelöst«, sagte Hassan.

»Für die Frauen bist du zum Helden geworden«, sagte meine Mutter.

»Und für die Männer zum Feind«, lamentierte Rasool.

»Gut, *baba*«, sagte Maryam.

Als Hassan zum Arbeiten nach Isfahan ins Fünf-Sterne-Hotel Kowsar ging – übrigens eine Lieblingsadresse der Ayatollahs –, kam er zunächst allein, ohne seine Familie.

»Ich hatte die Rezepte deiner Mutter nicht vergessen und habe sie dort auf die Speisekarte gesetzt.« Er lächelte.

Unterdessen schuftete Fatimah sieben Tage die Woche an ihrem Webstuhl.

»Mrs Ward«, sagte sie. »Ich wusste nie, wie spät es war, ob Sommer oder Winter. Morgens stand ich noch bei Dunkelheit auf und begann im Schein einer Kerosinlampe zu arbeiten. Nach einer Stunde weckte ich meine Kinder, gab ihnen Frühstück und schickte sie zur Schule. Dann arbeitete ich bis Mittag, kochte ihnen rasch etwas zu essen, dann ging ich wieder zurück an die Arbeit. Wenn es dunkel wurde, lief ich zum *qanat* hinunter, um Wasser zu holen und zu waschen, dann machte ich den Kindern wieder ihr Essen. Ich arbeitete jeden Tag bis spät in die Nacht und schlief in meinen Kleidern ein.«

Von ihren geknüpften Knoten wurden die Säcke mit Zement und Lkw-Ladungen Ziegel bezahlt, aus denen dieses hübsche Zuhause gebaut wurde, in dem wir uns nun alle versammelt hatten.

Nochmals erzählte Fatimah von den dunklen Tagen, als Hassan und ihre Söhne an der Front gewesen waren. Sie blieb im Haus, betete Tag und Nacht. Allein aus Isfahan starben 23000 Männer im Krieg. Jede Moschee war mit den Fotos der Märtyrer geschmückt. Und Fatimah war eine der wenigen glücklichen Frauen, deren Männer zurückkamen.

Hassan teilte mit uns seine Erinnerungen an die Front, an Giftgasangriffe und das Abschlachten junger Freiwilliger. Als Koch war er abkommandiert worden, die Truppen zu versorgen, viele Hunderte von Soldaten.

Nach dem Essen wurden Tee, Desserts und Mandarinen serviert. Während Mom und Fatimah auf der Couch plauderten, lehnten sich Dad und Hassan an die Kissen in einer Ecke. Wir Jungs unterhielten uns mit unseren Altersgenossen. Maryam, dieser Generator mit grenzenloser Energie, erwies sich als Literaturfan. Ihre Lieblingsbücher waren *Dr. Schiwago*, *Jane Eyre*, die Romane von Virginia Woolf, Daphne du Maurier, Pearl S. Buck, Balzac sowie die Erzählungen von Maupassant. Sie liebte auch *Vom Winde verweht*. Ihr Bruder Mahdi redete von digitaler Technologie und drahtloser Kommunikation und fragte, ob wir einen Ingenieurskollegen kennenlernen wollten, der in Amerika studiert hatte.

Vor mir saß der neue Iran. Die Revolution hatte einer ganzen Klasse Tür und Tor geöffnet, die in der »Großen Zivilisation« des Schahs nicht die geringste Chance besessen hätte. Hassans Kinder dienten nun ihrem Land als ausgebildete Berufstätige. Als Ingenieur, als Marineoffizier und als Lehrerin. Das wäre 30 Jahre zuvor noch unvorstellbar gewesen.

Am Vorabend hatte mein Dad uns noch einmal an die damals herrschende Armut erinnert.

»Es war kriminell«, sagte er. »Nie in meinem Leben hatte ich so unsägliche Verhältnisse gesehen. Fairerweise muss man zugestehen, dass keiner von uns genau weiß, wie sehr sich die Infrastruktur des Landes – zugunsten der verzweifelten Unterschicht – in den zehn Jahren zwischen unserer Ausreise und der Revolution verbessert hatte. Aber eines ist gewiss: Welche Veränderungen auch immer sich ereignet hatten, sie waren zu geringfügig und kamen zu spät. Diese einsamen Staubhaufen von Dörfern, abgeschnitten von der Welt, ohne medizinische Versorgung, ohne Schulen, ohne ordentliche Straßen, um Waren auf einen Markt zu schaffen – es schien keinerlei Hoffnung zu geben.« Und nun war eine ganze Generation weit darüber hinaus gekommen, mit einer normalen Kindheit und Ausbildung und vielen Universitätsabsolventen. »Das ist wirklich ein Wunder«, fasste Dad es zusammen. »Und wie viel Korruption auch immer jetzt herrschen mag, sie können nicht so viel gestohlen haben wie das ganze Gefolge des Schahs.«

Die Revolution hatte ein Paradoxon verkörpert. Populistische und sozialistische Themen waren mit einer konservativ theokratischen Agenda verwoben worden. Was als religiöse Revolution ausgegeben wurde, bewirkte tatsächlich eine radikale gesellschaftliche Umwälzung. Die Revolte gegen verwestlichte Iraner stieß der riesigen Unterschicht die Tore auf. Gärtner, Köche, Arbeiter und Lastwagenfahrer nutzten die Gelegenheit, bis dahin undurchdringliche Grenzen zu überwinden.

Das durch den Exodus der Technokraten und der reichen Elite, die die Wirtschaft gemanagt und alle wichtigen Positionen besetzt hatten, hinterlassene Vakuum wurde rasch von Mullahs und einer ungewöhnlichen Koalition aus religiösen Nationalisten, traditionalistischen Basaris und islamistischen Sozialisten aufgefüllt. Sie konfiszierten den Besitz des Schahs sowie das Privateigentum der Elite und gründeten Stiftungen im Namen der *mostazafeen*, der Unterdrückten. Den unter der Herrschaft des Schahs an den Rand der Gesellschaft Gedrängten versprach man Arbeit. Die Regierung startete ein massives Aktionsprogramm, in dessen Rahmen viele Spitzenjobs an Geistliche, treue Gefolgsleute und Kriegsveteranen gingen. Wohnungsbau-, Fürsorge- und Bildungsprojekte nahmen Gestalt an. Die Stiftungen, so genannte *bonyads,* häuften rasch Vermögen an und wurden vom Klerus wie Lehen geführt.

20 Jahre waren vergangen. Viele konfiszierte Fabriken fuhren weiterhin Verluste ein und kosteten das Land ein Vermögen. Die *bonyads* scheffelten Geld und wirtschaftliche Macht, die den Wettbewerb erstickte, was sie zur Zielscheibe massiver Kritik machte. Unumstritten war aber, dass das Land mit Schulen, medizinischen Einrichtungen und Elektrizität erschlossen war. Die Universitäten blühten, und die Zahl der weiblichen Studierenden übertraf die ihrer männlichen Kollegen deutlich.

Bald gab es in der Bi-sim-Straße einen Wirbel von Festivitäten und täglich wurden Geschenke ausgetauscht. Am folgenden Abend kamen die Cousins und Cousinen der Familie Ghasemi zu Besuch. Eine von ihnen konnte sich noch gut an mich erinnern. Sie hieß Zahra und war inzwischen Mutter von drei bemerkenswerten Töchtern. Liebevoll erinnerte sie sich an ihren Besuch in unserem Haus vor 35 Jahren. Sie war nur drei Tage da gewesen, aber der Eindruck von damals war ihr unvergessen geblieben. Nachts schlief sie bei Baby Ali, tagsüber brachte ich ihr bei, auf meinem roten Fahrrad zu fahren. Sie fuhr auf den überwachsenen Gartenwegen, während ich hinterherlief und mich verzweifelt bemühte, sie im Gleichgewicht zu halten. Ich war damals erst neun, und sie eine schüchterne Sechsjährige.

Zahra wurde rot, als sie mir ihr Geschenk überreichte. Ihre Teenagertöchter waren begeistert.

Langsam entfernte ich das Geschenkpapier. Unter Glas und in einem Rahmen sah ich ein handgewebtes rot-grünes Muster mit einer Goldborte. Es war das Paisleymuster – die berühmte gebeugte, aber nie gebrochene Zypresse. Ihre Töchter bedeuteten mir, es umzudrehen. Auf der Rückseite las ich, was Zahra sorgsam geschrieben hatte: *Deine Farrad-Freindin. Isfahan* 1998, *Iran.*

»*Kheli mamnoun, moteshakerram*, vielen Dank«, sagte ich.

»*Basheh*, gern geschehen«, erwiderte sie.

Ich bemerkte, dass ihr Ehemann Ahmad in einer Ecke schmollte. Wenige Männer werden gern an die früheren Liebesgeschichten ihrer Frauen erinnert. Ganz unabhängig vom Alter. Ahmad bildete da keine Ausnahme.

Ich verbeugte mich übertrieben bescheiden, wie es dem *taarof* entsprach.

In meinem Hotelzimmer zeigte mir meine Mutter vor dem Einschlafen noch einen Brief, den sie geschrieben hatte. Er war an die Schwester von Präsident Khatami adressiert:

> Liebe Frau Khalili,
> eigentlich wollte ich Ihnen später aus meinem kalifornischen Zuhause schreiben. Aber ich möchte Ihnen schon jetzt diese Nachricht zukommen lassen, um Ihnen für Ihre großzügige Gastfreundschaft zu danken, als ich Sie besuchte. Wie schon erwähnt, habe ich zehn Jahre im Iran gelebt (1960–1969), und das Leben meiner Familie hier war erfüllt von so freudigen und schönen Erlebnissen, dass wir uns danach sehnten, die Menschen und das Land, das wir lieben, zu besuchen. Ihr Bruder hat viel dazu beigetragen, die Spannungen zwischen unseren beiden Ländern zu mildern, und wir danken ihm dafür, dass er eine Atmosphäre geschaffen hat, in der wir uns willkommen fühlten.

Wir trauern mit Ihnen über den Tod Ihres geliebten Sohnes und aller iranischen Märtyrer, die in diesem schrecklichen Krieg umgekommen sind. Wir beten darum, dass es mit Staatsmännern wie Ihrem Bruder bei allen künftigen Problemen möglich sein wird, friedlichere Lösungen zu finden. Wir werden unser Bestes tun und mit allen Menschen, die uns wo auch immer begegnen, von den guten Absichten des Iran gegenüber allen sprechen.

Ich bewundere Sie und Ihre Familie sehr für die guten Dienste, die Sie der Gesellschaft erweisen. Sie haben in Ihrem Leben viel erreicht und allen Kindern ein gutes Beispiel gegeben.

Wir werden den Iran in wenigen Tagen verlassen, aber ich weiß, dass meine vier Söhne wieder zurückkehren werden. Die liebe Familie, die vor vielen Jahren in Teheran für uns gearbeitet hat, haben wir gefunden, und wir werden mit ihr in Verbindung bleiben, und auch mit ihren Kindern und Enkeln.

Wir stimmen in Ihr Gebet ein, dass alle Nationen und Menschen Gottes Willen folgen und für Frieden und Verständigung arbeiten mögen. Die Erfolge Ihrer Familie geben uns Hoffnung auf eine frohe Zukunft für unsere Kinder.

Mit den besten Wünschen,
Donna Ward

KAPITEL 11

An den Ufern des Flusses Zayandeh

Beim riesigen Brunnen mitten auf Isfahans prächtigem Platz Naqsh-e-Jahan, »Spiegel der Welt«, waren wir mit Hassan verabredet. Von da aus wollten wir uns ins Getümmel des Basars stürzen. Ich stand den hoch spritzenden Wasserfontänen am nächsten, als ein junger, muskulöser Hüne mit einem Grübchen in der rechten Wange und offenbar überreichlich mit Testosteron ausgestattet, mich zu mustern begann. Wie Sportfans in aller Welt wollte er nur eines wissen.

»Sagen Sie mir, wer ist die Nummer eins in Amerika? Hulk Hogan oder Eleeminator?«

»Schwer zu sagen.« Da ich mich bei den bionischen Helden der World Wrestling Federation nicht besonders gut auskannte, machte ich mich einfach mal für den Eliminator stark.

»Ah-ha! Groß-artig!«, schrie er, offenbar zufrieden mit meiner Wahl. Vermutlich war der Eliminator der hiesige Favorit. »Meine Freunde und ich sind jede Woche dabei«, sagte er. »Sie müssen unbedingt kommen. Wir haben eine Satellitenschüssel.«

»Ist das nicht verboten?«

»Aber nein. Mein Vater ist ein hohes Tier bei Pasdaran,« schmunzelte er. Ich lächelte etwas nervös, als ich den persischen Namen der Revolutionsgarden vernahm.

»Der nächste Kampf wird morgen übertragen, aus Los Angeles.« Er grinste, als er mir diese verbotenen Früchte anbot.

»Ja …« So wenig Begeisterung hatte er von mir nicht erwartet, aber er gab mir jedenfalls seine Adresse.

»Es wird Ihnen Spaß machen. Kommen Sie doch in mein Haus.«

Inzwischen hatten sich zwei attraktive junge Frauen, die unbekümmert zum Brunnen spazierten, meiner Mutter genähert, die ihre Augen gar nicht von dem rasenden Verkehrschaos rund um den Platz losreißen konnte. Sie brachten zuerst deutsch, dann auf Englisch ihre Betroffenheit über Prinzessin Dianas tödlichen Autounfall zum Ausdruck.

»Arme Diana«, sagte die eine kopfschüttelnd.

»Charles hat sie niemals wirklich geliebt, oder?«, fragte ihre Freundin meine Mutter, als ob die es ganz genau wissen müsste.

Der Brunnen, dessen üppige Wasserfontänen sich wie die Blütenblätter einer Lilie öffneten, zog die Leute wie ein Magnet an. Während Kevin noch der Unterhaltung lauschte, kam eine chic gekleidete junge Mutter mit ihrem Baby und einer Freundin auf ihn zu.

»*Pardon Monsieur.*«

Auf Französisch beklagte die Frau – sie hieß Parvin –, dass ihre zweite Sprache nicht mehr die *lingua franca* der ganzen Welt sei. Immerhin einigten Kevin und sie sich darauf, dass diese Sprache immer noch »Eleganz und Kultiviertheit« ausstrahle. Danach fragte Kev sie, ob ihre schüchterne Freundin, eine rehäugige Schönheit, auch Französisch spräche.

»*Oui, bien sûr, Monsieur*«, erwiderte sie mit triumphierendem Lächeln.

Als wunderbar kosmopolitisch, weltoffen und neugierig erwies sich diese junge Generation, die mit der weiten Welt jenseits ihrer geschlossenen Grenzen verbunden war – höchst kultiviert, urban und liebenswürdig. Sie trennte zum Glück ganz klar zwischen der amerikanischen Politik und amerikanischen Bürgern wie uns. Bis jetzt hatte sich wirklich jeder, den wir getroffen hatten, als besonders freundlich und höflich erwiesen.

Parvins dreisprachiger, gepflegt aussehender Ehemann, Firuz, kam dazu. Er hatte fünf Jahre in Paris verbracht. »Pardon, ich möchte Ihnen sagen, wie beschämt wir wegen all der Geschehnisse sind«, sagte er.

»Aber es wird Reformen geben«, erwiderte Kev.

»Das hoffen wir! Haben Sie gestern Abend auf BBC gehört, dass Karbaschi, der Bürgermeister von Teheran, aus dem Gefängnis entlassen worden ist?«

»Großartig. Das ist doch ein gutes Zeichen.«

»Unser Präsident spricht jetzt von Menschenrechten und *liberté.*«

»Ja, er scheint ein wirklich intelligenter Mann zu sein«, erklärte ich.

»Wir haben ihn alle gewählt. Manche Studenten nennen ihn Ayatollah Gorbatschow.«

Ein Trupp kichernder Jugendlicher umringte uns. Der Perser aus Paris gebot ihnen Einhalt.

»*Inshallah*, wir hoffen, er wird nicht zu unserem JFK. Warum können sich die Mullahs nicht in ihre Moscheen zurückziehen und Religionslehrer sein? Sie sollten aufhören, Politik und Geschäfte zu machen.«

»Dafür haben sie das Geld zu gern«, warf Parvin kopfschüttelnd ein.

»Alle Preise steigen. Die Arbeitslosigkeit ist viel zu hoch. Unsere jungen Leute finden keinen Job. Wir haben keine Freiheiten.«

»Die Mullahs sitzen auf ihren Thronen und machen Versprechungen«, sagte Firuz. »Dabei werden ihre Familien immer reicher. Kennen Sie die iranische Relativitätstheorie? Sie ist etwas ganz Spezielles. *All must go to the relatives* – alles den Verwandten.« Dann kam er näher und sagte mit gedämpfter Stimme: »Wissen Sie, warum die Mullahs immer in Grün träumen?«

»Grün ist ist die Farbe des Paradieses«, antwortete ich. »Die Farbe des Propheten.«

»Nein, nein, nein, *baba*.« Er lachte und packte mich am Arm. »Sie lieben den Dollar.«

Der sogenannte »Staat der Hardliner-Parias« muss sich doch wohl gewandelt haben. Sowohl das Regime der Pahlewis wie das der Ayatollahs hatte einen denkbar schlechten Ruf wegen seines rigorosen Sicherheitsapparats – einer Geheimpolizei, die ihre Gegner in das gefürchtete Gefängnis Evin sperrte. Trotzdem sprechen jetzt die Leute auf der Straße so offen und ohne Angst, dazu mit dem typisch persischen Humor. Das alles stand in scharfem Gegensatz zur arabischen Welt, wo die Selbstzensur seit Jahrzehnten die Zungen im Zaum hielt.

Während wir dort am Brunnen standen, beantworteten wir noch weitere Fragen. Mögen Sie den Iran? Und wie gefällt Ihnen Isfahan? Sind Sie das erste Mal hier? Werden Sie von den Leuten hier gut behandelt? Ja, ja, ja. Ihr Bürgerstolz war offensichtlich.

Die Menschen in Isfahan brüsten sich nach wie vor: *Esfahan nesf-e jahan*, »Isfahan ist die halbe Welt«. Während die Engländer die Stadt für das Oxford Irans halten, meint Idanna: »Nenn Isfahan doch einfach das Florenz Asiens. Vor gar nicht langer Zeit hat Florenz Isfahan offiziell zu seiner Partnerstadt erklärt.«

14 Brücken spannen sich über den Fluss Zayandeh. Die Khaju-Brücke mit ihren beiden Pavillons an jedem Ufer, den doppelstöckigen Arkaden und den steinernen Treppen steht im Wettbewerb mit dem Ponte Vecchio. Ebenso wie die Florentiner Handelshäuser, die durch Stoffe und Seide reich wurden, wurden auch die goldenen Börsen der Kaufleute Isfahans mit Hilfe der Seide gefüllt. Und wie in Florenz die Guelfen und Ghibellinen befehdeten sich auch in Isfahan zwei feindliche Parteien: die Haidari und die Ni'matillahi. Das größte Verdienst an Isfahans Ruhm hat Schah Abbas aus der Dynastie der Safawiden, der 1598 seinen königlichen Hof von Qazvin im Norden hierherverlegte. Wie Lorenzo di Medici rüttelte Schah Abbas die Stadt durch seine

ehrgeizigen Pläne wach und bewirkte all die Wunder der Baukunst. Auf der ganzen Welt gibt es nichts, was sich mit *Maidan*, dem großen Platz, wo wir saßen und auf Hassan warteten, vergleichen lässt.

Mit seinem Bau wurde 1611 begonnen, er ist sieben Mal so groß wie die Piazza San Marco in Venedig und bildet ein majestätisches Rechteck. Vor Gesandten aus fremden Ländern, die sich auf der großen Terrasse von Schah Abbas' Palast niedergelassen hatten, fanden hier Polo-Wettkämpfe statt. Im Jahr 1620 berichtete Pietro della Valle, ein italienischer Diplomat: »Jeden Abend lässt der Schah hier fünfzigtausend Lampen zur Beleuchtung des Platzes anzünden.« Dieser beim Volk höchst beliebte Fürst verließ am Abend oft seinen Palast, um unerkannt durch Basare und Kaffeehäuser zu schlendern und sich frei und offen mit den Menschen zu unterhalten. Er hörte ihnen ruhig zu, auch wenn sie Kritik äußerten; zornig wurde er nur dann, wenn sich die Leute über korrupte Beamte zu beklagen hatten. Ein solches Vergehen wurde umgehend bestraft.

Von unserem strategischen Aussichtspunkt am zentralen Brunnen aus gab es in alle vier Himmelsrichtungen hinreißende architektonische Wunderwerke zu bestaunen. Im Westen ragte der königliche Palast Ali Qapu, das Erhabene Tor, auf. Dort, auf der großartigen Loggia im zweiten Geschoss, unterhielt Schah Abbas seine Gäste bei Banketten mit 50 Gängen. Der letzte Gang war stets ein Sorbet aus Mandarinen, dessen Eis dazu von den schneebedeckten, viele Kilometer entfernt liegenden Gipfeln gebracht wurde. Der Legende nach hat der schlaue König ausländische Würdenträger gern zum Narren gehalten, indem er immer wieder dieselben Soldaten auf dem Platz paradieren ließ. Man befahl den gut gedrillten Truppen, ihre Runden durch die Arkaden weiter unten zu machen, wo sie schnell die Uniformen wechselten. Die Diplomaten sahen von der Loggia aus zu und tranken dabei reichlich vom großzügig servierten Shiraz-Wein; so vermehrten sich in ihren Augen die 4000 Soldaten zu einer Armee von 40000. Die Nachricht von diesem unbesiegbaren Land gelangte in Windeseile bis in die Hauptstädte Europas.

Dem Palast gegenüber, im Osten, erhob sich die Scheich-Lutfullah-Moschee mit der zierlichen milchkaffeebraunen Kuppel. Über den Anblick ihres strahlend hellen Innenraums hat Vita Sackville-West in *Passenger to Teheran* geschrieben: »Im 16. Jahrhundert haben die Perser in Isfahan aus purem Licht gebaut. Sie holten sich das Türkis vom Himmel, das Grün von den Frühlingsbäumen, das Gelb von der Sonne, Braun aus der Erde, das Schwarz von ihren Schafen und verwandelten all das in kompaktes Licht.« Während des Iran-Irak-Krieges hat Saddam Hussein versucht, alle diese

Schätze zu bombardieren, weil er wusste, er würde damit das Herz der Iraner treffen.

Im Norden des Platzes öffnete der Königliche Basar sein vergoldetes Tor in eine Welt der dunklen Schatten und käuflichen Träume. Auf dem riesigen Platz war so symbolisch die Balance gewahrt zwischen der säkularen Welt auf der einen Seite und der spirituellen auf der anderen. Unmittelbar gegenüber dem gewaltigen Tor zum Basar ragte 450 Meter weiter südlich eine erhabene Moschee empor, die den unruhigen Geistern zugedacht war. Yin und Yang.

Das früher als Schah-Moschee bezeichnete und 1980 in Imam-Khomeini-Moschee umbenannte Bauwerk streckt sich hinauf bis zu einer glitzernden himmelblauen Kuppel. Seine Minarette sind 45 Meter hoch. Die ausladende Kuppel mit ihren 18 Millionen Ziegeln und fast einer halben Million aquamarinblauer und kanariengelber Kacheln ist so gewagt, dass es vielleicht nur eine einzige vergleichbare Konstruktion auf Erden gibt: Brunelleschis Terrakotta-Kuppel in Florenz. Diese Imam-Moschee, ein Gipfel islamischer Baukunst, ist das wahre Symbol der Isfahan-Renaissance des 17. Jahrhunderts und überwältigt mit all ihrer Großartigkeit und ihren Proportionen den Betrachter.

Als wir durch das grandios überwölbte Portal mit den hängenden himmelblauen Stalaktiten schritten, traten wir aus der profanen in die spirituelle Welt. Im Innern war eine Schar von Künstlern damit beschäftigt, neue Kacheln einzufügen und so die zerbrechlich schöne Handarbeit an diesem niemals vollendeten Projekt fortzusetzen. Die beiden Säulengänge im Innenraum strahlen mit ihren azurblauen, zitronengelben und smaragdgrünen Kacheln mediterrane Wärme aus, und es hat sie schon gegeben, bevor noch die Neapolitaner ihr Kloster Santa Chiara überreich mit Majoliken auskleideten. Rundherum rankt eine zarte keramische Pflanzenwelt empor, Myriaden von knospenden Blumen und verschlungenen Zweigen von Lebensbäumen. In Form kalligraphischer Zeichen wehen die Koranverse wie ein Wirbelwind über die betende Menge bis in den Himmel hinauf.

Kuppelbauten sind von jeher heimisch im Iran; sie wurden während der Sassaniden-Dynastie im 3. Jahrhundert entwickelt. Ursprünglich konnten sich Kuppeln wie das Pantheon in Rom nur auf Rundbauten erheben, doch die persischen Baumeister erfanden die Kuppel, die auf einem Quadrat aus vier Wänden ruht. Dank dieser genialen Idee geht das Quadrat in wabenförmige Bogen, die an allen vier Ecken aus den Winkeln am Schnittpunkt zweier Wände wachsen, in die Kuppel über. So wurden Kuppeln in allen Formen und Größen möglich. Eben diese erhabene Kuppelform prägte die byzantinische wie die islamische Sakralbaukunst und beeinflusste auch die

Kirchenbauten der europäischen Renaissance. Die Hagia Sophia in Konstantinopel, das Taj Mahal und natürlich der Dom zu Florenz haben ihre Vorbilder in der frühen Baukunst Persiens.

Hassan kam zu Fuß und trug wie immer ein weißes Hemd zu seiner schwarzen Hose, auf der Stirn standen ihm Schweißperlen. Er entschuldigte sich für die Verspätung.

»Ich musste mit Fatimah noch einmal zum Markt gehen.«

»Wir sind schuld, weil wir deine Zeit in Anspruch nehmen.«

»Nein, nein, aber die ganzen Einkäufe für das Abendessen heute.«

»*Baba*, an mir liegt's«, sagte Kev und klopfte sich auf den Bauch. »Ich esse für zehn.« Hassan lachte und richtete sich auf, wischte sich die Stirn mit dem Taschentuch und legte los mit der Einführung in das Leben seiner Wahlheimatstadt.

»Isfahan ist die Stadt der drei Ds«, begann er. »*Derakht* für die Bäume – nirgendwo sonst sieht man so viele Bäume. *Docharkheh*, Fahrräder – sie sind hier überall. Und *derayat* – ja, ja, die Isfahaner sind gerissen. Im Basar verführen sie die Leute mit süßen Worten. Aber sie wollen nur Geschäfte machen. Wenn einer glaubt, er hätte einen guten Preis ausgehandelt, schmeicheln sie ihm noch. Natürlich ist er dann zufrieden, weiß aber nicht, was eigentlich geschehen ist. *Er* ist nämlich der Verlierer. Hier gilt die Regel: Gegen einen vom Basar in Isfahan kannst du niemals gewinnen.«

»Klingt hart«, meinte Chris.

»Du musst ja nichts kaufen«, empfahl Mom.

»Nachdem ich den weiten Weg bis hierher gemacht habe?«

»Dann grinst du einfach und hältst es aus«, riet ihm mein Vater.

»Ja, ein angenehmer Schmerz«, sagte Kevin, der den Basar schon seit Tagen anvisierte.

Bevor wir das Hotel verließen, hatte Vaz uns gewarnt. Er zog es vor, dort zu bleiben, um seinen verdorbenen Magen zu pflegen, aber sein Rat war unmissverständlich: »Passt auf! Die Kaufleute auf dem Basar in Isfahan sind so gerissen. Sie kennen alle Tricks. Es ist ganz einfach«, sagte er. »Entweder du verlierst, oder du hast ein Messer im Rücken. Viel Glück.«

Neugierig überquerten wir den Platz und folgten Hassan unter eine lange, gewölbte Arkade, in der synkopische Hämmer wie Xylophone widerhallten. Unten in der Allee erspähte ich auf Leitern sitzende Männer, die Kupferkessel so groß wie Flusspferde in Form hämmerten.

»Für Hochzeitsmahle«, erklärte Hassan.

»Da passt ja die Reisration für eine ganze Sippe hinein«, bemerkte Kev.

Meine Eltern, die ahnten, dass ein langer Marsch bevorstand, hielten Ausschau nach einem Café. Wir gingen eine Treppe hinauf und brachten sie auf bequemen Sesseln in einem Hof unter, der hoch über dem das Panorama bestimmenden gewölbten Eingangstor zum geschäftigen Basar thronte. Den beiden war der weite Blick über den »Spiegel der Welt« lieber als das Labyrinth der Händler.

Und dann folgten wir wie in Kindertagen Hassans Fußstapfen. Geschickt manövrierte uns Hassan durch die fließende Menge und schlüpfte durch das mittelalterliche Tor. Von diesem Eingang aus erstreckt sich wie unter einem unsichtbaren Spinnennetz der überdachte Basar über sechs Kilometer weit ins Halbdunkel, beschirmt von den durch die Sonne ausgebleichten gewölbten Dächern. So konnte das Licht nicht wie in Yazd in strahlenden Seen aus Licht in die Gänge fallen. Die schattigen, labyrinthartigen Wege wurden nur von den goldenen und fluoreszierenden Lichtern erhellt, die über den Auslagen voller Schätze flackerten. Antike silberne Teeservice; Poloszenen en miniature auf Kamelknochen; mit Pflanzenfarben gefärbte Teppiche; intarsierte Schachteln aus Walnussholz, Ebenholz und Kamelknochen; Teppiche in klassischem Karmesinrot und Mitternachtsblau; handgemalte und glasierte Mosaiken in ägäischem Azurblau und Sonnenblumengelb mit geschwungener Elfenbeinkalligraphie – all das war als Köder ausgelegt und wartete auf sichere Beute. Bronzelampen gossen von oben gedämpftes Licht durch die wie Spitzen geschnitzten Muster.

Chris und Rich schlenderten an den berüchtigten Teppichhändlern vorbei. Mit höflicher Stimme riefen die ihnen hinterher: »Bitte, kommen Sie, schauen Sie.«

Es war schwer, sich hier zurückzuhalten, und Hassan hatte verstanden.

Chris flüsterte mir zu: »Sind die Teppiche nicht das Prachtvollste, was du je gesehen hast?«

Diese Zaubergärten aus glühenden Farben waren mit Bildern vom Paradies versehen. Medaillons, überwuchert von rankenden Reben und gewundenen Zweigen, Natur und Dichtkunst in einem. Arabesken, Girlanden und Palmetten: Es war eine Lust, die glänzenden, sinnlich aufreizenden Teppiche zu berühren.

Die Kunst der Teppichherstellung hat sich vor 4000 Jahren bei den nomadisierenden Hirtenvölkern entwickelt, als die Frauen erstmals die Wolle ihrer Schafe zu spinnen begannen. Webstühle aus Holz, die man den Maultieren auf den Rücken schnallen konnte, ermöglichten nur ganz bestimmte Teppichgrößen, und das dicke Garn setzte der Fantasie bei der Auswahl der Muster Grenzen. Als die Teppichwirkkunst dann aber aus den Bergen in die Städte vorgedrungen war, entstanden in den Werkstätten der Kunsthandwerker die feineren Stücke. Drei Neuerungen boten den Erzeugern neue Möglichkeiten für Größe und Form der Teppiche. Erstens kamen größere, stationäre Webstühle auf, und viele kleine Kinderhände – meist von Mädchen – konnten nun an einem einzigen Stück knüpfen, so dass man nun auch Teppiche für die riesigen Fußböden der Paläste herstellen konnte. Zweitens ermöglichten feinere Garne und kostbare Seidenfäden viel kleinere Knoten, durch die auch gewundene Linien und winzige Details von Ornamenten möglich wurden. Jetzt konnte man deutliche Bilder mit Blütenknospen, blühenden Bäumen, springenden Gazellen, galoppierenden Jägern, also fast alle Motive, knüpfen. Statt aus dem Gedächtnis zu arbeiten und dabei die uralten Lieder zu singen, um die Muster auszurufen, entwarfen die Künstler als Anleitung für die Knüpferinnen komplizierte Kompositionen auf Papier.

Auf persischen Teppichen finden sich sogar poetische Inschriften wie dieses 400 Jahre alte Gedicht:

Dieser Teppich, den ich gefertigt habe, damit sie darauf tritt …
Kette und Schuss dieses Teppichs sind gemacht aus den Lebensfäden meiner Seele.
Für das Auge, das hier Perlen weint,
habe ich auf einem Teppich den Staub auf dem Weg meiner Geliebten in Farbe verwandelt.
Unter ihren Schritten habe ich ihren Teppich mit Blumen aus dem Blut meiner Augen verziert,
hoffend, so hinter die Einfriedung ihrer rosigen Wangen zu gelangen.

Nach Europa kamen die Teppiche durch die Kaufleute von Venedig. Sie bedeckten bald die Fußböden der Paläste und dienten als Requisiten auf den Gemälden von Mantegna, Carpaccio, Brueghel und Velásquez. Tintoretto hat einen weiblichen Akt auf einem Teppich aus Isfahan gemalt.

Ich beobachtete Chris, wie er einen Teppich umdrehte, um die Knoten in Augenschein zu nehmen. Der Ladeninhaber lächelte, weil er wusste, dass der Fisch schon am Köder knabberte.

»Sie haben einen guten Geschmack, Mister.«

»Danke. Ich schaue ihn mir nur an. Ich möchte ihn nicht kaufen.«

»Natürlich nicht.«

»Was kostet er?«

»Der Tabrizi gehört zu den Besten. Aber für Sie, mein Bruder …«

»Nein, er dort ist mein Bruder.« Chris deutete auf mich.

Ich verbeugte mich. »Ich muss auf ihn aufpassen.«

Gelächter und Sprüche. Chris liebte dieses Spiel. Ein wirklich seltsames Völkchen, diese Teppichhändler. Sie taten immer so, als wären sie der so lange gesuchte *baradar*, der sich nicht scheut, auf den Koran und die Seele der entschlafenen Mutter zu schwören. Andererseits waren sie eine zuverlässige Schar kultivierter Piraten. Als er hörte, dass meine Frau aus Italien stammt, stellte sich der Geschäftsinhaber als Reza vor und parlierte nun in fließendem Italienisch.

»*Come va la vita in Italia?*« Bald unterhielten wir uns über die ausgewanderten Iraner, die auf dem Markt von San Lorenzo in Florenz arbeiteten. Ob ich sie kennen würde?

»*Certo*, sicher, ich komme jeden Tag bei ihnen vorbei«, lachte ich.

Chris handelte, und ich setzte mich, während man uns Teppich auf Teppich vor die Füße rollte. Der zeremonielle Tee wurde gebracht. Als ich die Wollknäuel von einem Miniatur-Webstuhl herunterhängen sah, fühlte ich mich an die Troddel erinnert, die wie reife Früchte an ihren Zweigen von Fatimahs Webstuhl hingen: Pfirsich, Zitrone und Pflaume. Ihre ruhigen Hände zupften sie dort ab.

Schließlich kauften wir doch nichts. Chris machte Reza ein Kompliment.

»Ein richtiger Charmeur«, flüsterte er mir zu.

Nächstes Mal, erklärten wir ihm. Er verstand natürlich. Es war einfach nicht redlich. Nein, wir konnten nichts kaufen, zumindest jetzt noch nicht. Es war ja erst unser erster Durchgang. Außerdem mussten wir unbedingt Kevin, Rich und Hassan retten, die in dieser Passage in den Netzen anderer Fischer zappelten.

Als wir tiefer in den Basar eindrangen, öffneten sich Bogengänge mit bröckelnden, vom Zahn der Zeit benagten Mosaiken, die auf verborgene Hinterhöfe führten, ausgetrocknete Wasserbecken und alte Kaufhäuser. Hassan betrat einen seltsam leeren Hof und blieb neben einem Brunnen stehen, der seit Jahrzehnten kein Wasser mehr gesehen hatte.

»Kommt, setzt euch«, sagte er.

»Es ist so seltsam, Hassan, mit dir hier zu sein«, meinte Kev. »Wie ein Traum.«

»Für mich auch. Ich komme nicht oft in den Basar, habe viel zu tun, aber das hier ist ein stiller Platz.« Hassan rieb mit den Fingern am Brunnenrand. »Er erinnert mich an eine Geschichte. Wollt ihr sie hören?«

»Ja, *baba*«, sagte Rich. »Aber erzähl uns vorher eine von Mullah Nasruddin.«

»Also gut, Richie. Aber danach erzähl ich euch diese hier.«

Er lehnte sich zurück, holte tief Atem, machte eine theatralische Pause und sah uns dann mit glänzenden Augen an. Rich ließ sich neben mir auf den Boden sacken. Hassan atmete noch einmal tief durch und begann:

»Mullah Nasruddin ging einmal mit seinem Maultier in die Stadt und nahm auch seinen Sohn mit, einen Knaben, der erst sechs Jahre alt war. Er ließ das Kind auf dem Maultier reiten und marschierte nebenher. Die Leute, die ihm begegneten, riefen: ›He, du, alter Mann, bist du verrückt? Warum sitzt du nicht auf und lässt den Knaben laufen?‹ Um sie zufrieden zu stellen, sagte er: ›In Ordnung.‹ Er hob seinen Sohn aus dem Sattel und bestieg das Maultier. Doch bald darauf sagten die Leute: ›Was für ein selbstsüchtiger Mann. Lässt den kleinen Knaben zu Fuß gehen.‹ So setzten sich alle beide auf das Maultier und marschierten weiter. Nun aber mussten sie hören: ›Was macht ihr da? Das arme Maultier geht ein, wenn es euch beide tragen muss!‹«

Rich schlug sich lachend aufs Knie.

Hassan nickte. »Imam Ali hat gesagt, die Leute zum Narren zu halten ist nicht gut, aber Spaß zu machen, das ist gut. Erinnert ihr euch? Man nennt es *tanz*. Auch wenn es eigentlich keinen Grund gibt, sich zu freuen.«

»*Tanz* … natürlich«, antwortete Rich.

Wie Charly Chaplins kleiner Tramp war auch der iranische Volksheld Mullah Nasruddin in seiner Dummheit weise. Eine sprichwörtliche Mischung aus kluger Narrheit und Zerstreutheit.

Hassan streckte sich und wischte sich über die Stirn. »Hier ist noch eine andere alberne Geschichte für euch. Eines Nachts wacht Mullah Nasruddin auf. Er hört Geräusche vor dem Haus, geht ans Fenster, nimmt seine Pistole und schießt auf etwas, das sich im Dunkeln bewegt. Am nächsten Morgen sieht er nach seinem Pyjama, der zum Trocknen im Wind hängt, und entdeckt darin ein großes Loch. ›Hei, hei, hei!‹ sagt er. ›Gott sei Dank habe ich ihn gestern Nacht nicht angehabt.‹«

Wir glucksten vor Lachen. Die Ängste von Chris lösten sich auf.

»*Allah-al-Akbar, Allah-al-Akbar* …« Der Ruf des Muezzins schallte, durch Lautsprecher verstärkt, von der Moschee in Wellen zu uns herüber, stieg höher und höher, bis er den Wellenkamm erklomm und sich in ein friedliches Bariton-Becken ergoss.

»*Ahhhh!*«, erwiderte die Zuhörerschaft in der Moschee. Das brachte Kev zurück in seine Jugendzeit, ich sah es am Glanz seiner Augen.

»*Ashahadu ana la illaha il-Allah* … Ich bezeuge, es gibt keine andere Gottheit als Allah …« In Erwartung der vokalen Geschicklichkeit des Muezzins hingen die Gläubigen an jedem Ton, während die Arie den höchsten Gipfel erklomm. Beim letzten unerwarteten Ton entließen sie wieder ein langes »Ahhhh!«.

Ein guter Muezzin lässt dich in deinem Tun innehalten. Das ist sogar seine Absicht, um dich aufzurütteln und zum Beten zu bringen. Wenn er es gut macht, kommst du der hypnotischen Kadenz nicht aus. *Azan*, der Ruf zum Gebet, ist eine der sublimen vokalen religiösen Äußerungen.

»Noch eine, Hassan?«, fragte ich, als sich die Stimmen gelegt hatten.

Während des *azan* hatte ich gesehen, wie Hassan sein Gedächtnis nach einer weiteren Geschichte durchstöberte.

»Ich erinnere mich an einen *tar*-Spieler«, begann er, »einen Mann, der jahrelang als Hofmusiker für den König musiziert hatte. Als er alt wurde und seine Musik nicht mehr so süß klang wie in seiner Jugendzeit, wurde er entlassen, und man befahl ihm, aus dem Palast zu verschwinden. Der Musiker wusste nicht, was er tun sollte. Er hatte kein Geld, nichts zu essen, besaß nur seine *tar*. So ging er in die Berge, wo er in einem Dorf in einem leeren Zimmer Unterschlupf fand. Er zog seinen roten Mantel aus und hängte ihn an die Wand. Dann sah er zu Gott auf und sagte: ›Jetzt werde ich für dich spielen. Mein Leben lang habe ich für Nahrung und Geld gespielt. Jetzt bin ich müde und möchte nur noch für dich spielen. Das ist mein Geschenk.‹« Hassan wandte die Augen zum Himmel, als er sprach.

»Also ganz allein in seinem Zimmer begann er zu spielen. Und wie süß es klang! Aus vollem Herzen. Er spielte süß wie Honig, so dass die Töne an Gottes Ohr drangen. Da erschien Gott dem König im Traum und befahl ihm, einen Beutel Geld zu nehmen und in das Dorf zu gehen, in ein Zimmer, in dem ein roter Mantel an der Wand hing. Der König gehorchte und kam in das Dorf, um nach dem Zeichen zu suchen. Er fand den roten Mantel und hörte die Musik, aber er sah den Musiker nicht, so ließ er den Beutel mit Gold zurück. Der alte Mann aber stand im Dunkeln an der Wand, spielte allein aus seinem Herzen und sah den König nicht.

Später, als sich der Spielmann umdrehte und das Gold fand, war er überwältigt. Er dachte: ›Siebzig Jahre lang habe ich mein Leben damit verbracht, zum Vergnügen der Leute zu spielen, und am Ende hatte ich nichts. Aber seht, was geschehen ist, als ich nur ein einziges Mal für Gott musiziert habe!‹«

Ich erkannte Hassans Geschichte wieder. Es war eine Abwandlung des klassischen »*Pir Changee*«, »Der alte Mann«, von dem klassischen Dichter Rumi, den jeder Iraner als *Maulana*, den Meister, kennt.

»Man muss die Dinge loslassen können«, erklärte Hassan. »Wenn du aus dem Herzen lebst, kommt die Belohnung auf eine Weise zu dir, wie du sie dir gar nicht vorstellen kannst.«

»So empfinden wir auch, *baba*, weil wir dich wiedersehen«, sagte ich. Meine Brüder nickten zustimmend.

»*Baba*, eine einzige noch?«, bat Rich.

»Nun, ich habe euch doch gesagt, dass mich dieser Brunnen an eine Geschichte erinnert.« Seine Handflächen wiesen zum Himmel. »Es lebte einmal ein Mann in Isfahan, der hatte einen Traum. Eine Stimme sagte ihm: ›Du musst nach Kairo gehen. Dort wartet ein Schatz auf dich.‹ Mit einer Karawane zog er durch die Wüste und über die Berge. Als er ankam, war er so erschöpft, dass er in der Moschee einschlief. Er wusste nicht, dass drei andere Männer, die in der Moschee schliefen, Diebe waren. Mitten in der Nacht kam die Polizei und verhaftete die Diebe, auch den Mann aus Isfahan nahm sie mit.

Als sie ihn vor Gericht brachten, fragte ihn der Richter, warum er nach Kairo gekommen sei. Der Mann berichtete von dem Traum und dem Schatz.

Der Richter fing an zu lachen: ›Du närrischer Mensch. Ich habe schon drei Mal von einem Haus in Isfahan geträumt. Dort ist ein Garten, und in dem Garten befinden sich eine Sonnenuhr, ein Feigenbaum und ein Brunnen. Und unter dem Brunnen liegt ein Schatz. Habe ich das vielleicht geglaubt? Nein!‹ rief der Richter. ›Du sollst es genauso wenig glauben. Geh zurück in deine Stadt und setze niemals mehr deinen Fuß in die Stadt Kairo. Hier, nimm dieses Geld, und marsch!‹

Als dann der Mann zurück in Isfahan war, betrachtete er seinen eigenen Garten. Seltsam! Es war genau der Garten, den der Richter beschrieben hatte, mit einer Sonnenuhr, einem Feigenbaum und einem Brunnen. So packte er sich eine Schaufel und fing an zu graben …«

»Und?«, riefen wir alle. Hassan wischte sich über die Stirn und sah jeden von uns an.

»Bald werdet ihr Isfahan wieder verlassen. Wenn ihr heimkommt, solltet ihr nicht vergessen, unter dem Brunnen im Garten eures Vaters nachzusehen. Da werdet ihr euren Schatz finden!«

»Hassan, woher wusstest du, dass in Dads Garten ein Brunnen ist?«

Hassans Augen funkelten. »Das ist mein Geheimnis. Kommt, wir wollen zu euren Eltern zurückgehen.«

Als wir uns erhoben, um den kleinen Innenhof zu verlassen, sagte Hassan noch etwas: »Es ist wie in dem alten Gedicht. Öffne das Auge deines Herzens weit, dann wirst du Dinge sehen, die unsichtbar sind.«

Wir entkamen den ehrfurchtgebietenden Höhlen des großen Basars und seiner Bruderschaft skrupelloser Händler mit nur geringen Einbußen: Kev hatte zwei kleinen Bakhtiari-Teppichen nicht widerstehen können. Als wir hinter Hassan wieder ins grelle Licht hinaustraten, waren wir einen Augenblick lang völlig geblendet. Hassan kletterte eine Treppenflucht aus schmalen Stiegen empor, und wir fanden Mom und Dad ganz zufrieden dort vor, wo wir sie zurückgelassen hatten. Kev zeigte seine Beutestücke.

»Und dann hat uns Hassan Geschichten erzählt«, sagte Rich.

»Gerade mal eine oder zwei«, murmelte Hassan. »Bei meinen Jungen fühle ich mich auch wieder jung.«

»Ich habe das Gefühl, ich bin hier in Tír na nÓg«, bemerkte Dad mit einem Blick auf mich und bezog sich dabei auf das keltische Zauberland der Jugend.

»So, und nun lasst uns in meinem Haus das Abendessen einnehmen«, sagte Hassan.

Unter dem Torbogen erwischten wir zwei Taxis und flogen zurück in die Bi-sim-Straße.

»Hei, hei!« Hassan klatschte in die Hände. Der Kochunterricht war in vollem Gange. In der dampfenden Küche wirbelte er zu mir herum.

»Terry, Rotschopf! Schau her. *Ghormeh sabzee*, ein Eintopf mit Gemüse, der ist etwas ganz Besonderes. Du nimmst Lauch, Petersilie, Bockshornklee, Dill und etwas Spinat. Du wäschst und schneidest alles klein, dann gibst du es in eine große Pfanne mit Wasser. In einer anderen Pfanne brätst du in etwas Öl die Zwiebeln goldbraun. Dann mischst du Lammfleisch, Bohnen, Zwiebeln und getrocknete Limonen aus Oman unter das Gemüse.«

Er nahm den Löffel heraus und zeigte mir die kochenden Kräuter.

»Aber du weißt ja, am wichtigsten ist der Reis.«

»Ich kann ihn immer noch nicht so zubereiten wie du.«

»Weil du ihn vier Stunden lang in Salzwasser quellen lassen musst.«

»Salz?«

»Ganz recht. Du kochst ihn sieben Minuten oder auch zehn, wenn der Reis von guter Qualität ist, dann gießt du ihn ab und lässt warmes Wasser darüberlaufen. Du gibst ihn zurück in die Pfanne mit ganz wenig kochendem Wasser. Bei sehr schwacher Hitze! Dann kommt etwas Öl dazu, und du breitest ein Tuch darüber und lässt ihn ausdampfen. Nach einer Stunde ist der Reis fertig, und am Boden gibt es *tadig*, diese knusprige Kruste.

Tadig, knusprig goldener Reis, in Stücke gebrochen wie verführerische Waffeln – jahrelang habe ich mich danach gesehnt. Bis heute war das für mich ein unlösbares Geheimnis gewesen, und nun hatte Hassan mir den kulinarischen Rosetta-Stein entschlüsselt.

»Wenn du *sabzee pulou* machen willst, gibst du gehackten Dill eine Minute vor dem Reis ins kochende Wasser. Soll es *zabzee shorkhkardeh* sein, sautierst du die Bohnen und anderen Gemüse zuerst und gibst dann getrocknete Limone dazu. Und vergiss nicht, auch Paprika, Kurkuma, Ingwer und Curry müssen hinein. Und natürlich«, er nahm die kleine Glasflasche mit den goldenen Fäden, »gehört der Safran aus Khorassan dazu. Er macht nämlich richtig lustig!«

Nach dem Essen warf ich einen Blick in das Zimmer von Majid, Hassans 15-jährigem Sohn. An der gegenüberliegenden Wand stand Fatimahs hölzerner Webstuhl. Wie viele Stunden hatten wir in dem kleinen Ziegelhaus in unserem Garten verbracht, wo die Kerosinheizung mit der blauen Flamme in den Wintermonaten so gemütlich zischte! Immer wenn wir hereinschauten, um mit dem kleinen Ali zu spielen, bot uns Fatimah becherweise Tee an, und wir beobachteten fasziniert ihre geschickten Finger bei der Arbeit, die sich mit dem elfenbeinfarbenen, burgunderroten, ebenholzschwarzen und azurblauen Garn über die Schussfäden bewegten. Der neugeborene Mahdi wurde auf den Armen seiner Großmutter Khorshid auf und ab geschaukelt.

Fatimahs Musterzeichnung lag auf der linken Seite des Webstuhls. Das Papier mit den handkolorierten geometrischen Formen war auf eine braune Holzfaserplatte geklebt und zeigte einen vergrößerten Ausschnitt, auf dem die Farbe der Knoten deutlich zu erkennen war. Immer den Entwurf im Blickfeld, eilte sie über die Schussfäden, umschlang das Garn und verknotete es schnell. Nach jedem Knoten schnitt sie den Faden mit dem Messer ab. Ganz langsam überquerte sie so die über die ganze Breite des Webstuhls gespannten weißen Fäden. Schweigend zog sie uns in ihre hypnotische, so eng verflochtene Welt hinein, die festgelegt war durch die Begrenzungen ihres Webstuhls.

Ich spürte, wie sich eine Hand auf meine Schulter legte. »Erinnerst du dich?« Es war Fatimah.

»Wie viele Knoten hat dieser Teppich?«

»Ach, Terry, so viele wie Sterne am Himmel, wie Sand am Meer, Regentropfen im Kaspischen Meer. Viele Tausende.«

Knüpften ihre Finger nicht an der Unendlichkeit? Ich hatte sie dabei beobachtet, wie sie Paradiesgärten mit prallen Rosenknospen, sprießenden Blättern, springenden Hirschen und Blumenvasen schuf. Vom ersten Frost des Winters bis zur Schneeschmelze und dem plötzlichen Anbruch des Frühlings knüpfte sie Tag für Tag. Sie wusste, früher oder später würde ihr Teppich jemandem die Füße wärmen, einen Raum behaglicher machen und den

Betrachter in eine Fantasiewelt entführen. Wenn dieser Teppich dann erst einmal an seinem Bestimmungsort war, konnte der glückliche Besitzer in Fatimahs ewigem Garten sitzen, wo niemals ein Blatt von den Bäumen fiel und kein Brunnen austrocknete, wo die Vögel niemals verstummten und der Winter keinen Namen hatte.

Wüstenflüsse verleihen ihren Städten eine exotische Großzügigkeit. Isfahan bildet da keine Ausnahme. In Afrika fließen der Weiße und der Blaue Nil in Khartum zusammen und stürzen dann vorbei an Assuan, Luxor und Kairo. Wenn sie durch die Wüste strömen, wo es niemals regnet, trotzt jeder Kilometer des Wasserweges der Natur. Kein Wunder, dass die Isfahaner ihren Fluss Zayandeh, Lebensspender, nennen. Er wird gespeist von unzähligen Bächen und Zuflüssen. Und er pumpt, Arterie und Herz zugleich, den Saft des Lebens in die Stadt. Und des Nachts gibt es keinen angenehmeren Platz als an seinen Ufern.

Wir spazierten Isfahans Champs-Élysées entlang, eine breite Promenade, *Chahar-Bagh,* Vier Gärten, genannt, die von prächtigen, Schatten spendenden und unvergleichlich schönen *chenars*, den persischen Platanen, gesäumt ist. Beim Acht-Himmel-Pavillon mit seinem Garten gab es ein kleines Karussell mit klimpernder Musik und aufblitzenden orangefarbenen und grünen Lichtern. Auch ein kleines Riesenrad drehte sich in den Himmel.

Die kühle Luft genießend, folgten wir der Isfahaner *passeggiata*, überquerten die Khaju-Brücke, wo sich allabendlich die Menschen versammeln. Auf breiten Treppenstufen unter den prächtigen Bogengängen trafen sich Familien zu ihrem angenehmen Ritual. Mitten in dem Getöse der Wassermassen, das den Verkehrslärm übertönt, starrten die Menschen stundenlang gedankenverloren auf die schäumenden weißen Wellen, die über die offenen Stromschnellen hinabstürzten. Unzählige flüssige Strudel tanzten ihren Reigen, bevor sie hinausglitten in den grünen, nun ruhig und langsam fließenden Strom.

»Fatimah und ich kommen oft hierher. Wir sitzen immer dort.« Hassan deutete auf seinen Lieblingsplatz.

Paare schlenderten umher, Studenten standen in Gruppen und debattierten, Verkäufer von Zuckerwatte weckten die süßen Sehnsüchte der Kinder, während rosa und orangefarbene Luftballons die Mütter anlockten. An den Flussufern saßen Familien auf breiten grünen Rasenflächen beim Picknick oder mieteten ein Ruderboot für einen kleinen Ausflug. Wir wanderten am Fluss entlang zu einer Safaviden-Brücke, die ihren Namen 33 zierlichen Bogen verdankt.

Hassan machte einen Abstecher ins Teehaus, das sich unter den Arkaden versteckte. Wir gingen hinterher, und in der Dämmerung zogen wir direkt über dem Leben spendenden Fluss an der Wasserpfeife. Durch drei offene Erkerfenster genossen wir die Aussicht auf die Lichter, die vom dunkler werdenden Wasser reflektiert wurden. Meine Brüder und ich machten es uns in einer dieser Nischen zwischen rost- und safranfarbenen Kissen gemütlich, Hassan saß uns gegenüber. Warm und einladend schimmerte die gewölbte Decke in bernsteinfarbenem Licht, in einem Aquarium schwammen Goldfische, schaukelnde Laternen beleuchteten alte Fotos von Musikern und Bilder von Imam Hussein, auf den hölzernen Tischen standen rote Hibiskusblüten aus Plastik lässig in rosa Porzellanvasen. Abgenutzte Teppiche bedeckten den Boden.

»Mir gefällt es hier. Es ist wie Ali Babas Höhle«, meinte Kev.

»Nein, viel besser.« Rich spielte mit den glühenden Kohlen auf seinem *ghalyan*-Tabakkegel, dann nahm er einen tiefen, andächtigen Zug und blies den Rauch würdevoll wieder aus. Er wickelte den langen roten Schlauch auf und reichte mir das hölzerne Mundstück, auch ich zog an der Pfeife. Es gluckerte friedlich.

Ein blau gekleideter Tee-Boy kam mit unserer ersten Runde: ein Messingtablett mit zylinderförmigen Teegläsern und einer rotgoldenen dampfenden Kanne. Aus versteckten Lautsprechern erklang eine *tar*, von deren gezupften Saiten sich die Töne emporschwangen. Eine Flöte schloss sich an.

Hassans Augen leuchteten auf. »Ah, das ist *Maulana*.«

»Rumi?«

»Ganz recht. Die Geschichte von Moses und dem Schafhirten.« Seine Augen folgten den Klängen. »Hört zu! Nein ich werde es euch erzählen.« Um die Klänge der Flöte kräuselte sich wellenartig eine bewegte Stimme. Eifrig begann er: »Der Hirte sagt: ›Oh Gott, komm her zu mir. Ich will Dir ein Bett bereiten. Ich werde Dir die Schuhe schnüren, Dein Haar kämmen.‹ So spricht er mit Gott. Dann kommt Moses zu ihm und sagt: ›He, was sagst du da? Gott ist nicht einer wie du und ich, er braucht keinen, der ihm das Bett bereitet, ihm das Haar kämmt. Er ist nichts dergleichen.‹ Der Schafhirt wird sehr traurig und weint mitten in der Sahara.«

Hassan lieferte uns die Übersetzung, während die vibrierende Stimme zusammen mit der Flöte den Refrain wiederholte.

»So geht der Schafhirt von dannen. ›Ich will Dir die Hand küssen, Dir den Boden fegen.‹ Und Moses erwidert: ›He, Schafhirt, wovon sprichst du? Hier geht es nicht um dich oder mich, die Schuhe tragen. Du sprichst mit Gott dem Herrn. Warum kommt dieser Unsinn aus deinem Munde? Ein großes

Feuer wird vom Himmel kommen und uns alle verbrennen. Was zur Hölle redest du da?‹«

Die Flöte ertönte wieder, danach der Sänger, und Hassan wiederholte den Text.

»So ging der Schafhirt davon. Und Gott spricht zu Moses: ›He, warum hast du ihn von mir weggehen lassen. Du bist dazu da, die Dinge zusammenzuführen, die Menschen näher zu mir zu bringen, nicht sie von mir zu trennen. Was hast du diesem Burschen gesagt? Du solltest es doch besser wissen. Mich kümmert es nicht, was die Leute sagen. Ich schaue nur in die Herzen. Auf die höre ich, nicht auf ihre Worte.‹«

Hassans Augen leuchteten im Licht der Laterne. Sogar der Tee-Boy blickte zur Decke empor, als sei er einen Augenblick lang in Trance gefallen. Und wieder die Flöte und die Stimme des Sängers.

»So läuft Moses dem Schafhirten nach und sagt: ›Das Wort kommt von oben. Du kannst Gott auf jede Art anbeten, die dir gefällt. Du hast es richtig gemacht. Ich habe etwas Falsches gesagt.‹« Die Stimme bewegte sich wellenartig weiter. Hassan wiederholte. »Moses läuft dem Schafhirten nach, findet ihn und sagt: ›Ich bringe dir die beste Nachricht. Was du auch auf dem Herzen hast, sag es nur!‹«

Die Musik schwoll mit dem Trommeln einer *daf* an und erreichte ihren ekstatischen Höhepunkt. Und so plötzlich, wie sie eingesetzt hatte, verstummte sie. Das ganze Teehaus schien durchzuatmen.

»Unglaublich«, murmelte Kevin.

»Seht ihr«, sagte Hassan, »*Maulana* besagt, dass Moses durch die Liebe des Schafhirten seine Lektion gelernt hat.«

Ich sah Hassan an und dann meine drei Brüder. Der Duft des rauchenden Tabaks wehte aus dem Fenster hinaus. Lichter zuckten auf dem sich kräuselnden Wasser. Eine plötzliche Wärme überkam mich. Diese Szene prägte sich fest in meinem Geist ein, ich werde sie nie vergessen, auch wenn wir wieder weit von hier sein werden.

»Vergesst nicht«, sagte er, »›wenn ihr das Auge eures Herzens öffnet, könnt ihr Dinge sehen, die unsichtbar sind.‹«

Wir spazierten hinaus in die tintenblaue, kühle Nacht, Hassan ging schweigend voran. Der feuchte Atem des Wassers übersprühte uns.

»Setzt euch her, ich muss euch was sagen«, verkündete er ruhig. Kev und Rich saßen auf dem frisch geschnittenen Gras. Chris streckte sich an seiner Seite aus und sah auf den vorbeiströmenden Fluss.

»Ich erinnere mich«, begann er, »es war vor vielen Jahren, als eure Mutter hinaus zum Flughafen zu fahren pflegte, um mit Flaschen kühler Limonade die *hajis* zu begrüßen, die aus Mekka und der heißen Wüste zurückkehrten. Ich habe meinen Freunden davon erzählt. Sie staunten, dass eine Ausländerin etwas tat, was nicht einmal die Iraner für die *hajis* fertig brachten.«

Er richtete seinen Blick auf den steinweißen Mond und beugte sich zu uns herüber.

»Eure Mutter und euer Vater handeln so spontan, es kommt aus dem Herzen. Jedes Mal wenn Ali und Mahdi krank waren, sagte eure Mutter zu Fatimah, ›setz die Kinder ins Auto und lass uns ins Krankenhaus fahren‹. Sie brauchte ihnen nur in die Augen zu sehen und wusste schon Bescheid. Fatimah war noch so jung, und Khorshid, ihre Mutter kannte sich nicht aus. Wohl aber eure Mutter, und sie war immer für uns da. Ich kann das nicht vergessen. Alis und Mahdis Kleidung war schöner als die des Prinzen Reza. Sie bestellte sie aus einem Katalog. Warum tat sie das alles?«

Hassan sah auf den Fluss hinaus und dann wieder in unsere Augen. »Als Moses auf den Berg ging, sagte Gott zu ihm: ›Ich werde Krankheiten auf sie herniederschicken und alle töten. Sag deinem Volk, es soll sich unter der Erde verstecken.‹ So gebot Moses den Leuten, Tunnel zu graben. Alle Menschen, Arme und Reiche, arbeiteten zusammen, um alles fertig zu bauen. Doch nichts geschah. Moses ging zu Gott und sagte. ›He! Warum hast du uns diese Plage nicht geschickt?‹ Gott sprach zu Moses: ›Ich sah, wie die Menschen zusammenstanden, jeder hat dem anderen geholfen. Das hat mich glücklich gemacht.‹«

»*Baleh*«, sagte Kevin.

»Hafis sagt uns, dass nicht die Gebetsperlen, die fantasievollen Roben oder die Gebetsteppiche wichtig sind. Das beste Gebet ist, wenn man einem anderen hilft. Jeden Morgen um drei werde ich wach. Das ist die beste Zeit zum Beten. Dann spreche ich mit Gott, und Er spricht zu mir. Er hört immer zu.« Hassan sah uns der Reihe nach an. »Ich weiß, warum Gott euch hierhergebracht hat.«

Wir schwiegen lange. Keiner von uns brachte ein Wort heraus.

»Wir sind alt. Bald müssen wir sterben. Was wir im Leben tun, das ist das Einzige, was bleibt. Manche Menschen haben eine Menge Geld, aber ein schwarzes Herz. Sie kümmern sich nicht um andere, wissen nicht, wie man etwas gibt. Gott sieht das. Wenn die Menschen Gott nicht in ihr Herz einkehren lassen, dann lässt er sie allein. Und oft passiert ihnen Schlimmes. Gott aber liebt jene am meisten, die ein Herz für andere haben. So hat er auch die drei Propheten auserwählt, Moses, Jesus und Mohammed.

»Ihr wisst, an dem Tag, als ihr Teheran verlassen habt, weinten wir. Während der ganzen Zeit, die wir in eurem Haus verbracht haben, waren euer

Vater und eure Mutter niemals böse zu uns. Sie behandelten uns auch nie, als ob sie etwas Besseres als wir wären. Immer waren sie höflich zu den Leuten. Auf uns gaben sie Acht wie auf ihre Familie. Das vergesse ich ihnen nicht.«

»Aber Hassan, wir haben auch euch nie vergessen«, sagte Rich.

Hassan winkte ab, und Rich verstummte.

»Am Abend bete ich für meinen Lehrer Ustad Ardabil, der mich in Tudeshk den Koran gelehrt hat, als ich klein war. Ich erinnere mich auch stets an eine Frau, die mir geholfen hat, als ich sieben Jahre alt war. Ich arbeitete als Schafhirt in Tajrish. Diese Frau sah mich eines Tages mit meinen Schafen vorbeiziehen. Ich war schmutzig, trug zerrissene Kleider. Sie rief mich in ihr Haus und reinigte mich in ihrem Wasserbecken. Auch mein Haar wusch sie mir, und sie säuberte meine Kleider. Ich habe nie erfahren, wer sie war, kannte ihren Namen nicht. Und ich habe sie auch nicht wiedergesehen. Warum hat sie all das getan? Vielleicht ist sie jetzt schon tot, aber ich bete immer noch für sie. »Ich bin ein Niemand, nur ein einfacher Mann. Ich frage mich, warum Gott dies alles für mich tut. Wisst ihr, ich weiß, warum ihr gekommen seid.«

Er machte eine Pause und schaute zum Mond empor. »Nicht einmal Brüder tun füreinander, was ihr getan habt. Ich habe einem meiner Freunde diese Geschichte erzählt, und er begann zu weinen. Ich berichtete ihm, dass ich vor dreißig Jahren für eure Eltern gearbeitet habe und dass sie sehr weit entfernt leben. Dann sind sie zurückgekommen, übers Meer und durch die Wüste. Ich sagte ihm, sie ist heiß, die Wüste ist sehr heiß, und doch sind sie gekommen. Er sagte: ›Ach, ich kann das nicht glauben.‹«

Er rupfte einen Grashalm aus, suchte nach dem englischen Wort, um es zu erklären.

»*Mojezeh*, sagte Fatimah gestern zu mir.«

»Was heißt das?«, fragte ich.

»So etwas wie die Geschichte, als Jesus jemand von den Toten auferweckt hat, das ist *mojezeh*.«

»Von den Toten?«

»Ja.«

Ein Schauer lief mir über den Rücken. Er sah jedem von uns in die Augen. »*Delam barayeh shoma tang mashavad*, ich habe euch wirklich vermisst.«

KAPITEL 12

Videoabende in Imam Khomeinis Mausoleum

Unseren Verdacht, dass Vaz ein Spion sein könnte, haben wir begraben. Er hat nicht nur die letzten drei Tage mit Magen-Darm-Grippe in seinem Zimmer verbracht, wir vermuteten auch, dass die einzigen üblen Scherze, zu denen er je im Stande sein würde, die Possenreißerei nach Inspektor Clouseau war. Kevin, den sein Gewissen ein wenig plagte, brachte Vaz ein paar Äpfel aus Hassans Haus. Vielleicht war es auch Kevins zunehmende Gewissheit, dass er seinen New Yorker Bazillus an ihn weitergegeben hatte. In einem Anflug von Florence-Nightingale-Güte fragte ihn Kev, wie man im Iran leben könne.

»Das System ist nicht schwer auszutricksen«, erklärte Vaz. »Man muss nur wissen, wie. Ich kenne viele Leute, die das können. Für sie ist es nicht schwer.« Er griff nach einem Apfel, lehnte sich zurück und biss hinein. »Für mich leider nicht«, bekannte er. »Aber für sie ist es leicht.«

Während der letzten Woche hatte ich mir ein paar seiner Sprüche unter der Überschrift *Vaz und wie er die Welt sieht* gemerkt.

Zum Thema Vertrauen meinte er: »Manchmal musst du lügen, um Vertrauen zu erwecken, etwa wenn ein Mädchen dich fragt: ›Wie sehe ich aus?‹« Über die Arbeit für die Geheimpolizei: »Manchmal arbeitest du für sie, ohne es zu wissen und ohne dafür bezahlt zu werden.« Über die Arbeit als Fremdenführer: »Ich halte mich an das System, *baba*. Schlage mich nicht mit Namen, Reiseführern oder Daten herum. Weißt du, ich spreche lieber mit den *babas*, den alten Männern, die sich bei den Sehenswürdigkeiten herumtreiben. Ich frage einfach sie und übersetze ihre Antworten. Was willst du mehr?« Über seine Konversationsstrategie: »Ich bin immer anderer Meinung. Das macht die Sache interessanter, meinst du nicht auch?« Zur Beschreibung meines Vaters: »Er ist der starke, ruhige Typ, mehr oder weniger.« Wenn ein Kellner im Café ihn bat, meiner Mutter zu sagen, sie solle ihr Kopftuch tragen, schoss er zurück: »Wieso? Glaubst du, ich gehöre zu denen?«

Über das Betrachten von Mädchen: »Du kannst nur das Gesicht ansehen, um dich zu befriedigen.« Sein Lieblingsspruch über den Schah: »Eine Lüge ist schon um die halbe Welt, bevor du dir nur die Stiefel anziehst.« Und ein Zitat zu Khomeini: »Diesmal triumphiert der Islam, oder er geht unter.«

Unweit von Julfa, das für seine lebendige armenisch-christliche Gemeinde und seinen Rotwein bekannt ist, kamen wir zu der prachtvollen Kathedrale von Vank. Den von Kandelabern erleuchteten Innenraum beherrschten eine durch die safawidische Baukunst beeinflusste, mit Sternen besetzte Kuppel und Fresken vom Jüngsten Gericht in italienischem Stil.

Der wenig bewanderte Vaz, der wegen dieses Ausflugs vom Krankenbett aufgestanden war, stand schweigend abseits. Als armenischer Christ und Vertreter einer religiösen Minderheit blockte er unangenehme Fragen nach eventuellen Schikanen ab. Möglicherweise machte er es wie der weise Narr Mullah Nasruddin und ging mit Humor jedem Gespräch aus dem Weg, bevor er nicht ganz genau wusste, was er erwidern und wie viel er preisgeben durfte.

Er starrte zu den goldenen Sternen hinauf und wiederholte mit ratlosem Gesicht: »Terry, ich weiß noch immer nicht, ob Armenien ein Land, eine Kultur, eine Sprache oder eine Religion ist.«

In der Tat war Armenien all das. Ein Volk, das im dritten Jahrhundert als erste Nation das Christentum annahm. Damals gehörten die Armenier zu den begabtesten und kultiviertesten Bewohnern des Nahen Ostens. Ihre tragische geographische Position – im südlichen Kaukasus eingekeilt zwischen dem Osmanischen, Persischen und Russischen Reich – verurteilte sie zu jahrhundertelangem Leiden und fortwährender Zersplitterung.

Julfa stammt aus dem frühen 17. Jahrhundert; damals brachte Schah Abbas 2000 armenische Familien als Gefangene aus einer Stadt an der Nordgrenze Persiens hierher. Er betraute die Armenier, die bekannt für ihre kommerzielle Tüchtigkeit waren, mit dem Aufbau von Geschäftsverbindungen für den höchst bedeutsamen Seidenhandel. Und er belohnte sie mit dem Recht auf freie Religionsausübung.

In nur 50 Jahren haben diese Kaufleute ein Netzwerk aufgebaut, das von der englischen Kanalküste bis ins Südchinesische Meer reichte und dessen Zentrum Isfahan war. Es umfasste Niederlassungen und Stapelplätze in allen Teilen Asiens. Diese christlichen Kaufleute aus Persien waren entscheidend für die frühe britische Etablierung der Briten in Indien.

In seiner schwarzen Amtsrobe lud mich Goriun Babian, das würdevolle, charismatische Kirchenoberhaupt mit Oxford-Abschluss, herzlich in seine Residenz ein und bot mir frischen Kaffee aus dem Libanon an.

»Eigentlich reicht unsere Diözese viel weiter nach Osten«, erklärte er. »Das geht noch auf glücklichere Zeiten zurück. Mein richtiger Titel lautet Bischof von Isfahan und Indien. Ach, Indien.« Dann sagte der Bischof mit einem Lächeln: »Doch zurück zu uns. Sie müssen wissen, dass die armenische Kirche unter den Minaretten des Islams stärker bleibt als in den Schmelztiegeln des Westens, wo unsere Werte allmählich schwinden, und nicht nur wegen der sozialen Assimilierung. Im Jahr 2005 feiern wir unseren fünfhundertsten Geburtstag hier in Isfahan. Doch wer weiß, was die Zukunft noch alles bereithält.«

Einen Augenblick lang saß er nachdenklich da, dann sprach er von Madonna, die fast nackt auf der Bühne steht und dabei ein Kreuz trägt. »Eine gotteslästerliche Aktion, und doch ist sie eine Ikone der Massen«, sagte er. »Ich begreife nicht, wie die westliche Kultur so weit kommen konnte. Nach siebzig Jahren Kommunismus und Kapitalismus sind wir wieder am Ausgangspunkt: Gott ist tot.«

Die nächste Tasse Kaffee wurde gereicht. »Und wie schon Nietzsche sagte, wenn Gott nicht existiert, ist alles möglich. Wenn grundlegende Werte wie die Würde verloren gehen und die Ausnahme immer mehr zur Regel wird … nun, Sie verstehen, was ich meine.«

Wenn ich von seinem frommen Standpunkt aus auf Amerika blickte, konnte ich ihm nur zustimmen: Da war viel Abtrünniges zu verantworten.

Es war Abend geworden. In Hassans Wohnzimmer saßen meine Mutter und mein Vater sich wie damals an den Tischenden gegenüber, ihre vier Söhne auf den ihnen auch früher zugewiesenen Plätzen. In der Küche bereitete uns Hassan nach seinen mystischen Rezepten unser letztes Abendessen. Und den Regeln von *taarof* entsprechend aßen unsere Gastgeber nicht mit uns zusammen.

»Noch ein köstlichen Mahl von Hassan!«, begrüßte ihn meine Mutter. »Neunundzwanzig Jahre, und wir sitzen wieder da, wo wir aufgebrochen sind.«

»Alle meine Jungs an ihrem Platz«, stimmte Vater zu. «Also Kev, bring den Toast aus.«

Kev stand auf. »Auf Richards Wohl, er möge lange regieren. Er hat uns große Freude bereitet, aber auch große Qual. Hat unsere Reiselust immer wieder angestachelt. Himmel oder Hölle, hoch oder tief. Rich sorgt dafür, dass man reist oder stirbt!«

»Ich habe so gelitten«, bekannte Rich melodramatisch. »Von einem 5-Sterne-Mahl zum nächsten. Mir passen meine Hosen nicht mehr. Ich sterbe.«

»Ich kann nichts mehr essen«, wimmerte Chris. »Uaaaah!«

»Los. Unser neues Motto? Iss oder stirb!«

»Eine Warnung an jeden Amerikaner, der in den Iran reist.«

Ich schlug folgende Warnung vor: »Macht euch auf exzessive Gastfreundschaft gefasst.«

»Es ist hart«, stimmte Kev zu. »Ihr kommt zurück und seht aus wie Orson Welles.«

»Also«, fragte Chris, »wo sind die Terroristen?«

Mein Vater sagte: »Überall hab ich nach einem dieser Kerle gesucht, aber vergebens.«

Donna wusste Neuigkeiten. »Hassan hat einen riesigen Picknickkorb für unseren Ausflug morgen vorbereitet.«

»Gott sei Dank!«, rief Kev.

Fatimah kam mit großen Platten. »Bitte, nehmt doch noch.«

»Ich kann nicht nein sagen!«, jammerte Rich in gespieltem Schmerz.

»Köstlicher Fisch, köstliche Sauce«, sagte ich.

»Was für ein Fisch ist das?«, fragte Kev.

»Weißfisch, sehr aromatisch, aus dem Golf. Hier, nimm einen.«

Mein Vater hielt sich zwei Finger über den Kopf, Zeichen des Großen Satans. »Also, ich muss mir solche Hörner aufsetzen.«

»Bitte nicht, Pat«, bat meine Mutter. »Für solche Kindereien bist du zu alt.«

»Naa!«, neckte Fatimah. »Nicht das amerikanische Volk, die Regierung ist schlecht!«

»Pat, bitte!« Meine Mutter zog ihm die Hände herunter, während er uns angrinste.

»Alles wird besser werden, Fatimah«, sagte mein Vater. »Ich werde alles regeln, wenn ich zurück in Berkeley bin.«

»Liebste Fatimah, alle unsere Kinder sind gesund, das ist doch das Wichtigste«, warf meine Mutter ein, um in dem Augenblick das Thema zu wechseln, als Hassan auf einem Tablett die Granatapfel-Ente hereinbrachte.

»Für deinen Reis könnte ich sterben, Hassan«, sagte ich.

»Hier kommt *fesenjan*!«, verkündete er.

»O Gott«, jammerte Rich wieder. »Ich kann einfach nicht Nein sagen!«

»Wir sind so gern in Isfahan, Hassan«, sagte ich und löffelte Granatapfelsauce über meinen Reis.

»Dann solltet ihr hier bei uns bleiben«, schlug er vor. »Wir haben zwar keine Betten, aber genug Matratzen.«

»Du müsstest sehen, was wir in unserem Bus haben«, sagte Mutter, »Schaumstoff-Unterlagen mit denen man auf jedem Boden schlafen kann.«

»Ihr könnt alle hier schlafen«, meinte Hassan. »Letzten Sommer waren Alis und Maryams Familien gleichzeitig bei uns.« Er lächelte herzlich.

»So ist das im Iran«, erklärte Fatimah. »Wenn die Familie kommt, bleiben wir die ganze Nacht über zusammen.«

Nachdem alle Schüsseln geleert waren, trug Fatimah sie hinaus und erschien dann wieder.

»Aah, es gibt noch Zitronen-Baiser-Torte!«, applaudierte Rich.

Kevins Augen strahlten.

»Wenn wir unser altes Haus in Teheran anschauen gehen«, sagte Dad, »machen wir die Augen zu und erinnern uns an diese Köstlichkeiten.«

Hassan berichtete von seinem früheren Job im Kowsar Hotel. »Manchmal kamen fünf Gruppen von jeweils fünfzig Personen, oder es fanden Partys statt, dann musste ich zehn Lämmer und zwanzig Fische zubereiten.«

»Dann waren also deine Töpfe so groß?« Rich breitete die Arme aus.

»Ja, sehr groß«, erklärte Hassan, »so groß wie die, die wir im Basar gesehen haben. Wenn ich hineingefallen wäre, hätten ich nicht mehr rausgekonnt!«

Wir lachten herzlich.

»Ich bin glücklich, dass ich jetzt nicht mehr dort sein muss«, fuhr er fort, »noch ein Tag in dieser Küche, und ich wäre tot.«

»Dann haben wir also den Zeitpunkt für unser Kommen gut gewählt?« fragte ich.

»Ja, ja, wenn ihr ein Jahr früher gekommen wärt, hätte ich nicht frei gehabt. Zu jedem *Nowruz* gab es im Hotel ein großes Buffet. Dann hatten wir am meisten Arbeit.«

»Du konntest also nie weg?«, fragte Ma.

»Nein, wir mussten zwanzig Stunden am Tag arbeiten. Fünfundzwanzig Jahre lang hatte ich zu jedem *Nowruz* Dienst.«

»In diesem Jahr hast du also zum ersten Mal den Jahreswechsel mit der Familie gefeiert?«

»Ja!«

»Und eine Woche später waren wir schon hier?«

»Ganz recht.«

»Nach dreißig Jahren war das doch ein perfektes Timing«, lächelte Mom.

»Du hast also nie aufgehört zu kochen?«, fragte Dad.

»Für die Familie koche ich gern!« Hassan lachte, als Fatimah den Reispudding mit Rosenwasser hereinbrachte. »Vor ein paar Jahren sagte Fatimah jedem, der eine Tochter zu verheiraten hatte, sie sollten ja keinen Koch nehmen, weil sie dann ihren Mann niemals zu sehen bekäme.«

»Stimmt«, bestätigte Fatimah. »Hassan kam nach der Arbeit jede Nacht erst so spät nach Hause. Doch wenn ich koche, sagt er immer: ›Ach, schmeckt nicht gerade gut.‹«

Zu Hassans Verteidigung meinte Dad: »Aber er hat ja auch sämtliche Preise als bester Koch Isfahans gewonnen.« Er wies auf Hassans eingerahmte Urkunde, die neben einer Fotografie der heiligen Moschee von Mekka im Morgenlicht hing. Mit unseren Zam Zams stießen wir auf Hassan an.

»Siehst du, Fatimah«, meinte meine Mutter diplomatisch, »am Ende ist doch alles gut geworden.«

»Ja, Donna.« Sie seufzte mit ihrem warmherzigen Lächeln. »Ja.«

Am nächsten Morgen erwachte ich bei Sonnenaufgang und suchte allein Hassans Haus auf.

»Hallo!«, rief der und öffnete mir das Tor, in der Hand eine Schaufel. Seine Schuhe waren mit Schmutz bedeckt, er hatte auf seinem Stückchen Erde herumgegraben.

»Suchst du einen Schatz?«

Er lachte. »Hier ist er.« Er griff nach unten und zupfte mir eine Blüte von den magentafarbenen Löwenmäulchen ab.

Ich besah mir seinen winzigen Garten, während er arbeitete. An beiden Mauern standen Veilchen und safrangelbe Stiefmütterchen, dazu die prächtigen Löwenmäulchen. Das ganze Gärtchen war in harten Schlachten mit Fatimah erkämpft, denn sie fürchtete, er könnte Schmutz und Lehm in ihr blitzsauberes Haus tragen.

»Wenn's nach ihr ginge, würde der ganze Hof gepflastert«, sagte er.

Ich sah ihm zu, wie er den kostbaren Boden umgrub. Er erzählte, er habe eine Reihe Platten entfernt, um Blumen und Kräuter zu pflanzen, damit etwas Farbe und Grün in den Hof komme.

»Die Leute meinen, ich sei verrückt, weil das Wasser so teuer ist, und das selbst gezogene Gemüse koste mich doppelt so viel, als wenn ich es auf dem Markt kaufen würde. Fatimah sagt dann: ›Das ist mein Geschenk für Hassan.‹ Sie versteht nicht, warum ich mir solche Mühe mache. Frauen denken nur an das Haus, an praktische Sachen.«

Er nahm den Schlauch und bat mich, den Wasserhahn aufzudrehen. Er hatte kleine Gräben gezogen, die das Wasser für die sprießenden Pflänzchen aufnehmen konnten. Genau gesagt zwölf Reihen. Apfelblüten brachen an den Ästen eines alten Stammes auf, dessen Rinde in vielen schrecklich heißen Sommern aufgesprungen war. Dann benetzte er auch die zitternden Löwenmäulchen.

»Erinnerst du dich an die Blumen im alten Haus?«, fragte ich.

»Natürlich! Auch die Blumen muss ich wässern. Dabei kann man sie nicht essen. Aber ich habe so viel Freude an ihnen. Sie sind mein Gebet zu Gott«, meinte er und gab mir ein Löwenmäulchen. »Unser Dichter Saadi sagt: ›Wenn du dein Herz dem Erdteil der Liebe zuwendest, so wirst du erkennen, dass die ganze Welt voller Blumen und Schönheit ist.‹«

»Aber was machst du jetzt, nachdem du im Ruhestand bist?«

»Ich hätte gern ein paar Schafe und wäre am liebsten ein einfacher Schafhirt. Irgendwo, sogar in Tudeshk. Aber das geht nicht. Fatimah will davon nichts hören. Ich bin ein einfacher Mann. Ich brauche sonst nichts, als mit meinen Schafen in der Natur zu sein. Das ist alles.«

»Schafhirt?«

»Ganz recht.«

»Und was wäre mit einem kleinen Bauernhof?«

»Hier in Isfahan ist der Grund und Boden zu teuer. Schafe wären das Beste für mich. Aber Fatimah lässt mich nicht. Sie will hier in der Bi-sim-Straße bleiben.«

Hassan träumte also von der Rückkehr zu einem Leben in Einfachheit. Im Garten arbeiten oder als Schafhirt mit seiner Herde herumziehen, wie er es als Siebenjähriger gemacht hatte. Das würde ihm völlig genügen.

Ich hörte jemand mit leiser Stimme meinen Namen rufen.

»Das ist Fatimah. Sie will mit dir sprechen.«

Ich sprang zur Tür, zog die Schuhe aus und trottete durch die makellos saubere Diele in den sonnigen, hellen Wohnraum. Aber ich sah niemand.

»Komm her, Terry, ich will dir etwas zeigen.« Fatimah rief mich von irgendwo unterhalb der Küche. Ich ging ihrer Stimme nach die Treppe hinunter in den geräumigen, ordentlichen Keller. Dort zeigte sie auf ein Bügelbrett und eine Kommode. »Das hat uns deine Mom geschenkt.« Die Füße des Bügelbretts standen auf hölzernen Auflagen, die über die Jahre immer wieder ausgebessert worden waren. Ich erkannte die hellgelbe Kommode, die Dad selbst gemacht hatte.

»Und auch dieser Kühlschrank.« In einem Land, wo selbst die einfachsten Gegenstände ideenreich und sorgfältig repariert und wiederverwendet wurden, funktionierte der 30 Jahre alte Kühlschrank noch immer.

»Du siehst also, Terry, wir haben alles, was wir brauchen.«

Sie ging mir nach oben voraus und führte mich vorbei an schön geschnitzten Schränken auf der einen Seite des Wohnzimmers. Auf jedem Bord und Schränkchen lag ein hübsches Deckchen aus weißer Spitze. Darauf unsere alte Kaffeekanne mit Plastikfilter, deren Fünfziger-Jahre-Design heute wieder sehr in Mode ist; zwei verzierte Glasschüsseln und eine kleine rote Blumenvase; dann zwei identische jadegrüne Teekannen aus Porzellan, an die ich mich vage erinnern konnte.

Fatimah deutete auf einen großen kobaltblauen Krug und lachte. »Das war das Bierglas deines Vaters«, sagte sie.

Erinnerungen an unsere gemeinsam verbrachten Jahre. Ich betrachtete alle diese Stücke so eingehend, als wären sie Fenster zur wiedergewonnenen Kindheit.

Mir fiel ein, dass meine Eltern allabendlich daheim in Berkeley vor den Fernsehnachrichten saßen und dabei ihre Füße auf Fatimahs elfenbein- und indigofarbenem Teppich ruhten, während Fatimah über 16 000 Kilometer entfernt in Isfahan ihren Tag damit begann, dass sie Hassans Frühstückskäse aus unserem alten Kühlschrank holte.

Obwohl sich Hassans und Fatimahs Leben, wie das vieler anderer Iraner, inzwischen zum Besseren gewendet hatte, war ihr Verhalten ganz unverändert geblieben. Ich fühlte mich wie ein junger Bursche, als ich Hassan bei der Pflege seiner Blumen zusah. Seine abgearbeiteten, rissigen Hände konnten die Jahre der Plackerei nicht verleugnen.

Anders als Fatimah war ihm das Aussehen des hübschen Persers abhanden gekommen, an das ich mich so gut erinnerte. In zwei Jahrzehnten zwischen dampfenden Kesseln in ständiger Hitze und Rauch war seine Haut dunkel und faltig geworden. Mörderische Zeiten an der Front, wo er die jungen Männer, die in die Schlacht gingen, versorgen musste, hatten ihm sichtlich zugesetzt.

Wir gehörten in zwei gegensätzliche Lager, die politischen Differenzen hatten zwei Völker zu Feinden gemacht. Unsere getrennten Existenzen mussten wieder miteinander verknüpft werden. Unsere Verbundenheit ließ sich nur dadurch besiegeln, dass wir unsere grundverschiedenen Erfahrungen in ein gemeinsames Gebet woben.

Dass Hassan zu mir »mein Sohn« sagte und Fatimah ebendiese Worte wiederholte, traf mich wie sanfter Regen den ausgedörrten Boden. Die scharfen Kanten der Felsen rundeten sich; der gähnende Abgrund verschwand, und Erdreich füllte die Kluft aus, die mein Herz so lange gespalten hatte. Alles, was uns voneinander getrennt hatte, verschwand.

Als wir das Hotel Abbasi verließen, glich unser Kleinbus einem Bakhtiari-Feldlager, das sich zur Auswanderung anschickte. Hussein, der im Iran-Irak-Krieg einen Rettungswagen gesteuert hatte, würde unser neuer Fahrer sein; der geduldige Nasrollah war schon in seine Heimatstadt Shiraz zurückgekehrt.

Wir hatten uns an seine musikalischen Vorlieben und seinen Straßenkämpfergeist gewöhnt und uns nur schweren Herzens von ihm verabschiedet. Husseins Wagen war weniger geräumig und viel lauter. Jedes Stück, darunter Mutters Rollstuhl und unsere Basar-Ausbeute, musste hinter den Sitzen verstaut oder oben festgezurrt werden, zusammen mit den beiden Teppichen, die Fatimah Richards Söhnen zugedacht hatte.

»Wir verlassen die spirituelle Welt und stürzen uns in die materielle«, stöhnte ich beim Einladen.

»Ja, aber die Preise waren so niedrig, Ter, dass es schon wieder göttlich ist«, fand Kev.

Schwer bepackt fuhren wir zurück in die Bi-sim-Straße, um uns endgültig zu verabschieden. Ich klingelte, und als sich die kleine metallene Tür öffnete, überreichte Mom der errötenden Fatimah ein prächtiges Bukett aus gelben Rosen.

»*Shoma gol hastid?*«, sagte Fatimah, »Sie selbst sind doch eine Blume, warum bringen Sie mir Blumen?«

Wir setzten uns alle auf die Veranda, um ein Familienbild zu machen, und Hassan brachte sein Geschenk: eine hellblaue Picknickkiste aus Schaumstoff, die angefüllt war mit gebratenem Huhn, Reis, frischen Tomaten, Mandarinen und Joghurt.

»Versprechen Sie mir, dass Sie vor Teheran nirgendwo zum Essen einkehren«, hob der stolze Lieferant selbst gemachter Leckerbissen warnend den Zeigefinger.

Wir versprachen es.

»Hier drin ist genug für die ganze Familie, sogar für Vaz.«

»Immer wenn ich Freunden erzähle, dass Mrs Ward nach so vielen Jahren eigens in mein Dorf gefahren ist, um mich zu suchen, wollen sie es gar nicht glauben«, sprudelte Fatimah heraus. »Aber ich sage ihnen, dass es wahr ist.« Sie hielt die Hand meiner Mutter fest.

»Ja«, gab meine Mutter zurück, »am Ende haben wir gehofft und gebetet. Und hier sind wir zum guten Schluss alle beisammen. *Inshallah*, wir werden bald wiederkommen.«

»Wir werden hier auf Sie warten.«

»Wir kommen wieder, Fatimah, ganz bestimmt.« Mit vor Rührung zitternder Stimme sprach Mom für uns alle.

Hassan legte die Arme um uns. »Wir werden euch nie vergessen, niemals. Wir warten, denken an euch und vergessen euch nicht.«

In Wellen und Stößen kam unser schwer beladenes Gefährt in die Gänge. Als wir die Straße hinunter und an der benachbarten Moschee vorbeiruckelten, sahen wir uns ein letztes Mal um. Doch da waren sie schon in ihren eigenen vier Wänden verschwunden.

Isfahan mit seinen Flüssen und Brücken, Gärten und Moscheen, seinen Basaren und Boulevards sowie den wuchernden Vororten ließen wir bald hinter uns. Teheran liegt knapp 400 Kilometer weiter nördlich. Unser Weg führte an einer schroffen Bergkette mit einem schneebedeckten Gipfel vorbei, dem Kuh-e Karkas oder Geierberg, der grimmig auf uns herabstarrte.

Jahrtausendelang hatten raue Winde und reißende Fluten dieses Land von Kupfer und Gold aufgerissen und durchlöchert. Die hochgelegene Steppenlandschaft trug ihre uralten Narben, die durch die Wege gewundener Wasserläufe kunstvoll eingemeißelt worden waren: dekorative Abbrüche, Spalten, Erzgänge, Marmorierungen, spitze Dreizacke. Aufgerissene Plateaus zogen vorbei, vollkommen dürr bis auf das wenige darüber gestäubte Grün überall dort, wo die trockene Erdkruste von einem Brunnen aufgebrochen worden war. Es waren die einzigen Zeichen des bescheidenen menschlichen Beitrags zur komplexen Geometrie der Natur. Irgendwo links von uns lag, versteckt in den ockerfarbenen Falten der ansteigenden Hügel, das granatapfelfarbene Dorf Abiyaneh.

Wir zweigten von der Hauptstraße ab, verließen das öde Land und fuhren ein schmales Flusstal hinauf. Die kurvenreiche Straße führte an einer Schlucht vorbei, wand sich nach links und rechts, passierte ein Pappelwäldchen und ein paar Lehmhütten.

Wir trafen auf einen Schafhirten mit seiner Herde.

»Wo ist hier eure Stadt Abiyaneh?«, fragte Vaz.

Mit seinem Hirtenstab wies er den Berg hinauf.

»Was gibt es da oben zu sehen?«, wollte Vaz wissen.

Wir verstanden die Antwort des Hirten nicht.

»Was hat er gesagt?«, fragte mein Vater.

»Er sagte, er sei seit acht Tagen nicht dort gewesen, also wisse er es nicht genau.«

»Was zum Teufel hast du erwartet, Vaz? Meinst du, da würde ein Kunstfestival stattfinden?« Dad sah ziemlich wütend aus.

Wir fuhren weitere 20 Minuten dahin, bis wir den abgeschiedenen Ort zwischen unfruchtbaren Bergspitzen und üppigen Aprikosen-, Kirsch- und Pflaumenhainen fanden, die vom schmelzenden Schnee reichlich bewässert wurden. Den Eingang zu einem Flusstal in den Bergen bewachten zwei Festungen. Hohe Platanen weckten Erinnerungen an rauschende Bäche und Weideland.

»Von einem Ort wie diesem habe ich geträumt«, sagte Kev.

Das Dorf Abiyaneh mit seinen Häusern aus luftgetrockneten Ziegeln in leuchtendem Ocker klebte an den Felsen, ein Haus auf das andere gestapelt, und jedes wuchs wie die alten Pueblo-Bauten in Mesa Verde aus dem Dach des darunter stehenden. Und woher rührte Abiyanehs außergewöhnliches Rot bei Sonnenuntergang? Man erzählte uns, Granatapfelschalen würden unter den Lehm gemischt. Das gebe den Mauern ihren rötlichen Schein.

Am Ende der Straße hieß uns eine schattige Weide willkommen. Hassans Lunchpakete waren kaum verspeist, als eine ältliche Waldnymphe mit weißem Kopftuch auftauchte. Hier hatte man offenbar schwarze Tücher gegen weiße mit roten Rosen getauscht. Sie erzählte, dass sie Fereshteh heiße, was Engel bedeutet. Fereshteh öffnete bedächtig ihren Vorrat an frischen Aprikosen- und Kirschbrötchen namens *lavoshak,* die in ein buntes Tuch eingewickelt waren.

Chris konnte nicht widerstehen. »Könnte ich ein paar davon kaufen?«

»Natürlich«, sagte sie schüchtern.

»Alle?« Chris erstand ihren ganzen Vorrat.

»O nein«, flüsterte Fereshteh, »da kommt er. Redet nicht mit ihm. Er ist wirklich verrückt.« Sie deutete auf einen schlaksigen Mann mit großen Füßen, der in unsere Richtung kam, dann nahm sie schnell ihr Geld und flüchtete zurück in das Wäldchen.

Als der Mann uns erreicht hatte, fragte er, wo Fereshteh sei. Wir gaben keine Antwort. Er kratzte sich am Kopf und rieb seine Schuhe im Gras.

»Sie ist nämlich verrückt, müssen Sie wissen«, sagte er. »Sie sollten mit ihr nicht reden.«

Wir hatten den Eindruck, als wären wir irgendwie in eine Szene von *Warten auf Godot* hineingestolpert. Zwei Menschen bleiben stehen und sprechen mit den Fremden, jeder sagt vom anderen, er sei verrückt. Doch schließlich bleiben nur sie allein auf der Bühne. Richard meinte: »Vielleicht sind sie beide hoffnungslos ineinander verliebt und nur zu schüchtern.«

An diesem idyllischen Ort unter Bäumen und neben einem rauschenden Bach fühlten wir uns emporgehoben, leicht wie Federn. »Was könnten wir uns Schöneres wünschen?«, fragte mein Vater. Unser Wiedersehen mit Hassan hatte uns fast schwindlig gemacht, uns Wärme und Sicherheit, Unerschrockenheit und Vertrauen gegeben. Menschlichkeit und Wohlwollen waren um uns. Wir fühlten uns wie neu geboren.

Jedes Land hat so eine Stadt. Zwischen kahlen, unfreundlichen Hügeln am großen Salzsee liegt Qom, ein düsterer, schmutziger Ort. Wir fuhren nach

Qom, weil sich hier der Schrein von Masumeh, der Schwester des achten Imams Reza, mit seiner goldenen Kuppel befindet. Qom ist quasi der Vatikan des Iran, das Zentrum der schiitischen Geistlichkeit und die *axis mundi* der Islamischen Republik. Hier wandte sich 1963 der Ayatollah Khomeini gegen den Schah, er provozierte damit seine Festnahme und hetzte die aufbegehrenden Massen in Teheran gegen den Herrscher auf. Hier wetterte er gegen den schändlichen Erlass, dem der Madschlis zugestimmt hatte und der den amerikanischen Truppen allgemeine persönliche Immunität vor den Gerichten zusicherte. Hier wurden auch im Januar 1978 die ersten Schüsse auf Koranschüler abgegeben, die gegen einen Zeitungsartikel protestierten, in dem Khomeini verleumdet worden war. Qom war das Epizentrum, in dem sich der Funke der Revolution entzündet hatte.

Die Stadt lag ausgestreckt da wie eine massige, billige Kulisse. Die Frauen trugen nicht nur Kopftücher, sondern waren komplett verschleiert. Hier war Spannung zu spüren, ein hektisches Durcheinander, nicht mehr diese Leichtigkeit wie in den Städten, die wir hinter uns gelassen hatten. Jeder Polizist oder Armeeoffizier starrte uns an. Kein Lächeln, kein Winken. Ich ließ die Kamera sinken. Zwei Minarette ragten über dem Basar auf, und wir folgen den Zeichen Allahs.

Entsprechend den Vorschriften hielt unser Fahrer Hussein, der laut Vaz »die Gefahr liebte«, vor der Moschee an und winkte uns, auszusteigen und in die Moschee zu gehen. Mom blieb im Wagen sitzen, ein wenig besorgt wegen der unfreundlichen Ausstrahlung, die von diesem heiligen Ort ausging.

»Hier gibt es mehr Ayatollahs als an irgendeinem anderen Ort der Welt«, warnte Vaz. »Also bringt mich in Gottes Namen nicht in Schwierigkeiten.«

Diesmal hatte er recht. Geistliche mit schwarzen oder weißen Turbanen strömten aus den Toren. Als wir versuchten, in den Innenhof der Moschee zu gelangen, hielten uns Wächter an. Ob wir Moslems wären? Wir verneinten. Der Ruf zum Gebet erschallte in volltönenden, durchdringenden Rhythmen. Wir konnten nicht weitergehen.

Die Verfassung der Islamischen Republik, die 1979 durch Volksentscheid angenommen wurde, schließt die Idee von *valeyat-e faqih*, der Herrschaft durch einen islamischen Rechtsgelehrten, ein. Dadurch wurde der Zugriff der Geistlichkeit auf die Islamische Republik zementiert. Ja, Präsident und Parlament werden in viel freieren und demokratischeren Wahlen bestimmt als in irgendeinem anderen Regime der arabischen Welt. Aber an der Spitze hat der oberste Führer – zuerst Ayatollah Khomeini und jetzt sein Nachfolger Ayatollah Khamenei – das letzte Wort in allen Angelegenheiten.

Auf Lebenszeit ernannt, verkörpert dieser oberste Führer Gottes Stimme auf Erden. In der Person von Khamenei und dem Wächterrat – der alle wichtigen Entscheidungen zu treffen hat, also die Kandidaten für die Wahlen und die vom Parlament verabschiedeten Gesetze bestätigen muss – stand allen Versuchen, das System durch demokratische Mittel zu reformieren, eine Überwachungsinstanz im Weg. Der oberste Führer kontrolliert den staatlichen Rundfunk und das Fernsehen, die Polizei, das Militär, die Gerichte und die Gefängnisse.

Nach zwei Jahrzehnten schien die Islamische Republik mit der Wahl des Präsidenten Khatami an einem Scheideweg angelangt zu sein. Von Besuchen ausländischer Diplomaten erwartete man neue Investitionen und Technologie, also jene Wohltaten der globalen Wirtschaft, die das Land so dringend benötigte. Im Innern aber hatte der Präsident nur begrenzt Einfluss. Er konnte beispielsweise die Erlaubnis erteilen, eine neue Zeitung herauszubringen. Und das tat er auch. Während unseres Aufenthaltes gab es an den Kiosken eine Flut von Tageszeitungen. Eine neue mächtige Stimme für offene Fragestellungen, kritische Analysen und investigativen Journalismus eroberte das Land im Sturm. Die Islamische Republik war dabei, sich ein neues Gesicht zu geben.

Vaz versuchte auf bewundernswerte Weise, uns durch allerlei Bluffs den Weg zum leuchtenden Masumeh-Schrein mit seiner goldenen Kuppel frei zu machen. Der Wächter mit seinen Zahnlücken aber befahl uns, sofort wegzugehen. Wir waren hier an der einzigen religiösen Stätte im Iran, zu der Ungläubige keinen Zutritt haben. Der Hof war überfüllt mit Mullahs und Koranschülern, die umherschlenderten und sich leise unterhielten. Wir traten den Rückzug an, bestiegen still unseren Kleinbus und hatten das Gefühl, absolut nicht willkommen zu sein. Hussein fuhr los.

Meine Mutter brach das Schweigen und erinnerte uns an unseren letzten Besuch in Qom vor vielen Jahren. »Wahrscheinlich kann sich nur noch Kev daran erinnern, aber als wir letztes Mal hier waren, wurden wir …«

»… gesteinigt«, ergänzte Kevin grinsend.

»Das war, bevor Hassan bei uns gearbeitet hat. Sonst wäre es nie geschehen. Wir waren selber schuld. Wir hatten nicht bedacht, dass Moharram war.«

Sie schilderte unser damaliges Martyrium. Unser blauer Opel war für einen Camping-Ausflug in den Süden bis zum Dach vollgepackt. Als wir die Außenbezirke der staubigen Stadt Qom erreichten, sahen wir schwarze Fahnen im Wind wehen, zum Zeichen für die Zeit der Trauer. Dann wurden die

Straßen schmaler, der Verkehr kam fast zum Erliegen. Nachdem wir uns durch einen Boulevard gequält hatten, hielten wir an einer roten Ampel. Als wir anhielten, hörten wir einen dumpfen Schlag auf unser Auto, dann noch einen. Steine flogen. Einer durchschlug die Scheibe. Dad bekam Panik. Er wendete das Auto um 180 Grad und raste aus der Stadt.

»Sich ausgerechnet Moharram für einen Familienausflug auszusuchen war keine besonders gute Idee«, sagte Mom. »Wenn Hassan damals schon bei uns gewesen wäre, hätte er so etwas nicht zugelassen.«

»Woher sollten wir das wissen? Wir waren doch gerade erst angekommen«, verteidigte sich Dad. »Wie konnten wir ahnen, dass religiöser Eifer, Ressentiments gegen Fremde und jugendlicher Spaß am Steinewerfen gerade zu Moharram ihren Höhepunkt erreichen?«

»Der Blinde führt den Blinden«, seufzte Kev.

»Und so sind wir nach Westen ins Gebirge gefahren«, fuhr Mom fort.

Sie erzählte, wie wir das Auto auf der Straße stehen ließen und mit einem Picknickkorb und Wasser bergauf wanderten. Dort fanden wir ein wunderschönes Plätzchen für unser Picknick. »Da stand doch dieser herrliche Baum«, erinnerte sie sich. »Aber als wir gerade anfangen wollten zu essen, stellte Dad fest, dass wir nicht allein waren.« In einiger Entfernung erblickte er fünf Personen in dunklen Kleidern, die in unsere Richtung kamen. Er sah durch das Fernglas und meinte, die könnten uns Ärger machen. »Dann sagte er zu mir: ›Sie schneiden uns den Weg zum Auto ab. Es ist zu weit zum Weglaufen. Warte hier mit den Jungen.‹ Bevor ich ein Wort sagen konnte, rannte er den Berg hinunter zur Straße.«

»Toll!«, sagte Chris, »Dad hat uns verlassen.«

»Meine einzige Hoffnung war, ein vorbeifahrendes Auto aufzuhalten«, erklärte Dad.

»Einen Kilometer entfernt?«, bohrte Rich nach.

»Während wir wie die Enten oben auf dem Hügel saßen«, fügte Chris hinzu.

»Und als Dad aus unserem Blickfeld verschwunden war …«, fuhr Mom fort, doch hatte Dad das Gefühl, etwas erklären zu müssen.

»Hört mal, Burschen, wir waren ganz allein in der Wüste, wurden bedroht. Es gab keinen Schutz für uns. Aber ich hatte Glück, ein Lastwagen fuhr vorbei. Ich war verzweifelt und kann mich kaum noch erinnern, was ich gesagt habe, jedenfalls gab mir der Fahrer seinen Montierhebel für die Reifen.«

Mit dieser Waffe ausgerüstet, stürmte Dad, wie er berichtete, zurück zu Mom und bereitete sich auf die Feinde vor. Einer gegen fünf. Während die Minuten verstrichen, verkündeten die argwöhnischen Blicke und die

Schweißperlen der herannahenden Gangster in ihren schwarzen Hemden nichts Gutes. Mein Vater hielt den Montierhebel fest in der Hand.

»Und dann brach hinter uns ein lautes Blöken los«, erzählte Mom weiter. »Wir drehten uns um, und schon kreiste uns eine riesige Herde dreckiger Schafe mit einem Meer aus wunderbarer, stinkender, schmutziger Wolle ein und fingen an, unser Picknick zu mampfen.«

»Gott sei gedankt für diese hungrigen Schafsmäuler«, meinte Dad.

»Der Schafhirt hat sie geschubst und geprügelt, aber seine Schafe wollten sich nicht von der Stelle rühren.«

»Natürlich nicht. In unserem Picknickkorb gab es ja mehr Essbares als auf den nächsten drei Meilen ausgedörrtem Weideland. Für sie war Essenszeit.«

Und Dad fuhr mit geröteten Wangen fort: »Als dann die Gangster bei uns ankamen, sahen sie uns vollständig eingeschlossen von der Herde, die sich nicht rührte. Ihr hättet die Gesichter sehen sollen. Auf einmal brachen sie in stürmisches Gelächter aus. Sie hatten Spaß daran, wie die Schafe auf unserer Picknickdecke herumtrampelten. Mom hielt den kleinen Rich hoch über die Herde, während ihr alle die stinkenden Schafe umarmtet.« Seine Augen schwammen in Tränen, meine Mutter aber lachte.

»Wir bedankten uns bei dem Hirten und liefen so schnell es ging zu unserem Auto zurück«, erzählte Mom. Dad wendete auf der Stelle und fuhr einen Kilometer zurück, wo der Lkw-Fahrer wartete, der uns geholfen hatte. Als er ihm das Montiereisen zurückgab, meinte der Mann: ›Glück gehabt. Gefährlich für Sie. Leicht hätten Sie alle verschwinden und in einen *qanat* stürzen können.‹ Danach sind wir während des Moharram immer daheim geblieben.«

Die Schaurigkeit der Stadt Qom wurde durch *sohan* gemildert, diesen wirklich verführerischen Pistazienkrokant aus der heiligen Stadt, den Pat irgendwo außerhalb des Masumeh-Schreins gekauft hatte. Bei Sonnenuntergang genossen wir einen letzten Blick auf die prachtvolle goldene Kuppel, die im schwindenden Licht erglühte. Unterhalb der Mauern des Schreins spielten in einem Park am ausgetrockneten Flussbett Kinder auf Schaukeln und Wippen. Wir konnten beobachten, wie Mütter, Töchter, Mullahs, Ayatollahs und Studenten aus der Moschee strömten, nachdem die Gebete beendet waren. Alle machten sich auf den Weg nach Hause, wo schon das Abendessen auf sie wartete.

Eine Stunde später raste Husseins Wagen über eine sechsspurige Autobahn Richtung Teheran, in die Stadt unserer Erinnerung. Rich legte sich auf die Rückbank, Kev starrte nach Westen auf die letzten Lichter am grauen

Horizont, meine Eltern dösten Kopf an Kopf vor sich hin, während Chris mit Hilfe einer Taschenlampe den riesigen Stadtplan von Teheran studierte.

Wir alle waren still. Ein furchtbarer Sturm braute sich vor uns zusammen, der von den Bergen im Norden herunterfegte und die Strecke vor uns verdunkelte. Blitze zuckten über den Himmel, Donnerschläge folgten. Es begann in Strömen zu regnen, während wir in den brütenden Monsun hineinfuhren.

Als wir die Sintflut hinter uns gelassen hatten, teilten sich auf magische Weise die Wolken, und in der Ferne glitzerte ein wahres Lichtermeer. Teheran! Vor uns loderten, wie im Disneyland, vier Lichtertürme.

»Eine Ölraffinerie?«, fragte Rich.

»Nein«, kam Vaz' Antwort, »das Grabmal von Imam Khomeini.«

Wir beratschlagten, ob wir stehen bleiben oder weiterfahren sollten. Rich und ich waren eisern dafür, hinüberzufahren. Chris fand, es wäre zu spät und er sei erschöpft. Mein Vater nickte. Nachdem wir also vier gegen zwei abgestimmt hatten, kamen wir auf einem großen Parkplatz an mit ein paar Bussen und einer Handvoll Autos und wo es einen Tag und Nacht geöffneten Lebensmittelladen gab. Wahrlich imposant und von keinem anderen Bauwerk beeinträchtigt, erhob sich lichtüberflutet das Grabmal mit seinen vier luftigen Minaretten. Dieser Platz unmittelbar neben einem Kriegsgräberfriedhof hat eine magnetische Anziehungskraft. Er liegt unweit der Slums von Teheran, aus denen für das Regime die stärkste Unterstützung bei Massenkundgebungen und Demonstrationen kommt. Pilger strömen in Scharen herbei, um dem Gründer der Islamischen Republik die Ehre zu erweisen. Als wir die Moschee betraten, folgte uns eine ganze Busladung mongolisch aussehender Afghanen mit ihren Turbanen. Vaz und mein Vater hatten sich schließlich auf etwas geeinigt: Sie blieben im Wagen sitzen.

Am Portal zogen wir die Schuhe aus und traten ein. Als wir an einem Metalldetektor vorbeigingen, sagte uns ein Wärter, Fotografieren sei verboten. Grüner Marmor mit cremefarbener Maserung wurde hier und da zwischen den Teppichen, die den riesigen Fußboden bedeckten, sichtbar. Die Kuppel war wie ein Mosaik mit winzigen Spiegelstücken gesäumt. Rote Tulpen aus Glas umgaben den Rand als Symbole des Martyriums. Das Bauwerk war nach dem Tod des Ayatollahs in großer Eile errichtet worden und erinnerte mich in seinen gewaltigen Ausmaßen an das Javits Center in New York mit seinen riesigen, miteinander verbundenen Dachflächen aus Aluminium. Zwei Kinder sausten mit ihrem Fußball vorbei. Familien saßen auf den Teppichen und knabberten an ihren Snacks. Andere waren in Decken eingehüllt und machten ein Nickerchen.

Unter der monumentalen Kuppel ruhte der Sarkophag, geschützt von einer silbernen Einfassung. Ein mächtiger, von der Kuppel herabhängender Kristallkandelaber pendelte darüber. Ich trat mit Kevin näher. Gläubige kauerten nahe dem Sarkophag und beteten. Eine Frau schlief, während ihre Finger das Gitter der Einfassung umklammerten. Ein weißhaariger Großvater sprach leise mit einem in Ehrfurcht verstummten Kind. Dann trat ein Mann mittleren Alters in grauem Anzug zu uns.

»Darf ich fragen, woher Sie kommen?«

»Aus Irland«, gab ihm Kev zur Antwort und versuchte, seinen amerikanischen Akzent zu verleugnen.

»Willkommen, Bruder.«

»Danke vielmals.«

Wir schüttelten uns die Hände. »Iren also. Wie Sie vielleicht wissen, haben wir den Namen des Churchill-Boulevards geändert«, sagte er, als wäre dies etwas, das wir unbedingt erfahren sollten.

»Aha? Ja, wir sind eben erst in Teheran angekommen.«

»Er heißt jetzt Bobby-Sands-Boulevard.«

»Vielen Dank, Sir.« Kev verbeugte sich, als ob er etwas geschenkt bekommen hätte. Das Regime hatte offenbar den Namen eines Iren ausgewählt, der in den Hungerstreik getreten war, um den britischen Löwen in die Nase zu kneifen. Kevin und der Mann gingen zusammen weiter, das Märtyrertum schien ihre Freundschaft zu besiegeln.

»Sind Sie Moslem oder Katholik?«

»Es gibt nur einen Gott«, antwortete Kevin ausweichend. Sein neuer Freund lächelte und verstand dies als Zustimmung zum Islam.

»Ja, nur einen Gott.«

Nun glitt wie eine Erscheinung eine von Kopf bis Fuß in einen Tschador gehüllte Person auf uns zu. Es war meine Mutter. Ihr strahlendes Gesicht lugte schelmisch aus dem pechschwarzen Wickelkleid hervor. Wie liebenswert sie war mit dem sanften Lächeln und den herzerwärmenden Augen. Ruhig nahm ich ihren Arm, und wir spazierten langsam durch die Halle. Nach friedlichen zehn Minuten verließen wir den Schrein hinter Kevin und seinem keltophilen Freund.

Noch im Innenraum machte Chris eine ganz andere Erfahrung. Er wurde von einem Soldaten angesprochen.

»Haben Sie einen Film in Ihrer Videokamera?«, fuhr ihn der Soldat, das Gewehr über der Schulter, an.

»J-ja«, gab Chris nervös zur Antwort.

»Haben Sie Aufnahmen gemacht?«

»Nein, natürlich nicht.«
»Gar keine?«
»Gar keine.«
Der Soldat musterte sein besorgtes Gesicht.
»Nein, ich schwöre es«, beteuerte Chris.
Der Wächter platzte heraus: »Aber warum denn nicht, *baba*?« Seine Miene verdüsterte sich. »Jedermann findet das alles hier so schön. Und Ihnen gefällt es nicht? Filmen Sie doch, *baba*, sonst versäumen Sie wirklich was.«
Noch bevor Chris etwas sagen konnte, gab ihm der Soldat sein Gewehr, nahm die Videokamera und schaltete sie ein. Während wir draußen im Halbdunkel warteten, kamen zwei Schatten aus der Moschee heraus. Ich war überzeugt davon, dass mein Bruder Schwierigkeiten hatte.
»O Gott, Terry, hat er ihn verhaftet?« fragte meine Mutter.
»Ich weiß nicht, Mom. Der sieht aus wie ein Soldat, hat ein Gewehr.«
Dann hörten wir eine Stimme rufen: »Mom, komm her, damit du Ahmad kennenlernst!« Bald darauf stellte uns Chris seinen neuen besten Freund vor, der sehr erfreut war, dass uns unser erster Weg in Teheran zu Ayatollah Khomeinis Grabstätte geführt hatte. Ich schlug vor, sie sollten sich für ein Foto aufstellen.
Ich reihte sie nebeneinander auf, im Hintergrund die vier goldenen, in den Himmel ragenden Minarette. »Fertig?«
Achmed strich sich die grüne Uniform glatt und setzte eine unbewegte Miene auf. »Fertig«, sagte er.
»Ich glaub, ich träume«, meinte Chris versonnen.

Unser Hotel, das Laleh, war dann um Mitternacht ein wohltuender Anblick für uns. Früher hatte es Intercontinental geheißen – es war der Aufenthaltsort der Internationalen Presse während der Krise um die Geiselnahme –, jetzt trug es einen revolutionären Namen: *Laleh* bedeutet Tulpe, die Blume der Märtyrer. Das Ausladen all unserer Habe aus dem Kleinbus erwies sich als kompliziert, denn wir brauchten drei verschlafene Gepäckträger, um alles in die hell erleuchtete Halle zu schleppen. Ein mitleidiger Seufzer galt meiner Mutter, als ihr Rollstuhl auftauchte. Beim Einchecken an der Rezeption bemerkte ich, wie das Hotel zu plötzlicher Aktivität erwachte.
Begierige Autogrammjäger umkreisten ein paar kurzgeschorene Männer in Trainingsanzügen, auf deren Rücken das Wort IRAN stand. Freudenschreie kamen von jungen Burschen, die halb verschlafen aus dem Nichts aufgetaucht waren, um die bewundernswerten, gut aussehenden Fußballspieler zu begrüßen, die gerade aus der Dunkelheit hereintraten.

»Ist das die Nationalmannschaft?«, fragte Dad den Portier.

Der nickte. »Morgen ist das große Länderspiel gegen Ungarn.«

Da er niemals ein Spiel versäumte, lehnte sich Dad über die Rezeption. »*Agha*, Sir, ich brauche sechs Karten. Können Sie mir die besorgen?«

»Das wird nicht leicht sein, Sir.«

»Davon bin ich überzeugt, mein Freund, aber wenn das irgendwer schafft, dann Sie.«

»Ich werd's versuchen, Sir.«

Der Portier drehte sich um und flüsterte einem Kollegen etwas ins Ohr. Hinter der Rezeption wurde es unruhig, während mein Vater und ich Irans junge Fußballhoffnungen in Augenschein nahmen. Der Portier und Dad tauschten ein verständnisinniges Nicken aus, bevor ein kleines Kuvert über die Rezeption geschoben wurde, zusammen mit unseren elektronischen Zimmerkarten.

Dad nahm den Umschlag und hielt ihn triumphierend hoch. Er winkte mir, drehte sich noch einmal zum Portier um und sagte: »Besser als Premierenkarten für eine Broadway-Show, *agha*!«

Und das meinte er ernst.

KAPITEL 13

Das Tal der Mörder, Black Five Millionaires

Als wir wie die heimkehrenden Tauben nordwärts zogen, fuhren wir an einem langen, limonengrünen Platanenvorhang vorbei, der immer noch den Vali-Asr-Boulevard, ehemals Pahlewi, säumt. Neue Schnellstraßen und Überführungen durchkreuzten die Megalopolis in einem verwirrenden Muster. Hohe Wohntürme und riesige Apartmenthäuser zogen vorbei. All das war neu für uns. Ich verstand jetzt die Verwirrung des Rip van Winkle nach seinem langen Schlaf.

In den nördlichen Vorstädten hatten wir unsere Tage hinter hohen, mit Glasscherben versehenen Mauern in gepflegten Gärten voller Obstbäume verbracht – mit Kirschen, Maulbeeren und Granatäpfeln. Trauerweiden ließen ihre langen Flechten in einladende spiegelnde Teiche hängen, wie einst Narziss, der vom Spiegelbild seiner eigenen Schönheit so gefesselt war. Wir hegten die Erwartung, erneut auf diesen Wegen der Erinnerung zu wandeln, aber die Stadtlandschaft widersetzte sich solch einfachen nostalgischen Anwandlungen.

Wir fuhren auf der Suche nach unserem Haus die Pesyan-Straße in Velenjak hinauf. Als wir uns den Bergen näherten, waren unsere Sinne hellwach. Nach der alten *barbari*-Bäckerei, die von einer erstickenden Mauerreihe eingeschlossen war, machte die Straße eine Biegung. Burgunderroter Marmor und grellbunte Gebäude haben nichts mit mehr mit islamischer Tradition zu tun. Aber in den höher gelegenen nördlichen Stadtteilen war das schon immer so gewesen. Kosmopolitische Einflüsse beherrschten das Leben hinter den Mauern: französisches Empire, russische Datschen, neoklassizistische Säulen und italienische Skulpturen.

Wir stellten bald fest, dass wir im Kreis herumfuhren. Appartementhäuser hatten die freien Plätze, Obsthaine und Gärten verdrängt. Die ganze Landschaft war umgestaltet. Wir fuhren an monströsen Baustellen vorbei, die unsere Gemüter schwer erschütterten. Die ganze Gegend war vollgestopft, sämtliche leere Flächen zugebaut. Völlig verloren hielten wir an und gingen auf ein unbebautes Areal zu. Plötzlich vor uns freie Sicht auf die Schlucht unserer Kindheit!

Aber alles rundherum ergab für uns keinen Sinn mehr, da war nur noch das Flussbett unten und die Andeutung von Höhlen in den erodierten Wänden, in denen wir gespielt und uns versteckt hatten. Wir spähten nach Westen über die Klamm zu dem Plateau, das einstmals als Rastplatz für wandernde Nomaden gedient hatte, die hier ihre Zelte für die Nacht aufschlugen und unterm Sternenhimmel flackernde Feuer entzündeten. Jetzt war überall Beton.

»Dieser tief eingeschnittene Wasserlauf war einmal wie der Grand Canyon.« Vorbei. Kevin hob einen Stein auf und warf ihn die Klippe hinunter.

»Und da drüben war alles Einöde«, erinnerte sich mein Vater und wies dabei nach Westen auf eine Ansammlung von Neubauten.

»Auf den Berg sind wir geklettert und haben unsere Fahne aufgepflanzt, erinnerst du dich, Rich?« Chris starrte auf das ansteigende Vorgebirge. Rich nickte.

Wenigstens die zerklüfteten Gebirgsflanken über uns waren noch unberührt. Die schroffen, ausgesetzten Hänge hatten sich für die landhungrigen Erschließer von Baugrund als zu steil erwiesen. Wir schlenderten langsam einen schmutzigen Weg entlang und sahen auf unseren wilden Spielplatz hinab. Dann erklomm Kev die steinerne Mauer, die die Schlucht abgrenzte, um einen Blick auf die andere Seite zu werfen.

»Ich hab's gefunden!«, schrie er uns zu.

»Sicher?«, fragte Mom aufgeregt.

»Ja, aber …« Kev verstummte, starrte hinüber.

Auch ich kletterte die Mauer hinauf, um nachzusehen. Chris und Rich folgten ebenfalls.

»Da ist eine fünfzehn Meter tiefe Grube«, meldete Kev.

»Was soll das heißen?«, fragte Mutter.

»Nicht einmal einen Baum haben sie stehen lassen.«

Unser Zaubergarten! Irgendjemand hatte ihn spurlos vernichtet. Ein gewaltiges Loch war ausgehoben, um die Fundamente eines weiteren Mammut-Hochhauses aufzunehmen. Die Villa, die Veranda, die Rosensträucher, der Teich, die Reihen schlanker Pappeln, die Trauerweide, der Kirschgarten, Hassans Häuschen, alles weg.

Traurig begann Chris zu singen: »Erinnerungen sind so schööön, doch einmal …«

Rich unterbrach ihn. Chris' schräge Töne verstärkten unsere Wehmut noch zusätzlich.

Wir mussten hinein. Die alte Mauer schien unüberwindlich, das hintere Gartentor war fest verriegelt. Wir gingen seitlich vorbei, überquerten den Hof. Mom und Dad folgten uns schweigend. Da sahen wir unser rotes Tor. Es war unversehrt. Und offen. Wir gingen hinein.

Vor uns lag unser altes Grundstück. Ja, den Kirschgarten und Hassans Ziegelhaus mit seinen vier Zimmern, das alles hatte der Krater verschluckt. Und unsere Villa – lag sie in dem Schutt unter dem Hochhaus, das hier gerade entstand? Es ließ sich nicht genau feststellen. Nur drei schlanke Pinien waren stehen geblieben. Wo war die Venus-Statue? Und die neapolitanische Grotte, in der ein Schafhirt seine Nymphe mit einer Zauberflöte verführte? Wo war unser Schwimmbecken von der Größe eines kleinen Sees?

Wir zögerten keinen Augenblick und taten so, als wollten wir dieses einstige Familienterritorium wieder in Besitz nehmen. Während wir ganz benommen über den Schutt stolperten, rief uns Chris verzweifelt zu: »Müssen wir denn nicht froh sein, Jungs, dass wir Hassan und Fatimah gefunden haben? Ein Ort ist doch nicht so wichtig – auf die Menschen kommt es an, oder?«

Dad blickte prüfend über das Gelände. »Thomas Wolfe hatte recht, als er sagte: ›Du kannst nicht wieder nach Hause gehen‹«.

»Sagen wir unserer früheren Heimstatt Lebewohl«, meinte Rich.

»Sie haben das Paradies plattgemacht«, sagte Kev, »um ein Apartmenthaus hochzuziehen.«

Während wir uns um einen würdigen Abschied bemühten, plauderten wir mit einem Mann, der neben uns aufgetaucht war. Er sagte, das Grundstück sei vor sechs Jahren verkauft worden.

Dann rief Kevin uns etwas zu. In einem kleinen Schuppen ganz am Ende des Gartens hatte er zwei Skulpturen gefunden. Ich ging hinüber und war verblüfft. Da waren sie, die beiden griechischen Verliebten aus unserer Grotte, die sich so tief in die Augen gesehen hatten. Zerbrochen, ohne Arme. Diese einsamen steinernen Relikte riefen Erinnerungen daran wach, wie wir unter dem sommerlichen Sternenhimmel eingeschlafen waren, während wir Hassans Stimme lauschten. Die Liebenden, die man in dieser neuen, puritanischen Epoche ausrangiert hatte, waren Symbole einer dekadenten Vergangenheit.

»Wir wollen sie mitnehmen«, sagte Kev, in der Hand hielt er die steinernen Überreste.

»Kannst du dir vorstellen, was sie beim Zoll dazu sagen werden?«, protestierte Chris. »Willst du eingesperrt werden? Im Übrigen müssen wir zusehen, wie wir unsere Teppiche hinausbringen.«

»Kev, lass sie da«, sagte Dad und legte ihm die Hand auf die Schulter.

»Wir können sie doch nicht hier liegen lassen«, bettelte Kev.

Doch wir ließen sie liegen, wandten der Baustelle den Rücken zu und gingen. Meine Mutter aber schwor, zurückzukehren und die Statuen zu holen.

Herabhängende Glyzinien rankten sich die Wände hinauf. Trauerweiden versteckten sich hinter hohen Toren. Wir fuhren an alten Kupferdächern auf cremefarbenen Ziegelhäusern vorbei. Manches in der Nachbarschaft schien noch intakt. Dann wendeten wir, um zurück auf die Hauptstraße Vali Asr zu gelangen. Stoßstange an Stoßstange fuhren wir im Schneckentempo unter dem so wohlbekannten Dach der belaubten Platanen dahin. Wir schoben uns genauso voran wie damals vor vielen Jahren.

»Der Tajrish-Square! Es gibt ihn noch!«, rief ich. Vor den hoch aufragenden Bergen öffnete sich der elegante Platz dramatisch wie eh und je.

»Wo sollte er denn auch geblieben sein?«, fragte Vaz irritiert.

»Schnell, wir wollen uns den Basar ansehen.«

Nachdem wir ausgestiegen waren, hasteten wir auf den dunklen Eingang neben der überfüllten Bushaltestelle zu. Eine Fülle von Obstständen sorgte für willkommene natürliche Farben. Unter den hellen Lichtern prangten auf hölzernen Karren in geometrischer Pracht arrangierte Pyramiden: Blutorangen, Kiwis und glänzende Mandarinen, Erdbeeren und grüne Wassermelonen, blaue Trauben und Bananenstauden. An Fleischerhaken baumelten halbe Lämmer und frisch geschlachtetes Geflügel. Fangfrische Meeresfrüchte und fast metergroße Silberkarpfen waren auf zerkleinertem Eis dekorativ arrangiert, daneben Salatköpfe, Dillbündel, lange Gurken, glänzende Auberginen, Tomatenberge, sogar grüne Bohnen und Rotkohl.

Rich marschierte mitten hinein ins Getümmel. »Die Moschee ist da drüben. Ich erinnere mich ganz genau«, sagte er und führte uns an die Ecke, wo wir früher Hühnchen und Enten gekauft hatten. In ihren Kartons piepsten immer noch Hühnchen; man hatte sie in rosa, orange und blau fluoreszierende Farben eingetaucht, in der Hoffnung, ein Kind oder seine nachgiebigen Eltern damit zu fesseln.

»Wenigstens hier hat sich nichts verändert«, meinte Chris und streichelte ein hellrosa Hühnchen, während ich Ausschau hielt nach dem ausgedehnten Hof und der türkisfarbenen Kuppel des Schreins und der Moschee Imamzadeh Saleh, in der Hassan zu beten pflegte.

Der exklusive Goldbasar war neu, ebenso oben das Schild in englischer Sprache: »Gläubige sind Männer, die weder Ware noch Handel vom Gedenken an Allah abhält – Koran 24/37«. Ein wünschenswerter Gedanke für die Basarhändler, dachte ich, als ich mich durch einen kleinen Stand mit Seidenraupen hindurchschlängelte, die grüne Maulbeerblätter mampften. In einer Apotheke fand Kev sein Lieblingsshampoo aus Honig und Ei. Er schraubte den Verschluss ab und roch daran. Auf Proust'sche Weise verdrehte er die Augen.

»Dieser Geruch bringt mich augenblicklich zurück in die Badewanne in unserem alten Haus.«

»Und der Basar?«, fragte Chris.

»Er ist nicht so groß, wie ich ihn in Erinnerung hatte, aber viel, viel sauberer.«

»Keine Esel, keine Fliegen. Womit fahren wir?«

»In den alten Zeiten auf Sonnenstrahlen.«

Chris wies auf die Levis und die damit wetteifernden Markennamen hin: Cowboy und Cash. Ich entdeckte Adidas-Turnschuhe, ein Poster mit Dizzy Gillespies Silhouette, zwei T-Shirts mit Stars and Stripes, purpurne Zehennägel und Revlon-Gesichter, Champion-Jogginganzüge und Swatch-Uhren, Autoteile von Nissan und ein riesiges Plakat von Dexter Gordon mit seinem Saxophon.

Als ich zurück auf den Platz vor dem Basar kam, erspähte ich unseren Chauffeur, der sich angeregt mit einem widerspenstigen Polizisten unterhielt. Vaz stand etwas abseits.

»Das kostet zweitausend Toman«, brummte Vaz, als ich näher kam. »Die beiden machen unter sich aus, dass kein Strafzettel geschrieben wird, weißt du.«

Unser Sanitätswagen-Fahrer übergab ihm diskret das Geld.

»Er verkauft sich nicht, er macht nur seinen Job«, meinte Vaz über den Polizisten.

Es hatte sich so vieles verändert, dass uns unsere Erinnerungen nutzlos waren. Die Stadt, die wir gekannt hatten, war uns jetzt fast unbegreiflich. Ohne Orientierung und verwirrt fuhren wir langsam durch die wuchernde Stadt über breite Schnellstraßen, die gesäumt waren von surrealen handgemalten Riesentafeln mit Märtyrergesichtern.

Nachdem wir unser ausgeweidetes Heim im Norden Teherans gesehen hatten, sträubten wir uns, auch unsere damalige Schule zu besuchen. Wir alle waren der Meinung, dass wir uns lieber unsere alten Erinnerungen und Gefühle bewahren sollten. Auf dem Weg nach Süden, ins Laleh-Hotel, bog Hussein wegen eines Verkehrsstaus von der Hauptstraße ab, wich auf eine Seitenstraße aus und wendete erneut. Plötzlich rief Dad mit hysterischer Stimme vom Rücksitz: »Da ist sie! Halt! Die alte Iranisch-Amerikanische Gesellschaft.«

Quietschend kam unser Wagen zum Stehen. Rechts von uns erhob sich die wohlbekannte verzierte Betonkuppel. Wir mussten einfach diesem heiligen Ort die Ehre erweisen. Schließlich waren unter dieser Kuppel alle Theaterproduktionen unserer Familie ausgebrütet, aufgeführt und gefeiert worden: *Unsere kleine Stadt*, *The Music Man* und *A Thousand Clowns*, um nur einige zu nennen.

Der Anblick von sechs *khareji*, die den Eingang zum Theaterkomplex suchten, rief beim Personal Unruhe hervor, bis eine nette, aber diensteifrige Frau in Blau kam und nach dem Zweck unseres Besuches fragte. Sie sprach tadelloses Englisch.

»Madam«, sagte mein Vater, »vor fünfunddreißig Jahren war ich der Regisseur des Stückes, mit dem dieses Theater eröffnet wurde. Hätten Sie etwas dagegen, wenn meine Familie und ich es ein letzten Mal besichtigen würden?«

Sie stockte, zögerte. Mit nervösem Zittern in der Stimme sagte sie abwehrend etwas von einer schriftlichen Erlaubnis und dem Kultusministerium. Da erschien ein weißhaariger Wächter in grüner Uniform und erklärte ihr schnell, was es mit meinem Vater auf sich hatte.

»Er sagt, dass er sich an die Stücke von damals erinnert«, übersetzte sie. »Er hat hier seit dem Tag der Eröffnung gearbeitet.«

Dad trat vor und umarmte den Mann.

»Bitte treten Sie ein« sagte sie, »er wird Ihnen alles zeigen.« Nach kurzem Überlegen fügte sie, wohl um das Allerheiligste vor irgendwelchen historischen Ansprüchen zu bewahren, hinzu: »Aber Sie können es nur von außen ansehen.«

»Auch dafür bedanken wir uns«, freute sich mein Vater.

Sie nickte, und unser Wächter führte uns über die offene Treppe hinunter, bis wir vor einem hohen Glaspavillon standen, der die Eingangstüren umgab. Ein Plakat von Jafar Panahis Film *Der weiße Ballon* hing an derselben Stelle, wo meiner Erinnerung nach damals das orange- und magentarote Poster mit den beiden Surfern für *The Endless Summer* gehangen hatte. Das Theater wurde für Filmvorführungen und Theaterproduktionen genutzt. Hinter der Tür befand sich die Bühne, auf der Pat damals zur Gründung der Amerikanisch-Iranischen Gesellschaft Thornton Wilders *Unsere kleine Stadt* vor ausverkauftem Haus inszeniert hatte. Es war ihm gelungen, eine Amateurtruppe zu einem respektablen Ensemble zu formen.

»*Unsere kleine Stadt*«, sagte mein Vater sinnend. »Donna half hinter der Bühne und verkaufte die Karten, ihr Kinder seid herumgerannt. Du, Terry, warst auf der Bühne. Das Stück war vier Wochen auf dem Programm. Ein Wunder!«

»Und es war so allgemeingültig, Pat, Grover's Corner hätte auch Tudeshk sein können«, meinte meine Mutter.

»Deshalb habe ich es ausgewählt«, erklärte Dad. »Die Schlussszene mit Emily auf dem Friedhof, die sich an ihre Familie erinnert und ihr zuruft: ›Jeder Augenblick im Leben ist so kostbar! Sehen sie das nicht? Wissen sie es nicht?‹ Aber natürlich kann es keiner von ihnen hören.« Er flüsterte: »Alles geht zu schnell vorbei.«

Er wollte uns noch etwas sagen, wandte sich zu uns um und breitete die Arme aus. Dad lachte, aber mit Tränen in den Augen. Er kamen keine Worte heraus.

Auch wenn unsere Teheraner Vergangenheit zubetoniert worden war, so war doch die amerikanische Popkultur seltsamerweise in den Straßen lebendig. Eine Reinkarnation von Colonel Sanders, allerdings mit lockigem schwarzem Bart und einem dunklen Mantel, prangte auf einem Poster vor einer Fast-Food-Bude, die »Kabooky Fried Chicken« feilbot.

An der Kasse eines Supermarkts blätterte ich in einem Magazin, das verbotene amerikanische Filme auflistete, darunter George Lucas' *Rückkehr der Jedi-Ritter*. Neben mir hatte ein Mädchen im Tschador eine Zeitschrift mit einer furchterregend kahlen Demi Moore als *G. I. Jane* aufgeschlagen. Aus einem vorbeifahrenden Auto dröhnten Madonna-Songs.

Es gab Musikkassetten von meinen lateinamerikanischen Lieblingssängern Santana und Paco de Lucia. Auf einer anderen, die *Strains of Andalucia* hieß, waren spanische Gitarristen zusammen mit persischen Tar-Spielern zu hören. Dann sah ich sein Gesicht: das unerklärliche New-Age-Phänomen Yanni vor der strahlenden Akropolis. Wie kam der dorthin? Ich drehte mich um, und ein anderer bärtiger Mann starrte mich an, Nasr-e Din Shah, der Herrscher der Nasr-e-Din-Dynastie in vollem Ornat. Er war überall, allgegenwärtig aufgemalt auf Teekannen aus rosa Porzellan. Waren die Bilder der Pop-Monarchen jetzt in?

Wir fuhren am Samad-Gebäude vorbei, einem der ersten Luxus-Hochhäuser aus vorrevolutionären Bauboomzeiten, und ich sah aufgesprühte Graffiti: Run-D. M. C., Mötley Crüe, NBA Techno und Jason Kevins. Ich fragte mich, wer um alles in der Welt wohl Jason Kevins sein könnte?

Auf dem Campus der Teheraner Universität, wo ich eine kalte Cola schlürfte, bummelte ich zwischen den Bücherständen herum, die gute Geschäfte machten. Ich schaute mir ein paar englische Titel an: *Sons and Lovers, The Secret Agent, Animal Farm, The Adventures of Tom Sawyer* und *The Godfather*.

Dieses Land ist alles andere als weltabgewandt, dachte ich bei mir.

Hussein verlangsamte das Tempo, damit wir einen Blick auf die frühere amerikanische Botschaft werfen konnten. Wir starrten auf die Ziegelmauer der »Spionagehöhle«. Jetzt beherbergte das Gebäude ein Computer-Trainingszentrum der Revolutionsgarden, erzählte uns Hussein. Chris erinnerte sich an die früheren Feuerwerke zum 4. Juli und Kevin an unsere Touchfootball-Spiele auf dem grünen Rasen dahinter.

Hussein gab zu bedenken, dass gegenwärtig die Hälfte der Bevölkerung im Iran schon nach dem Schicksalsdatum 1979, dem Jahr der Geiselnahmen, geboren ist. »Viele Söhne und Töchter der Revolution sehen heute zu Hause illegale Videos und hören Disco-Musik.«

»Und manche sind Fußballfanatiker«, fügte Dad hinzu.

Im milden Zwielicht des 21. April schwärmten 60 000 Fans ins Azadi-Stadion, um Irans Nationalmannschaft zuzujubeln. Fallschirmspringer schwebten auf das Spielfeld herab, rot gefärbte Rauchbomben wurden auf den Tribünen abgebrannt. Gewand glitt mein Vater durch die Menge, bog nach links ab, stieß nach rechts bis zur Mitteltribüne vor, wo wir unsere Plätze fanden. Er fühlte sich hier zu Hause.

Wir alle bummelten noch die Treppen hinunter, da klatschte er schon heftig, schrie und schüttelte seinen Nachbarn die Hände.

»Euer Vater ist also schon mal hier gewesen«, konstatierte Vaz.

»Vorwärts, Iran!«, brüllte Dad, der vollendete Fan.

Der Aufstieg Irans zu einer Fußball-Großmacht begann im Jahr 1990 mit dem Sieg bei den Asian Games. Ich erfuhr, dass die rabiatesten Fans zu den beiden Teheraner Top-Clubs gehörten, von denen der eine einen ganz und gar nicht islamischen Namen hat, nämlich Persepolis. Aufgestellt für die Weltmeisterschaft im Juni 1998, hatte das Team des Iran nur sechs Monate Zeit, um sich wie durch ein Wunder als letztes für das Turnier der 32 Nationen zu qualifizieren. In Europa gab es für Fußballer kein Embargo. Drei iranische Stars spielten in der deutschen Bundesliga: Karim Baheri, Ali Daei und Khodadad Azizi.

Die Fußballleidenschaft jagte der Staatsgewalt gehörigen Schrecken ein. Am 29. November 1997, als Iran den Australiern durch zwei späte Tore die Qualifikation für die Weltmeisterschaft vermasselte, liefen Wellen der Begeisterung durch die Straßen. Noch um Mitternacht feierten Millionen ausgelassen, Teenager tanzten auf ihren Autos, Musik dröhnte aus den Autolautsprechern, und die Polizei schloss sich den Jubelnden an, manche Frauen nahmen ihre Kopftücher ab. Das Land steigerte sich in eine kollektive Hysterie.

»Es war spontaner Jubel wie beim Karneval in Brasilien«, erzählte unser neuer Freund auf den Tribünen, ein junger Mann namens Mahmut. »Wir haben geweint und gelacht und die ganze Nacht getanzt. Whoooow!«

»Und das große Spiel gegen Amerika?«, fragte ich.

»Wenn Iran gewinnt, wird die Begeisterung noch größer sein. Aber Amerika ist sehr gut.«

»Der Iran auch. Mach dich bereit, Mahmut, Junge, zieh dir die Tanzschuhe an!«, schrie mein Vater.

Der junge Mahmut übersetzte Dads Worte seinen Freunden, die sich über die ganze Tribüne verteilten. Innerhalb von Minuten war mein Vater der beliebteste Fan in Block D. Man streckte ihm die Hände entgegen, Schüler ließen anerkennend die Daumen hochschnellen, bärtige Riesen mit leuchtenden Augen grinsten ihn kindisch an. Unser Botschafter des Sports hatte bei dieser höchst delikaten diplomatischen Mission toll gepunktet.

Wie ein glühender Fan der New York Mets, der jede denkbare Statistik kennt, beschrieb Mahmut der Reihe nach jeden Spieler auf dem Platz, am Schluss seinen Favoriten: »... Und unser Supertorwart wird der ›Adler Asiens‹ genannt.«

Eine Minute später schoss der Ball am Adler vorbei ins Netz der Iraner. Das ohrenbetäubende, erregte Gebrüll schlug um in tödliche Stille. Über Mahmuts Gesicht legte sich ein schmerzlicher Zug.

Am Ende hatte der Adler ein Gänseei gelegt. Iran verlor 0:2 gegen Ungarn. Chris, der selbst Torwart war, machte sich lustig über die leichtfertig eingehandelten Tore und demontierte den Adler durch einen neuen Namen, nannte ihn den Truthahn von Täbris. Dad war wütend. Irans kroatischer Trainer wurde wegen seiner altmodischen Defensivtaktik öffentlich beschimpft. »Holt den Brasilianer zurück!«, schrien die Fans.

»Bloß raus hier! Hauen wir ab!«, rief Dad.

Als wir gingen, verbrannten aufgebrachte Fans gerade aus Protest ihre Programmhefte. Mein Vater verzog sich wie der Blitz. Für ihn gab es in einer Ansammlung internationaler Fußballfans ein ganz bestimmtes Darwin'sches Überlebensmuster. Diejenigen, die gute Plätze ergattert hatten und danach das Stadion am schnellsten verließen, waren eindeutig die Besten. So fand er, den Erwartungen entsprechend, seinen Weg durch die Menge und hielt auch schon Ausschau nach Husseins Kleinbus zwischen Dutzenden blauer Busse auf dem endlosen überfüllten Parkplatz, an dessen Ausfahrten Polizisten wachten.

Wir fanden Hussein unter einem einsamen Baum. Ungerührt von der Niederlage der Nationalmannschaft blickte er ungewohnt wild entschlossen drein. Noch während wir in den Wagen sprangen, schrie mein Vater: »Los, auf geht's, schnell!«

Hussein startete zum Angriff, schlängelte sich durch die Menge der Tausende, schoss durch eine schmale Öffnung zwischen den Reihen parkender Busse. Als er an der nächstgelegenen Ausfahrt zwei Polizisten sah, beschleunigte er. Die hatten keine Wahl und sprangen zur Seite. Wir jubelten, als er mit quietschenden Bremsen noch vor der tobenden Menge ausscherte.

»Jetzt wissen wir, warum er im Krieg Ambulanzfahrzeuge gefahren hat«, sagte Vaz. »Er braucht seinen Kick.«

An diesem Abend – es war Vaz' Geburtstag – bekam er von einem Freund ein Geschenk, von dem behauptet wurde, es stamme aus Schottland: eine Flasche Whiskey namens Black Five Millionaires. *Extra special* stand auf dem Etikett. Zweifellos machte das Teheraner Spirituosenkartell glänzende Geschäfte, und es hatte offenbar kreative Manager mit Sinn für Humor engagiert. Auf dem dreisten schwarz-goldenen Etikett waren fünf auf einer Bühne herumhampelnde Männer in Smokings zu sehen. Die Silhouetten erinnerten ans Las Vegas Rat Pack – also Frank Sinatra, Dean Martin, Joey Bishop, Peter Lawford und Sammy Davis jr. Wenn man genau hinschaute, entdeckte man auch ein Datum: 1977, also zwei Jahre vor der Islamischen Revolution.

»Guter Scotch, nicht wahr?«, meinte Vaz. »Kommt aus Schottland.«

»Wirklich?«, sagte ich zweifelnd.

»Es steht doch Schottland drauf. Schau: *Black Five Millionaires, blended and bottled in Dundie.*«

»Ein klug gewählter Name.«

»Ja, *baba.*«

»Teheraner Geschmack.«

»Sag doch so etwas nicht. Du kränkst mich.«

»Tut mir leid.«

»Weißt du, mein Freund hat den Importpreis für die Flasche bezahlt.«

»Wir tranken auf Vaz' Wohl. Kevin brachte in gewohnter Weise einen Toast aus auf unseren armenischen Freund, seinen einmaligen Scharfsinn und den stets weisen Umgang mit dem »*baba*-System«. Er schloss mit den Worten: »Noch nie wurde so viel für so viele von so wenigen getan.«

Vaz sah begeistert zu, wie meine drei Brüder den Scotch hinunterstürzten. Dann fing Rich an zu husten, Kev würgte, und Chris täuschte einen leichten Anfall vor, ließ sich auf den Teppich fallen. Dad und ich tranken nicht mit; wir gossen unseren Scotch in die Blumenvase auf dem Tisch. »Alles Gute zum Geburtstag, Vaz!«, sagte Mom und nippte an ihrem Zam Zam.

Black Five Millionaires: vielleicht ein etwas merkwürdiger Name für einen Scotch, doch passend für die fünf Ölrepubliken – Aserbeidschan, Iran, Russland, Turkmenistan und Kasachstan –, die sich das Schwarze Gold unter dem Kaspischen Meer teilen müssen. Ihre Schatzsuche hat die Flamme des »Großen Spiels« neu entfacht, den Kampf des 19. Jahrhunderts um die Macht in Zentralasien. Ausgerechnet in jener Woche fragte eine Schlagzeile in Bezug auf die kaspischen Staaten, wo denn die Pipeline verlaufen würde. Geschätzte 200 Milliarden Barrel Öl stünden auf dem Spiel. Da die Nordseevorkommen versiegten, zögen die neuen Ölfelder Global Player wie Kriegsstrategen magisch an. Würde hier der *Desert Storm* des 21. Jahrhunderts stattfinden? Ohne Zweifel *Black Five Millionaires.*

Im Hinblick auf die Zukunft unserer Kinder haben sich amerikanische und russische Broker sowie chinesische Analysten bereits daran gemacht, sich die unscharfe Geographie Zentralasiens mit derselben Sorgfalt einzuprägen wie die Pentagon-Strategen, die jede Bucht, jede Insel, jedes Ölfeld und jede Landebahn im Persischen Golf kannten.

Zur Zeit war die Küste des Kaspischen Meeres noch eine Ferienregion. In einem Badeort bei Badar-e Anzali hatten Hassan, Fatimah und ihre Familie vier erholsame Wochen verbracht. Die Kinder tollten im Sand herum, und die Frauen spazierten mit ihren schwarzen Tschadors in die Wellen.

KAPITEL 14

Die Farbe Gottes

Treibende Kraft für meinen Freund Nezam war zeitlebens seine Suche nach jenen mystischen Orten im Iran, wo seit Jahrhunderten von allen Pilgern und Suchenden das Erhabene beschworen wird. Deshalb konnte ich seine Aufregung begreifen, als ihn ein britischer Archäologe um seine Mitarbeit bei einem Film der BBC über die Suche nach dem ursprünglichen Garten Eden bat.

Dieser Archäologe, der die Grundlagen der Geschichte des Nahen Ostens in Frage stellte, hatte sich in topographische Karten vertieft, war Hinweisen in der Genesis und paläogeografischen Darstellungen nachgegangen und schloss aus all dem, dass die vier Flüsse des Paradieses aus einem bestimmten See gespeist wurden. Dieses Gewässer sollte in der Nähe der Stadt Täbris im Nordwestens Irans liegen. Der streitbare Forscher hatte schon Jahre zuvor die akademische Orthodoxie herausgefordert, indem er behauptete, die ersten Pharaonen seien aus dem Zagros-Gebirge heruntergewandert, um ihr Großreich im Nildelta zu begründen.

Nezam lebte mit seiner Frau Nora, einer Malerin, im Norden Teherans in einem großen roten Ziegelhaus mit verwilderten Hecken und wucherndem Efeu. In einer Zeit, da privates Eigentum häufig beschlagnahmt wurde, hatten die wohlhabenden Teheraner Familien die Notwendigkeit erkannt, ihre Häuser so schäbig wie möglich aussehen zu lassen. Die Logik lag auf der Hand: Je gepflegter sie wirkten, desto eher wurden sie konfisziert.

Das Innere des Hauses beherrschte eine Mischung aus Bakhtiari-Teppichen, niedrigen Sofas vor den Kaminen und Noras Ölbildern – gewaltige kykladische Frauengestalten, umgeben von Schriftzeichen mit Elementen aus Keilschrift, Hieroglyphen, Sanskrit und Chinesisch, insgesamt so etwas wie ein vereinigtes Babel.

Im Norden Kaliforniens aufgewachsen, war Nora während des Iran-Irak-Kriegs in den Iran zurückgekehrt. »Du weißt doch, Terry, sobald du einmal deinen Geburtsort verlassen hast, verlierst du deinen Mittelpunkt. Versteh mich nicht falsch«, sagte sie, während sie an etwas Süßem naschte, »San Francisco und Marin, wo meine Eltern leben, sind wunderschön, wir alle wissen das. Aber ich hatte immer das Gefühl, dass mir etwas fehlte, dass ich dort nicht hingehörte. Deshalb sind wir zurückgekommen. Ich wollte nicht, dass meine Kinder dieselbe Erfahrung machen. Jetzt sprechen sie Farsi und kennen ihre Kultur. Wenn sie erwachsen sind, können sie wählen.«

Fariba, eine andere Malerin, kam kurz vorbei. Sie war eine enge Freundin von Nora, brünett, mit kurzen Haaren in modischem Igelschnitt und starkem schwarzem Lidstrich. Sie zündete sich eine Zigarette an.

»Kennen Sie Lou Reed?«, fragte sie mich unvermittelt.

»Den Musiker? Natürlich.«

»Toll. Können Sie mir seine New Yorker Adresse geben?«

»Wie?«

»Ich muss ihn wissen lassen, dass alle meine neuen Bilder auf seinem letzten Album basieren«, säuselte sie.

Nora erklärte es mir: »Sie liebt Lous Musik, ist ganz verrückt danach. Ihr letztes Bild heißt nach einem seiner Songs *American Flag*.«

Fariba reichte mir ein Foto. Ich sah sie winzig klein vor einer riesigen im Basquiat-Stil bespritzten Leinwand, die mit gelben Streifen sowie smaragdgrünen und neonblauen geometrischen Formen versehen war. Ich bot ihr meine Hilfe an, Lou ausfindig zu machen. Ihre Flagge gab Präsident Khatamis Aufruf zu einem Dialog der Kulturen eine ganz neue Bedeutung.

Und wie ging es mit Nezams Erkundungen für die BBC voran? Sie verliefen ganz anders, als er sich das vorgestellt hatte. Er war zu Tode erschöpft. Sie hatten etwa 1300 Kilometer zurückgelegt. Die Fahrt entpuppte sich als großer Reinfall.

»Der Kameramann stieg aus«, berichtete Nezam, »brauchte zehn Minuten, um sein Stativ und die Aufnahmegeräte aufzustellen, und wenn er fertig war, verdeckte eine Wolke die Sonne. Anstatt zu warten, brüllte dann der Archäologe: ›Nein, nein, tut mir leid, Leute, wir haben keine Zeit. Zur Hölle damit.‹ Und ohne eine Aufnahme ging es weiter.«

Das große Suchen wurde so zur großen Posse: hektische Betriebsamkeit und nichts, was man vorweisen konnte.

»Die ganze Zeit haben wir diesen einen Ort gesucht, wohlgemerkt, den Garten von Adam und Eva mit den vier Flüssen. Das Paradies. Und die ganze Zeit dachte ich: Schaut doch, könnt ihr es denn nicht sehen? Es ist doch überall hier. Aber sie sahen es nicht. Wenn sie hingeschaut hätten, vielleicht nur in die Augen eines einfachen Dorfbewohners, sie hätten es überall entdecken können!«

»Aber habt ihr den Garten schließlich gefunden?«, fragte ich.

»Na klar, in Urumiyeh. So sagten sie jedenfalls.«

»Und wie hat er ausgesehen?«

»Es war am Ende einer halsbrecherischen Reise. Unser Wagen war an jenem Tag zweimal liegen geblieben. Als wir schließlich ankamen, sahen wir alle in ein Tal hinab.«

»Und?«

»Na ja ... es ist jetzt ein bisschen industrialisiert. Da steht eine riesige Zementfabrik.«

»Und die Flüsse?«

»Gibt es nicht. Zumindest habe ich sie nicht gesehen. Ein See liegt in der Nähe, stark versalzt. Keine Fische, kein Leben.

»Und was ist mit diesem Film übers Paradies?«

»Ach, weißt du, Computergrafiken können doch heutzutage Wunder wirken«, sagte Nezam lächelnd.

Behrouz hatte sich geweigert, seinen Wehrdienst zu leisten, und besaß keinen Reisepass mehr. Er lebte in einer Art Schwebe und wartete auf Amnestie durch die Regierung. Erst dann würde ihm erlaubt, das Land zu verlassen, zu seiner Schwester nach New York zu reisen und sein Hochschulstudium abzuschließen. Er studierte kognitive Neurowissenschaften aus dem Blickwinkel östlicher wie westlicher Traditionen.

In seiner Kellerwohnung nahe der britischen Botschaft lauschten wir den beiden Jazzgitarristen Pat Metheny und Charlie Hayden. Er schlürfte einen Rosinenlikör. Zwei Poster hingen an der Wand: Einstein mit wilder Mähne und Brueghels »Turmbau zu Babel«. Wir sprachen über Charlie Parker und Filme. Dann wechselten wir das Thema.

»Abdul Karim Soroush ist der wichtigste Fürsprecher des Umschwungs«, berichtete mir Behrouz. Der Gelehrte Soroush war ein Vordenker und Sprecher der Reformer im Iran. Er hatte moderne Ideen in die Studentenbewegung gebracht – demokratische Prinzipien, Redefreiheit, Menschenrechte, unabhängige Justiz –, betonte dabei aber, wie wichtig ihm der Fortbestand der Islamischen Republik sei. Wandel und Toleranz könnten nur von innen kommen, vom Volk ausgehen, sagte Soroush, und war dabei stets auf die islamische Identität des Iran bedacht. Obwohl er von den Hardlinern angefeindet wurde, strömten die Studenten scharenweise in seine Vorlesungen.

Ich rekapitulierte noch einmal unsere Reise bis hierher nach Teheran. In den historischen Städten des Südens – im romantischen Shiraz, im prächtigen Isfahan, im entlegenen Yazd – lebten die Menschen noch im traditionellen Stil, umgeben von künstlerischen und poetischen Wundern. Aber hier im durch und durch modernen Teheran, einer Megalopolis mit wenig Historie und Charme, spürte ich eine latente Angst. Während die Leute in Isfahan, Yazd oder in Shiraz deutlich spürbar mit einem Fuß in der Vergangenheit standen, kämpften die Teheraner täglich mit der Zukunft.

Jeden Freitag kommt in der Teheraner Innenstadt auf dem Flohmarkt eine große Menschenmenge zusammen, um die angebotenen Altertümer zu durchstöbern. In einer Tiefgarage hält der Juma-Bazaar Hof.

Kev und ich nahmen uns ein Taxi, um ja nichts zu versäumen. Der Fahrer begann mit uns zu plaudern, als er merkte, dass wir etwas Farsi verstanden. Mit dem Finger wies er uns auf ein vorbeifahrendes Auto mit dem Abziehbild der amerikanischen Flagge auf der Stoßstange hin. Kev versuchte, schnell eine Aufnahme zu machen, aber der Wagen rauschte im Verkehrsfluss zu schnell vorbei.

»Sie sind Heuchler, Lügner, diese Mullahs. Kein Mensch glaubt ihnen mehr was. Am Anfang, ja, da hatten wir alle große Hoffnungen. Sie haben uns kostenlosen Strom, kostenloses Gas versprochen. Den Himmel auf Erden. Ha!«

Kev und ich unterbrachen seine Schimpftirade nicht.

»Wissen Sie, inzwischen halten Taxifahrer für die Mullahs gar nicht mehr an. Ich habe gehört, dass ein Mullah klagte, er hätte zwei Stunden auf ein Taxi warten müssen – alle seien an ihm vorbeigefahren. Er musste nach Hause gehen und sich umziehen, bevor ihn jemand mitnahm.«

Hinter uns erschallte lautes Hupen.

»Vor Jahren haben uns der Schah und seine Freunde das ganze Geld gestohlen. Jetzt machen die Mullahs und ihre Sippschaft dasselbe. Armer Iran! Wer hier die Macht hat, bestiehlt uns.«

Er bog scharf ab.

»Der miese Schah und seine korrupten Räuber. Miese Mullahs, die unseren Gott missbrauchen und unser Land zugrunde richten. Armes iranisches Volk!«

Der Taxifahrer hielt einen Finger an die Lippen. *Saket*, Stillschweigen. Aber es währte nicht lange.

»Wir warten. Wir sind mit den Griechen und den Arabern fertig geworden, mit Mongolen und Türken, den Engländern, dem Schah und jetzt …« Er hielt im Reden inne, weil er noch über eine Ampel kommen wollte, die gerade von Gelb auf Rot schaltete. »Jetzt müssen wir wieder warten, bis unsere Kinder erwachsen sind, die neue Generation.«

Mit quietschenden Bremsen kamen wir zum Stehen. Ich gab ihm das Geld, aber er wies es mit einer Handbewegung zurück.

»Nein, bitte, Sie sind meine Gäste.«

»Bitte.«

»Nein.«

»Bitte.«

»Tausendmal nein.«

Zwei Treppen weiter unten in der Tiefgarage bekam ich kaum Atem wegen der Auspuffgase in der Luft. Kev bedeckte seine empfindliche Nase mit einem Taschentuch. Dicke Schichten Dreck klebten an den grauen Betonwänden. Es gab kein Tageslicht, nur flackernde Gasbrenner. Das hier war das krasse Gegenteil vom verführerischen Charme traditioneller Basars. Und dabei erfreute sich dieser Flohmarkt unglaublicher Beliebtheit.

Jeder Verkäufer stellte seine Waren auf irgendwelchen Decken oder Teppichen auf dem Boden aus. Wir kamen an alten Taschenuhren vorbei, an einer Kuckucksuhr, an russischen Samowaren aus Bronze, alten Puppen, Wasserpfeifen und gebrauchten, gelb fluoreszierenden Tennisbällen. Das Porträt des Schahs – steif und arrogant, übersät mit Orden – verdeckte eine Ansammlung von altem Geld. Kev erspähte eine Miniatur des T-Modells von Ford, das aber nicht zum Verkauf stand, ein Gemälde vom Letzten Abendmahl auf Samt und eine Arthur-Murray-Schallplatte mit *Let's Dance the Cha-Cha-Cha.*

Ich betrachtete zwei verblasste Fotos von der Klagemauer und dem Capitol in Washington und prüfte eine hölzerne afrikanische Maske, ein Paar gebrauchte Boxhandschuhe, ein Akkordeon und eine ziemlich mitgenommene Partitur der Premiere von Verdis »La Traviata« in La Fenice in Venedig, datiert vom 6. März 1857. Als ich sie durchblätterte, kreischte hinter mir eine hohe Stimme »*Excuse me*«. Eine Teenagerin mit Rollerblades hätte mich beinahe erwischt. »*Sorry*«, piepste sie.

Eine Gruppe Diplomatenfrauen feilschte der Reihe nach mit afghanischen Flüchtlingen um ihre Teppiche aus der Heimat. Ein junger Iraner hob sich in dem großen Gedränge durch die Baseball-Kappe und sein mit Stars-and-Stripes bedrucktes Shirt ab. Ein anderer jüngerer Mann, sicher ein Kriegsveteran mit einem Bein, humpelte auf Krücken, auf seinem T-Shirt eine Strandszene aus dem thailändischen Pattaya.

Wir machten zaristische Münzen, Buddha-Figuren und preußische Medaillons ausfindig. Ich wurde durch eine azurblaue Fliese, auf der Moses die Tafeln mit den Zehn Geboten hielt, ein Bild vom Heiligen Ali mit dem grünen Turban und eine Darstellung von Christus am Kreuz in Versuchung geführt. Doch meine einzige Trophäe von jenem Tag hängt jetzt bei mir in der Küche: ein gravierter Kupferteller von einem unbekannten Künstler. Unter dem Profil von John F. Kennedy steht 1917–1963. Die Inschrift am Rand lautet: *And the glow from that fire can truly light the world.* – Und der Schein jenes Feuers kann wahrlich die Welt erleuchten.

Wie die meisten persischen Musiker verband Dr. Safvat geistliche Verse mit hypnotisch rhythmischer Improvisation. Dabei spielte er nur mit dem Ohr und dem Herzen – ohne Noten – und verlieh der klassischen Musik eine religiöse Dimension. Dieser Meister im Spiel von *sitar* und *santur* forschte auch im Reich der Seele. Viele der besten persischen Musiker sind zugleich Mystiker. Dr. Safvat bildete da keine Ausnahme. Sein weißes Haar krönte ein Gesicht, das in grenzenloser Heiterkeit erstrahlte. Der in Frankreich ausgebildete Künstler lud mich förmlich, aber doch warmherzig in sein bescheidenes Heim ein. Neben ihm saß schweigend ein kurdischer Flötenspieler mit seiner *ney*.

Dr. Safvat sprach von der zweigeteilten Natur des Menschen, seiner physischen und seiner spirituellen Seite.

»Der Körper braucht Nahrung«, sagte er, »aber genauso der Geist. Alle Propheten der Welt sprechen von der Notwendigkeit, unseren Geist zu nähren. Sie alle sagen das Gleiche: Wir müssen versuchen, Verbindung zu Gott aufzunehmen. Liebe ist alles, und Kunst ist die Nahrung der Seele. Vor etwa hundertfünfzig Jahren brachte das Industriezeitalter, dessen neue Religion die Naturwissenschaften waren, den Zweifel an Gott mit sich, und jetzt wandern viele in der Finsternis.«

Wir nippten an unserem Tee. Der *ney*-Spieler zwirbelte seinen aufregenden Bart und bot mir an, mich in die Berge von Kurdistan mitzunehmen, in eine raue Gegend an der irakischen Grenze, die seit langem für ihre spirituelle Kraft bekannt sei.

Dr. Safvat redete wieder über unsere zweigeteilte Natur, doch diesmal sprach er von »der leiblichen und der Engelsnatur«.

»Eine kreative Kraft in dem, der nur den leiblichen Bezug zum Leben hat«, erklärte er, »bewirkt ein oberflächliches Stimulans. Aber derjenige, der die Verbindung zu Gott hat und seinen Engel findet, der wird imstande sein, Kunst zu schaffen, die auch in der Zukunft fortlebt.«

Ich fragte ihn nach der gegenwärtigen Regierung. Er machte eine Pause, putzte seine Brille und meinte dann: «Wir müssen den Mullahs in defensiver Haltung begegnen, uns die heilige Gabe des Verzeihens bewahren. Das ist der richtige Weg. Die Politik schadet der geistigen Gesundheit, ist schädlich für die Seele. Man muss mit Demut beginnen, sich entwickeln, dann kann man auch anderen helfen. Denken Sie daran, dass ein System, das auf falschen Fundamenten gebaut ist, keine Zukunft hat. Mit der Zeit wird es unter der eigenen Last zusammenbrechen. Man braucht nicht nachzuhelfen.«

Eine Stunde später fiel mir im Taxi sofort der lange herabhängende Bart des Fahrers auf, er sah aus wie der des kurdischen *ney*-Spielers.

Ich wagte es, ihn zu fragen: »Sind Sie ein Mystiker?«

Er lächelte und drehte sich zu mir um. »Ja, natürlich.«

»Ich auch«, erklärte ich.

»Das ist fein«, sagte er erfreut, während er den Wagen mühelos durch den Verkehr steuerte und seine lockigen Haare im Wind flatterten.

Dr. Safvats Abschiedsworte klangen noch in mir nach: »Wir müssen gegen die Dunkelheit mit *ishraq*-Erleuchtung angehen. Hören Sie auf Hafis, Rumi und all die anderen großen Dichter.«

Wer waren heute die Hüter der Flamme? Wer konzentriert sich in diesen hochpolitischen Zeiten noch auf die beständige Kraft der Kultur?

Als ich den Filmemacher Majid Majidi traf, war ich beeindruckt von seiner Bescheidenheit und Tiefgründigkeit. Unter seiner wehenden dunklen Mähne wirkten seine Augen wie Brunnen der Empfindsamkeit. Seine Worte waren nachdenklich, wohl abgewogen, als wollte er mir das Geheimnis mitteilen, das ihn so deutlich verändert hatte. Ich fragte ihn, warum er ausgerechnet das Medium Film gewählt habe, um seine Geschichten zu erzählen.

»Im Film kann ich mit Hilfe einer universalen Sprache zur Welt sprechen«, sagte er. »Viele Menschen sind auf der Suche nach Gott. Sie gehen in die Moschee, in die Kirche, in die Synagoge, und sie fragen dennoch: ›Wo ist Er?‹ Ich glaube, dass Gott in jedem von uns ist.«

Majid ist ein Löwe des iranischen Films. 1997 wurde sein Film *Kinder des Himmels* als bester ausländischer Film für den Oscar nominiert. Filmenthusiasten in aller Welt waren von diesem Film mit seiner traurigen Story von der Liebe zwischen zwei Kindern, Bruder und Schwester, tief berührt.

»Als Kind wollte ich immer Gott anfassen«, fuhr er fort. »Wenn jemand Gott erblicken will, sollte man ihm raten, sich in der Natur genau umzusehen. Der Held meines letzten Films ist Mohammed, ein blinder Junge. Während der Aufnahmen berührte er einen kleinen Stein und sprach das Wort ›Gott‹. Ich habe diesen Stein markiert und mit anderen gemischt, die so ähnlich waren, und ihn dann gebeten, sich einen Stein auszusuchen. Er griff zu demselben Stein und sagte: ›Mr Majidi, der Name Gottes steht genau hier. Ich nehme diesen Stein und übersetze es für Sie.‹« Versonnen fuhr Majid fort:

»Jetzt ist mir bewusst, dass Gott vielleicht in diesem Stein ist, auf den ich gleich treten werde.

Mit Mohammed erlebte ich seltsame Dinge. Ich entdeckte, dass die Natur ihre eigene Sprache hat – eine, die wir nicht lesen können –, aber sie ist da und spricht ständig zu uns. Diese neue Sprache ist so etwas wie die Braille-Schrift.«

Ich wusste damals nicht, dass dieser Film, der im Westen unter dem Titel *Die Farben des Paradieses* gezeigt wurde, Majid eine zweite Oscar-Nominierung bringen würde. Im Iran hieß er *Die Farbe Gottes*.

Ich fragte ihn, welche Filmemacher er bewundere.

»Intellektuelle Filme bewegen nur die Intellektuellen. Action-Filme sind gerade in Mode, haben aber keinen Bestand. Aber Filmemacher, die auf das Herz zielen wie John Ford, Hitchcock, Rossellini, Pasolini, die werden nie an Überzeugungskraft verlieren.«

Majid arbeitet nur selten mit professionellen Schauspielern, sondern findet seine Mitwirkenden im wirklichen Leben. Doch er ist nicht der einzige iranische Filmemacher, der Geschichten erzählen will, die aus dem Herzen kommen. Politischem Druck und Zensur zum Trotz hat Abbas Kiarostami, 1997 Gewinner der Goldenen Palme von Cannes, den Weg geebnet, als er ohne Scham das menschliche Antlitz seines Landes enthüllte.

Nach der Großen Depression haben amerikanische Filmemacher leidenschaftliche Porträts von Amerikanern gezeichnet, die in den Fängen wirtschaftlicher Probleme steckten. In Filmen wie *Früchte des Zorns* und *Ist das Leben nicht schön?* spielten Henry Fonda und Jimmy Stewart ihre besten Rollen. Diese amerikanischen Filme sind mit ihrem sozialen Engagement ebenso wie spätere iranische Filme ein Loblied auf den normalen Menschen. Dieses universelle Thema verbindet die Zuschauer überall auf der Welt. Wie seine Kollegen unter den Geschichtenerzählern dringt Majid in die innerste Sphäre von einfachen Behausungen und Schicksalen ein und bringt uns diese Menschen näher. Er gehört zu den inoffiziellen Gesandten, die die Botschaft des Humanismus in die Welt tragen. Auch er ist einer, der die Flamme bewahrt.

Ich habe Majid von unserer Reise berichtet, von der Suche nach Hassan und wie wir ihn schließlich gefunden haben. Ich erzählte von Hassans nächtlichen Gebeten, seiner Liebe zur Natur, und Majid lächelte. »Sie sehen, Hassan weiß es«, sagte er. »Sie müssen wieder in den Iran kommen.«

»*Inshallah*«, erwiderte ich.

Eine pinkfarbene Frisbee-Scheibe flog mir an die Schulter. Zwei Jungen jagten ihr nach. Es war unser letzter Abend. Meine Eltern und Brüder waren auf ihre Zimmer gegangen, um ihre letzten Erwerbungen einzupacken. Im Laleh-Park, gleich hinter dem Hotel, rannten die Kids zum Zeitvertreib herum. Ganz in der Nähe hockten vier ältere Männer, plauderten unter dem warmen Licht der Lampe und spielten mit ihren Gebetsperlen.

Ich schlenderte die gewundenen Wege entlang. Ein junges Liebespaar saß im Schutz einer Trauerweide. Der Junge lag auf dem Rücken und hatte die Füße an den Baum gelehnt. Sein Kopf ruhte im Schoß des Mädchens. Die Geräusche der Stadt jenseits des Parks waren kaum noch zu hören, alles versank in sanftem Schlummer. Ich hörte das junge Paar leise sprechen. Am Himmel waren nur wenige Sterne.

Als ich in der Dunkelheit herumwanderte, dachte ich über die Anziehungskraft und Schönheit dieses Landes nach, über sein inneres und äußeres Gesicht, den Dualismus gleich starker, miteinander ringender Kräfte. Diese Menschen, die so lange von der Welt abgeschnitten waren, verfügten über ganz besondere Einsichten. Sie haben Humor in angemessener Dosierung zu bieten und dazu tiefe Freundschaft, die jeden Widerstand besiegt. Ich dachte an Hassan, der seinen winzigen Garten besprengte und über das Leben nachsann – bescheiden an Besitztümern, aber reich an geistigen Werten. Angesichts dieser Höflichkeit und Kultiviertheit empfand ich eine überwältigende Demut.

Mein Vater, der während der Wirtschaftskrise aufgewachsen ist und aktiv für soziale Gerechtigkeit gekämpft hat, verlor nie den Aspekt des menschlichen Elends aus den Augen. Mitgefühl für und Respekt vor dem einfachen Menschen hatten sein soziales Gewissen geprägt. Er hatte meiner Ansicht nach viel mit Majid Majidi gemein. Sie sahen die Welt durch dieselbe Brille.

Als ich 1975 nach einem langen Winter, in dem ich jenseits des Polarkreises auf einer riskanten Ölbohranlage gearbeitet hatte, nach Berkeley zurückkehrte, fragte ich meinen Vater, warum alle seine Freunde aus den Teheraner Tagen, Ausländer und Iraner, so reich waren und wir nicht.

»Hast du nie die Möglichkeit gehabt, Provisionen oder Schmiergelder zu bekommen?«, fragte ich.

»Natürlich«, antwortete er.

»Hast du sie angenommen?«

»Die sagten immer: ›Nennen Sie uns Ihren Preis.‹«

»Und was hast du darauf gesagt?«

»Ich pflegte zu sagen: Fünfstellig.«

»Und dann?«

»Wenn sie mir eine fünfstellige Summe anboten, sagte ich sechs. Immer wenn sie bereit waren, sich darauf einzulassen, fügte ich eine Null hinzu.

Irgendwann haben sie dann verstanden, dass ich nicht käuflich war – zu ihrem großen Missfallen.«

Um uns herum war unser ziemlich chaotisches Haus, nackte Holzfaserplatten und unfertige Zimmer. Es war das erste Haus, das uns gehörte.

»Schau, Terry, das Wichtigste im Leben ist doch, dass man am Morgen aufwacht und fähig ist, sich im Spiegel anzusehen und zu wissen, dass man sauber geblieben ist.«

Er lächelte bei diesen Worten, die mir seither unvergessen sind.

Wegen des sozialen Gewissens meiner Eltern weiß ich heute, warum wir uns mit Hassan und Fatimah so herzlich verbunden fühlen wie eine Familie. Wir waren mit ihnen befreundet, haben zusammen gearbeitet, gespielt und sind mit ihnen gewachsen. Schließlich gab es nichts anderes für uns als den Versuch, sie wiederzufinden. Das war vielleicht das kostbarste Geschenk, das uns meine Eltern je gemacht haben. Dadurch schufen sie uns die Verbindung zur Welt.

»Bist du schon wach?« Meine Mutter klopfte leise an die Tür. Es war noch dunkel, als wir unser Gepäck hinunter in die Lobby schleppten. Auf einem Schwarzen Brett las Chris die letzten Mitteilungen für eine italienische Reisegruppe nach Rom: *E per l'ultima volta, anche oggi speriamo che Allah vi accompagni.* – Und heute bitten wir Allah zum letzten Mal, euch zu begleiten.

Als ich an der Rezeption unsere Rechnung bezahlte, stand mir eine muntere blonde Journalistin aus Wien mit einem cremefarbenen Kopftuch gegenüber. Auch sie fuhr ab und steckte voller Neuigkeiten. Sehr aufgeregt vertraute sie mir an, dass Präsident Khatami in Kürze zurücktreten werde. Die Hardliner, mit denen sie in Qom zusammengetroffen war, bestanden darauf, dass im Iran der »reine Islam« geschaffen werden müsse. Jeder von ihnen hatte ihr mit Nachdruck gesagt: »Ich bin im Besitz der Wahrheit.«

Sie hatte, wie sie sagte, auf die Unwissenheit einiger Studentinnen geschimpft, die keine Ahnung hatten von der »One-night-stand-Bestimmung« im Koran, wonach ein Mann die Frau am Abend heiraten und sich am nächsten Morgen wieder von ihr scheiden lassen kann. Sie erzählte von der um sich greifenden Prostitution und den weggelaufenen jungen Mädchen. Von ihr erfuhr ich auch, dass Heroin, Kokain, Opium und alkoholische Getränke überall in Teheran zu haben seien. Sie versicherte mir, sie wisse, wo man so etwas auftreiben könne.

»Sind Sie interessiert?«

»Nein, danke.«

Am Mehrabad-Flughafen spürte ich ein Unwohlsein in der Magengegend. Zum letzten Mal waren wir hier am 4. Juli 1969, dem Tag unserer Abreise aus dem Iran, gewesen. Doch jetzt mussten wir unsere vier Teppiche durch den Zoll bringen. Wir brauchten Zeit, waren aber schon spät dran. Anders als im gelassenen Getriebe am Flughafen von Shiraz grüßte hier ein grell beleuchtetes Schild die verschlafen angekommenen Fluggäste an der Gepäckausgabe: »In der Zukunft wird der Islam die satanische Vorherrschaft des Westens zerstören.«

Rich fragte Vaz, was er denn vorhabe, nachdem unsere Reise nun vorbei sei.

»Ich gehe einfach zu meinem Chef und sage: Das war's.«

»Gut. Und dann nimmst du dir fünf Monate Auszeit«, sagte ich.

»Bevor du dich auf etwas anderes einlässt«, fügte Rich hinzu.

»Gute Idee«, meinte Vaz. »Klar, ich werde jede Menge Freizeit haben, aber die habe ich mir auch verdient. Vielleicht gehe ich auf den Basar und verkaufe Pats Hemd.«

Mein Vater rollte mit den Augen. »Das war doch ein Geschenk! Du gibst dem Spruch ›Jemanden bis aufs Hemd ausziehen‹ wirklich eine ganz neue Bedeutung.«

»Wir nehmen ihn einfach mit!«, scherzte meine Mutter. »Los, Vaz, setz dich in meinen Rollstuhl. Wir schmuggeln dich an Bord.«

»Zu spät, Mrs Ward. Wenn Sie mich wirklich hätten mitnehmen wollen, dann hätten wir früher damit anfangen müssen, etwa draußen am Parkplatz. Diese Burschen haben mich ja schon gehen sehen«, sagte er mit unbewegter Miene.

Wir luden unser Gepäck auf das Förderband, während Kevin mit einem hochgewachsenen, barschen Mann am Schalter der Iran Air sprach. Zum Glück ließ Kev das Zauberwort Yazd fallen. Nachdem der Mann erfahren hatte, dass wir durch seine Heimatstadt gekommen waren, fing er an, uns von seinem Jahre zurückliegenden Amerika-Aufenthalt zu erzählen. 1963 war er in einem Ausbildungscamp der Armee in Dallas gewesen. »Ja, ja«, meinte er. »Ich kam damals am 22. November an, am selben Tag, als John Kennedy ermordet wurde.«

Ich lehnte mich in meinem Sitz zurück, und die Iran Air 727 rollte über die Startbahn. Die Gepäckfächer über uns klapperten. Meine Mutter drückte meinen Arm. Die Dämmerung brach herein mit den ersten blassen, zinnoberroten Feuern über dem Berg Damavand, dem mythenumwobenen Vulkan. Die Maschine beförderte uns himmelwärts über die schlafende Stadt mit ihren flackernden Lichtern, über den dunklen Laleh-Park und seine Gärten.

Wir beschrieben einen Kreis um die Minarette des Ayatollah Khomeini, die über seinem Grabmal leuchteten, und flogen dann geradewegs auf die offene Wüste zu.

Als die silbernen Tragflächen sich noch einmal neigten, blendete mich in diesem heiligen Augenblick der Dämmerung ein Sonnenstrahl. Und nun, während ich in einer Höhe von 10 000 Metern aus dem Fenster schaute – meine Mutter neben mir machte schon ein Nickerchen –, dachte ich an die mitternächtliche Veranda in Yazd zurück, wo ich so kleinmütig gewesen war, mich so verloren und verzweifelt gefühlt hatte. In dieser Nacht hatte Akbar mir gesagt: »Mach dir keine Sorgen, mein lieber Freund. Selbst wenn ihr ihn nicht findet, wird etwas anderes passieren. Am Ende werdet ihr entlang des Weges viele Hassans gefunden haben.«

Bis zu diesem Morgen hatte ich nicht geahnt, wie recht er mit seiner Prophezeiung gehabt hatte.

EPILOG

Während ich in Florenz aus meinem Fenster blicke, sehe ich, wie heftiger Regen den Arno anschwellen lässt, und habe Hassans Stimme im Ohr, die ein Gedicht von Saadi rezitiert:

O ihr Gebornen eines Weibes,
Seid ihr nicht Glieder eines Leibes?
Du, den nicht Menschenleiden rühren,
Kannst auch den Namen Mensch nicht führen.

In dieser Renaissance-Stadt, die nun meine Heimat ist, klingt die Weisheit des persischen Poeten heute viel dringlicher als zur Blütezeit des Humanismus vor 500 Jahren.

Mehr als 9 000 Kilometer westlich, am Ufer des East River in Mahattan, liegt der Sitz der UN. Den Eingang zur *Hall of Nations* ziert eine zeitlose Botschaft, verewigt auf Persisch und Englisch. Es ist genau dieses Gedicht Saadis, das die Diplomaten der Welt an einen höheren universellen Auftrag erinnern soll: »Du, den nicht Menschenleiden rühren, kannst auch den Namen Mensch nicht führen.«

Zum Glück kann die Zeit Dichtern nichts anhaben. Saadi, Hafis und Rumi öffnen uns die Augen, indem sie uns Visionen von Mitgefühl bieten, die tief in unsere Herzen blicken und weit über unser Dasein hinausreichen. Weil sie zeitlose Wahrheiten aussprechen, geben ihre Einsichten den täglichen Konflikten in unserer modernen Welt neue Bedeutung. Wem daran liegt, den lehrt Irans alterslose Seele und sein poetisches Vermächtnis nach wie vor etwas, man muss nur bewusst hinhören. Auf der Suche nach Antworten gilt es heute über die Flut der Wörter in den Medien hinauszuschauen, die Angst erzeugt und die Wahrheit in Lügen ertränkt.

Ich telefoniere jetzt oft mit Hassan. Zweimal schon bin ich mit meiner Frau Idanna in sein Haus in der Bi-sim-Straße zurückgekehrt. Mein jüngerer Bruder Richard ist ebenfalls mit seiner Frau und zwei Söhnen im Schlepptau angereist. Bei jeder neuerlichen Begegnung empfing uns die

Familie Ghasemi mit herzlicher Gastfreundschaft und ständig wachsender Zuneigung. Im Laufe der Zeit haben wir ihre neuen Enkelkinder in dieser Welt begrüßt. Im Gegenzug gab es Geschichten, Freundschaft, Kochrezepte und Liebe. Und wann immer in ruhigen Momenten das Gespräch auf die Schimäre der Politik kommt, bremst Hassan und ermahnt uns: »Hört auf die Dichter.«

Wenn du kein Reisender bist, wie willst du andere führen?

HAFIS

Zu Beginn meines letzten Besuchs im Dezember 2006 holte mich mein Fahrer Kamiar am Teheraner Mehrabad-Flughafen ab. Er trug eine gestreifte Krawatte in leuchtendem Pink und führte mich zu seinem Wagen. Ich hatte mit Fragen zum Irak, zu Israel oder den Sanktionen im Atomstreit gerechnet, stattdessen verkündete er: »Ich habe zwei Lieblingsschriftsteller, Sie und Paul Coelho.« Ich war verblüfft. »Wegen seines Romans *Der Zahir*«, fuhr er fort, »ging ich nach Indien, um Yoga zu lernen. Das hat mein Leben verändert. Ich habe alle fünfzehn Bücher von Coelho gelesen.« Dann überreichte er mir lächelnd einen Früchtekorb. Dieses Land schafft es einfach immer wieder, mich zu überraschen, dachte ich. New Age in Teheran.

In Isfahan mit seinen türkisfarbenen Kuppeln – das meine florentinische Frau »das Florenz Asiens« nennt – suchten wir nach Locations für einen Merchant-Ivory-Film (der auf dieser Geschichte basieren soll). Auf dem Chahar Bagh Boulevard vernahm ich Musik. Was fünf Jahre zuvor noch unvorstellbar gewesen wäre, war nun Realität: rhythmische Klänge schallten aus Einkaufszentren, Restaurants und offenen Autofenstern. Antike persische Herrscher, die jahrzehntelang tabu gewesen waren, zierten Gemälde und Skulpturen in Hotelhallen. Kyros, Darius, Xerxes, ja sogar Ahura Mazda waren regelrecht in. »Allein in Teheran gibt es inzwischen einhundertfünfundvierzig Kunstgalerien«, erzählte mir ein Händler. »Es ist eine echte Renaissance.« Dann sprach er neidvoll von Händlern mit Sitz in Großbritannien, die von London aus einfallen, um vielversprechende Talente unter Vertrag zu nehmen.

Das preisgekrönte iranische Kino bringt weiterhin Juwelen wie *Café Transit* von Kambouzieh Partovi, eine Oscar-Nominierung in jenem Jahr, hervor. Partovi betrat Neuland, indem er erstmals seit der Revolution mit westlichen Schauspielern arbeitete. Griechische, russische und iranische Darsteller schufen gemeinsam ein kraftvolles Drama. Darin kämpft eine Witwe um ihre Rechte, während zwei gestrandete Ausländer sich in sie verlieben. Partovi vertritt die Ansicht, dass Grenzen die Menschen nicht zu trennen vermögen. Man stelle sich *Out of Rosenheim* an der türkisch-iranischen Grenze vor.

Eine Lehrkraft an der Teheraner Hochschule für Musik und Darstellende Kunst fasste die Situation wie folgt zusammen: »Die Revolution war mit Chaos gleichzusetzen. Aber letztlich haben wir diese Zeit gebraucht, um den falschen Mantel der westlichen Kunst abzulegen und echte iranische Kunst zu erschaffen.« Die heute ans Licht tretende iranische Identität muss es mit den panislamischen Vorstellungen des religiösen Establishments aufnehmen. 20 Jahre zuvor wurden westlich orientierte Eliten und Intellektuelle als *gharb-zadegi* (vom Westen vergiftet) gebrandmarkt. Heute wird dagegen häufig ein anderer Vorwurf erhoben: *arab-zadegi* (arabisch vergiftet). Der stolze iranische Nationalismus feiert fröhliche Urständ.

Auf dieser anspruchsvollen, reichen Kultur lastet jedoch die Schimäre der Politik. Am Horizont ballen sich immer mehr Gewitterwolken zusammen. Kürzlich schrieb mir ein Freund mit nostalgischen Worten über die Zeit, als Präsident Clinton und Präsident Khatami beide im Amt waren. »Das war auf Jahrzehnte die beste Chance, die wir hatten, um die Beziehungen auszubauen. Traurigerweise wurde die Gelegenheit vertan.« Tatsächlich wurden beide Präsidenten bei ihrem Abtreten von einem Chor kritischer Stimmen begleitet, die ihnen Versagen vorwarfen. Enttäuschte Wähler hatten die liberalen Kandidaten bestraft, indem sie die Abstimmungen boykottierten und zu Hause blieben. Was wiederum in beiden Ländern den Konservativen den Weg frei machte, radikal andere Staatsoberhäupter einzusetzen: Bush und Ahmadinedschad.

Während ich das hier schreibe, werden Amerikaner und Iraner von zwei Präsidenten regiert, die ihr übersteigerter Glaubenseifer verbindet. Beide berufen sich auf göttliche Führung. Mit ihrer Schwarzweiß-Sicht auf alle Themen sprechen sie von Feinden und Schlachten, von Gut gegen Böse. Mit ihrer von Drohungen geprägten Sprache setzen sie auf eine Politik der Angst. Friedlicher Dialog wird verspottet. Moderate Politiker werden zu Verrätern abgestempelt. Konflikte sind vorherbestimmt. Der Sieg ist zum Greifen nah. Und sosehr sie sich gegenseitig verbal attackieren, so scheinen die beiden Staatsoberhäupter letztlich miteinander verstrickt. Eine Überschrift beschrieb kürzlich die surreale Situation sehr treffend: »Amerikanische Falken sind zu den besten Freunden iranischer Hardliner geworden«.

Ein anderer iranisch-amerikanischer Freund schrieb mir aus Washington: »Ich verstehe genug von Geschichte, um zu wissen, dass Dämonisieren die Bedingung für Furcht und Furcht die Bedingung für ein diktatorisches Regime ist. Terry-jan, ich bin so traurig, das über meine amerikanische Heimat schreiben zu müssen, die ich nicht mehr wiedererkenne. Der Wahnsinn einiger weniger verwandelt sich in eine finstere Macht, die Millionen betreffen wird.« Ganz recht. Ein schwarzer Schatten ist auf die Welt gefallen.

> Sieh doch, überall schon wurde die Karawane der Zivilisation überfallen.
> Überall sitzen Narren an der Macht.
>
> RUMI

Amerikas tragische Invasion im Irak hat den fragilen Stoff des Landes zerrissen und zu blutigen Rissen zwischen Sunniten und Schiiten geführt. Die USA müssen nun die Vorherrschaft der Mehrheit legitimieren. Gewinner sind die lange unterdrückten Schiiten und ihre kurdischen Verbündeten im Norden. Verlierer werden die verbitterten Sunniten sein, die jahrhundertelang herrschten und sich nun mit einer neuen, schockierenden Realität konfrontiert sehen. Die Saat für einen Bürgerkrieg ist gelegt. Aufständische und Attentäter sorgen für Blutvergießen. Rivalisierende Milizen üben täglich Rache aneinander. Und das Chaos in Mesopotamien droht sich über die gesamte Region auszubreiten.

Viele befürchten, die Unfähigkeit der amerikanischen und iranischen Politiker könnte die Länder an den Rand eines Krieges bringen. Dabei sind nicht nur die nuklearen Ambitionen des Iran gefährlich, sondern ebenso die Krisenherde im Irak und Libanon, wo jeder beliebige Zwischenfall leicht zu einem ausgewachsenen Konflikt eskalieren kann.

Im Iran ist der Stern von Präsident Khatami schon längst verblasst. Während seiner Präsidentschaft hob seine sanfte, eloquente Art das internationale Ansehen des Iran, als er etwa so treffend von einem »Dialog der Zivilisationen« sprach – ein Ziel das im Gegenzug von den Vereinten Nationen aufgegriffen wurde. Im eigenen Land hatte er jedoch massiv zu kämpfen. Gesetze, von der reformorientierten Legislative im Madschlis verabschiedet, wurden postwendend vom Wächterrat kassiert. Dutzende Zeitungen wurden verboten und die Pressefreiheit demontiert. Wieder und wieder demonstrierten Studenten für Reformen, wurden jedoch von *basiji* und dumpfer Polizeigewalt zum Schweigen gebracht. Bei jeder kritischen Auseinandersetzung drohte Khatami mit seinem Rücktritt. Dadurch verlor er an Glaubwürdigkeit und sein Wort an Gewicht. Er konnte seine Versprechen schlichtweg nicht einlösen.

Bei unserer Reise hatten wir selbst miterlebt, wie eine freudige Erregung das ganze Land erfasste. Jubel lag in der Luft. Wir lernten den Alltag des iranischen Volkes kennen und trafen entlang des Weges viele Hassans, die uns auf unserer Suche nach der Familie Ghasemi in ihr Zuhause einluden. Seit der Veröffentlichung dieses Buches haben viele Exiliraner seine Botschaft vom Humanismus begeistert aufgenommen. Von Stadt zu Stadt, in Europa wie in Amerika, wurde ich auf persische Weise willkommen geheißen und mit grenzenloser Gastfreundschaft und traditioneller Küche verwöhnt. Was aber noch viel wichtiger ist: Ich durfte erfahren, dass aufgrund meines Buches viele Leser den Mut fanden, für einen Besuch in ihr verloren geglaubtes Heimatland zurückzukehren. Inzwischen sind sogar in Teheran zwei Auflagen erschienen.

In den Jahren unserer Abwesenheit hatte jedoch eine immer tiefer werdende Wirtschaftskrise den Iran erfasst. Ernüchterung machte sich breit. Das schlichte Bedürfnis, Reis und Lamm auf den Tisch zu bringen, wurde dringlicher als hochfliegende Vorstellungen von Menschenrechten. Die Versäumnisse auf ökonomischem Gebiet wurden zum größten Versäumnis der Reformer. Die Mehrzahl der Wähler machte ihrem Unmut Luft, indem sie Khatamis Reformer aufgab und die Wahlen boykottierte. Die in sich gespaltenen Reformer erlitten eine spektakuläre Niederlage.

Kein Experte hatte den Sieg eines unbekannten ehemaligen Revolutionsgardisten bei den Wahlen von 2005 vorausgesagt. In einer umstrittenen Stichwahl trat der kaum bekannte Mahmoud Ahmadinedschad gegen Ayatollah Rafsandschani – angeblich der reichste Mann im Iran – an. In seinem Wahlkampf positionierte Rafsandschani sich als moderat und sprach davon, die Verbindungen zu Amerika zu erneuern. Seine Unbeliebtheit führte zu Proteststimmen für Ahmadinedschad, einen Mann mit unerheblichem Vermögen, der auf das populistische Versprechen setzte, den riesigen Ölreichtum des Iran zugunsten des »einfachen Mannes« umzuverteilen. Sobald er gewählt war, überraschte Ahmadinedschad statt mit Änderungen in der Wirtschaftspolitik mit seiner Revolutionsrhetorik von 1979 und startete verbale Attacken gegen Israel und den Westen, wobei er jegliches diplomatisches Geschick vermissen ließ.

»Hier geht es nicht um den Iran gegen den Westen«, beharrte ein Teheraner Historiker mir gegenüber. Vielmehr kämpfe hier der Iran gegen sich selbst. Innenpolitische Schwäche führe zu solchen Aussagen. Hauptthemen bleiben letztlich die marode Wirtschaft, steigende Inflation, hohe Arbeitslosigkeit und geringe Zukunftsaussichten für die bestens ausgebildete junge Generation. Realistisch betrachtet hat dieser populistische Konfrontationskurs keine Zukunft. Er wird keine neuen Jobs bringen, keine neuen Märkte eröffnen oder ausländische Investoren ins Land bringen. Selbst verbündete Staaten distanzieren sich. Die von Khatami vermittelte Öffnung gegenüber dem Westen ist zu Ende. Die Tore sind wieder fest verrammelt. Dem Iran steht eine neue Phase der Isolation bevor.

> Friede zwischen zwei Welten ist die Vereinigung zweier Wege:
> Aufrichtigkeit gegenüber Freunden, Kameradschaft gegenüber Feinden.
>
> HAFIS

Vor fünf Jahren konnte ich in Isfahan nur ein einziges Internet-Café entdecken, gegenüber vom Hotel Abbasi. Heute ist das ein alter Hut. Junge Iraner können es mit der indischen Konkurrenz aufnehmen. MP3 Downloads, E-Mails, Webseiten und unzählige Blogs haben Persisch nach Englisch und Chinesisch zur am dritthäufigsten genutzten Sprache im Internet gemacht. Dank der engen Verbundenheit der Iraner in aller Welt liegt Persisch bei den Blog-Sprachen sogar an zweiter Stelle.

Im Iran ist jetzt eindeutig die jüngere Generation am Zug. 70 Prozent der Bevölkerung sind unter 30. Diese jungen Menschen werden letztlich den künftigen Kurs des Iran bestimmen. Dauerhafter Wandel kann nur von innen heraus erfolgen, und alle beten um Veränderung auf friedlichem Wege.

Manches zeichnete sich schon Ende 2006 ab. Unerwartet gingen amerikanische wie iranische Wahlberechtigte in großer Zahl zu den Urnen und beschämten ihre Präsidenten durch eindeutige Voten gegen den jeweiligen Kandidaten. Hardliner unterlagen überall. Moderate Kräfte sicherten sich erneut die Mehrheiten. Mr Bush verlor beide Häuser des Kongresses. Die Kandidaten von Ahmadinedschad erreichten weniger als 20 Prozent der Stimmen und schafften es nicht, auch nur einen einzigen Sitz in den Gemeinderäten der Großstädte Shiraz, Bandar Abbas, Rasht oder Kerman zu erringen.

Unzufriedenheit und Kritik an beiden Präsidenten nehmen zu. Die Presse ist ermutigt und, was noch viel wichtiger ist, gewählte Vertreter im Kongress und im iranischen Parlament stellen zunehmend kritische Fragen über den Kurs ihrer Länder. Eine Art Selbsterhaltungstrieb prägt nun die Führung der Islamischen Republik. Vielleicht bietet die Niederlage der Radikalen der herrschenden Elite eine Chance, vom Rand einer offenen Auseinandersetzung zurückzutreten. Interessanterweise gibt es auch veröffentlichte Berichte, wonach die Moscheen des Iran praktisch leer sind. Im Januar 2006 schätzte das Ministerium für Kultur und islamische Führung, dass nur noch 1,4 Prozent der Iraner zum Freitagsgebet gehen. In der Masjid Imam in Isfahan konnte ich an einem solchen Tag ein spärliches Grüppchen von Gläubigen beobachten. Ein älterer Hadschi bestätigte mir an jenem Morgen, dass 20 Jahre zuvor die Masse der Gläubigen sich bis auf den großen Platz hinaus erstreckt hatte.

In aufregenden Zeiten wie diesen verlieren wir oft das aus dem Blick, was Bestand hat. Während ich durch die mittelalterlichen Gassen von Florenz – das Isfahan Italiens – streife, bleibe ich oft am Arno stehen und beobachte, wie er ähnlich dem lebenspendenden Zayandeh Rud dahinfließt und auf seinem Weg von historischen Brücken überspannt wird. Bei Spaziergängen durch die Boboli-Gärten kehren Erinnerungen an Hasht-e Behesht, das Achte Paradies, in Isfahan zurück. Eine Renaissance-Villa lässt mich unvermittelt an Chehel Setun, den Palast der Vierzig Säulen, denken. Das Feilschen mit hartnäckigen Kaufleuten bringt mein Blut ebenso in Wallung wie der prachtvolle Anblick von Brunelleschis Kuppel, die mich an die Kuppeln der Silhouette von Hassans Heimatstadt erinnern.

Nach Italiens Sieg bei der Fußballweltmeisterschaft rief Hassans Tochter Maryam mitten in den chaotischen Siegesfeiern an: »Terry … wir wollten dich nur wissen lassen, dass wir uns alle für Italien freuen! Alle Iraner haben darum gebetet, dass Italien gewinnt. Bitte sag Idanna, dass wir ihr Küsse schicken!« Vor meinem Fenster dröhnten Vespas vorbei und ich ließ sie der jubelnden Menge lauschen. Seit wir uns wieder getroffen haben, rufe ich alle paar Monate bei der Familie Ghasemi an. Wir tauschen als Söhne und Töchter Geschichten aus, stärken so unsere Verbindung und teilen, was wir verloren haben.

Mein Herz sehnte sich, dein Gesicht zu sehen,
Aber auf der Straße des Lebens überfällt der Tod
die Karawanen der Hoffnung.

HAFIS

In dieser Zeit trafen ohne Vorwarnung zwei Todesfälle meine Familie wie Blitzschläge. Meine beiden Eltern verstarben. Als Erste verließ uns meine Mutter. In unserem Zuhause in Berkeley nahmen wir, mein Vater und meine Brüder, Abschied von Donna, deren Geografie der Liebe keine Grenzen kannte. Sie kämpfte tapfer, konnte ihre Krankheit jedoch nicht besiegen. Nie werde ich ihre strahlenden Augen vergessen, mit denen sie mich in Tudeshk ansah: »Terry, ich weiß, dass Hassan und Fatimah hier sind. Wir werden sie finden. Vertrau mir …«

Als sie krank wurde, leitete ich eine Flut von E-Mails an sie weiter, in denen ihr unbezähmbarer Kampfgeist gelobt wurde. »Aber Terry«, erwiderte sie darauf voller Bescheidenheit, »ich habe doch nichts getan.« Nein, sie ließ sich durch nichts aufhalten. In einem Land mit zwei Millionen Hassans umklammerte sie, ohne eine Adresse, das Foto unseres lieben persischen Ehepaars aus dem Jahr 1963. Wer war es denn, so fragte ich sie, der uns zu

Hassans Haustür gebracht hat? Ein wissendes Lächeln huschte über ihr Gesicht, während sie mit den schmalen Schultern zuckte.

Nur vier Tage nach ihrem Dahinscheiden begingen wir am 29. März im Kreise von Familie und Freunden ihren Geburtstag. Bewegende Reden, Lieder und Gedichte füllten den sonnigen Nachmittag, an dem wir uns an ihre Taten und Worte erinnerten. Später, als es schon dämmerte, rief ich in Isfahan an, um Hassan und Fatimah die traurige Nachricht mitzuteilen. Sie waren am Boden zerstört. »Sie war mir eine so gute Mutter, Terry«, sagte Fatimah. »Ich war nur ein junges Mädchen …« »Wir werden für sie beten«, sagte Hassan zu mir, »und bitte umarme deinen Vater.« Kerzen flackerten, um ihr Licht zu spenden. Und in Moscheen in Isfahan und Saudi-Arabien, in Kirchen in Florenz und Athen, ja selbst in einem Tempel auf Bali wurde für sie gebetet.

Im Jahr darauf schlug ich meinem Vater vor, gemeinsam in den Iran zu reisen, weil ich wusste, dass ihn das aufmuntern würde. Das Gefühl, nach Hause zu kommen, erwartete uns in der Bi-sim-Straße zweifellos. Das wusste auch er. »Ich bin bereit, Ter, lass uns fahren!«, rief er.

Er bestieg in San Francisco ein Flugzeug mit dem Ziel Florenz, von wo aus wir gemeinsam in Richtung Osten weiterreisen würden. Vorher wollte er jedoch noch einen Zwischenstopp in Manhattan einlegen, um dort ein paar Tage zu verbringen.

Leichten Herzens und voller Vorfreude durchstreifte er an seinem ersten Abend sein New Yorker Revier und besuchte alte Freunde. Er schaute bei seinem griechischen Kumpel Petros vorbei, der an der Ecke 3rd Avenue und 21. Straße Pete's Diner betreibt. Als Petros sich wütend über die »Verbrecher in Washington« beklagte, fasste Pat ihn an der Schulter und schaute ihm grinsend in die Augen. »Sie werden alle zur Verantwortung gezogen, mein Freund! Aber das Leben ist zu kurz, Petros. Nimm's nicht so schwer!«

Petros griff unter den Tresen und holte eine Flasche seines ausgezeichneten Weines aus Santorin hervor. »Du hast recht, Pat!«, strahlte er ihn an und füllte ihre beiden Gläser. Und mit einem lauten »*Yassou!*« stießen sie unter lautem Gelächter miteinander an.

Als Pat an jenem Abend in meine Wohnung zurückkehrte, rief er Freunde daheim in Kalifornien an und berichtete von seinem herzlichen Empfang in New York. »Sie behandeln mich wie eine heimkehrende Majestät, mit rotem Teppiche und allem …!«

Das waren seine letzten Worte. Er sollte nie in Florenz eintreffen und auch keinen Fuß mehr in den Iran setzen. An jenem Abend verließ er uns alle und war nun wieder mit seiner geliebten Donna vereint.

Lass den Staub der Straße sich legen, damit du kannst sehen.
Den Blick auf den Ruheort der Liebe gerichtet, schreite voran.

HAFIS

Ich muss oft an eine Geschichte denken, die Hassan uns Kindern zu erzählen pflegte und die wir nie so recht verstanden. Es war ein Epos über eine seltsame Versammlung von Vögeln, die sich auf eine ungewöhnliche Suche begaben. Geschrieben von dem Dichter Attar aus Shiraz, gilt *Die Konferenz der Vögel* bis heute als eine der großartigsten Sufi-Fabeln.

Eine Gruppe neugieriger Vögel beschließt, sich auf die Suche nach Simorgh, dem mythischen Phönix, zu machen, der auf einem hohen Berg thront. Als sie zu ihrer heiligen Mission bereit sind, verdüstert Angst ihr Gemüt. Viele Gefahren liegen vor ihnen. Unwirtliche Wüsten, kalte Berggipfel und sieben furchteinflößende Täler trennen sie vom göttlichen Simorgh.

Ängstlich und besorgt beginnen sie Ausreden vorzubringen. Der Stieglitz gesteht, dass er sich für zu schwach und ängstlich hält. Die Ente erzählt, wie traurig es sie macht, ihren See zu verlassen. Die Nachtigall bringt es nicht über sich, sich von ihrer Rose zu trennen. Der Papagei wiederholt unsinnige Wörter, und der schwermütige Reiher mag seinen melancholischen Sumpf nicht aufgeben. Rebhuhn, Falke und Pfau nennen ebenfalls Gründe, warum sie sich an der Suche nicht beteiligen können. Der bescheidene Wiedehopf jedoch, den sie zu ihrem Anführer erkoren haben, hört sich jede Entschuldigung an und überzeugt sie sodann auf meisterliche Weise, doch den Mut für die Reise aufzubringen. Tapfer und wachsam brechen alle Vögel gemeinsam auf.

Wenn ich heute an unsere Iranreise zurückdenke, wird mir klar, dass meine Brüder und ich uns genauso verhalten haben wie die Vögel in Hassans Geschichte. Eindeutig war meine Mutter Donna der Wiedehopf. Denn hat sie uns nicht ermutigt, die große Kluft zu überwinden? War sie es nicht, die unsere Ängste zerstreute, als wir jeder unsere Rolle spielten: Chris den Stieglitz, Rich den Falken, Kevin den Pfau und ich den Papagei? Wie die Vögel sahen wir uns auf unserer Reise trostlosen Wüsten und tückischen Bergpässen ausgesetzt. Und bei jedem Hindernis, wann immer die Hoffnung verloren zu gehen drohte, hatte meine Mutter uns zum Durchhalten gedrängt.

In Hassans Geschichte stehen die Vögel am Ende ihrer langen Suche schließlich dem strahlend leuchtenden Simorgh von Angesicht zu Angesicht gegenüber. Überwältigt starren sie den brennenden Phönix an. Zuerst sind sie von dem Licht geblendet. Dann beginnen sie langsam ihr Spiegelbild in dem Licht wahrzunehmen und erkennen, dass das Leuchten des Phönix' ihr eigenes ist. Genau in diesem Moment begreifen sie, dass die so lange gesuchte Erleuchtung schon immer in ihnen war – in ihrem eigenen Herzen.

Passenderweise besteht das persische Wort für Phönix aus der Zusammensetzung von zwei Wörtern: *si* für dreißig und *morgh* für Vögel. Letztlich sind also der Phönix und die Vögel eins. Im Laufe der Jahrhunderte wurde Attars Epos als Gipfel der persischen mystischen Poesie bezeichnet. Es veranschaulicht die spirituelle Suche. Wenn Hassan uns diese Fabel erzählte, achteten wir Kinder auf die Vögel und ihre Mühen, konnten aber die versteckte Botschaft nie begreifen. Nun endlich, Jahrzehnte später, klingen die Metaphern.

Diese Art von erleuchteten Reisen dienen schon seit ewigen Zeiten als Wege zur Selbstfindung und Mittel zur Sinnsuche. Für uns war es die letzte große Reise als Familie, und sie hat uns zutiefst verändert. Wie Attars Vögel brachte unser Weg uns auf der Suche nach der Familie Ghasemi dahin, dass wir der Liebe von Angesicht zu Angesicht begegneten … allen politischen Hintergründen und Vorurteilen zum Trotz. Jenseits von Himmel und Erde. Jenseits von Tod und Wiedergeburt. Über alle Gegensätze hinweg. Als wir in Shiraz aus dem Flugzeug stiegen und auf das Hochplateau von Fars traten, wussten wir kaum etwas von dem zeitlosen Dichter Rumi, der schon Jahrhunderte zuvor unser endgültiges Ziel vorgezeichnet hatte:

Dort draußen
Jenseits der Vorstellungen von richtigem Handeln
Und falschem Handeln
Gibt es ein Feld.
Dort werde ich dich treffen.

RUMI

DANK

Ich schulde meinen vielen iranischen Freunden in den USA, in Europa und im Iran unermesslichen Dank. Insbesondere der Familie Ghasemi, die mich tiefgreifende Lektionen in Zuvorkommenheit und Liebe gelehrt hat. In Bezug auf diese Reise bin ich meinem charismatischen und liebevollen Mentor Gholam Hosain Janati-Ataie zu großem Dank verpflichtet, der mich mit seinem Witz, seiner Spiritualität und Weisheit durch die persische Kultur geführt hat. Wie Hassan hat er mich zu sehen gelehrt.

Ich ziehe den Hut vor meiner Agentin Gloria Loomis, die den Wert dieser Aufzeichnungen erkannte, und vor meinem Lektor Eric Chinski für seine Geduld, seinen Durchblick und weisen Rat. Ich danke außerdem Larry Cooper für seine sorgsam ausgearbeiteten Vorschläge zur elften Stunde.

Ich möchte auch Caroline Lockhart für ihre Hütte in Sag Harbor danken, die mir in einem schneereichen Winter als Refugium zum Schreiben diente. Ebenso Paola Carola für ihre herzliche Gastfreundschaft in Neapel, die mir erlaubte, in die Bibliothek des Istituto Universitario Orientale einzutauchen.

Erste Leserin dieses Buches war Idanna, meine geschätzte Gefährtin. Mit ihrer Gabe für poetisches Erzählen und ihrer mitfühlenden Art offenbart sie mir täglich die verborgenen Seiten vom Sinn des Lebens. In diesem Reich liegt unser zärtlicher und heiliger Bund, der weder in diesem noch im nächsten Leben gebeugt oder gebrochen werden wird.

Ich umarme meine drei Brüder, Kevin, Chris und Richard, deren Corpsgeist wie eine tiefe, kühle Quelle sprudelt, aus der ich seit Jahrzehnten trinke und die wundersamerweise niemals versiegt. Ich denke an meine Eltern Donna und Patrick, die mit grenzenloser Liebe und Weisheit ausgestattet waren. Ihnen gilt, was ich noch sagen möchte: Ich bin stolz, euer Sohn zu sein.

Zur Geschichte Irans

Aeschylus: *Die Perser*. Berlin: Aufbau-Verlag 1990.

Arberry, Arthur J. / Bailey, Harold W. (Hrsg.): *The Cambridge History of Iran*. Cambridge: Cambridge University Press 1968–91.

Frye, Richard Nelson: *Persien*. Essen: Magnus-Verlag 1975.

Ghirshman, Roman: *Persia. From the Origins to Alexander the Great.* London: Thames & Hudson 1962.

Herodot: *Historien*. Düsseldorf: Artemis und Winkler 2004.

Wiesehöfer, Josef: *Das antike Persien von 550 v. Chr. bis 650 n. Chr.* Düsseldorf: Patmos 2005.

Der Islam und andere Glaubensrichtungen

Arberry, A. J. *The Koran Interpreted*. New York: Macmillan 1955.

Boyce, Mary: *Zoroastrians. Their religious beliefs and practices*. London: Routledge & Kegan Paul 1979.

Der Koran. Überarbeitet und leicht kommentiert von Murad Wilfried Hofmann. Kreuzlingen: Diederichs 2005.

Mottahedeh, Roy: *Der Mantel des Propheten oder das Leben eines persischen Mullah zwischen Religion und Politik*. 2. Aufl. München: Beck 1988.

Naipaul, V. S.: *Jenseits des Glaubens. Eine Reise in den anderen Islam.* Berlin: List 2004.

Stausberg, Michael: *Zarathustra und seine Religion*. München: Beck 2005.

Politik und Zeitgeschichte

Ahmad, Jalal Al-e: *Occidentosis. A Plague from the West*. Berkeley, Kalifornien: Mizan Press 1984.

Alavi, Nasreen: *Wir sind der Iran. Aufstand gegen die Mullahs – die junge persische Weblog-Szene*. Köln: Kiepenheuer & Witsch 2005.

Ebadi, Shirin: *Mein Iran. Ein Leben zwischen Revolution und Hoffnung.* München und Zürich: Pendo Verlag 2006.

Ghanoonparvar, M. R.: *In a Persian Mirror. Images of the West and Westerners in Iranian Fiction*. Austin: University of Texas Press 1993.

Gronke, Monika: *Geschichte Irans. Von der Islamisierung bis zur Gegenwart.* 2. Aufl. München: Beck 2003.

Hopkirk, Peter: *The Great Game. The Struggle for Empire in Central Asia.* New York: Kodansha America 1990.
Kapuscinski, Ryszard: *Schah-in-schah.* Köln: Kiepenheuer & Witsch 1982.
Kermani, David: *Iran. Die Revolution der Kinder*. München: Beck. 2001.
Kinzer, Stephen: *All the Shah's Men*. Hoboken, NJ: Wiley & Sons 2004.
Schweizer, Gerhard: *Iran. Drehscheibe zwischen Ost und West*. Stuttgart: Klett-Cotta 1991.
Sciolino, Elaine: *Persian Mirrors. The Elusive Face of Iran*. New York: Free Press 2000.
Wright, Robin: *The last great Revolution.* New York: Alfred A. Knopf 2000.

Literatur

Attar, Farid-ad-Din: *Vogelgespräche und andere klassische Texte.* München: Beck 1999.
Firdaus: *Das Königsbuch*. Bände 1–13. Glückstadt: Augustin 2002–2005.
Hafis: *Liebesgedichte.* Aus dem Persischen übertragen von Cyrus Atabay. Frankfurt: Insel 2004.
Kirsch, Fredun Rainer / Denzer, Brigitte (Hrsg.): *Bostan, Diwan, Gulistan. Scheich Saadi*. Aus dem Persischen übertragen von Friedrich Rückert. München: Ehrenwirth 1988.
Mozaffiri, Nahid / Hakkak, Ahmad Karimi (Hrsg.): *Strange Times, my Dear. The PEN Anthology of Contemporary Iranian Literature.* New York: Arcade Publishing 2005.
Nafisi, Azar: *Lolita lesen in Teheran*. München: DVA 2006.
Rumi, Dschelaladdin: *Aus dem Diwan*. Aus dem Persischen übertragen von Annemarie Schimmel. Stuttgart: Reclam 1964.
Scharf, Kurt (Hrsg.): *Die schönsten Gedichte aus dem klassischen Persien.* 2. Aufl. München: Beck 2004.
Scharf, Kurt (Hrsg.): *Der Wind wird uns entführen. Moderne persische Dichtung.* München: Beck 2005.
Sipehri, Suhrab: *Der Klang vom Gang des Wassers*. Hildesheim: Internationales Kulturwerk 2001.
Wohlleben, Joachim (Hrsg.): *Die Ghaselen des Hafiz*. Würzburg: Königshausen & Neumann 2004.

Reiseerzählungen und Betrachtungen von Emigranten

Asayesh, Gelareh: *Saffron Sky*. Boston: Beacon Press 1999.

Byron, Robert: *Der Weg nach Oxiana*. Frankfurt a. M.: Eichborn 2004.

Chardin, Jean: *Travels in Persia*. 1673–1677. New York: Dover Publications 1988.

De Bellaigne, Christopher: *Im Rosengarten der Märtyrer. Ein Portrait des Iran*. München: Beck 2006.

Milani, Abbas: *Tales of Two Cities. A Persian Memoir*. Washington, D.C.: Mage Publishers 1996.

Naipaul, V. S.: *Eine islamische Reise. Unter den Gläubigen*. Berlin: List 2002.

O'Donnell, Terence: *Seven Shades of Memory. Stories of Old Iran*. Washington, D.C.: Mage Publishers 1999.

Satrapi, Marjane: *Persepolis*. 2 Bde. Zürich: Edition Moderne 2004–2005.

Stark, Freya: *Durch das Tal der Mörder. Reisen in Persien zu Beginn der 1930er Jahre*. Wien: Promedia 2001.

Kulinarisches

Afrashi, Neda: *Die Persische Küche. Der ganze Zauber des Orients*. München: Christian Verlag 2006.

Batmanglij, Najmieh: *New Food for Life. Ancient Persian and Modern Iranian Cooking and Ceremonies*. Washington, D.C.: Mage Publishers 2000.

Websites

www.iran-today.net

www.payvand.com

www.iranian.com

www.gooya.com

www.iranmania.com

www.Tehran24.com

Die Deutsche Bibliothek verzeichnet diese Publikation in Der Deutschen Nationalbibliografie; detaillierte bibliografische Daten sind im Internet über http://dnb.ddb.de abrufbar.

Titel der englischen Originalausgabe: »Searching for Hassan. An American Family's Journey Home to Iran«

www.frederking-thaler.de

Nachweis der zitierten Literatur:
S. 44 f.: Yeats, William Butler: *Die Gedichte.* München: Luchterhand Literaturverlag 2005. S. 212
S. 60: Rumi, Dschelaladdin: *Aus dem Diwan.* Aus dem Persischen übertragen von Annemarie Schimmel. Stuttgart: Reclam 1964. S. 61
S. 117: Wohlleben, Joachim (Hrsg.): *Die Ghaselen des Hafiz.* Würzburg: Königshausen & Neumann 2004. S. 126, Nr. 66 sowie S. 141, Nr. 78
S. 278: Fredun Rainer Kirsch, Brigitte Denzer (Hrsg.): *Bostan, Diwan, Gulistan. Scheich Saadi.* Aus dem Persischen übertragen von Friedrich Rückert. München: Ehrenwirth 1988. S. 34

Text und Fotos: Terence Ward
Übersetzung aus dem Englischen: Henriette Zeltner, München
Lektorat: Susanne Härtel, München
Kartografie: Anneli Nau, München
Herstellung und Satz: Büro Sieveking, München
Umschlaggestaltung: Dorkenwald Grafik-Design & Artwork, München
Umschlagbild (groß): Florentine Schwabbauer, München
Reproduktion: Lorenz & Zeller, Inning am Ammersee
Druck und Bindung: Clausen & Bosse, Leck

Printed in Germany

ISBN 978-3-89405-692-6

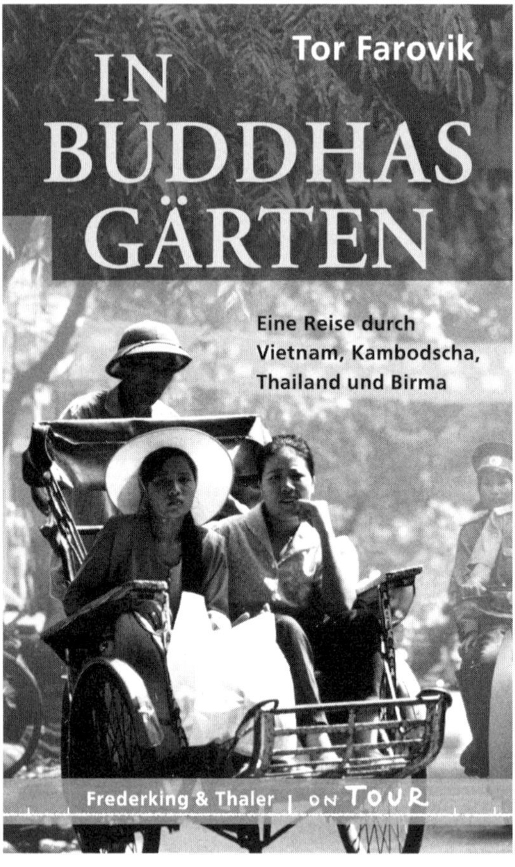

Tor Farovik
IN BUDDHAS GÄRTEN
Eine Reise durch Vietnam, Kambodscha, Thailand und Birma

384 Seiten, 12 Farbfotos, 1 Karte
geb. mit SU, 14,0 x 22,0 cm
ISBN 978-3-89405-691-9

Die Reise beginnt im quirligen Hanoi und endet im sagenumwobenen Mandalay, tief in Birma; dazwischen durchstreift Tor Farovik Kambodscha und stattet der dienstältesten Monarchie der Welt, Thailand, einen Besuch ab. Wachen Blicks spaziert der norwegische Reisejournalist durch Buddhas Gärten, stöbert in deren Geschichte und erlebt Anekdoten, die jedes Land zu einem besonderen machen.

SCHWARZES MEER
Samsun
Batum
Tiblis
Trabzon
ARMENIEN
ASERBAIDSCHAN
Baku
TÜRKEI
Arak
2905 m
Täbris
Malatya
Badar-e Anzali
Rashd
2863 m
Qazvin
Halab
Mosul
Euphrat
3717 m
2993
Hama
Kirkuk
Hamadan
SYRIEN
3350 m
Kermanshah
3627 m
Arak
IRAN
IRAK
BAGDAD
Razaza
Kerbela
Dezful
JORDANIEN
Kufa
Tigris
Euphrat
Khorramshar
Abadan
KUWAIT
SAUDI-ARABIEN
Buraydah
TURKMENISTAN
Kaspisches Meer
Elburs
TEHERAN
IRAK
AFGHANISTAN
BAGDAD
Isfahan
Zagros
Tigris
IRAN
Euphrat
Shiraz
KUWAIT
SAUDI-ARABIEN
Persischer Golf
BAHRAIN
KATAR
OMAN